Gakken

きめる! KIMERU SERIES CL

[きめる! 公務員試験]

憲法

Constitutional Law

監修＝髙橋法照　編＝資格総合研究所

はじめに

本書は、公務員試験を目指す皆さんのためにつくられた書籍です。

公務員は、我が国の行政活動を担い、国民の多様なニーズに応えるための重要な職業であり、人気の職業の一つといえます。

昨今の公務員試験は、筆記試験では重要基本事項の正確な理解が求められ、面接試験がより人物重視の試験になっているという特徴があります。このような公務員試験に対応するためには、重要基本事項を最短・最速で学習し、面接試験対策に時間をかける必要があります。

そこで本書では、独自の３ステップ学習で憲法の重要基本事項の理解・記憶・演習を完了できるようにしてあります。いうなれば本書は、「公務員になって活躍したい」という皆さんをサポートする応援団なのです。

この本を手に取ってくれた皆さんは、おそらく公務員になりたいと思っているはずです。ぜひその気持ちを大事にしてください。皆さんが公務員となることは、皆さん自身の充実した職業人生につながるだけでなく、国民みんなの幸せにつながるからです。

しかしそのためには、憲法をしっかり学習し、公務員試験の筆記試験で十分な得点をとることが必要です。憲法は、我々国民の人権を守る大切なルールであるとともに、我々の住む日本という国の統治について定めるルールでもあるからです。公務員になるということは、公権力の行使に携わるということを意味し、同時に、国民の多様な福祉ニーズに応えることが求められるということを意味します。それゆえに、人権と統治をつかさどるルールである憲法について、しっかりとした理解が求められるのです。

とはいうものの、本書を手に取った皆さんは、憲法の学習を恐れる必要はありません。本書独自の３ステップ学習により、皆さんは公務員試験をクリアできるだけの憲法の実力を十分に習得できるからです。

皆さんが公務員になるための海図やガイドブックとして本書をご活用いただければ、監修者としてこんなに嬉しいことはありません。

髙橋法照

公務員試験対策の新しい形の問題集として、「きめる！公務員試験」シリーズを刊行いたしました。このシリーズの刊行にあたり、受験生の皆さまがより効率よく、より効果的に学ぶために必要なものは何かを考えて辿り着いたのが「要点理解＋過去問演習」を実践できる3ステップ式の構成です。まずは、頻出テーマをわかりやすい解説でしっかりと押さえ、次に一問一答で、知識定着のための学習を行います。そして最後に、選び抜かれた頻出の過去問題を解くことで、着実に理解に繋がり、合格へ近づくことができるのです。

試験対策を進める中で、学習が進まなかったり、理解が追いつかなかったりすることもあると思います。「きめる！公務員試験」シリーズが、そんな受験生の皆さまに寄り添い、公務員試験対策の伴走者として共に合格をきめるための一助になれれば幸いです。

資格総合研究所

もくじ

CHAPTER 2 精神的自由権

CHAPTER 3 経済的自由権

CHAPTER 4 人身の自由

CHAPTER 5 社会権・受益権（国務請求権）

CHAPTER 6 国会

CHAPTER 7 内閣

CHAPTER 8　司法権

CHAPTER 9　財政・地方自治その他

別冊 解答解説集

本書の特長と使い方

3ステップで着実に合格に近づく！

STEP 1で要点を理解し、STEP 2で理解をチェックする一問一答を解き、STEP 3で過去問に挑戦する、という3段階で、公務員試験で押さえておくべきポイントがしっかりと身につきます。

公務員試験対策のポイントや 各科目の学習方法をていねいに解説！

本書の冒頭には「公務員試験対策のポイント」や「憲法の学習ポイント」がわかる特集ページを収録。公務員試験を受けるにあたっての全般的な対策や、各科目の学習の仕方など、気になるポイントをあらかじめ押さえたうえで、効率よく公務員試験対策へと進むことができます。

別冊の解答解説集で、 効果的な学習ができる！

本書の巻末には、本冊から取り外しできる「解答解説集」が付いています。問題の答え合わせや復習の際には、本冊のとなりに別冊を広げて使うことで、効果的な学習ができるようになります。

きめる! 試験別対策

各章の冒頭には、各試験の傾向や頻出事項をまとめてあります。自分が受験する試験の傾向をしっかりと理解してから、学習の計画を立てましょう。

STEP 1 要点を覚えよう！

基本的に1見開き2ページで、分野ごとに重要な基本事項をインプットしていきます。そのため、重要な基本事項を網羅的かつ正確に、無理なく習得できるようになっています。

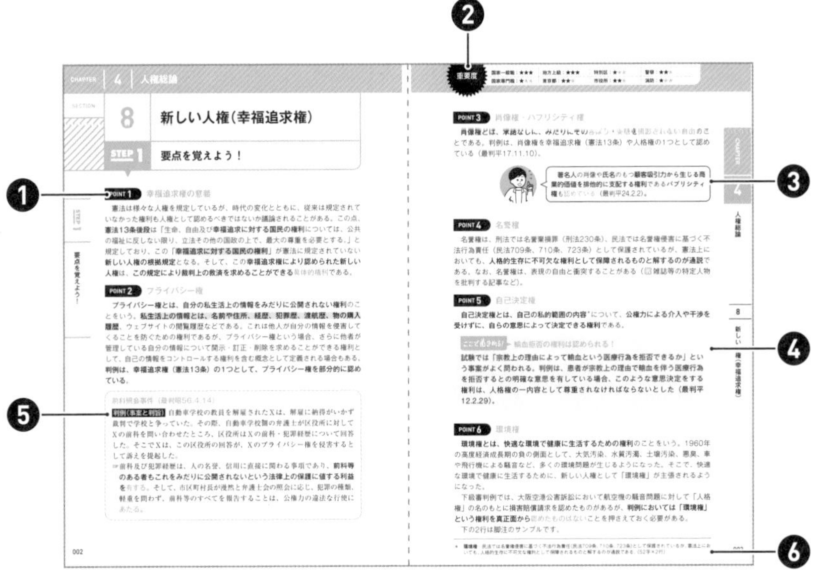

CHAPTER 4 人権総論

SECTION 8 新しい人権（幸福追求権）

STEP 1 要点を覚えよう！

POINT 1 幸福追求権の意義

憲法は様々な人権を規定しているが、時代の変化とともに、従来は規定されていなかった権利も人権として認めるべきではないか議論されることがある。この点、**憲法13条後段**は「生命、自由及び**幸福追求に対する国民の権利**については、公共の福祉に反しない限り、立法その他の国政の上で、最大の尊重を必要とする。」と規定しており、この「**幸福追求に対する国民の権利**」が憲法に規定されていない**新しい人権の根拠規定**となる。そして、この**幸福追求権により認められた新しい人権**は、**この規定により裁判上の救済を求めることができる**具体的権利である。

POINT 2 プライバシー権

プライバシー権とは、自分の私生活上の情報をみだりに公開されない権利のことをいう。**私生活上の情報とは、名前や住所、経歴、犯罪歴、渡航歴、物の購入履歴**、ウェブサイトの閲覧履歴などである。これは他人が自分の情報を侵害してくることを防ぐための権利であるが、プライバシー権という場合、さらに他者が管理している自分の情報について開示・訂正・削除を求めることができる権利として、自己の情報をコントロールする権利を含む概念として定義される場合もある。**判例は、幸福追求権（憲法13条）の1つとして、プライバシー権を部分的に認めている。**

前科照会事件（最判昭56.4.14）

判例（事案と判旨） 自動車学校の教員を解雇されたXは、解雇に納得がいかず裁判で学校と争っていた。その際、自動車学校側の弁護士が区役所に対してXの前科を問い合わせたところ、区役所はXの前科・犯罪経歴について回答した。そこでXは、この区役所の回答が、Xのプライバシー権を侵害するとして訴えを提起した。

⇒前科及び犯罪経歴は、人の名誉、信用に直接に関わる事項であり、**前科等のある者もこれをみだりに公開されないという法律上の保護に値する利益**を有する。そして、市区町村長が漫然と弁護士会の照会に応じ、犯罪の種類、軽重を問わず、前科等のすべてを報告することは、公権力の違法な行使にあたる。

002

重要度

国家一般職：★★★	地方上級：★★★	特別区：★☆☆	警察：★★☆
国家専門職：★☆☆	東京都：★★☆	市役所：★★☆	消防：★☆☆

POINT 3 肖像権・パブリシティ権

肖像権とは、承諾なしに、みだりにその容ぼう・姿態を撮影されない自由のことである。判例は、肖像権を幸福追求権（憲法13条）や人格権の1つとして認めている（最判平17.11.10）。

著名人の肖像や氏名のもつ**顧客吸引力から生じる商業的価値を排他的に支配する権利**である**パブリシティ権**も認めている（最判平24.2.2）。

POINT 4 名誉権

名誉権は、刑法では名誉毀損罪（刑法230条）、民法では名誉権侵害に基づく不法行為責任（民法709条、710条、723条）として保護されているが、憲法上においても、**人格的生存に不可欠な権利として保障されるものと解するのが通説**である。なお、名誉権は、表現の自由と衝突することがある（例 雑誌等の特定人物を批判する記事など）。

POINT 5 自己決定権

自己決定権とは、自己の私的範囲の内容*について、**公権力による介入や干渉を受けずに、自らの意思によって決定できる権利**である。

ここできめる！ 輸血拒否の権利は認められる！

試験では「宗教上の理由によって輸血という医療行為を拒否できるか」という事案がよく問われる。判例は、患者が宗教上の理由で輸血を伴う医療行為を拒否するとの明確な意思を有している場合、このような意思決定をする権利は、人格権の一内容として尊重されなければならないとした（最判平12.2.29）。

POINT 6 環境権

環境権とは、快適な環境で健康に生活するための権利のことをいう。1960年の高度経済成長期の負の側面として、大気汚染、水質汚濁、土壌汚染、悪臭、車や飛行機による騒音など、多くの環境問題が生じるようになった。そこで、快適な環境で健康に生活するために、新しい人権として「環境権」が主張されるようになった。

下級審判例では、大阪空港公害訴訟において航空機の騒音問題に対して「人格権」の名のもとに損害賠償請求を認めたものがあるが、**判例においては「環境権」という権利を真正面から**認めたものはないことを押さえておく必要がある。

下の2行は脚注のサンプルです。

* **環境権** 民法では名誉権侵害に基づく不法行為責任（民法709条、710条、723条）として保護されているが、憲法上においても、人格的生存に不可欠な権利として保障されるものと解するのが通説である。（52字×2行）

❶ POINT

このSECTIONで押さえておきたい内容を、ポイントごとにまとめています。

❷ 重要度

各SECTIONの試験別重要度を表しています。過去問を分析し、重要度を★の数で表しています。

❸ キャラクターが補足情報を教えてくれます。

❹ ここできめる！

最重要の知識や、間違えやすいポイントをまとめています。試験直前の確認などに活用できます。

❺ 判例

判例とは、具体的な事件について最高裁判所が示した法律的判断のことです。ここでは事案（事件の概略）と判旨（判決が示された理由）に分けて解説しています。

❻ 注

本文中に出てくる専門的な言葉やわかりにくい用語などに＊をつけ、ここで説明しています

STEP 2　一問一答で理解を確認！

STEP 1の理解をチェックするための一問一答形式の問題です。過去問演習のための土台づくりとして、効率的にポイントを復習できます。

STEP 3　過去問にチャレンジ！

本書には、過去15年分以上の過去問の中から、重要な基本事項を効率的に学習できる良問を選別して収録しています。

過去問は、可能であれば3回以上解くのが望ましいです。過去問を繰り返し解くことで、知識だけでなく能力や感覚といったアビリティまで身につくという側面があるのです。

別冊　解答解説集

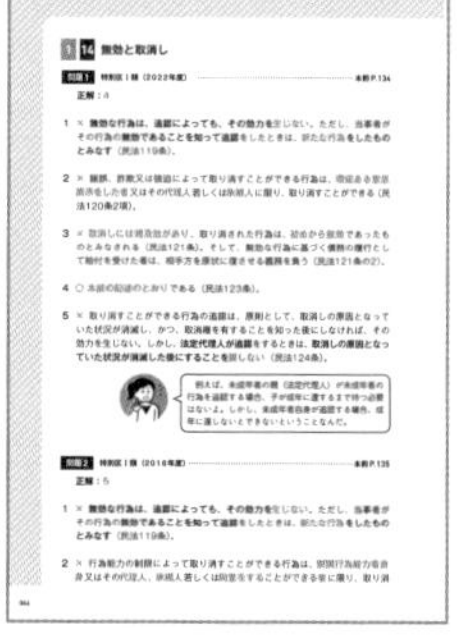

STEP 3の過去問を解いたら、取り外して使える解答解説集で答え合わせと復習を行いましょう。

本書掲載の過去問題について

本書で掲載する過去問題の問題文について、問題の趣旨を損なわない程度に改題している場合があります。

法律用語について

「法律」とは、皆が快適に暮らしていくために、つくられた社会のルールです。法律では、日常ではあまり使われない言葉が出てきますので、本書で学習するにあたって、よく目にする主な用語の意味を紹介しておきます。

用語	意味
予め（あらかじめ）	前もって、ということ。
係る（かかる）	関係する、ということ。
較差（かくさ）	二つ以上の事がらを比較したときの差。
瑕疵（かし）	欠陥のこと。
較量（こうりょう）	くらべて考えること。
準用（じゅんよう）	類似の内容について、同じような条文を繰り返すことを避けるための立法技術であり、特定の規定の再利用のようなものです。
斟酌（しんしゃく）	相手の事情や心情をくみとること。
直ちに（ただちに）	「すぐに」行うということで、最も時間的に短い概念。「速やか（すみやか）に」は、できるだけ早くという意味であり、「遅滞（ちたい）なく」は、これらより時間的に余裕があります。
抵触（ていしょく）	ある事がらと、別の事がらが矛盾していること。
甚だ（はなはだ）	通常の程度をはるかに超えていること。
専ら（もっぱら）	ひたすら、ということ。一つの事がらに集中すること。

※「及び」と「並びに」

AとBが並列の関係にあるとき、「A 及びB」と表記します。並列関係のものがABCと3つ以上あるときは、「A、B 及びC」と読点を使用して、最後に「及び」を用います。

そして、Bの中にも、ABより小さい関係のb1とb2があるときは、「A並びにb1及びb2」と表記します。「及び」は、最も小さな並列グループを連結し、「並びに」は、「及び」より大きな並列グループを連結します。

※「又は」と「若しくは」

AとBが選択の関係にあるときは、「A又はB」と表記します。選択関係のものがABC と3つ以上あるときは、「A、B 又はC」と読点を使用して、最後に「又は」を用います。

そして、Bの中にもb1とb2 があり、そこも選択関係にあるときは、「A又はb1若もしくはb2」として、「又は」は、最も大きな選択グループを連結し、「若しくは」は、「又は」より小さな選択グループを連結します。

最高裁判所判決・決定の略称による表記について

「裁判」とは、裁判所が行う意思表示を意味しますが、この裁判には「判決」「決定」「命令」があります。「判決」とは、原則として、口頭弁論（刑事訴訟では公判）に基づいて行われるものであり、「決定」とは、迅速を要する事項や付随的事項等について、「判決」よりも簡易な方式で行われる裁判です。また、「命令」は「決定」を裁判所ではなく、裁判官が行うものと考えればよいでしょう。

そして、最高裁判所について、最高裁判所裁判官の全員で構成される場合（合議体）を「大法廷」といい、最高裁判所の定める裁判官３名以上の員数で構成する合議体を「小法廷」といいます。そこで本書では、最高裁判所の大法廷判決を「最大判」、小法廷判決を「最判」と表記し、最高裁判所の大法廷による「決定」を「最大決」、小法廷決定を「最決」と表記します。

《例》 最大判平17.4.2…大法廷判決　最判昭58.10.7…小法廷判決
最大決令3.4.9…大法廷決定　最決平30.12.2…小法廷決定

根拠条文の表記について

各項目中において、カッコ内に法令名及びその条数を記していますが、原則として、各項目の最初に出てきた法令名については、法令名及び条数を記し、それ以降に同条文の「項」が異なるものが出てきた場合は、法令名及び条数を省略しています。

《例》 …です（憲法14条１項）。しかし…となります（同条２項）。ただし、…は例外です（憲法21条）。

公務員試験対策のポイント

志望先に合わせて計画的で的確な対策を

まずは第一志望先を決めましょう。仕事の内容、働きたい場所、転勤の範囲などが志望先を選ぶポイントです。また、併願先もあわせて決めることで、試験日・出題科目がおのずと決まってきて、学習計画を立てることができるようになります。

過去問の頻出テーマをおさえて問題演習を

公務員試験合格のポイントは、1冊の問題集を何度もくり返し解くことです。そうすることで、知らず知らずのうちに試験によく出るテーマ・問題のパターンがしっかりと身につき、合格に近づくことができるでしょう。

人物試験対策の時間も確保したスケジューリングを

近年では、論文試験や面接等の人物試験が重要視される傾向にあります。一次試験の直前期に、その先の論文試験や人物試験を見据えて、学習の計画を立てるようにしましょう。人物試験については、自己分析・志望動機の整理・政策研究を行って、しっかり対策しましょう。

憲法の学習ポイント

ここでは、憲法とは何か、ということと、公務員試験における憲法のポイントについて説明します。

本格的な学習を始める前に、まずは全体像を確認しておきましょう。

憲法とは何か

憲法の淵源となっている言葉は英語のConstitutionであり、これは「組織・構成」を意味します。

すると、もともとの意味の憲法は「国の制度を形成するルール」であり、国の統治機構の仕組みを束ねるための取り決めということになります。

さらに、現代の民主主義社会における憲法では、人権保障や権力分立といった近代立憲主義に立って考えます。つまり憲法とは、国家権力を適切に抑制したうえで、人々の権利や自由を保障するための自由の基礎法といえるものなのです。

そのため、憲法の学習においては、憲法が国家権力を制限し、人々の人権を守るためのルールという点をふまえておくことが大切です。

公務員試験における憲法のポイント

憲法は大きく分けると、「人権」と「統治」の分野から成り立っています。

①人権分野の学習は、判例と結論を押さえる

人権分野においては、そもそも人権の主体となるのは誰か、人はどのような人権を有しているのか、人権が問題となった事案について裁判所はどのように判断したのか、ということを学んでいきます。

この分野では、判例（その事件において裁判所が下した法的判断）が非常に重要です。なぜなら、憲法の人権条項は非常に抽象的に記述されているので、具体的な事件についてどのように考えるのかを、判例や学説によって補充してきたからです。

そのため、人権の学習においては、判例をしっかりと読みこみ、どのような論理でどのような結論を出したのかを押さえていく必要があります。

②統治分野の学習は、条文内容を正確に

統治分野においては、国の権力機構のメカニズムについて学んでいきます。

国の権力機構には、国民に選ばれた代表者（国会議員）が討論を通じて立法や政策形成を行う国会、国会の決めた法律や政策に基づいて個々の政策を実行する内閣、憲法と法律に基づいて紛争を解決する裁判所があります。

この分野では、人権と異なり、判例よりも条文が重視されます。権力機構のメカニズムを規定しているのが、まさに憲法の条文そのものだからです。

そのため、統治分野の学習においては、個々の条文内容を正確に記憶していくことが重要です。世界史や日本史のように、覚えることが中心となる分野なので、しっかりと記憶してしまえば確実な得点源とすることができます。

憲法の学習計画をチェック！

1
準備期

まずは、本書をざっと通読して全体像をつかむ。
問題はすぐに解説を見てもかまいません。

ここでは、無理に内容をわかろうとせず、軽く一読できればよい。

2
集中期

受験する試験種のうち、★の多い分野から取り組む。
★の多い分野を３回ほど周回してみましょう。

できれば、過去問を自力で解いてみよう。重要単元から着実に。

3
追い込み期

受験する試験種のうち、★の少ない分野にも取り組む。
ここも、3回ほど周回してみましょう。

マイナー分野も取り組むことで合格可能性が上がるので頑張ろう。

4
総仕上げ期

全範囲を通して学習する。
過去問はできるだけ自力で解いてみましょう。

過去問演習に力点を置いて、全範囲を網羅的に進めよう。

きめる！公務員試験シリーズで、合格をきめる！

2023年
9月発売
全5冊

３ステップ方式で絶対につまずかない！
別冊の解答解説集で効率的に学べる！

数的推理
1,980円（税込）

判断推理
1,980円（税込）

民法Ⅰ
1,980円（税込）

民法Ⅱ
1,980円（税込）

憲法
1,980円（税込）

2024年
発売予定
全5冊

- 社会科学
- 人文科学
- 自然科学
- 文章理解・資料解釈
- 行政法

シリーズ全冊試し読み「Gakken Book Contents Library」のご案内

1. 右のQRコードかURLから「Gakken Book Contents Library」にアクセスしてください。

   https://gbc-library.gakken.jp/
2. Gakken IDでログインしてください。Gakken IDをお持ちでない方は新規登録をお願いします。
3. ログイン後、「コンテンツ追加＋」ボタンから下記IDとパスワードを入力してください。

ID	9mvrd
PASS	cfphvps4

4. 書籍の登録が完了すると、マイページに試し読み一覧が表示されますので、そこからご覧いただくことができます。

※試し読みキャンペーンは予告なく終了する可能性がございます。

CHAPTER 1

人権総論

人権総論は判例を大事にして学習を進めよう

CHAPTER1・人権総論では、「人権享有主体性」「私人間効力」「幸福追求権」「平等権」といった、人権を学ぶうえで前提となる考えを扱います。

このうち「幸福追求権」と「平等権」は、個人の尊重・平等原則という、憲法上きわめて重要な概念に基づくもので、出題の可能性が高いパートです。いずれも多くの重要判例について出題されているので、それらの判例を中心に学習を進めましょう。

具体的には、STEP１・２で知識をインプットしたら、すぐにSTEP３の過去問にチャレンジし、どのように知識が問われているかを把握してみてください。

もちろん、最初から過去問を解ける人はそういないので、間違えても気にする必要はありません。折にふれて過去問に挑むことで、徐々に知識を的確に想起できるようになることが重要です。

当事者ごとに問題点を整理してみる

「人権享有主体性」では、法人と外国人の人権について、それぞれに重要判例が蓄積されています。ここでは、どの当事者におけるどの人権が問題となっているかという点を押さえておく必要があります。つまり、その人権が法人・外国人に保障されるのかどうか、その理由はなぜか、という点に着目することです。法人・外国人ともに重要判例が複数あるので、焦らずに押さえていきましょう。

「幸福追求権」「平等権」は、重要判例を網羅的に押さえる

この２つの分野は、重要判例が多いので、１つずつていねいにしっかりと判例を読みこんでください。憲法の人権分野はとにかく判例が重要で、地道に網羅的に判例を押さえておくことが求められるからです。

「幸福追求権」では、どのような権利が問題になっているかに着目して判例を押さえておきましょう。「平等権」では、ポイントとなる最近の重要判例がいくつかあるので、これらをまずしっかり押さえておくことです。

試験別対策

国家一般職

幸福追求権と平等権が比較的出題されやすい。まずは、この２分野の重要判例を優先して押さえる。判例の分量がそれなりにあるので、時間をかけて取り組んでいこう。

国家専門職

平等権がやや出題されやすく、それ以外の分野からの出題は少なめ。まずは、平等権を優先して押さえる。もちろん余裕があれば、他の分野も学習しておこう。

地方上級

幸福追求権がやや出題されやすい。まずは優先して、幸福追求権の重要判例を押さえよう。その後に、平等権を押さえるのがベター。

裁判所職員

幸福追求権・平等権を中心に、他の試験種よりもまんべんなく問われる傾向にある。難易度も高めなので、上記２分野を中心に、網羅的な学習を心がけたい。過去問は本書掲載のものをしっかりとこなしていこう。

特別区Ⅰ類

平等権に関する重要判例が繰り返し問われる傾向がある。まずは、平等権に関する重要判例を網羅的に学習しよう。それ以外の分野からはあまり出題がないが、念のため確認しておくのが望ましい。

市役所

平等権からの出題が多く、選択肢も他の試験種よりはやさしいものが多い。平等権を中心に学習し、その後は幸福追求権を見ておくのがベスト。

SECTION 1

人権享有主体性①（法人その他）

STEP 1 要点を覚えよう！

POINT 1 法人の人権享有主体性の問題

法人とは、法律によって権利義務が認められた組織や団体のことである。**憲法は「国民」という「自然人***」**を念頭に置いて規定**されているので、**憲法の規定が「法人」にも保障されるかという問題が「法人の人権享有*主体性」の問題**である。この点に関する重要判例としては、株式会社の政治献金の自由、税理士会の政治献金の自由、司法書士会の災害復興支援の自由があるため、以下確認していく。

POINT 2 株式会社の政治献金の自由（法人）

前提として、**法人にも権利の性質上可能な限り、憲法上の人権が保障される。**そして、**会社といった法人は**、自然人たる国民と同様、国や政党の特定の政策を支持したり、反対したりするなどの**政治的行為をなす自由を有しており、政治献金を行うことも同様**である。したがって、**会社のなした政治献金は目的の範囲内の行為である**とした。

八幡製鉄政治献金事件（最大判昭45.6.24）

判例(事案と判旨) 八幡製鉄の代表取締役が会社名義により自民党に政治資金を寄付したところ、この寄付に反対する株主が、会社の行った寄付は、定款所定の目的を逸脱するものであり、その行為は定款違反であるとして、代表取締役に対して損害賠償を求める株主代表訴訟を提起した。そのなかで、法人に政治献金を行う自由があるのかが問題となった。

☞**憲法第3章に定める国民の権利及び義務の各条項は、性質上可能な限り、**内国の**法人にも適用される**ものと解すべきであり、**会社は**、自然人たる国民と同様、国や政党の特定の政策を支持、推進し又は反対するなどの**政治的行為をなす自由を有する**。政治資金の寄付もまさにその自由の一環であり、これを自然人たる国民による寄付と別異に扱うべき憲法上の要請は**なく**、政治資金の寄付の自由を**有する**。

POINT 3 税理士会（強制加入団体）の政治献金の自由（法人）

税理士会は強制加入団体であり、会社とはその法的性格を異にする法人である。そして、税理士会の構成員としての会員には、様々の思想・信条、主義・主張を有する者が存在することが当然に予定されており、**公的な性格を有する税理士会が、**

* **自然人**…生きている人間のこと。

構成員に政治献金などへの協力を義務づけることはできない。したがって、**税理士会が政治献金をすることは、税理士会の目的の範囲外の行為**であり、**寄付をするために会員から特別会費を徴収する旨の決議は無効**であるとした。

南九州税理士会事件（最判平8.3.19）

判例（事案と判旨） 強制加入である税理士会が、特定の政治団体に寄付するため、会員である税理士から会費として1人5,000円を徴収すると決議した。一部の税理士は、なぜ政治団体に寄付するためのお金を出さなければならないのかと反発して会費を納めなかったところ、税理士会から役員選挙の選挙権停止処分を受けた。そこで、税理士会が政治活動目的で行う政治献金は、税理士会の目的の範囲外の行為であり無効であるとして訴えを提起した。

☞**法人にも政治活動の自由が保障されている**が、**税理士会は強制加入団体**であり、**脱退の自由が認められていない**。そのため、広範に政治活動の自由を認めてしまうと、所属している税理士の思想・信条の自由を害するおそれがある。**税理士会が政治活動目的で行う政治献金は、税理士会の目的の範囲外の行為であり無効**である。

POINT 4 司法書士会（強制加入団体）の災害復興支援の自由（法人）

司法書士会は強制加入団体であるが、司法書士会の活動目的の中には、他の地域の司法書士会との協力や援助等が含まれている。そして、**災害復興支援として寄付**を行うことは、**政党への政治献金と異なり**、司法書士業務の円滑な遂行が目的であり、司法書士会がもともと予定していた活動である。したがって、**司法書士会のなした復興支援の寄付は目的の範囲内の行為**であるとした。

群馬司法書士会事件（最判平14.4.25）

判例（事案と判旨） 強制加入である群馬司法書士会が、阪神・淡路大震災で被害を受けた兵庫県司法書士会に寄付を行うために、会員から特別負担金を徴収しようとした。これに対して一部の司法書士が反対し、負担金を支払う義務はないとして訴えを提起した。

☞**司法書士会は強制加入団体**であるが、司法書士会の活動目的の中に他の司法書士会との協力や援助等が含まれている。そして、**災害復興支援として寄付を行うことは、特定の政党への政治献金と異なり、**司法書士業務の円滑な遂行が目的であり、司法書士会がもともと予定していた活動であることから、**強制加入団体であったとしても当該寄付は目的の範囲内の行為であり有効**である。

＊ **享有**…権利や能力を生まれながらに持っていること。

POINT 5 未成年者の人権享有主体性

未成年者も国民である以上、**人権享有主体として人権が保障**される。しかし、未成年者は飲酒や婚姻ができない。これは、未成年者が「肉体的」にも「精神的」にも未熟であるため権利が制限されているのである。もっとも、**未成年者の権利を制限する規定は多くが民法、公職選挙法、条例など憲法以外**で定められており、**憲法上の明文として未成年者の権利を制限しているのは、選挙権に関する憲法15条3項だけ**である。

POINT 6 天皇・皇族の人権享有主体性

通説的見解では、天皇・皇族も日本の国籍を有する日本国民であると解されているが、その**性質上、天皇・皇族には特別の制約がある**と解されている。

例えば、**天皇・皇族には、選挙権・被選挙権（憲法15条1項）等に関してはこれらの権利を保障する規定がない**。また、**表現の自由（憲法21条1項）、財産権（憲法29条1項）等**に関して、**一般国民とは異なる特別の制約がある**と解されている。

POINT 7 公務員の人権享有主体性

公務員も日本国民である以上、**憲法の保障が及ぶ**。しかし、公務員は「全体の奉仕者」という側面があるため、例えば、**政治活動の自由において、政治的中立性を損なうような行為が禁止**されるという制約が認められる。

堀越事件（最判平24.12.7）

判例（事案と判旨） 社会保険事務所に勤務していた公務員である被告人が、特定政党のビラ配布をしたことが、当時の国家公務員法102条により規定されている「政治的行為」に該当するとして起訴された事案。

☞公務員も国民であるから表現の自由（憲法21条1項）としての政治活動の自由を保障されており、この精神的自由は立憲民主政の政治過程にとって不可欠の基本的人権であって、民主主義社会を基礎付ける重要な権利であることに鑑みると、法令による**公務員に対する政治的行為の禁止は、国民としての政治活動の自由に対する必要やむを得ない限度にその範囲が画されるべき**ものである。

☞国家公務員法102条1項が規定する**「政治的行為」**とは、**公務員の職務の遂行の政治的中立性を損なうおそれが、観念的なものにとどまらず、現実的に起こり得るものとして実質的に認められるもの**を指す。

☞本件の事例において、管理職的地位になく、その職務の内容や権限に裁量の余地のない公務員によって、職務と全く無関係に、公務員により組織される団体の活動としての性格もなく行われ、公務員による行為と認識できないことから、本件ビラ配布行為は罰則規定の構成要件に該当せず被告人を無罪とした。

POINT 8 未決拘禁者の人権享有主体性

未決勾留（犯罪の容疑により逮捕され、判決が確定するまで刑事施設に勾留されている状態のこと）における**未決拘禁者の閲読の自由**に対する制約が問題となった判例（よど号ハイジャック新聞記事抹消事件）を確認する。

「勾留」とは、被疑者又は被告人を拘束する裁判及びその執行のこと。つまり、**被疑者や被告人が警察署又は拘置所などの刑事施設で拘束される状態**のことだよ。
また、**「拘禁」**とは、**身体を拘束**して**比較的長時間**にわたって一定の場所に閉じ込めることを意味するんだ。逆に、**比較的短時間**の身体の拘束を**「逮捕」**というふうに考えておこう。

よど号ハイジャック新聞記事抹消事件（最大判昭58.6.22）

判例（事案と判旨） 国際反戦デー闘争等に参加し公務執行妨害罪等で起訴され拘禁されていた原告らは、新聞を私費で定期購読していたところ、拘置所長は、「よど号」乗っ取り事件に関する記事を墨でぬりつぶして配付した。

☞未決勾留は、逃亡又は罪証隠滅の防止を目的として、被疑者又は被告人の居住を刑事施設内に限定するものであって、勾留により拘禁された者は、その限度で身体的行動の自由を制限されるのみならず、逃亡又は罪証隠滅の防止の目的のために必要かつ合理的な範囲において、それ以外の行為の自由をも制限され、この**施設内における規律及び秩序を維持し、その正常な状態を保持する必要から一定の制限**が加えられる。

☞**新聞紙、図書等の閲読の自由**についても、一定の制限を加えられることはやむをえないが、その**制限が許されるためには**、規律及び秩序が害される一般的、抽象的なおそれがあるというだけでは足りず、その**閲読を許すことにより刑事施設内の規律及び秩序の維持上、放置することのできない程度の障害が生ずる相当の蓋然性が必要**であり、その**制限の程度はその障害発生の防止のために必要かつ合理的な範囲**にとどまるべきとしている。

「蓋然性（がいぜん）」とは、ある事がらが実現する確実性のことだよ。法律の学習をする場合、そもそも用語の意味がわからないと理解できないことが多いので、知らない言葉が出てきたら必ず意味を確認しよう。

STEP 2 一問一答で理解を確認！

1 判例は、税理士会は強制加入団体であり脱退が認められていないため、広範に政治活動の自由を認めてしまうと所属する税理士の思想・信条の自由を害するおそれがあるが、税理士会が政治活動目的で行う政治献金は、法人の目的の範囲内の行為であり有効であるとしている。

× 判例は、税理士会は**強制加入団体**であり脱退が**認められていない**ため、広範に政治活動の自由を認めてしまうと所属している税理士の思想・信条の自由を害するおそれが**ある**。よって、税理士会が政治活動目的で行う政治献金は法人の**目的の範囲外**の行為であり**無効**であるとしている（南九州税理士会事件：最判平8.3.19）。

---

2 判例は、会社は、自然人たる国民と同様、国や政党の特定の政策を支持、推進し又は反対するなどの政治的行為をなす自由を有するが、自然人たる国民による寄付と別異に扱うべき憲法上の要請があり、政治資金の寄付の自由は保障されないとしている。

× 判例は、会社は、自然人たる国民と同様、国や政党の特定の政策を支持、推進し又は反対するなどの政治的行為をなす自由を**有し**、政治資金の寄付も自然人たる国民による寄付と別異に扱うべき憲法上の要請は**なく**、政治資金の寄付の自由を**有する**としている（八幡製鉄政治献金事件：最大判昭45.6.24）。

---

3 判例は、司法書士会は強制加入団体であり、災害復興支援として寄付を行うことは、司法書士会がもともと予定していた活動ではないことから、当該寄付は目的の範囲外の行為であり無効であるとしている。

× 判例は、司法書士会は**強制加入団体**であるが、災害復興支援として寄付を行うことは、司法書士会がもともと予定していた活動であることから、当該寄付は**目的の範囲内**の行為であり**有効**であるとしている（群馬司法書士会事件：最判平14.4.25）。

---

4 宗教法人には信教の自由が、学校法人には学問の自由が保障される。	○ 法人にも権利の性質上可能な限り、憲法上の人権が保障される。そして、宗教法人には信教の自由が、学校法人には学問の自由が**保障される**。
5 通説的見解では、天皇も日本の国籍を有する日本国民であると解されており、一般国民と異なる特別の制約をすることは認められない。	× 通説的見解では、天皇も日本の国籍を有する**日本国民**であると解されているが、**天皇には特別の制約がある**と解されている。
6 未成年者も国民であるから人権享有主体として人権が保障されているが、未成年者は肉体的にも精神的にも未熟であるため権利が制限され、それらの規定はその多くが民法、公職選挙法など憲法以外で定められており、憲法上で未成年者に対する権利の制限規定は置かれていない。	× 未成年者にも人権が保障されるものの、未成熟さからその権利が制限される点は**正しい**が、未成年者の権利を制限する規定について、**選挙権**に関する憲法15条3項**のみが憲法上の明文として未成年者の権利を制限**している。
7 判例は、未決勾留により拘禁された者は、新聞紙、図書等の閲読の自由について、一定の制限を加えられることはやむをえないが、その制限が許されるためには、その閲読を許すことにより刑事施設内の規律及び秩序の維持が害される一般的・抽象的なおそれがあれば足りるとしている。	× 判例は、未決勾留により拘禁された者の新聞紙、図書等の閲読の自由の制限が許されるためには、閲読を許すことで刑事施設内の規律及び秩序の維持上**放置することのできない程度の障害**が生ずる**相当の蓋然性**を必要とする（よど号ハイジャック新聞記事抹消事件：最大判昭58.6.22）。

STEP 3 過去問にチャレンジ！

問題 1 国家専門職（2015 年度）

人権の享有主体に関するア～オの記述のうち、妥当なもののみを全て挙げているのはどれか。

ア 天皇も日本国籍を有する日本国民であるため、人間であることに基づいて認められる権利は保障される。したがって、天皇に対して一般国民と異なる特別の制約をすることは認められない。

イ 憲法第3章に定める国民の権利及び義務の各条項は、性質上可能な限り、内国の法人にも適用されるものと解すべきであり、会社は、自然人たる国民と同様、国や政党の特定の政策を支持、推進し又は反対するなどの政治的行為をなす自由を有するとするのが判例である。

ウ 未成年者も日本国民である以上、当然に人権享有主体であると認められる。民法など未成年者に対して一定の制限規定を置いている法律もあるが、憲法上、未成年者に対する権利の制限規定は置かれていない。

エ 我が国に在留する外国人には、政治活動の自由についても、我が国の政治的意思決定又はその実施に影響を及ぼす活動等外国人の地位に鑑みこれを認めることが相当でないと解されるものを除き、その保障が及ぶとするのが判例である。

オ 憲法上、我が国に在留する外国人に出国の自由が認められる以上、日本国民が外国へ一時旅行する自由を保障されているのと同様、我が国に在留する外国人の再入国の自由も憲法上保障されているとするのが判例である。

1 ア、ウ
2 イ、エ
3 イ、オ
4 ウ、エ
5 エ、オ

➡解答・解説は別冊P.002

問題 2 国家専門職（2014 年度）

基本的人権の享有主体に関するア～オの記述のうち、妥当なもののみを全て挙げているのはどれか。ただし、争いのあるものは判例の見解による。

ア 未成年者も日本国民であり、当然に基本的人権の享有主体であるが、社会の成員として必要な成熟した判断能力を有することを期待することができないことから、憲法は、職業選択の自由、婚姻の自由及び選挙権について未成年者の人権を制限する規定を置いている。

イ 憲法第3章の諸規定による基本的人権の保障は、権利の性質上日本国民のみを対象としていると解されるものを除き、我が国に在留する外国人に対しても等しく及ぶが、公務員を選定罷免する権利を保障した憲法第15条第1項の規定は、権利の性質上日本国民のみをその対象とする。

ウ 法人の概念は、財産権の主体となることにその意味を持つものであるから、財産権や営業の自由のような経済的自由権については法人にもその保障が及ぶが、表現の自由や信教の自由のような精神的自由権については法人にはその保障が及ばない。

エ 国民は、憲法上、表現の自由としての政治活動の自由を保障されており、この精神的自由は立憲民主政の政治過程にとって不可欠の基本的人権であって、民主主義社会を基礎付ける重要な権利であることに鑑みると、法令による公務員に対する政治的行為の禁止は、国民としての政治活動の自由に対する必要やむを得ない限度にその範囲が画されるべきである。

オ 未決勾留は、逃亡又は罪証隠滅の防止を目的として、被疑者又は被告人の居住を刑事施設内に限定するものであって、未決勾留により刑事施設に拘束されている者が拘禁関係に伴う制約を受けることはやむを得ないものといわなければならないことから、新聞紙、図書等の閲読の自由についても、閲読を許すことにより刑事施設内の規律及び秩序が害される一般的・抽象的なおそれがあれば、これを制限することができる。

1 ア、イ
2 ア、ウ
3 イ、エ
4 ウ、オ
5 エ、オ

➡解答・解説は別冊P.003

問題 3 国家一般職（2013 年度）

法人及び外国人の人権に関するア～オの記述のうち、判例に照らし、妥当なもののみを全て挙げているのはどれか。

ア 憲法第3章に定める国民の権利及び義務の各条項は、性質上可能な限り、内国の法人にも適用され、また、同章の諸規定による基本的人権の保障は、権利の性質上日本国民のみをその対象としていると解されるものを除き、我が国に在留する外国人に対しても等しく及ぶ。

イ 法人は、自然人たる国民と同様、国や政党の特定の政策を支持、推進し、又は反対するなどの政治的行為をなす自由を有し、公益法人であり強制加入団体である税理士会が、政党など政治資金規正法上の政治団体に金員を寄付するために会員から特別会費を徴収することを多数決原理によって団体の意思として決定し、構成員にその協力を義務付けた上、当該寄付を行うことも、当該寄付が税理士に係る法令の制定改廃に関する政治的要求を実現するためのものである場合は、税理士会の目的の範囲内の行為として認められる。

ウ 会社が、納税の義務を有し自然人たる国民と等しく国税等の負担に任ずるものである以上、納税者たる立場において、国や地方公共団体の施策に対し、意見の表明その他の行動に出たとしても、これを禁圧すべき理由はないが、会社による政治資金の寄付は、その巨大な経済的・社会的影響力に鑑みると、政治の動向に不当に影響を与えるおそれがあることから、自然人たる国民による寄付と別異に扱うべき憲法上の要請があるといえる。

エ 政治活動の自由に関する憲法の保障は、我が国の政治的意思決定又はその実施に影響を及ぼす活動など外国人の地位に鑑みこれを認めることが相当でないと解されるものを除き、我が国に在留する外国人に対しても及ぶことから、法務大臣が、憲法の保障を受ける外国人の政治的行為を、在留期間の更新の際に消極的な事情としてしんしゃくすることは許されない。

オ 地方公務員のうち、住民の権利義務を直接形成し、その範囲を確定するなどの公権力の行使に当たる行為を行い、若しくは普通地方公共団体の重要な施策に関する決定を行い、又はこれらに参画することを職務とするものについては、原則として日本国籍を有する者が就任することが想定されているとみるべきであり、外国人が就任することは、本来我が国の法体系の想定するところではない。

1 ア、イ
2 ア、オ
3 イ、エ

4　ウ、エ
5　ウ、オ

➡解答・解説は別冊 P.004

問題 4　国家専門職（2020 年度）

人権の享有主体に関するア～オの記述のうち、妥当なもののみを全て挙げているのはどれか。

ア 天皇や皇族も、日本国籍を有する日本国民であり、一般国民と同様の権利が保障されるため、選挙権及び被選挙権が認められている。

イ 法人にも、権利の性質上可能な限り人権規定が適用されるため、宗教法人には信教の自由が、学校法人には学問及び教育の自由が保障される。

ウ 外国人にも、権利の性質上可能な限り人権規定が適用されるため、永住資格を有する定住外国人には国政の選挙権及び被選挙権が認められている。

エ 我が国に在留する外国人には、入国の自由が保障されず、また、外国へ一時旅行する自由を保障されているものでもないから、再入国の自由も保障されないとするのが判例である。

オ 法人たる会社は、自然人たる国民と同様、国や政党の特定の政策を支持、推進し又は反対するなどの政治的行為をなす自由を有しており、その自由の一環として、公共の福祉に反しない限り、政党に対する政治資金の寄付の自由を有するとするのが判例である。

1　ア、ウ
2　イ、エ
3　エ、オ
4　ア、ウ、オ
5　イ、エ、オ

➡解答・解説は別冊 P.005

SECTION 2

人権享有主体性②（外国人）

STEP 1 要点を覚えよう！

POINT 1 外国人の政治活動の自由

基本的人権が外国人にも保障されるかという問題が**「外国人の人権享有主体性」**である。原則として、「人権」は外国人にも認められるが、すべての権利が日本人と同じように外国人にも認められるわけではない。この点に関する重要判例を確認していく。

まず、**政治活動とは、政治上の目的をもって行われる活動**をいう。外国人であってもデモ行進やビラを配ることは一応保障されているが、憲法には、国民主権の原理（憲法前文1段、1条）が規定されていることから、**国の政治的な意思決定は日本人にのみ認められる**。したがって、**外国人に保障される政治活動の自由は、日本国の意思決定に影響を及ぼさない程度において認められている。**

マクリーン事件（最大判昭53.10.4）

判例(事案と判旨) 語学学校の英語教師として在留期間1年の入国許可を得ていたアメリカ国籍のマクリーン氏は、日本で日米安保条約に反対する等の政治活動を行っていた。マクリーン氏が在留期間更新許可申請*を行ったところ不許可とされたため、不許可処分の取消しを求めて訴えを提起した。

☞**憲法の基本的人権の保障は、権利の性質上日本国民のみを対象**としていると解されるものを**除き、日本に在留する外国人にも等しく及ぶ。**

☞**我が国の政治的意思決定に影響を及ぼす活動**など、外国人の地位に鑑みこれを**認めることが相当でないと解されるものを除き、政治活動の自由は外国人にも保障される**。しかし、外国人に対する憲法の基本的人権の保障は、**外国人在留制度の枠内**で与えられているにすぎない。すなわち、在留期間中の憲法の基本的人権の保障を受ける行為を**在留期間の更新の際に、消極的な事情として斟酌されないことまでの保障が与えられているものではない。**

☞憲法上、**外国人は我が国に入国する自由を保障されておらず**、また、在留の権利ないし引き続き在留することを要求しうる権利が保障されているも**のではない**。

☞**法務大臣には、在留期間を更新するかしないかの裁量があり**、本件では、裁量権の逸脱・濫用は**認められない**ため合憲である。

＊ **在留期間更新許可申請**…在留資格をもって日本に在留する外国人が、付与された在留期間を超えて、引き続き在留を希望する場合に、在留できる期間を更新するために行う申請のこと。

POINT 2 外国人の選挙権

政治に参加する権利である参政権は、国の政治的意思決定にかかわる重要な権利である。そして、参政権の一つである**選挙権に関しては、憲法15条1項で規定**されており、**地方自治に関する規定である憲法93条2項の「住民」**とは、地方公共団体の区域内に住所を有する**日本国民を意味**するものである。したがって、**憲法上、選挙権は外国人には保障されない**。

外国人の地方選挙権事件（最判平7.2.28）

判例（事案と判旨） 在日韓国人である原告が、憲法上の地方公共団体に関する選挙について、永住外国人である自分たちが選挙人名簿に登録されていなかったため、永住外国人にも選挙権が認められるべきだとして訴えを提起した。

☞**憲法93条2項にいう「住民」とは**、地方公共団体の区域内に住所を有する**日本国民を意味**するものである。

☞**公務員を選定・罷免する権利を保障した憲法15条1項の規定は、権利の性質上日本国民のみをその対象とし、憲法15条1項による権利の保障は、我が国に在留する外国人には及ばない**。

☞ただし、我が国に在留する**外国人のうち永住者等**について、**法律をもって地方公共団体の長、その議会の議員等に対する選挙権を付与する措置を講ずることは、憲法上禁止されているものではない**が、このような措置を講ずるか否かはもっぱら**国の立法政策**にかかわる事柄であって、**このような措置を講じないからといって違憲の問題を生ずるものではない**。

この判例の注意点は、原則として、選挙権は日本国民のみ有するとしつつ、外国人であっても永住者等で、地方自治に関するものならば、法律で選挙権を付与することも認めている点なんだ。

なお、**「国会議員」の被選挙権を有する者を日本国民に限っている公職選挙法の規定は、憲法15条に違反しない**とした判例もある（最判平10.3.13）。

POINT 3 外国人の指紋の押なつ制度*

指紋は、性質上万人不同性・終生不変性があるため、利用方法次第では個人の私生活あるいはプライバシーが侵害される危険性がある。そして**判例は、個人の私生活上の自由の一つとして、何人もみだりに指紋の押なつを強制されない自由を有し、国家機関が正当な理由もなく指紋の押なつを強制することは憲法13条の趣旨に反して許されず、その自由の保障は我が国に在留する外国人にも等しく及ぶ**としている。

しかしながら、**指紋の押なつ制度は**、戸籍制度のない**外国人の人物特定につき**

* **外国人の指紋の押なつ制度**…2000年3月まで実施されていた、在日外国人に対する登録に係る制度。2000年3月をもって廃止されている。

最も確実な制度であり、**方法としても一般的に許容される限度であるとして、憲法13条に反しない**としている（最判平7.12.15）。

POINT 4 公務就任権

公務就任権とは、公務員になる権利（例：市役所職員になる等）のことをいう。公務員の仕事は、法律を執行したり、国の制度を定めたりするため、日本のあり方を決める重要な仕事にかかわってくる。

したがって、国民主権の原理*（憲法前文1段、1条）に照らし、**公務就任権は日本人だけに保障される権利であり、外国人には保障されていない。**

東京都管理職選考試験事件（最大判平17.1.26）

判例（事案と判旨） 東京都の保健所で採用されていた特別永住者である在日韓国人が、管理職選考試験の受験を希望したところ、外国人であることを理由に受験を拒否された。そこで、日本国籍がないことを理由に、公務員の管理職選考試験の受験資格がないとする措置が憲法14条1項等に違反するかが問題となった。

☞**国民主権の原理**に基づき、原則として、**日本国籍を有する者が公権力行使等地方公務員**（住民の権利義務を直接形成しその範囲を確定する等の公権力を行使する行為若しくは普通地方公共団体の重要な施策に関する決定・参画を職務とする公務を行う地方公務員）**に就任すると想定されており、外国人が就任することは本来想定されていない。**

☞**管理職に昇任**すると、**公権力行使等地方公務員に就任してその公務を行うことが当然の前提**とされているため、公権力行使等地方公務員の職位と、これに昇任するのに必要な職務経験を積むために経るべき職位とを包含する一体的な管理職の任用制度が構築されているといえ、**日本国籍を有する職員に限って管理職に昇任することができるという措置は、合理的な理由があり憲法14条に違反するものではない。**

POINT 5 入国の自由・再入国の自由

入国の自由とは、海外から日本に入国できる自由のことである。判例は、国際慣習法上、**外国人を入国させるかは各国の自由裁量**であるから、**入国の自由は、日本人だけに保障される権利であり、外国人には、保障されていない**としている（最大判昭32.6.19）。

他方、**出国の自由とは、日本から国外へ移動する自由**のことである。憲法22条2項では「何人も、外国に移住し、又は国籍を離脱する自由を侵されない」と規定されており、**出国の自由は、外国人にも保障される**としている（最大判昭32.12.25）。

そして、**再入国の自由とは、一度日本から出国し、再び日本に入国する自由**のことである。問題となるのは、例えば、日本に在留する外国人が、日本国外に旅

* **国民主権の原理**…国民が自ら国政を主導する権限を有するという原理。

行に行き、再度日本に戻ってくる場合である。判例は、**日本に在留する外国人は、憲法上、外国へ一時旅行する自由が保障されていない**ので、**再入国の自由は、日本人だけ**に保障される権利であり、**外国人には保障されていない**としている（森川キャサリーン事件：最判平4.11.16）。

ここで䀫きめる！ 外国人に入国の自由等が認められる？

・入国の自由　☞**認められない**
・出国の自由　☞**認められる**
・再入国の自由　☞**認められない**

POINT 6 生存権

生存権とは「健康で文化的な最低限度の生活を営む権利」（憲法25条1項）と規定されているとおり、社会権の一つである（社会権は227ページ以降を参照）。

例えば、生存権に関するものとして生活保護制度がある。この点について、外国人も日本人と同じレベルで生存権が保障されるとすれば、多額の社会保障費を要してしまい、その結果、日本人に対する社会権の保障が弱まってしまう可能性がある。

したがって、**国としては、日本人に対する生存権の保障を優先しなければならず、憲法上、外国人には生存権は保障されていない**といえる。

塩見訴訟（最判平元.3.2）

判例(事案と判旨) 韓国籍だったXは、日本国籍を取得し、幼少期に失明したことから障害福祉年金受給申請を行ったが、認定日に日本国籍を有していなかったことを理由に申請が却下された。そこで、Xは却下処分が憲法25条・憲法14条1項に反するとして訴えを提起した。

☞**社会保障施策上、在留外国人をどのように処遇するか**については、その限られた財源の下で福祉的給付を行うにあたり、**自国民を在留外国人より優先的に扱うことも許される**。

☞**障害福祉年金の支給対象から在留外国人を除外することは、立法府の裁量*の範囲内**であるから、**憲法25条に反しないとともに、外国人と日本人の取扱いの区別について合理性があり、憲法14条1項に反しない**。

なお、**現行の生活保護法**について、同法は1条及び2条の適用対象を日本国民を意味する「国民」と定めたものであり、外国人はこれに含まれないとし、**外国人は、行政庁の通達等に基づく行政措置により事実上の保護の対象となりうる**にとどまり、同法1条及び2条の改正等を経ることなく**同法に基づく受給権を有しない**とした判例がある（最判平26.7.18）。

---

* **裁量**…その人の考えや判断に基づいて、物事を処理できること。

STEP 2 一問一答で理解を確認！

1 憲法93条2項は「地方公共団体の長、その議会の議員及び法律の定めるその他の吏員は、その地方公共団体の住民が、直接これを選挙する」と規定している。判例は、この「住民」について地方公共団体の区域内に住所を有する日本国民を意味するものであるとしている。

○ 判例は、憲法93条2項の「住民」について地方公共団体の区域内に住所を有する**日本国民**を意味するものであるとしている（外国人の地方選挙権事件：最判平7.2.28）。

2 判例は、我が国の政治的意思決定に影響を及ぼす活動なども含めて、政治活動の自由は外国人に保障されるとしている。

× 判例は、我が国の**政治的意思決定に影響を及ぼす活動など**、外国人の地位に鑑みこれを認めることが相当でないと解されるものを**除き**、政治活動の自由は外国人に保障されるとしている（マクリーン事件：最大判昭53.10.4）。

3 判例は、個人の私生活上の自由の一つとしてみだりに指紋の押なつを強制されない自由が保障されるが、その自由の保障は我が国に在留する外国人には及ばないとしている。

× 判例は、個人の私生活上の自由の一つとして何人もみだりに指紋の押なつを強制されない自由を**有し**、国家機関が正当な理由もなく指紋の押なつを強制することは憲法13条の趣旨に反して許されず、その自由の保障は我が国に在留する外国人にも**等しく及ぶ**としている（最判平7.12.15）。

4 我が国に在留する外国人のうち永住者等について、法律をもって地方公共団体の長、その議会の議員等に対する選挙権を付与する措置を講ずることは、憲法上禁止されているものではない。

○ **判例は本問のように判示している**（外国人の地方選挙権事件：最判平7.2.28）。

5 判例は、国民主権の原理に基づき、原則として日本国籍を有する者が公権力行使等地方公務員に就任すると想定されており、日本国籍を有する職員に限って管理職に昇任することができるという措置は、合理的な理由に基づいて日本国民である職員と在留外国人である職員とを区別したとはいえず、憲法に違反するとしている。

× 判例は、日本国籍を有する職員に限って管理職に昇任することができるという措置は、合理的な理由が**あり**、憲法14条に**違反しない**としている（東京都管理職選考試験事件：最大判平17.1.26）。

6 判例は、現行の生活保護法は1条及び2条の適用対象を日本国民を意味する「国民」と定めたものであり、外国人はこれに含まれないとし、外国人は、行政庁の通達等に基づく行政措置により事実上の保護の対象となりうるにとどまり、同法1条及び2条の改正等を経ることなく同法に基づく受給権を有しないとしている。

○ **本問の記述のとおり**である（最判平26.7.18）。

7 社会保障施策上、在留外国人をどのように処遇するかについては、自国民を在留外国人より優先的に扱うことも許される。

○ **本問の記述のとおり**である（最判平元.3.2）。

8 判例は、国際慣習法上、外国人を入国させるかどうかは各国の自由裁量であるから、入国の自由は、外国人には保障されていないとする一方、出国の自由は、外国人にも保障され、外国へ一時旅行する自由が保障されているので、再入国の自由は、日本人だけでなく外国人にも保障されるとしている。

× 判例は、入国の自由は、国際慣習法上外国人を入国させるかは各国の**自由裁量**であるから外国人には**保障されていない**（最大判昭32.6.19）。また、日本に在留する外国人は憲法上外国へ一時旅行する自由が保障されて**いない**ので、再入国の自由は、外国人には**保障されていない**としている（森川キャサリーン事件：最判平4.11.16）。

STEP 3

過去問にチャレンジ！

問題 1

裁判所職員（2014 年度）

外国人の人権に関する次のア～オの記述のうち、適当なもののみを全て挙げているものはどれか（争いのあるときは、判例の見解による。）。

ア 個人の私生活上の自由の1つとして、何人もみだりに指紋の押なつを強制されない自由を有するものというべきであり、国家機関が正当な理由もなく指紋の押なつを強制することは、憲法13条の趣旨に反して許されず、また、その自由の保障は、わが国に在留する外国人にも等しく及ぶ。

イ 政治活動の自由については、わが国の政治的意思決定又はその実施に影響を及ぼす活動等外国人の地位に鑑みこれを認めることが相当でないと解されるものを除き、わが国に在留する外国人に対してもその保障が及ぶ。

ウ 外国移住の自由は、その権利の性質上外国人に限って保障しないという理由はなく、外国への移住が後にわが国へ帰国ないし再入国することを前提としていることからすれば、わが国に在留する外国人は、憲法上、外国へ一時旅行する自由を保障されている。

エ 社会保障上の施策において在留外国人をどのように処遇するかについては、国は、当該外国人の属する国との外交関係、変動する国際情勢、国内の政治・経済・社会的諸事情等に照らしながら、できる限りその保障を及ぼすべきであって、自国民を在留外国人より優先的に扱うことは許されない。

オ 憲法 93 条 2 項は、わが国に在留する外国人のうちでも永住者等であってその居住する区域の地方公共団体と特段に緊密な関係を持つに至ったと認められるものについて、地方公共団体の長、その議会の議員等に対する選挙の権利を保障したものと解される。

1 ア、イ
2 ア、ウ
3 イ、エ
4 エ、オ
5 ウ、オ

➡解答・解説は別冊 P.006

問題 2　特別区Ⅰ類（2017 年度）

日本国憲法に規定する法人又は外国人の人権に関する記述として、判例、通説に照らして、妥当なものはどれか。

1　法人は自然人ではないが、その活動は自然人を通じて行われ、その効果が究極的に自然人に帰属し、現代社会において一個の社会的実体として重要な活動を行っていることから、法人にも自然人と同じ程度に全ての人権の保障が及ぶ。

2　最高裁判所の判例では、税理士会が強制加入である以上、その会員には様々な思想信条を有する者が存在し、会員に要請される協力義務にも限界があるが、税理士に係る法令の制定改廃に関する政治的要求実現のために税理士会が政治資金規正法上の政治団体に金員の寄付をすることは、税理士会の目的の範囲内の行為であり、寄付のため特別会費を徴収する旨の決議は有効であるとした。

3　人権の前国家的性格や憲法の国際協調主義の観点から、外国人は憲法の保障する人権の享有主体となり得るが、憲法の規定上「何人も」と表現される条項のみ外国人に保障される。

4　最高裁判所の判例では、地方公共団体が、公権力行使等地方公務員の職とこれに昇任するのに必要な職務経験を積むために経るべき職とを包含する一体的な管理職の任用制度を構築した上で、日本国民である職員に限って管理職に昇任できるとする措置を執ることは、合理的な理由に基づいて日本国民である職員と在留外国人である職員とを区別したとはいえず、憲法に違反するとした。

5　最高裁判所の判例では、現行の生活保護法は、第1条及び第2条において、その適用の対象につき「国民」と定めたものであり、外国人はこれに含まれないと解され、外国人は、行政庁の通達等に基づく行政措置により事実上の保護の対象となり得るにとどまり、生活保護法に基づく保護の対象となるものではなく、同法に基づく受給権を有しないとした。

➡解答・解説は別冊 P.007

SECTION 3

私人間効力

STEP 1 要点を覚えよう！

POINT 1 直接適用説

元来、憲法は、巨大な権力を持つ「国家」から「私人」の権利を守るために制定されたものだが、現代では巨大企業など、社会的・経済的に影響力の大きい「私人」が現れ、国民の権利侵害のおそれが生じてきた。

そこで「国家対私人」だけではなく、**「私人対私人」の関係にも憲法を適用させるべきではないかという問題を憲法の私人間効力**（しじんかんこうりょく）といい、3つの学説があるので確認していく。

まず、**直接適用説**は、憲法の規定が**私人間においても直接適用される**という考え方である。例えば、憲法では表現の自由（憲法21条1項）が認められるが、私人である企業が、私人である労働者に一定の表現行為を禁止したことで争いとなった場合、憲法21条1項を適用することができるという考え方である。

直接適用説への批判

①**私人間に国家が過度に介入**してしまい、**私的自治の原則や契約自由の原則等が侵害される可能性がある**ため妥当ではない。

②**この説に立ったとしても、私人間において保護される人権と相手方の人権との利益調整を図って解決する場合は人権が相対化**され、国家との関係では制限なく保障されていた人権が、私人間においては保護される人権が認められる限度で相手方の人権が制限されてしまうことになり、39ページの**間接適用説と同じ結果**になる。

③私人間にまで憲法が介入すると、「国家からの自由」という人権規定の本質が変質・希薄化するおそれがある。

上記②は直接適用するとしても、**私人間の争いの場合は互いに人権**があり、どちらにしても**双方の人権についてバランスを保って保護**しなければならない結果、**間接適用説と同じ結果**になってしまう、という批判なんだ。

POINT 2 無効力説

無効力説は、憲法の規定は、**私人間には一切適用しない**とする考え方である。

この説に対しては、**巨大な社会的権力を持った私人との関係で人権侵害が発生**した場合に、**憲法による救済が一切不可能**であり、国民の権利保護が十分図れないおそれがある、という批判がある。

POINT 3 間接適用説（判例）

間接適用説は、憲法の規定は、**私人間において直接適用されないが、憲法の人権規定を民法などの私法の一般条項（40ページのPOINT4参照）を介して、間接的に適用する**という考え方である。

私法の一般条項とは、**民法にある「公序良俗」「信義誠実の原則*」「権利濫用の禁止」**など、**一般的・抽象的な規定の条文**のことである。

例えば、民法90条は「公の秩序又は善良の風俗に反する法律行為は、無効とする」と規定しており、いわば"よろしくない行為は無効"とする抽象的な規定である。仮に法律では規制されていない悪質な行為があった場合、この公序良俗に関する規定（一般条項）を用いて、そのなかで人権規定の考え方を及ぼすことで、妥当な結論を導くことができる。

なお、この**間接適用説に立ったとしても、憲法18条の奴隷的拘束からの自由、憲法27条3項の児童酷使の禁止、憲法28条の労働基本権等の規定は、私人間に直接適用される**と解されている。

私人間の争いについては、これらの**私法上の一般条項を用いて解決**するなかで、**憲法規定の考え方を及ぼす**という考え方だからね。

間接適用説への批判

①どの程度の人権侵害に対して、どのように一般条項を適用するのか**基準があいまい**な部分があり、基準を厳しくすれば無効力説に近くなり、基準を緩くすれば直接適用説に近くなる。

②私法の一般条項を介して人権規定が適用されるため、私人間において保護される人権と相手方の人権との利益調整を図って解決することとなり、人権が相対化され、国家との関係では制限なく保障されていた人権が、私人間においては保護される人権が認められる限度で相手方の人権が制限されてしまう、といった批判がある。

では、以上を前提に重要判例を確認していく。

---

* **信義誠実の原則**…権利の行使・義務の履行は、信義に従い誠実に行わなければならないとする原則。

POINT 4 私的企業の就業規則に関する重要判例

日産自動車事件（最判昭56.3.24）

判例（事案と判旨） 当時、日産自動車では定年年齢を男性60歳、女性55歳とする就業規則があったところ、55歳となり定年退職を命じられた女性が、就業規則の男女別定年制が平等原則（憲法14条1項）に違反するとして訴えを提起した。

☞**憲法の人権保障の規定は、私人間に直接適用、類推適用できない**として**間接適用説**の立場に立つものと一般的に理解されている。

☞会社の就業規則中女子の定年年齢を男子より低く定めた部分は、**専ら女子であることのみを理由**として**差別**したことに帰着するものであり、**性別のみによる不合理な差別**を定めたものとして、**民法90条の規定により無効**であると解するのが相当である。

「類推適用」とは、ある事例について直接定めた法規がない場合に、類似した事項について規定した法規を適用することである。例えば、「○○において牛を飼ってはならない」という規定がある場合、この規定を「馬」についての事例に適用していくような場面である。

そして、間接適用説を理解するうえで、この判例はわかりやすい。私的企業の就業規則に対して、**「憲法の平等権規定により無効」（＝直接適用）とするのではなく、平等権の考え方から「民法90条の公序良俗違反により無効」**と判示している。

どちらにしても無効…と覚えていると間違える可能性があるから注意してね。**「憲法14条（平等権）に違反しているので無効」という選択肢は誤りなの。**

POINT 5 私的企業の契約締結の自由に関する重要判例

三菱樹脂事件（最大判昭48.12.12）

判例（事案と判旨） 三菱樹脂株式会社の採用試験では、応募者に対して学生運動に参加したか否かを尋ねていたところ、Xは参加していないと述べていた。その後、Xは採用されたが、その後の調査でXが学生運動に参加していたことが発覚したため、Xの本採用を拒否した。そこで、Xは採用試験において応募者の思想を調査し、その思想を理由に本採用を拒否することは、Xの思想・良心の自由（憲法19条）を侵害するとして訴えを提起した。

☞**憲法の人権保障の規定は、私人間に直接適用、類推適用できない**として**間接適用説**の立場に立つものと一般的に理解されている。

☞**企業は契約締結の自由を有しており、企業者が特定の思想、信条を有する**

労働者をそのゆえをもって雇い入れることを拒んでも、それを当然に違法とすることはできない。

どの判例も間接適用説を採用していることを、まずは要確認だね。そのうえで、各事例の結論がどうなっているかを押さえておくこと。

POINT 6 私立大学の懲戒権に関する重要判例

昭和女子大事件（最判昭49.7.19）

判例(事案と判旨) 昭和女子大学の学生Ｘらは、学内で無届の政治的署名運動を行ったり、週刊誌で事実を歪曲した手記を発表するなど、大学を批判する活動を続けていた。同大学は学則の細則として「生活要録」というものがあり、そのなかで「政治活動を行う場合は予め大学当局に届け、指導を受けなければならない」旨の記載があったため、Ｘらの上記行為は、この規定に反するとして退学処分となった。そこでＸは、同大学のこの規定が思想・良心の自由（憲法19条）を侵害するとして訴えを提起した。

☞**憲法の人権保障の規定は、私人間に直接適用、類推適用できない**として**間接適用説**の立場に立つものと一般的に理解されている。

☞私立大学において、その建学の精神に基づく校風と教育方針に照らし、**学生が政治的目的の署名運動に参加し又は政治的活動を目的とする学外団体に加入するのを放任することは教育上好ましくない**とする見地から、**学則等により届出や許可を受けるべきことを定めても、これをもって直ちに学生の政治的活動の自由に対する不合理な規制ということはできない。**

☞**本件退学処分は、懲戒権者***（学長）**に認められた裁量権の範囲内**にあるものとして、その**効力は認められる**。

ここで覚きめる! 私人間効力に関する各判例の結論は？

- 企業における定年年齢を男性60歳、
女性55歳とする就業規則 ☞**無効**
- 企業の採用試験における思想調査 ☞**有効**
- 私立大学における政治活動に大学の許可を求める規則 ☞**有効**

＊ **懲戒権者**…不当な行為等に対して制裁を加えるなどして、懲戒する（こらしめる）権限を持つ者。

CHAPTER 1 人権総論 3 私人間効力

STEP 2 一問一答で理解を確認！

1 憲法の規定は私人間においても直接適用されるとする考え方に対しては、私人間に国家が過度に介入してしまい、私法における「私的自治の原則」や「契約自由の原則」が侵害される可能性があるという批判まではなされていない。

× 直接適用説に対しては、本問のような批判が**ある**。

2 憲法の規定は私人間には一切適用しないとする考え方に対しては、私人が巨大な社会的権力を持つ場合に、このような私人との関係で人権侵害が発生した場合には、無効力説では憲法による救済が一切不可能であり、国民の権利保護が十分図れないおそれがあると批判される。

○ **本問の記述のとおり**である。

3 憲法の規定は私人間において直接適用されないが、憲法の人権規定を民法などの私法の一般条項を介して間接的に適用するという考え方に対しては、どの程度の人権侵害に対して、どのように一般条項を適用するのか基準があいまいな部分があり、基準を厳しくすれば無効力説に近くなり、基準を緩くすれば直接適用説に近くなると批判されている。

○ **本問の記述のとおり**である。

4 間接適用説において「憲法の人権保障規定を民法など私法の一般条項を介して間接的に適用する」とあるが、ここでいう「私法の一般条項」とは、民法にある「公序良俗」「信義誠実の原則」「権利濫用の禁止」などではない。

× 間接適用説において「憲法の人権保障規定を民法など私法の一般条項を介して間接的に適用する」という**「私法の一般条項」とは**、民法にある**「公序良俗」「信義誠実の原則」「権利濫用の禁止」**などである。

5 私立の女子大学の大学生の政治活動が、大学の学則の細則に反するとして退学処分となった事件では、憲法の人権保障の規定が私人間に直接適用されるという立場をとった。

× 昭和女子大事件（最判昭49.7.19）では、憲法の人権保障の規定は、私人間に直接適用、類推適用**できない**として**間接適用説**の立場をとった。

6 私立の女子大学の大学生の政治活動が、大学の学則の細則に反するとして退学処分となった事件では、本件退学処分は、学長に認められた裁量権の範囲を逸脱し違法とした。

× 昭和女子大事件（最判昭49.7.19）では、本件退学処分は、学長に認められた**裁量権の範囲内**であり違法とは**いえない**とした。

7 会社の採用試験において、応募者が学生運動に参加したことを理由に、会社が本採用を拒否した事件では、憲法の人権保障の規定が私人間に間接適用となる立場をとった。

○ **本問の記述のとおり**である（三菱樹脂事件：最大判昭48.12.12）。

8 会社の採用試験において、応募者が学生運動に参加していたことを理由に、会社が本採用を拒否した事件では、企業は契約締結の自由を有しており、企業が特定の思想、信条を理由に雇用を拒んでも違法とはいえないとした。

○ **本問の記述のとおり**である（三菱樹脂事件：最大判昭48.12.12）。

9 会社の就業規則において、女子の定年を男子よりも5歳若く定めた男女別定年制が問題となった事件では、憲法の人権保障の規定が私人間に直接適用となる立場をとった。

× 日産自動車事件（最判昭56.3.24）では、憲法の人権保障の規定は、私人間に**間接適用**される立場をとった。

10 会社の就業規則において、女子の定年を男子よりも5歳若く定めた男女別定年制が問題となった事件では、当該就業規則は性別による不合理な差別はないとして、民法90条の規定により有効であるとした。

× 日産自動車事件（最判昭56.3.24）では、当該就業規則は**性別による不合理な差別**として、民法90条の規定により**無効**であるとした。

STEP 3

過去問にチャレンジ！

問題 1

裁判所職員（2014 年度）

人権保障規定の私人間効力に関する次のA、B各説についてのア～オの記述のうち、適当なもののみを全て挙げているものはどれか。

A説：人権保障規定が私人間においても直接適用される。
B説：民法 90 条のような私法の一般条項を媒介として、人権保障規定を私人間において間接的に適用する。

ア A説は、人権保障規定を私人間に直接適用することで、私的自治の原則や契約自由の原則がより保障されることになると考えている。

イ A説は、私人間における人権保障規定の相対化を認めた場合には、B説と実際上異ならない結果になると批判される。

ウ B説は、私人間に直接適用される人権保障規定はないと考えている。

エ B説は、人権が、本来、「国家からの自由」として、国家権力に対抗する防御権であったという本質を無視していると批判される。

オ 判例は、思想・良心の自由を規定する憲法19条について、私人間を直接規律することを予定するものではないとして、A説を否定している。

1 ア、エ
2 イ、オ
3 ア、ウ、オ
4 イ、ウ、エ
5 イ、エ、オ

➡解答・解説は別冊 P.008

問題 2

国家専門職（2002年度）

法の基本的人権保障の規定は、公権力との関係で国民の権利・自由を保護するものであると考えられてきたが、これを私人間にも適用すべきであるとの考え方がある。人権保障規定の私人間適用について、①その必要性が主張されるに至った背景、②この問題についての学説・判例の考え方及びその問題点について論ぜよ。

➡解答・解説は別冊 P.009

東京都Ⅰ類（2014年度）

私人間における人権の保障に関して、私人間への適用を認める２つの考え方とそれぞれの問題点について、三菱樹脂事件及び日産自動車事件の最高裁判決に言及して説明せよ。

➡解答・解説は別冊 P.009

上の2つの問題の解答例は同じものとなるので、別冊9ページで一括して記載しているよ。38ページからのSTEP1で学んだ知識を整理して記載すれば、正解できるはず。

SECTION 4

幸福追求権

STEP 1 要点を覚えよう！

POINT 1 幸福追求権の意義

時代の変化とともに、憲法では規定されていない権利を保障する必要性が出てくることがある。**憲法13条後段は「幸福追求に対する国民の権利**については…**最大の尊重**を必要とする」と規定し、この**幸福追求権が新しい人権の根拠規定**となる。

一般に、**幸福追求権（憲法13条後段）は、憲法14条以下で保障されていない権利を導く補充的な機能**を果たし、**幸福追求権と憲法14条以下の個別的な人権は一般法と特別法の関係**＊**に立つ**と解されている。また、**この規定を根拠に裁判上の救済を受けることができる具体的権利**と解されている。

そして、この規定を根拠に新しい人権が認められる基準として、通説では、**個人の人格的生存に不可欠な利益**が幸福追求権として保障されると解されている（人格的利益説）。

とはいえ、この説でも個人の人格的生存に不可欠な利益に含まれない自由が一切保護されないという**わけではなく**、他の権利との調整が必要となる以上、憲法上問題となることが**ある**。

POINT 2 プライバシー権

プライバシー権とは、自分の生活上の情報をみだりに公開されない権利のことをいう。プライバシーに関して争われた重要判例をいくつか確認しておこう。

前科照会事件（最判昭56.4.14）

判例(事案と判旨) 自動車学校の教員を解雇されたXは、この解雇に納得がいかずに裁判で学校と争っていた。その際、自動車学校側の弁護士が区役所に対してXの前科を問い合わせたところ、区役所はXの前科・犯罪経歴について回答した。そこで、Xは、この区役所の回答がXのプライバシー権を侵害するとして訴えを提起した。

☞**前科及び犯罪経歴は**、人の名誉、信用に直接に関わる事項であり、**前科等のある者もこれをみだりに公開されないという法律上の保護に値する利益を有する**。

☞**市区町村長が漫然と弁護士会の照会に応じ、犯罪の種類、軽重を問わず、前科等のすべてを報告することは、公権力の違法な行使にあたる**。

＊ **一般法と特別法の関係**…適用範囲の広い一般法に関する特定の事項が特別法で規定される場合、特別法の規定が優先されること。

ノンフィクション『逆転』事件（最判平6.2.8）

判例(事案と判旨) Xは、ノンフィクション小説『逆転』の中で実名や有罪判決を受けて服役した前科にかかわる事実が公表され、精神的苦痛を被ったとして不法行為に基づく損害賠償を求めた。

☞**みだりに前科等にかかわる事実を公表されないことにつき、法的保護に値する利益を有する。**

☞その事実を公表されない法的利益と、これを公表する理由とを**比較衡量***し、前者が後者に優越する場合に不法行為が成立する。

住基ネット訴訟（最判平20.3.6）

判例(事案と判旨) 行政機関が住民基本台帳ネットワークによって、住民の個人情報を同意なく管理・収集することは、プライバシー権を侵害するとして住民が訴えを提起した。

☞**何人も、個人に関する情報をみだりに第三者に開示又は公表されない自由は、憲法13条によって保障されている。**

☞**行政機関が住基ネットにより住民の本人確認情報を管理・利用等する行為は、個人に関する情報をみだりに第三者に開示又は公表するものということはできず、**当該個人がこれに同意していないとしても、**憲法13条により保障された上記の自由を侵害するものではない。**

早稲田大学江沢民講演会事件（最判平15.9.12）

判例(事案と判旨) 早稲田大学が江沢民中国国家主席（当時）の講演会を開くにあたり、過激派グループに対する警備のため、講演会参加者の名簿を参加者に無断で警察へ提出した。この名簿の無断提出が参加者のプライバシー権を侵害するとして訴えが提起された。

☞**学籍番号、氏名、住所及び電話番号のような本件個人情報は、**個人識別等を行うための単純な情報であって、その限りでは、秘匿されるべき必要性が必ずしも高いものではないが、**自己が欲しない他者にはみだりにこれを開示されたくないと考えることへの期待は保護されるべきもの**であり、本件個人情報は**プライバシーに係る情報として法的保護の対象となる。**

☞参加者の**同意を得ないで、無断で個人情報を警察に開示した大学の行為は、参加者のプライバシーを侵害するものとして不法行為を構成する。**

POINT 3 肖像権とパブリシティ権

肖像権とは、みだりにその容ぼう・姿態を撮影されない権利のことをいう。また、**パブリシティ権とは、著名人**の肖像や氏名などがもつ**顧客吸引力を排他的に利用**

* **比較衡量**…どちらかを決定する際、対立する諸利益等を比較して考えること。

する権利のことをいう。これらに関する重要判例を確認する。

京都府学連事件（最大判昭44.12.24）

判例（事案と判旨） 大学生のＸらは、京都府学連の主催するデモ行進において、事前に許可を得た際の条件に違反しており、警察官がこの違反行為を証拠に残すためにＸらを無断で撮影した。その行為がＸらの肖像権を侵害するのかが問題となった。

☞**何人も、その承諾なしに、みだりにその容ぼう・姿態（以下「容ぼう等」という。）を撮影されない自由を有する**ものというべきである。**これを肖像権と称するかどうかは別として、**少なくとも、**警察官が、正当な理由もないのに、個人の容ぼう等を撮影することは、憲法13条に反し許されない。**

☞**現に犯罪が行われ若しくは行われたのち間がない**と認められ、**証拠保全の必要性及び緊急性**があり、かつその撮影が**一般的に許容される限度を超えない相当な方法による警察官の写真撮影は、撮影される本人の同意がなく、また裁判官の令状がなくても許される。**

☞撮影対象の中に犯人の身辺又は被写体とされた**物件の近くにいたためこれを除外できない**状況にある**第三者である個人の容ぼう等を含む**ことになっても、**憲法13条等に反しない。**

なお、速度違反車両の自動撮影を行う自動速度監視装置**（いわゆるオービス）による運転者の容ぼうの写真撮影は、現に犯罪が行われている**場合になされ、犯罪の性質、態様からいって**緊急に証拠保全をする必要性**があり、その**方法も一般的に許容される限度を超えない**相当なものであるから、**憲法13条に違反しない**とした判例がある（最判昭61.2.14）。

ピンク・レディー事件（最判平24.2.2）

判例（事案と判旨） タレントであるＸらは、週刊誌がＸらの写真を無断で掲載したことにより、Ｘらの肖像等が有する顧客吸引力を排他的に利用する権利が侵害されたとして、不法行為に基づく損害賠償を求めた。

☞**人の氏名、肖像等（併せて「肖像等」という）は、**個人の人格の象徴であるから、当該個人は、**人格権に由来するもの**として、これを**みだりに利用されない権利を有する。**

☞**肖像等は、**商品の販売等を促進する**顧客吸引力を有する場合があり、**このような**顧客吸引力を排他的に利用する権利（パブリシティ権）は、**肖像等それ自体の商業的価値に基づくものであるから、**人格権に由来する権利の一内容を構成する。**

☞**肖像等を無断で使用**する行為は、専ら肖像等の有する**顧客吸引力の利用を目的**とするといえる場合に、**パブリシティ権を侵害するものとして不法行為とされ、違法**となる。

POINT 4 自己決定権

自己決定権とは、自己の私的範囲の内容について、公権力による介入や干渉を受けずに、**自らの意思によって決定できる権利**のことをいう。自己決定権に関する重要な判例として、エホバの証人輸血拒否事件を確認しておく。

エホバの証人輸血拒否事件（最判平12.2.29）

判例（事案と判旨） エホバの証人の信者Xは、宗教上の信念から、どんな状況であっても輸血を拒否するとの固い意思を有していた。しかし、Xの担当医師は輸血以外には救命手段がない場合、患者及びその家族の許諾の有無にかかわらず輸血を行う方針であり、実際の手術でXに無断で輸血を行った。この無断輸血がXの自己決定権を侵害するのかが問題となった。

☞**患者が、輸血を受けることは自己の宗教上の信念に反するとして、輸血を伴う医療行為を拒否するとの明確な意思を有している場合、このような意思決定をする権利は、人格権の一内容**として**尊重**されなければならない。

☞患者が輸血を伴う可能性があった手術を受けるか否かについて意思決定をする権利を奪われたことによって被った精神的苦痛を慰謝すべき責任を**負う**。

POINT 5 環境権

環境権とは、快適な環境で健康に生活するための権利のことをいう。もっとも、**判例において、環境権という権利を明確に認めたものはない**。

POINT 6 喫煙の自由

喫煙の自由について、**未決勾留により拘禁された者の喫煙の自由について争われた判例**がある。判例は、未決勾留は逃走又は罪証隠滅の防止を目的として刑事施設内の秩序を維持し正常な状態を保持するため**必要な限度**において被拘禁者のその他の自由に対し**合理的制限**を加えることも**やむをえない**ことから、喫煙の自由は、憲法13条の保障する基本的人権の一つに含まれるとしても、**あらゆる時・所において保障されなければならないものではなく、喫煙禁止という程度の自由の制限は、憲法13条に違反しない**としている（最大判昭45.9.16）。

POINT 7 聞きたくないことを聞かない自由

地下鉄列車内における商業宣伝放送が、聞きたくないことを聞かない自由を侵害するかが争われ、侵害はないと判断された事案がある。この事案における伊藤正己裁判官の補足意見として、この自由は、**幸福追求権（憲法13条）に含まれると解することもできないものではないけれども、対立する利益（商業宣伝放送が経済的自由権の行使とした場合も含む）との較量**によって、侵害行為の具体的な態様について**検討を行うことが必要**となるとしている（最判昭63.12.20）。

一問一答で理解を確認！

1 判例は、学籍番号、氏名、住所及び電話番号のような個人情報は、個人識別等を行うための単純な情報であって、その限りにおいては、秘匿されるべき必要性が必ずしも高いものではなく、自己が欲しない他者にはみだりにこれを開示されたくないと考えることへの期待は保護されるべきといえないから、本件個人情報は、プライバシーに係る情報として法的保護の対象とならないとしている。

× 判例は、**学籍番号、氏名、住所及び電話番号のような個人情報**は、個人識別等を行うための単純な情報であって、その限りにおいては、秘匿されるべき必要性が必ずしも高いもの**ではない**が、**自己が欲しない他者にはみだりにこれを開示されたくないと考えることへの期待は保護されるべき**ものであるから、本件個人情報は、プライバシーに係る情報として**法的保護の対象となる**としている（早稲田大学江沢民講演会事件：最判平15.9.12）。

2 判例は、患者が輸血を受けることは自己の宗教上の信念に反するとして、輸血を伴う医療行為を拒否するとの明確な意思を有している場合であっても、このような意思決定をする権利は、人格権の一内容として尊重されないとしている。

× 判例は、患者が輸血を受けることは自己の宗教上の信念に反するとして、**輸血を伴う医療行為を拒否するとの明確な意思**を有している場合、**この意思決定をする権利は、人格権の一内容として尊重**されなければならないとしている（エホバの証人輸血拒否事件：最判平12.2.29）。

3 判例は、前科及び犯罪経歴は人の名誉、信用に直接にかかわる事項であるが、前科等のある者もこれをみだりに公開されないという法律上の保護に値する利益を有しないとしている。

× 判例は、前科及び犯罪経歴は人の名誉、信用に直接にかかわる事項であり、**前科等のある者もこれをみだりに公開されないという法律上の保護に値する利益を有する**としている（前科照会事件：最判昭56.4.14）。

4 判例は、個人の私生活上の自由の一つとして、何人も、その承諾なしに、みだりにその容ぼう・姿態（容ぼう等）を撮影されない自由を有するものというべきであり、これを肖像権と称するかどうかは別として、少なくとも、警察官が、正当な理由もないのに、個人の容ぼう等を撮影することは、憲法13条に反し許されないとしている。

○ 判例は、個人の私生活上の自由の一つとして、何人も、その承諾なしに、みだりにその容ぼう・姿態（容ぼう等）を撮影されない自由を**有する**とし、これを肖像権と称するかどうかは**別として**、少なくとも、警察官が、正当な理由もなく、個人の容ぼう等を撮影することは、憲法13条に**反し許されない**としている（京都府学連事件：最大判昭44.12.24）。

5 判例は、肖像等に関する顧客吸引力を排他的に利用する権利は、人格権に由来する権利とは異なるとしている。

× 判例は、肖像等は、商品の販売等を促進する顧客吸引力を有する場合があり、このような顧客吸引力を排他的に利用する権利（パブリシティ権）は、肖像等それ自体の商業的価値に基づくものであるから、人格権に由来する権利の一内容を構成するとしている（ピンク・レディー事件：最判平24.2.2）。

6 幸福追求権と憲法14条以下の各種人権規定は、一般法と特別法の関係に立つとされ、幸福追求権を直接の根拠に、裁判上の救済を受けることができると解されている。

○ **本問の記述のとおり**である。なお、裁判上の救済を受けることが認められる規定を**具体的権利**という。

STEP 3 過去問にチャレンジ！

問題 1

国家専門職（2017年度）

生命、自由及び幸福追求権に関するア～オの記述のうち、妥当なもののみを全て挙げているのはどれか。

ア 患者が、輸血を受けることは自己の宗教上の信念に反するとして、輸血を伴う医療行為を拒否するとの明確な意思を有している場合、このような意思決定をする権利は、人格権の一内容として尊重されなければならないとするのが判例である。

イ 肖像等は、商品の販売等を促進する顧客吸引力を有する場合があり、このような顧客吸引力を排他的に利用する権利（パブリシティ権）は、肖像等それ自体の商業的価値に基づくものであるから、人格権に由来する権利の一内容を構成するとするのが判例である。

ウ 前科及び犯罪経歴は、人の名誉、信用に直接に関わる事項ではあるが、刑事裁判における量刑や選挙資格など法律関係に直接影響を及ぼす場合が少なくない以上、前科及び犯罪経歴のある者がこれをみだりに公開されないという法律上の保護に値する利益を有するとまではいえないとするのが判例である。

エ 憲法第13条により保障される幸福追求権の意味について、個人の人格的生存に不可欠な利益を内容とする権利の総体をいうと解する立場によれば、個人の自由な行為という意味での一般的行為の自由が侵害されても、憲法上問題となることはない。

オ 個人の私生活上の自由の一つとして、何人も、その承諾なしに、みだりにその容ぼう等を撮影されない自由を有しており、警察官が、正当な理由もないのに、個人の容ぼう等を撮影することは、憲法第13条の趣旨に反し許されないとするのが判例である。

1 ア、イ
2 イ、オ
3 ウ、エ
4 ア、イ、オ
5 ウ、エ、オ

➡解答・解説は別冊P.010

問題 2　　裁判所職員（2021 年度）

憲法の明文で規定されていない権利・自由に関する次のア～エの記述のうち、妥当なもののみを全て挙げているものはどれか（争いのあるときは、判例の見解による。）。

ア 個人の私生活上の自由として、何人もその承諾なしにみだりにその容ぼう・姿態を撮影されない自由を有することから、警察官が正当な理由もないのに個人の容ぼう等を撮影することは、憲法第13条の趣旨に反する。

イ 大学が講演会を主催する際に集めた参加学生の学籍番号、氏名、住所及び電話番号は、個人の内心に関する情報ではなく、大学が個人識別を行うための単純な情報であって、秘匿の必要性が高くはないから、プライバシーに係る情報として法的保護の対象にならない。

ウ 前科は人の名誉、信用に直接関わる事項であり、前科のある者もこれをみだりに公開されないという法的保護に値する利益を有するが、「裁判所に提出するため」との照会理由の記載があれば、市区町村長が弁護士法に基づく照会に応じて前科を報告することは許される。

エ 行政機関が住民基本台帳ネットワークシステムにより住民の本人確認情報を収集、管理又は利用する行為は、当該住民がこれに同意していなくとも、個人に関する情報をみだりに第三者に開示又は公表されない自由を侵害するものではない。

1　ア、イ
2　ア、エ
3　イ、ウ
4　イ、エ
5　ウ、エ

➡解答・解説は別冊 P.011

問題 3 国家一般職（2020 年度）

法人及び外国人の人権に関する記述として、判例に照らし、妥当なものはどれか。

1 学籍番号及び氏名は、大学が個人識別等を行うための単純な情報であって、秘匿されるべき必要性が必ずしも高いものではなく、自己が欲しない他者にはみだりにこれらの個人情報を開示されないことへの期待は、尊重に値するものではあるものの、法的に保護されるとまではいえないから、学籍番号及び氏名はプライバシーに係る情報として法的保護の対象とはならない。

2 人の氏名、肖像等（以下、併せて「肖像等」という。）は、個人の人格の象徴であるから、当該個人は、人格権に由来するものとして、これをみだりに利用されない権利を有するところ、肖像等は、商品の販売等を促進する顧客吸引力を有する場合があり、このような顧客吸引力を排他的に利用する権利は、肖像等それ自体の商業的価値に基づくものであるから、当該人格権に由来する権利の一内容を構成するものということができる。

3 聞きたくない音を聞かない自由は、人格的利益として現代社会において重要なものであり、憲法第13条により保障され、かつ、精神的自由権の一つとして憲法上優越的地位を有するものであるから、商業宣伝放送を行うという経済的自由権によって当該自由が制約されている場合は、厳格な基準によってその合憲性を判断しなければならない。

4 患者が、輸血を受けることは自己の宗教上の信念に反するとして、輸血を伴う医療行為を拒否するとの明確な意思を有している場合であっても、このような意思決定をする権利は、患者自身の生命に危険をもたらすおそれがある以上、人格権の一内容として尊重されるということはできない。

5 人格権の内容を成す利益は人間として生存する以上当然に認められるべき本質的なものであって、これを権利として構成するのに何らの妨げはなく、さらには、環境汚染が法によってその抑止、軽減を図るべき害悪であることは、公害対策基本法等の実定法上も承認されていると解されることから、良い環境を享受し得る権利としての環境権は、憲法第13条によって保障されていると解すべきである。

➡解答・解説は別冊P.012

問題 4　　国家一般職（2015 年度）

憲法第13条に関するア～オの記述のうち、妥当なもののみを全て挙げているのはどれか。ただし、争いのあるものは判例の見解による。

ア　幸福追求権は、人格的生存に必要不可欠な権利・自由を包摂する包括的な権利であり、個別的人権規定との関係では、個別的人権の保障が及ばない場合における補充的な保障機能を果たすものとされている。

イ　速度違反車両の自動撮影を行う自動速度監視装置による運転者の容ぼうの写真撮影は、現に犯罪が行われている場合になされ、犯罪の性質、態様からいって緊急に証拠保全をする必要性があったとしても、その方法が一般的に許容される限度を超えるものであり、憲法第13条に違反する。

ウ　個人の尊重の原理に基づく幸福追求権は、憲法に列挙されていない新しい人権の根拠となる一般的かつ包括的な権利であり、この幸福追求権によって根拠付けられる個々の権利は、裁判上の救済を受けることができる具体的権利である。

エ　前科及び犯罪経歴は人の名誉、信用に直接に関わる事項であり、前科及び犯罪経歴のある者もこれをみだりに公開されないという法律上の保護に値する利益を有する。

オ　刑事施設内において未決勾留により拘禁された者の喫煙を禁止することは、逃走又は罪証隠滅の防止という未決勾留の目的に照らし、必要かつ合理的な制限とはいえず、憲法第13条に違反する。

1　ア、オ
2　イ、オ
3　ア、ウ、エ
4　ア、ウ、オ
5　イ、ウ、エ

➡解答・解説は別冊 P.013

SECTION 5

平等権①

STEP 1 要点を覚えよう！

POINT 1 「法の下に」の意味

憲法14条1項は「すべて国民は、法の下に平等であつて、人種、信条、性別、社会的身分又は門地(もんち)により、政治的、経済的又は社会的関係において、差別されない」として平等権を保障する。

「法の下に」の意味については、**法適用の平等のみならず、法内容の平等も含まれる**。なぜなら、「法の下に」の意味が法適用の平等のみを意味するとすれば、差別的な法律があったとしても、その法律をすべての国民に平等に適用すればよいことになってしまうが、それでは憲法で保障した平等権が骨抜きになってしまう。したがって、差別的な「内容」の法律を定めることは**できない**。

POINT 2 法の下に「平等」①（絶対的平等と相対的平等の意味）

法の下の「平等」とは、各人の性別、能力、年齢、財産、職業など実質的な**差異を一切考慮しないで、絶対的な平等を貫くという絶対的平等を意味するのではなく**、各人の実質的な差異を前提として、同一事情と同一条件の下で平等に取り扱うという**相対的平等を意味**している。各人の差異を一切考慮しない絶対的平等を貫くと、かえって差別を助長する結果となるからである。

よって、ある法律の規定が**相対的平等に基づく「区別」か、それとも不合理な「差別」であるのかは、その規定に合理的な理由があるかどうかで判断**される。事案の様々な事情を考慮して、その規定に**合理的な理由**がなければ、当該規定は不合理な「**差別**」として憲法14条1項前段に**反して違憲無効**となる。

POINT 3 法の下に「平等」②（形式的平等と実質的平等の意味）

法の下の「平等」の考え方については、もう一つの視点（論点）がある。

まず、**形式的平等とは、機会の平等**とも呼ばれ、**一律平等に取り扱おう**という考え方である。例えば、公務員になりたいと考えた場合に、公務員試験は誰でも受験できる「機会」があるので、機会の平等が認められているといえる。

他方、**実質的平等とは、結果の平等**とも呼ばれ、各人の現実の差異に着目して、その**格差を是正していこう**という考え方である。これは社会的経済的に弱い立場にある者には厚い保護を与えることで、結果として、他者と同程度の生活を保障しようとするものである。例えば、公務員試験では、身体に障がいがある者に特別枠を設けることがあるが、これは公務員に採用されるという結果に対して、結果の平等を図ろうとするものである。

そして、憲法14条１項前段の「平等」は、基本的には形式的平等を保障しているものの、実質的平等も重視していると解されている。

POINT 4 憲法14条1項後段の列挙事由①（総論）

憲法14条1項後段には**「人種、信条、性別、社会的身分又は門地」（列挙事由）により差別されない**と規定されている。

この列挙事由について、単なる例示ではなく「限定的」に列挙されたものであるという考え方によれば、憲法14条1項後段の列挙事由のみが平等権侵害の対象となる。

もっとも、判例は、**憲法14条1項後段の列挙事由は例示的**なものであって**必ずしもそれに限るものではない**（最大判昭39.5.27）としている。したがって、憲法14条1項後段の列挙事由「以外」による差別であっても、平等権侵害の対象と**なる**。

POINT 5 憲法14条1項後段の列挙事由②（各論）

「人種」とは、皮膚や毛髪、目、体型などの身体的特徴のみならず、民族的なものも含むとされている。例えば、実際の差別問題として黒人、アジア人、ユダヤ人、アイヌ民族に対するものなどが挙げられる。なお、SECTION2の人権享有主体性②（外国人）において、日本国民と外国人では保障される内容が異なると述べたが、これは「人種」による「差別」ではなく、「国籍」による「区別」であることに注意する。

「信条」とは、**歴史的には宗教上の信仰や教義**を意味していたが、**現在の通説では、個人の世界観であったり、思想上・政治上の主義・信念等を広く含む**ものと解されている。

「社会的身分」について、出生によって決定された社会的な地位又は身分であるとする考え方（狭義説）によると、「社会的身分」を限定的に解釈することになるが、**判例は、人が社会**において占める**継続的な地位**とする考え方であり（最大判昭39.5.27、広義説）、**「社会的身分」を広く解釈**している。

なお、判例は、高齢であることは「社会的身分」には**あたらない**としている（最大判昭39.5.27）。

「門地」とは、**家系や血筋など家柄**を意味する。戦前の華族などを想定している。華族とは、明治以降に存在していた近代日本における貴族制度のことだ。

POINT 6 平等権に関する重要判例

平等権に関する重要判例を確認していくが、40ページで紹介した**「日産自動車事件」**は平等権違反にかかわる重要判例なので、再度確認しておくこと。簡単にコメントしておくと、**男女で定年年齢が異なる就業規則について、間接適用説を前提に、不合理な差別を定めたものとして民法90条により無効**と判示されたものである。

非嫡出子相続分規定違憲決定（最大決平25.9.4）

判例（事案と判旨） 当時の民法900条4号但書前段の規定では、法定相続分について、非嫡出子（法律上の婚姻関係にない男女の間の子）の相続分は、嫡出子（法律上の婚姻関係にある男女の間の子）の相続分の2分の1と定められていた。平成13年7月に死亡したＡの嫡出子であるＹらが、非嫡出子であるＸらに対して遺産分割の審判を申し立てたところ、Ｘらは法定相続分を区別する民法の規定が、憲法14条1項に違反するとして争った。

☞**嫡出子と非嫡出子の法定相続分を区別する民法900条4号但書前段の規定**について、子が自ら選択ないし修正する余地のない事柄を理由として、その子に不利益を及ぼすことは許されず、遅くともＡの相続が開始した**平成13年7月当時**においての立法府の裁量権を考慮しても、**区別する合理的な根拠は失われており、憲法14条1項に違反していた。**

☞**この違憲判断は、Ａの相続の開始時（平成13年7月）から本決定までの間に開始された他の相続の法律関係に影響を及ぼすものではない。**

なお、関連するものとして、**出生届に「嫡出子又は嫡出でない子の別」を記載事項と規定している戸籍法49条2項1号は、**その規定自体によって、嫡出でない子（非嫡出子）について、嫡出子との間で子又はその父母の法的地位に差異がもたらされるものとは**いえない**ため、**不合理な差別的取扱いを定めたものとはいえず、憲法14条1項に違反しない**とした判例がある（最判平25.9.26）。

再婚禁止期間規定違憲判決（最大判平27.12.16）

判例（事案と判旨） **当時の民法733条1項（再婚禁止期間）では、離婚した女性が6か月間は再婚できないと規定**されていたため、再婚の要件に関して、男性と女性とを区別するこの規定が憲法14条1項等に違反するとして争われた。

☞本件規定の立法目的は、女性の再婚後に生まれた子につき父性の推定の重複を回避し、もって父子関係をめぐる紛争の発生を未然に防ぐことにあると解するのが相当であり、父子関係が早期に明確となることの重要性に鑑みると、**このような立法目的には合理性を認めることができる。**

☞近年の医療や科学技術の発達により、ＤＮＡ検査技術が進歩し、極めて高い確率で生物学上の親子関係を肯定し、又は否定することができるようになった。しかし、子の利益の観点から、上記のような法律上の父を確定するための裁判手続等を経るまでもなく、そもそも父性の推定が重複することを回避するための**制度を維持することに合理性が認められる。**

☞**民法733条1項のうち100日を超える部分は合理性を欠いた過剰な制約**を課すものとなっており、**憲法14条1項に違反するとともに、憲法24条2項にも違反する。**

関連するものとして、判例は、**民法750条の夫婦同氏制**に関し、民法750条は、夫婦が夫又は妻の氏を称するものとしており、**夫婦がいずれの氏を称するかを**夫婦となろうとする者の間の**協議に委ねている**のであって、その文言上性別に基づく法的な**差別的取扱いを定めているわけではなく**、民法750条の定める**夫婦同氏制それ自体**に男女間の形式的な**不平等が存在するわけではない**のであり、我が国において、協議の結果として**夫の氏を選択する夫婦が圧倒的多数を占めるとしても**、それが**民法750条の在り方自体から生じた結果であるということはできない**ことから、**民法750条は憲法14条1項に反しない**としている（夫婦同氏事件：最大判平27.12.16）。

国籍法違憲判決（最大判平20.6.4）

判例（事案と判旨） **日本国民の父と外国籍の母から産まれた非嫡出子の日本国籍の取得**について、当時の**国籍法3条1項は、日本国民の父から「出生後に認知」**された非嫡出子は、**父母が婚姻をしない限り日本国籍を取得できなかった。**しかし、**子が胎児（出生前）の間に父が認知した場合等は、父母が婚姻をしていなくとも日本国籍が取得できるため、国籍法3条1項が憲法14条1項に反するかが問題となった。**

☞**日本国籍は重要な法的地位**でもあるとともに、父母の婚姻により嫡出子たる身分を取得するか否かということは、**子にとっては自らの意思や努力によっては変えることのできない父母の身分行為に係る事柄**であるから、このような事柄をもって**日本国籍取得の要件に関して区別を生じさせることについては、慎重に検討**することが必要である。

☞**国籍法3条1項の立法目的**について、**今日においてその合理的な根拠は失われており**、立法府の裁量権を考慮しても、**当該規定は立法目的との間において合理的関連性があるものということはできない。**

☞**本件区別は合理的な理由のない差別**となっており、国籍法3条1項が本件区別を生じさせていることは**憲法14条1項に反する。**

☞しかし、国籍法3条1項の規定自体を全部無効として、準正*のあった子の日本国籍の取得をもすべて否定することは、血統主義を補完する国籍取得の制度を設けた国籍法の趣旨を没却するから、**父母の婚姻により嫡出子たる身分を取得したという部分を除いた所定の要件が満たされるときは、日本国籍を取得することが認められる。**

上記の判例は、前提として当時の国籍法の規定内容の理解が必要であり難解である。試験に必要な範囲に簡略化して紹介しているが、ポイントは、**国籍法３条１項は憲法14条１項に違反する**こと、ただし、この規定を全部無効とするわけにもいかないので、**子が日本国籍を取得するために「婚姻が必要」という部分以外の要件を満たせば、子が日本国籍を取得できる**としたことだ。

* **準正（じゅんせい）**…婚姻関係のない父母から生まれた子（非嫡出子）が、嫡出子（婚姻関係のある父母の子）としての身分を取得する制度のこと。

STEP 2 一問一答で理解を確認！

1 取扱いに差異が設けられている事項について、事案の様々な事情を考慮して合理的な理由がある場合だとしても、不合理な差別として平等原則違反になる。

× 取扱いに差異が設けられる事項について、事案の様々な事情を考慮して合理的な理由がある場合は、不合理な「差別」**ではなく、相対的平等**に基づく「**区別**」として平等原則違反に**ならない**。

2 判例は、日本国籍は意味を持つ重要な法的地位でもあるとともに、父母の婚姻により嫡出子たる身分を取得するか否かということは、子にとっては自らの意思や努力によっては変えることのできない父母の身分行為に係る事柄であるとしつつ、このような事柄をもって日本国籍取得の要件に関して区別を生じさせることについては、立法府の裁量によるものとしている。

× 判例は、日本国籍は重要な法的地位でもあるとともに、父母の婚姻により嫡出子たる身分を取得するか否かということは、子にとっては自らの意思や努力によっては変えることのできない父母の身分行為に係る事柄であるから、このような事柄をもって日本国籍取得の要件に関して区別を生じさせることについては、**慎重に検討**することが必要であるとして、立法府の裁量によるものとは**していない**（国籍法違憲判決：最大判平20.6.4）。

3 判例は、嫡出子と非嫡出子の法定相続分を区別する当時の民法900条4号但書前段の規定について、遅くとも本件相続が開始した平成13年7月当時において立法府の裁量権を考慮しても、嫡出子と嫡出でない子の法定相続分を区別する合理的な根拠は失われており、憲法14条1項に違反していたとしている。

○ **本問の記述のとおり**である（非嫡出子相続分規定違憲決定：最大決平25.9.4）。

4 判例は、出生の届出に「嫡出子又は嫡出でない子の別」を記載事項と規定している戸籍法49条2項1号は、その規定それ自体によって、嫡出でない子（非嫡出子）について、嫡出子との間で子又はその父母の法的地位に差異がないとしている。

○ 判例は、出生の届出に「嫡出子又は嫡出でない子の別」を記載事項と規定している戸籍法49条2項1号は、嫡出でない子について、嫡出子との間で子又はその父母の法的地位に差異が**ない**としている（最判平25.9.26）。

5 判例は、女性の再婚禁止期間を定めていた当時の民法733条1項について、条文全体が合理性を欠いた過剰な制約を課すものとなっており、憲法14条1項に違反するとともに、憲法24条2項にも違反するとしている。

× 判例は、当時の民法733条1項のうち**100日を超える部分**は、合理性を欠いた過剰な制約を課すものとなっており、憲法14条1項に違反するとともに、憲法24条2項にも違反するとしている（再婚禁止期間規定違憲判決：最大判平27.12.16）。条文全体が違反するとは判示**していない**。

6 判例は、民法750条の定める夫婦同氏制それ自体に男女間の形式的な不平等が存在し、我が国において、夫婦となろうとする者の間の個々の協議の結果として夫の氏を選択する夫婦が圧倒的多数を占めることが認められ、それが民法750条の在り方自体から生じた結果であるから、民法750条は憲法14条1項に反するとしている。

× 判例は、民法750条の定める夫婦同氏制それ自体に男女間の形式的な不平等が存在する**わけではない**のであり、我が国において、夫婦となろうとする者の間の個々の協議の結果として夫の氏を選択する夫婦が圧倒的多数を占めるとしても、それが、民法750条の在り方自体から生じた結果であるということは**できない**ことから、民法750条は憲法14条1項に**反しない**としている（夫婦同氏事件：最大判平27.12.16）。

STEP 3 過去問にチャレンジ！

問題 1 国家一般職（2018年度）

法の下の平等に関するア～オの記述のうち、判例に照らし、妥当なもののみを全て挙げているのはどれか。

ア 憲法第14条第1項は、国民に対し絶対的な平等を保障したものではなく、差別すべき合理的な理由なくして差別することを禁止している趣旨と解すべきであるから、事柄の性質に即応して合理的と認められる差別的取扱いをすることは、何ら同項の否定するところではない。

イ 日本国民である父の嫡出でない子について、父母の婚姻及びその認知により嫡出子たる身分を取得したことを届出による日本国籍取得の要件とする旧国籍法の規定は、父母の婚姻及び嫡出子たる身分の取得を要件としている部分が憲法第14条第1項に違反し、無効である。しかし、そのことから日本国民である父の嫡出でない子が認知と届出のみによって日本国籍を取得し得るものと解することは、裁判所が法律に定めのない新たな国籍取得の要件を創設するという立法作用を行うことになるから、許されない。

ウ 男子の定年年齢を60歳、女子の定年年齢を55歳と定める会社の就業規則の規定は、当該会社の企業経営上の観点から定年年齢において女子を差別しなければならない合理的理由が認められない限り、専ら女子であることのみを理由として差別したことに帰着するものであり、性別のみによる不合理な差別を定めたものとして、民法第90条の規定により無効である。

エ 嫡出でない子の相続分を嫡出子の相続分の2分の1とする旧民法の規定は、父母が婚姻関係になかったという、子が自ら選択する余地のない事柄を理由として不利益を及ぼすものであって、憲法第14条第1項に違反するものである。したがって、当該規定の合憲性を前提として既に行われた遺産の分割については、法律関係が確定的なものとなったものも含め、当該規定が同項に違反していたと判断される時点に遡って無効と解するべきである。

オ 企業は、自己の営業のために労働者を雇用するに当たり、いかなる者を雇い入れるか、いかなる条件でこれを雇うかについて、原則として自由に決定することができるが、労働者の採否決定に当たり、労働者の思想、信条を調査し、これに関連する事項について申告を求めた上で雇入れを拒否することは、思想、信条による差別待遇を禁止する憲法第14条第1項に違反する。

1 ア、イ

2 ア、ウ
3 イ、ウ
4 ウ、オ
5 エ、オ

➡解答・解説は別冊P.014

問題 2

国家一般職（2016年度）

憲法第14条に関する教授の質問に対して、学生A～Eのうち、妥当な発言をした学生のみを全て挙げているのはどれか。

教　授：今日は、法の下の平等を定めた憲法第14条の文言の解釈について学習しましょう。同条第1項は「すべて国民は、法の下に平等であつて、人種、信条、性別、社会的身分又は門地により、政治的、経済的又は社会的関係において、差別されない」と規定していますが、同項にいう「法の下に平等」とはどのような意味ですか。

学生Ａ：同項にいう「法の下に平等」とは、法を執行し適用する行政権・司法権が国民を差別してはならないという法適用の平等のみを意味するのではなく、法そのものの内容も平等の原則に従って定立されるべきという法内容の平等をも意味すると解されています。

学生Ｂ：また、同項にいう「法の下に平等」とは、各人の性別、能力、年齢など種々の事実的・実質的差異を前提として、法の与える特権の面でも法の課する義務の面でも、同一の事情と条件の下では均等に取り扱うことを意味すると解されています。したがって、恣意的な差別は許されませんが、法上取扱いに差異が設けられる事項と事実的・実質的差異との関係が社会通念から見て合理的である限り、その取扱上の違いは平等原則違反とはなりません。

教　授：では、同項にいう「信条」とはどのような意味ですか。

学生Ｃ：同項にいう「信条」が宗教上の信仰を意味することは明らかですが、それにとどまらず、広く思想上・政治上の主義、信念を含むかについては、ここにいう信条とは、根本的なものの考え方を意味し、単なる政治的意見や政党的所属関係を含まないとして、これを否定する見解が一般的です。

教　授：同項にいう「社会的身分」の意味についてはどうですか。

学生Ｄ：社会的身分の意味については、見解が分かれており、「出生によって決定され、自己の意思で変えられない社会的な地位」であるとする説や、「広く社会においてある程度継続的に占めている地位」であるとする説などがありますが、同項後段に列挙された事項を限定的なものと解する立場からは、後者の意味と解するのが整合的です。

教　授：同項後段に列挙された事項を、限定的なものと解するか、例示的なものと解するかについて、判例の見解はどうなっていますか。

学生E：判例は、同項後段に列挙された事項は例示的なものであるとし、法の下の平等の要請は、事柄の性質に即応した合理的な根拠に基づくものでない限り、差別的な取扱いをすることを禁止する趣旨と解すべき、としています。

1　A、B、D　　**2**　A、B、E
3　C、D、E　　**4**　A、B、D、E　　**5**　B、C、D、E

➡解答・解説は別冊P.015

問題 3　　裁判所職員（2021 年度）

法の下の平等に関する次のア～ウの記述の正誤の組み合わせとして最も妥当なものはどれか（争いのあるときは、判例の見解による。）。

ア　被害者が尊属であることを加重要件とする規定を設けること自体は直ちに違憲とはならないが、加重の程度が極端であって、立法目的達成の手段として甚だしく均衡を失し、これを正当化し得る根拠を見出し得ないときは、その差別は著しく不合理なものとして違憲となる。

イ　日本国籍が重要な法的地位であるとともに、父母の婚姻による嫡出子たる身分の取得は子が自らの意思や努力によっては変えられない事柄であることから、こうした事柄により国籍取得に関して区別することに合理的な理由があるか否かについては、慎重な検討が必要である。

ウ　夫婦が婚姻の際に定めるところに従い夫又は妻の氏を称すると定める民法第750条は、氏の選択に関し、夫の氏を選択する夫婦が圧倒的多数を占めている状況に鑑みると、性別に基づく法的な差別的取扱いを定めた規定であるといえる。

	ア	イ	ウ
1	正	正	誤
2	正	誤	正

3 正　誤　誤
4 誤　正　誤
5 誤　正　正

➡解答・解説は別冊P.016

問題4　　裁判所職員（2018年度）

法の下の平等に関する次のア～オの記述のうち、妥当なもののみを全て挙げているものはどれか（争いのあるときは、判例の見解による。）。

ア 憲法第14条第1項は、合理的理由のない区別を禁止する趣旨であるから、事柄の性質に即応して合理的と認められる区別は許されるが、憲法第14条第1項後段に列挙された事由による区別は例外なく許されない。

イ 判例は、夫婦が婚姻の際に定めるところに従い夫または妻の氏を称することを定める民法第750条について、同条は、夫婦がいずれの氏を称するかを夫婦となろうとする者の間の協議に委ねており、夫婦同氏制それ自体に男女間の形式的な不平等が存在するわけではないものの、氏の選択に関し、これまでは夫の氏を選択する夫婦が圧倒的多数を占めている状況にあることに鑑みると、社会に男女差別的価値観を助長し続けているものであり、実質的平等の観点から憲法第14条1項に違反するものとした。

ウ 判例は、衆議院議員の選挙における投票価値の格差の問題について、定数配分又は選挙区割りが憲法の投票価値の平等の要求に反する状態に至っているか否かを検討した上、そのような状態に至っている場合に、憲法上要求される合理的期間内における是正がされず定数配分規定又は区割り規定が憲法の規定に違反するに至っているか否かを検討して判断を行っている。

エ 判例は、男性の定年年齢を60歳、女性の定年年齢を55歳と定める就業規則は、当該会社の企業経営上の観点から、定年年齢において女子を差別しなければならない合理的理由が認められないときは、性別のみによる不合理な差別に当たるとした。

オ 憲法第14条第1項の「社会的身分」とは、自己の意思をもってしては離れることのできない固定した地位というように狭く解されており、高齢であることは「社会的身分」には当たらない。

1 ア、エ　2 イ、オ
3 イ、ウ　4 ウ、エ　5 エ、オ

➡解答・解説は別冊P.017

問題 5 裁判所職員（2017 年度）

法の下の平等に関する次のア～オの記述のうち、適当なもののみを全て挙げているものはどれか（争いのあるときは、判例の見解による。）。

ア 各選挙人の投票価値の平等は憲法の要求するところであり、投票価値の不平等が、一般的に合理性を有するとは到底考えられない程度に達しているときは、特段の正当化理由がない限り、憲法違反となる。

イ 嫡出でない子の法定相続分を嫡出子の2分の1とする旧民法上の取扱いは、父母が婚姻関係になかったという、子にとっては自ら選択ないし修正する余地のない事柄を理由としてその子に不利益を及ぼすものであり、憲法14条1項に違反する。

ウ 戸籍法49条2項1号が、出生の届出に「嫡出子又は嫡出でない子の別」の記載を求めていることは、嫡出でない子について嫡出子との間に事実上の差異をもたらすものであるから、不合理な差別的取扱いとして憲法14条1項に違反する。

エ 地方公共団体の議会の議員の定数配分については、選挙制度の仕組み、是正の技術的限界などからすれば、人口比例主義を基本とする選挙制度の場合と比較して、投票価値の平等の要求が一定の譲歩、後退を免れない。

オ 企業者は、自己の営業のために労働者を雇い入れるか、いかなる条件でこれを雇うかについて、原則としてこれを自由に決定することができるが、特定の思想、信条を有する者をそのことを理由に雇い入れることを拒んだ場合には、思想、信条による差別に当たり、直ちに違法となる。

1 ア、イ
2 ア、ウ
3 イ、ウ
4 ウ、エ
5 エ、オ

➡解答・解説は別冊 P.018

問題 6

裁判所職員（1986年度）

法の下の平等について論ぜよ。

➡解答・解説は別冊P.019

東京都Ⅰ類（2004年度）

法の下の平等について説明せよ。

➡解答・解説は別冊P.019

裁判所職員（2021年度）

法の下の平等の意味について説明した上、法的取扱いにおける区別が憲法に反するか否かを判断する基準について論ぜよ。

➡解答・解説は別冊P.019

裁判所職員（2009年度）

法の下の平等について簡単に説明した上、平等原則違反の違憲審査基準について論ぜよ。

➡解答・解説は別冊P.019

これらの記述式問題はすべて「法の下の平等」について論じていて、特に下の2問は、ある区別が平等原則違反となるか否かの基準（違憲審査基準）について論ずる問題になっているの。論ずる内容はほぼ同じとなるから、解説は一括して行うね。

SECTION 6 平等権②

STEP 1 要点を覚えよう！

POINT 1 平等権に関する重要判例

ここでは「平等権①」で学習した以外の重要判例を確認していく。特に当時の刑法に規定されていた尊属殺重罰規定違憲判決や、選挙に関する衆議院議員定数不均衡訴訟はよく出題されるので、どのような判断がされたかを理解しておくこと。

尊属殺重罰規定違憲判決（最大判昭48.4.4）

判例（事案と判旨） **当時の刑法200条では、**両親や祖父母など自分の**尊属に対する殺人罪（尊属殺人）は、それ以外の通常殺人と比較して特に重い刑罰（死刑又は無期懲役）に処する旨が規定されていた。**当時、女性Xは、実父Aから継続的に性的虐待を受けており、父娘の間で5人の子を出産し、夫婦同然の生活を強いられていたが、これまでの苦悩や関係性を断ち切るために実父Aを絞殺したため、尊属殺人罪（当時の刑法200条）で起訴された。その裁判において、尊属殺人罪の刑罰は、普通殺人罪と比較して極めて重く規定されており、憲法14条1項に違反して無効であるかどうかが争われた。

☞憲法14条1項は、国民に対し法の下の平等を保障した規定であって、**同項後段列挙の事項は例示的**なものであり、この**平等の要請は、事柄の性質に即応した合理的な根拠に基づくものでない限り、差別的な取扱いをすることを禁止する趣旨**と解すべきとしている。

☞尊属殺規定の立法目的は、尊属を卑属又はその配偶者が殺害することは、一般に高度の社会的道義的非難に値するものであるから、通常の殺人の場合より厳重に処罰し、特に強くこれを禁圧しようとするところにある。このような尊属に対する**尊重報恩は、社会生活上の基本的道義**というべく、**このような自然的情愛ないし普遍的倫理の維持は、刑法上の保護に値する**ものといわなければならない。

☞しかし、刑法200条は、尊属殺の**法定刑を死刑又は無期懲役刑のみに限っている点において、立法目的達成のため必要な限度を遥かに超え、普通殺に関する刑法199条の法定刑に比べて、著しく不合理な差別的取扱いをするものと認められ、憲法14条1項に違反して無効**である。

ここでのポイントは**「尊属殺人」の法定刑を重くすること自体は許されるが、法定刑が重すぎるため憲法14条1項に違反する**と判示されている点である。

なお、**類似の判例として当時の刑法の「尊属傷害致死罪」**に関するものがある。この判例では、やはり**尊属に対する尊重報恩といった普遍的倫理の維持は刑法上の保護に値する**から、尊属に対する傷害致死を通常の傷害致死よりも重く処罰する規定を設けたとしても、**かかる差別的取扱いをもって直ちに合理的根拠を欠くとはいえない**としたうえ、尊属傷害致死罪の**法定刑は、無期又は3年以上の懲役**であるから量刑に際して相当幅広い裁量の余地があり、犯罪の具体的情状によっては刑の執行を猶予することもでき、それ自体過酷なものとはいえないことから、**立法目的達成のため必要な限度を逸脱しているとはいえず、合理的根拠に基づく差別的取扱いの域を出ない**ものであって、**憲法14条1項に反しない**としている（最大判昭49.9.26）。こちらは**合憲**とされたが、尊属加重規定はすべて削除された。

サラリーマン税金訴訟（最大判昭60.3.27）

判例（事案と判旨） 当時の所得税法では、**事業所得者（自営業者）には必要経費の実額控除**が認められているのに対し、**給与所得者（サラリーマン）の場合には必要経費の実額控除が認められていない**等の不公平な取扱いがなされているとして、憲法14条1項違反が争われた。

☞租税法の定立は、国家財政、社会経済、国民所得、国民生活等の実態についての正確な資料を基礎とする**立法府の政策的、技術的な判断に委ねるほかはなく、裁判所は、基本的にはその裁量的判断を尊重せざるをえない**。

☞租税法の分野における所得の性質の違い等を理由とする**取扱いの区別は、立法目的が正当なものであり、かつ、**当該立法において具体的に採用された**区別の態様がその目的との関連で著しく不合理であることが明らかでない限り、その合理性を否定できず、憲法14条1項に違反しない**。

☞所得税法が給与所得に係る必要経費につき概算控除の制度を設けた**目的は、事業所得者等との租税負担の均衡に配意**しつつ、膨大な数の給与所得者について**実額控除を行う弊害**（技術的及び量的な税務執行上の混乱等）**を防止**することであるから、**正当性を有する**。

☞**所得の捕捉の不均衡の問題**は、原則的には、税務行政の適正な執行により是正されるべき性質のもので、捕捉率の較差が**正義衡平の観念に反する程に著しく、かつ、それが長年にわたり恒常的に存在して**租税法制自体に基因していると認められるような場合であれば**格別**（本件記録上の資料からかかる事情の存在を認めることはできない）、**そうでない限り**、捕捉率の較差の存在をもって**本件課税規定は憲法14条1項に違反するとはいえない**。

立法目的が正当で、区別の態様が著しく不合理であることが明らかでない限り、憲法に違反しないとして、合憲とされたことを押さえておこう。

東京都売春等取締条例事件（最大判昭33.10.15）

判例（事案と判旨） 東京都売春等取締条例の違反者が、他の地域には条例で売春を取り締まっていない地域もあるため、都道府県で異なる取締規定を設けることは憲法14条1項に違反するとして争われた。

☞**憲法が各地方公共団体の条例制定権を認める以上、地域によって差別を生ずることは当然に予期されること**であり、**このような差別は憲法自ら容認するところ**であり、地域差のゆえをもって**違憲ということはできない**。

堀木訴訟①（最大判昭57.7.7）

判例（事案と判旨） 全盲の視力障害者で障害福祉年金を受給していたXは、内縁の夫と離別後、2人の間の子を養育していたため児童扶養手当を申請したが、児童扶養手当法の併給調整条項に該当したことを理由に却下されたため、児童扶養手当法の併給調整条項は憲法14条1項、憲法25条1項等に違反するとして争った。

☞児童扶養手当法の**併給調整条項の適用**により、障害福祉年金を受けることができる者とそうでない者との間に**児童扶養手当の受給に関して差別を生ずることになるとしても**、身体障害者、母子に対する諸施策及び生活保護制度の存在などに照らして総合的に判断すると、その差別がなんら**合理的理由のない不当なものであるとはいえず、憲法14条1項に反しない**。

上記の堀木訴訟については、併給調整条項が不当ではなく、憲法14条1項に違反しないという結論を押さえておけば、試験には対応できるよ。

POINT 2 投票価値の平等と重要判例

選挙権の平等には、**1人1票の投票権**を与えられることだけではなく、**投票価値の平等も含まれている**。例えば、A選挙区で有権者10万人から議員1人を選ぶ場合と、B選挙区で有権者50万人から議員1人を選ぶ場合では、1票につき5倍の格差が生じているといえる。

このように投票価値に格差がある場合には、直ちにその選挙が違憲であると考えることもできるが、各選挙区の人口は常に増減しており、定数配分規定の変更には公職選挙法の改正が伴うため、即座に変更することは難しい。このような問題に対して示された重要判例を確認しておこう。

衆議院議員定数不均衡訴訟（最大判昭51.4.14）

判例（事案と判旨） 衆議院議員選挙時に各選挙区の議員1人あたりの有権者数が

地域によって最大4.99対1と大きな較差があったため、この選挙が憲法14条1項に反するのか問題となった。

☞**憲法14条1項の「法の下に平等」とは、選挙権に関しては、選挙権の内容、すなわち各選挙人の投票の価値の平等も保障されている。**

☞**選挙における選挙区割と議員定数の配分の決定には、**極めて多種多様で、複雑微妙な**政策的及び技術的考慮要素**が含まれており、国会の裁量権の合理的な行使が認められるが、**選挙人の投票価値の不平等が、一般的に合理性を有するものとはとうてい考えられない程度に達している**ときは、もはや国会の合理的裁量の限界を超えているものと推定され、**正当化すべき特段の理由が示されない限り、憲法違反となる。**

☞**人口の異動は不断に生じ、選挙区における人口数と議員定数との比率も絶えず変動**するが、選挙区割と議員定数の配分を頻繁に変更することはできないから、**一定の較差があったとしても、直ちに当該議員定数配分規定を憲法違反とすべきものではない。**

☞**具体的な比率の偏差が選挙権の平等の要求に反する程度となった**としても、これによって**直ちに当該議員定数配分規定を憲法違反とすべきものではなく、**人口の変動の状態をも考慮して**合理的期間内における是正が憲法上要求されていると考えられるのに行われない場合に憲法違反**となる。

☞本件事案については、**8年余にわたって改正がなんら施されていない**ことを斟酌すると、憲法上要求される**合理的期間内における是正がされなかった**ものと認めざるをえないため、**本件議員定数配分規定は、本件選挙当時、憲法の選挙権の平等の要求に違反し、違憲**である。

☞選挙区割及び議員定数の配分は、相互に有機的に関連し、不可分の一体をなすと考えられるから、**単に憲法に違反する不平等を招来している部分のみでなく、全体として違憲の瑕疵を帯びる。**

☞ただし、本件選挙を無効とする判決をしても、直ちに違憲状態が是正されるわけではなく、かえって憲法の所期するところに必ずしも適合しない結果を生ずるため、事情判決の法理にしたがい、**本件選挙**は憲法に違反する議員定数配分規定に基づいて行われた点において**違法である旨を判示するにとどめ、選挙自体はこれを無効としないこととした。**

なお、判例は**「地方議会」の議員選挙**に関しても、**投票価値の平等を認めつつ、**公職選挙法は、憲法の要請を受け、地方議会の議員定数配分につき、**人口比例を最も重要かつ基本的な基準**とし、**各選挙人の投票価値が平等であるべきことを強く要求していることが明らか**であるから、選挙人の投票の有する価値の不平等が地方議会において地域間の均衡を図るため通常考慮しうる諸般の要素を斟酌してもなお**一般的に合理性を有するものとは考えられない程度**に達しているときは、地方議会の合理的裁量の限界を超えているものと推定され、これを正当化すべき**特別の理由が示されない限り**、公選法に違反するとしている（最判昭59.5.17）。

STEP 2 一問一答で理解を確認！

1 判例は、当時の刑法200条が尊属殺の法定刑を死刑又は無期懲役刑のみに限っている点において、その立法目的達成のため必要な限度内であり、普通殺に関する刑法199条の法定刑に比べて、著しく不合理な差別的取扱いをするものとは認められないとしている。

× 判例は、当時の刑法200条は、尊属殺の法定刑を**死刑又は無期懲役刑のみに限っている**点において、立法目的達成のため必要な限度を**遥かに超え**、普通殺に関する刑法199条の法定刑に比べて、著しく不合理な差別的取扱いをするものとして、憲法14条1項に**違反して無効**であるとしている（尊属殺重罰規定違憲判決：最大判昭48.4.4）。

2 判例は、児童扶養手当法の併給調整条項の適用により、障害福祉年金を受けることができる地位にある者とそのような地位にない者との間に児童扶養手当の受給に関して差別を生ずることは、合理的理由のない不当なものであるとしている。

× 判例は、児童扶養手当法の併給調整条項の適用により、障害福祉年金を受けることができる者とそうでない者との間に差別が生ずるとしても、その差別が合理的理由のない不当なものであるとは**いえず**、憲法14条1項に**反しない**としている（堀木訴訟①：最大判昭57.7.7）。

3 判例は、各地方公共団体が定める条例が地域によって差別を生ずることは、憲法上当然に予期されるとまではいえず、このような差別は地域差のゆえをもって違憲になるとしている。

× 判例は、憲法が各地方公共団体の条例制定権を認める以上、地域によって差別を生ずることは**当然に予期**されることであり、このような差別は**憲法自ら容認**するところであり、その取扱いに差別を生ずることがあっても、地域差のゆえをもって違憲ということは**できない**としている（東京都売春等取締条例事件：最大判昭33.10.15)。

4 判例は、最大較差4.99対1に達した衆議院議員選挙当時の衆議院議員定数配分規定について、8年余にわたって改正がなんら施されていないことを斟酌すると、憲法の要求するところに合致しない状態になっていたにもかかわらず、憲法上要求される合理的期間内における是正がされなかったものと認めざるをえないため、憲法の選挙権の平等の要求に違反し違憲であるとしている。

○ 判例は、最大較差4.99対1にも達した衆議院議員選挙当時の衆議院議員定数配分規定について、8年余にわたって改正がなんら施されていないことを斟酌すると、憲法の要求するところに合致しない状態になっていたにもかかわらず、**憲法上要求される合理的期間内における是正がされなかった**ものと認めざるをえないため、憲法の選挙権の平等の要求に**違反し違憲**であるとしている(衆議院議員定数不均衡訴訟:最大判昭51.4.14)。

5 判例は、租税法の定立については、国家財政、社会経済、国民所得、国民生活等の実態についての正確な資料を基礎とする立法府の政策的、技術的な判断に委ねるほかはなく、裁判所は、基本的にはその裁量的判断を尊重せざるをえないことから、租税法の分野における所得の性質の違い等を理由とする取扱いの区別は、その立法目的が正当なものであり、かつ、当該立法において具体的に採用された区別の態様がその目的との関連で著しく不合理であることが明らかでない限り、その合理性を否定することができず、憲法14条1項に違反しないとしている。

○ **本問の記述のとおり**である(サラリーマン税金訴訟:最大判昭60.3.27)。

STEP 3

過去問にチャレンジ！

問題 1

国家専門職（2020年度）

法の下の平等に関するア～オの記述のうち、判例に照らし、妥当なもののみを全て挙げているのはどれか。

ア 選挙権の平等には投票価値の平等も含まれるから、一票の較差が1対2を超える定数配分は、ある選挙区の選挙人に二票以上の投票権を与えることとなり、直ちに憲法第14条第1項に違反する。

イ 障害福祉年金と児童扶養手当の併給を調整する規定は、障害福祉年金を受けることができる地位にある者とそうでない者との間に児童扶養手当の受給に関し差別を生じさせるものであり、憲法第14条第1項に違反する。

ウ 旧国籍法の規定が、日本国民である父と日本国民でない母との間に出生した後に父から認知された子について、父母の婚姻により嫡出子たる身分を取得した場合に限り届出による日本国籍の取得を認めることによって、認知されたにとどまる子と嫡出子たる身分を取得した子との間に日本国籍の取得に関し区別を生じさせていることは、憲法第14条第1項に違反する。

エ 尊属に対する尊重報恩を保護するという立法目的にのっとり、尊属を卑属又はその配偶者が殺害することを普通殺人と区別して重罰を科すことは、かかる立法目的のために刑を加重すること自体が合理的な根拠を欠くため、憲法第14条第1項に違反する。

オ 租税法の分野における所得の性質の違い等を理由とする取扱いの区別は、その立法目的が正当なものであり、かつ、当該立法において具体的に採用された区別の態様が当該立法目的との関連で著しく不合理であることが明らかでない限り、その合理性を否定することはできず、憲法第14条第1項に違反しない。

1 ア、イ
2 イ、ウ
3 ウ、エ
4 ウ、オ
5 エ、オ

➡解答・解説は別冊 P.020

問題 2　国家専門職（2016 年度）

憲法第１４条第１項に関するア～オの記述のうち、判例に照らし、妥当なもののみを全て挙げているのはどれか。

ア 嫡出でない子の相続分を嫡出子の相続分の2分の1とすることは、子にとっては自ら選択ないし修正する余地のない事柄を理由としてその子に不利益を及ぼすことになり許されないから、憲法第14条第1項に反し違憲である。

イ 尊属殺重罰規定は、尊属を卑属又はその配偶者が殺害することを一般に高度の社会的道義的非難に値するものとし、かかる所為を通常の殺人の場合より厳重に処罰し、もって特にこれを禁圧しようとするものであるが、普通殺人と区別して尊属殺人に関する規定を設け、尊属殺人であることを理由に差別的取扱いを認めること自体が憲法第14条第1項に反し違憲である。

ウ 日本国民である父と日本国民でない母との間に出生した後に父から認知された子について、父母の婚姻により嫡出子たる身分を取得した場合に限り届出による日本国籍の取得を認めていることによって、出生後に認知されたにとどまる子と嫡出子たる身分を取得した子との間に日本国籍の取得に関する区別を生じさせていることは、憲法第14条第1項に反し違憲である。

エ 租税法の分野における所得の性質の違い等を理由とする取扱いの区別は、その立法目的が正当なものであり、かつ、当該立法において具体的に採用された区別の態様がその目的との関連で著しく不合理であることが明らかでない限り、その合理性を否定することができず、これを憲法第14条第1項に反し違憲であるとはいえない。

オ 年金と児童扶養手当の併給禁止規定は、障害福祉年金（当時）の受給者とそうでない者との間に児童扶養手当の受給に関して差別を生じさせるものであり、憲法第14条第1項に反し違憲である。

1　ア、ウ
2　イ、オ
3　ア、ウ、エ
4　イ、ウ、エ
5　ア、イ、エ、オ

➡解答・解説は別冊 P.020

STEP 3 過去問にチャレンジ！

問題 3 裁判所職員（2020 年度）

法の下の平等に関する次のア～エの記述のうち、妥当なもののみを全て挙げているものはどれか（争いのあるときは、判例の見解による。）。

ア　憲法第14条第1項の「平等」を形式的平等と捉える考え方は、各人には性別、能力、年齢等様々な差異があり、機械的に均一に扱うことは不合理であるため、同一の事情と条件の下では均等に取り扱うべきとする。

イ　憲法第14条第1項後段の「信条」は、宗教上の信仰を意味し、思想上・政治上の主義はここにいう「信条」には含まれない。

ウ　憲法が各地方公共団体の条例制定権を認める以上、地域によって差別を生ずることは当然に予期されることであるから、かかる差別は憲法自ら容認するところである。

エ　国民の租税負担を定めるには、国政全般からの総合的政策判断と、極めて専門技術的な判断が必要となるので、租税法の分野における取扱いの区別は、立法目的が正当で、区別の態様が目的との関連で著しく不合理でない限り、憲法第14条第1項に違反しない。

1　ア、イ　　2　ア、エ
3　イ、ウ　　4　イ、エ　　5　ウ、エ

➡解答・解説は別冊 P.021

問題 4 特別区Ⅰ類（2018 年度）

日本国憲法に規定する法の下の平等に関する記述として、最高裁判所の判例に照らして、妥当なものはどれか。

1　旧所得税法が必要経費の控除について事業所得者等と給与所得者との間に設けた区別は、所得の性質の違い等を理由としており、その立法目的は正当なものであるが、当該立法において採用された給与所得に係る必要経費につき実額控除を排し、代わりに概算控除の制度を設けた区別の態様は著しく不合理であることが明らかなため、憲法に違反して無効であるとした。

2　尊属の殺害は、通常の殺人に比して一般に高度の社会的道義的非難を受けて然るべきであるため、法律上、刑の加重要件とする規定を設けることは、ただちに合理的な根拠を欠くものとすることはできないが、尊属殺の法定刑について死刑又は無期懲役刑のみに限っている点は、その立法目的達成のため必要な限度を遥かに超え、普通殺に関する法定刑に比し著しく不合理な差別的取扱いをするものと認められ、憲法に違反して無効であるとした。

3 法律婚という制度自体は我が国に定着しているとしても、父母が婚姻関係になかったという、子にとっては自ら選択ないし修正する余地のない事柄を理由としてその子に不利益を及ぼすことは許されないが、嫡出子と嫡出でない子の法定相続分を区別することは、立法府の裁量権を考慮すれば、相続が開始した平成13年7月当時において、憲法に違反しないとした。

4 憲法が各地方公共団体の条例制定権を認める以上、地域によって差別を生ずることは当然に予期され、憲法自ら容認するところであると解すべきであるが、その結果生じた各条例相互間の差異が合理的なものと是認せられて初めて合憲と判断すべきであり、売春取締に関する法制は、法律によって全国一律に統一的に規律しなければ、憲法に違反して無効であるとした。

5 選挙人の投票価値の不平等が、国会において通常考慮しうる諸般の要素をしんしゃくしてもなお、一般的に合理性を有するものとはとうてい考えられない程度に達しているときは、国会の合理的裁量の限界を超えているものと推定されるが、最大較差1対4.99にも達した衆議院議員選挙当時の衆議院議員定数配分規定は、憲法上要求される合理的期間内における是正がされなかったとはいえず、憲法に違反しないとした。

➡解答・解説は別冊P.022

問題5 特別区Ⅰ類（2014年度）

日本国憲法に規定する法の下の平等に関する記述として、最高裁判所の判例に照らして、妥当なものはどれか。

1 児童扶養手当は、児童の養育者に対する養育に伴う支出についての保障である児童手当法所定の児童手当と同一の性格を有するものであり、受給者に対する所得保障である点において、障害福祉年金とは性格を異にするため、児童扶養手当と障害福祉年金の併給調整条項は憲法に違反して無効であるとした。

2 旧所得税法が給与所得に係る必要経費につき実額控除を排し、代わりに概算控除の制度を設けた目的は、給与所得者と事業所得者等との租税負担の均衡に配意したものであるが、給与所得者と事業所得者等との区別の態様が正当ではなく、かつ、著しく不合理であることが明らかなため、憲法の規定に違反するとした。

3 会社がその就業規則中に定年年齢を男子60歳、女子55歳と定めた場合において、少なくとも60歳前後までは男女とも通常の職務であれば職務遂行能力に欠けるところはなく、会社の企業経営上定年年齢において女子を差別する合理的理由がないときは、当該就業規則中女子の定年年齢を男子より低く定めた部分は性別のみによる不合理な差別を定めたものとして無効であるとした。

4 憲法が各地方公共団体の条例制定権を認める以上、地域によって差別を生ずることは当然に予期されるが、その結果生じた各条例相互間の差異が合理的なものと是認せられて初めて合憲と判断すべきであり、売春取締に関する法制は、法律によって全国一律に、統一的に規律しなければ憲法に反するとした。

5 信条による差別待遇を禁止する憲法の規定は、国または地方公共団体の統治行動に対する個人の基本的な自由と平等を保障するだけでなく、私人間の関係においても適用されるべきであり、企業者が特定の思想、信条を有する者をそのゆえをもって雇い入れることを拒むことは、当然に違法であるとした。

➡解答・解説は別冊P.023

問題6

東京都Ⅰ類（2013年度）

法の下の平等の意義について述べた上で、平等原則違反の違憲審査基準について、最高裁判所の尊属殺重罰規定違憲判決に言及して説明せよ。

➡解答・解説は別冊P.024

問題7

裁判所職員（2002年度）

選挙権の平等について論ぜよ。

➡解答・解説は別冊P.025

CHAPTER 2

精神的自由権

SECTION1　思想・良心の自由
SECTION2　信教の自由
SECTION3　政教分離原則
SECTION4　表現の自由①
SECTION5　表現の自由②
SECTION6　表現の自由③
SECTION7　表現の自由④
SECTION8　表現の自由⑤
SECTION9　学問の自由

この章で学ぶこと

精神的自由権では「表現の自由」が最頻出 丁寧かつ網羅的な学習を

CHAPTER2・精神的自由権では、「思想・良心の自由」「信教の自由と政教分離原則」「表現の自由」「学問の自由」を扱います。

これらの精神的自由権は、人間の内面・外面における精神活動を自由に行う権利であり、個人の尊厳を守りながら自由で民主的な社会を創っていくうえで、必要不可欠な権利といえます。

そのためこの分野は、公務員試験のなかでも試験種を問わず最も出題の可能性が高い分野であり、念入りに学習することが重要です。

特に出題が頻出しているのは「表現の自由」、そしてそれに次いで「思想・良心の自由」「信教の自由」に関する重要判例の問題です。これらの分野では、重要判例の正確で網羅的な理解が必須となってくるので、判例のポイントをきちんと理解し、記憶しておきましょう。

多くの判例があって学習に時間のかかる分野ですが、しっかりとマスターできれば、逆に安定した得点源とすることができます。ここはじっくりと時間をかけて地道に取り組んでください。

「思想・良心の自由」も 抜かりなく押さえておく

「表現の自由」ほどではありませんが、「思想良心の自由」も出題頻度は高めです。このテーマは、人の内面における自由を保障するものであり、私たちがものを考えるうえでの不可欠な権利を扱っている部分です。それゆえに試験対策上も重要となってくるので、重要判例をしっかりと押さえておきましょう。

「政教分離原則」では 近年の重要判例に注意

「政教分離原則」も、重要判例の蓄積が多いテーマです。結論が違憲になる判例も少なくないので、注意が必要です。また、空知太（そらちぶと）神社訴訟など、近年の重要判例もよく出題されているので、そのあたりは抜かりなく学習してください。

極める！ 試験別対策

国家一般職

表現の自由の出題頻度が最も高く、次いで信教の自由と思想・良心の自由もそれなりに出題される。表現の自由に関する重要判例は、数が多いので早めに学習を開始して押さえていこう。もちろん、信教の自由と思想・良心の自由も抜かりなく。

国家専門職

表現の自由と思想・良心の自由からの出題が多い。先に思想・良心の自由を学習してから、表現の自由を学習するのが一手。

地方上級

表現の自由の出題頻度が最も高い。まずは優先して、表現の自由の重要判例を押さえよう。その後は、思想・良心の自由を押さえるのがベター。

裁判所職員

表現の自由を中心に、他の試験種よりもまんべんなく問われる傾向にある。難易度も高めなので、表現の自由を中心に、網羅的な学習を行っておきたい。政教分離原則は、近年の重要判例が出ているので、抜かりなく押さえておこう。

特別区Ⅰ類

地方上級と同様に、表現の自由の出題頻度が最も高い。まずは、表現の自由に関する重要判例を網羅的に学習しておこう。それ以外の分野からは数年おきに出題されている程度だが、念のため確認しておくのが望ましい。

市役所

表現の自由からの出題がほとんどなので、まずは表現の自由にしぼって学習しよう。それ以外の分野は、余裕がある場合に見ておけば足りるはず。

SECTION 1
思想・良心の自由

STEP 1 要点を覚えよう！

POINT 1 内心の自由

憲法19条は「思想及び良心の自由は、これを侵してはならない」と規定し、精神的自由権の一つである**思想・良心の自由を保障**している。**「思想」と「良心」**を区別する考え方もあるが、**通説は両者を区別する必要はなく、一体的に捉える。**

そして、思想・良心の自由は**内心の自由を保障**しており、これは、いかなる世界観や人生観であっても**国家が強制的に考え方を押し付けたり、強制したりしてはならない**ことを意味する。また、**内心の自由は**、内心にとどまる限り他者の人権と衝突することはないため、**外部的な行動に及ばない限りは絶対的な自由として保障**される。つまり、内心の自由は公共の福祉*による制約を**受けない**権利である。

POINT 2 沈黙の自由

また、思想・良心の自由は、**沈黙の自由を保障**している。これは、国民の抱いている**思想について、国家権力がそれを明らかにするよう強制することを許さない**ということを意味する。例えば、江戸時代に行われていた絵踏は、対象者がキリシタンかどうかという人の内心を推知するための行為であり、これを強制することは思想・良心の自由を侵害することになる。

POINT 3 不利益取扱いの禁止

さらに、思想・良心の自由は、**不利益取扱いの禁止も保障**する。これは、国家が特定の思想に基づく不利益な取扱いをすることや、特定の思想を禁止することができないことを意味する。

POINT 4 公務員の憲法尊重擁護の宣誓

公務員は「全体の奉仕者」(憲法15条2項) であり、憲法尊重擁護義務(けんぽうそんちょうようごぎむ)(憲法99条)を負う。そして、公務員に求められる**憲法尊重擁護の宣誓**は、法令（職員の服務の宣誓に関する政令1条等）で義務づけられていると解されており、**思想良心の自由を侵害しない**とされている。

POINT 5 思想・良心の自由に関する重要判例

思想・良心の自由に関する重要判例を確認していくが、21ページで触れた南九州税理士会事件（最判平8.3.19)、また、40ページで触れた三菱樹脂事件（最大判昭48.12.12）も確認しておくこと。

* **公共の福祉（こうきょうのふくし）**…人権相互の矛盾·衝突を調整するための実質的公平の原理。人権と人権がぶつかった場合に、それを調整するためのもの。

三菱樹脂事件は、私企業の採用試験において応募者の思想を調査し、その思想を理由に本採用を拒否することが思想・良心の自由を侵害するか争われた事例において、**間接適用説**を前提に、**企業は契約締結の自由**を有しており、**企業者が特定の思想、信条を有する労働者をそのゆえをもって雇い入れることを拒んでも、それを当然に違法とすることはできない**とした事案である。

POINT2の**「沈黙の自由」は「国家権力」**が思想を調査する話で、これは禁止されるの。**私企業**が行うこの判例との違いに注意してね。

南九州税理士会事件は、法人にも政治活動の自由が保障されるが、**税理士会は強制加入団体で脱退が認められていない**ため、広範に政治活動の自由を認めると、所属する税理士の思想・信条の自由を害するおそれが**ある**として、**政治活動目的で行う政治献金は法人の目的の範囲外の行為であり無効**とされた事案である。

謝罪広告事件（最大判昭31.7.4）

判例（事案と判旨） 衆議院議員選挙において立候補者Aは、対立候補Bが汚職をしていたと新聞やラジオで公表したため、Bは名誉を毀損されたとしてAを訴えた。裁判所はAに対して、民法723条の「名誉を回復するに適当な処分」として新聞紙に謝罪広告を出すよう命じたところ、この謝罪広告の強制について、憲法19条を侵害するものであるかどうかが争われた。

☞「名誉を回復するに適当な処分」として**謝罪広告を新聞紙等に掲載すべきことを加害者に命ずることは、単に事態の真相を告白し陳謝の意を表明するにとどまる程度**のものであれば、**憲法19条を侵害しない**。

☞本件謝罪広告は「この放送及記事は真相に相違しており、貴下の名誉を傷け御迷惑をおかけいたしました。ここに陳謝の意を表します」なる内容のもので、公表事実が虚偽且つ不当であったことを広報機関を通じて発表すべきことを求めるに帰するのであり、少なくともこの種の謝罪広告を新聞紙に掲載すべきことを命ずる判決は、**屈辱的若しくは苦役的労苦を科し、又は上告人の有する倫理的な意思、良心の自由を侵害することを要求するものとは解せられない**。

損害を負った場合、その損害の回復方法としては金銭の請求（損害賠償請求）というのが原則だけど、民法では謝罪広告の掲載という方法も認められるよ。

ポストノーティス命令事件（最判平3.2.22）

判例（事案と判旨） 不当な労働行為を行った使用者に対する労働委員会による

ポストノーティス命令（謝罪文の掲示命令）が、使用者の思想・良心の自由（憲法19条）の侵害にあたるのではないかとして争われた。

☞**ポストノーティス命令は**、使用者の行為が不当労働と認定されたことを**関係者に周知徹底させ、同種行為の再発を抑制しようとする趣旨**のものであって、掲示を命じられた**文書中の「深く陳謝する」との文言は**措辞適切*さを欠くが、**同種行為を繰り返さない旨の約束文言を強調する趣旨**であり、ポストノーティス命令の本旨ではないことから、**憲法19条に反しない**。

麹町中学内申書事件（最判昭63.7.15）

判例(事案と判旨) 麹町中学校を卒業したXは、複数の高校を受験したがすべて不合格となった。内申書の備考欄には「麹町中全共闘を名乗り、機関紙『砦』を発行した。文化祭粉砕を叫んで他校生徒とともに校内に乱入しビラ撒きを行った。大学生ML派の集会に参加している。学校側の指導説得を聞かずにビラを配り落書きをした」などと記載されていたことから、Xはこの内申書の記載により不合格になったとして思想・良心の自由（憲法19条）の侵害等を争った。

☞**内申書の記載は、個人の思想、信条そのものを記載したものでないことは明らか**であり、**ここに書かれた外部的行為によって個人の思想、信条を了知しうるものではない**し、また、**個人の思想、信条自体を高等学校の入学者選抜の資料に供したものとは到底解することができないから、憲法19条に違反するものではない**。

「君が代」ピアノ伴奏拒否事件（最判平19.2.27）

判例(事案と判旨) 公立小学校の音楽教諭は、校長から入学式で「君が代」のピアノ伴奏を命じられたが、本件職務命令が音楽教諭の思想・良心の自由（憲法19条）を侵害するのかが問題になった。

☞客観的に見て、**入学式の国歌斉唱の際に「君が代」のピアノ伴奏をするという行為自体は**、音楽専科の教諭等にとって通常想定され期待されるものであって、**特定の思想を有するということを外部に表明する行為であると評価することは困難**なものである。

☞本件職務命令は、公立小学校における儀式的行事において広く行われ、従前から入学式等において行われていた国歌斉唱に際し、音楽専科の教諭にそのピアノ伴奏を命ずるものであって、特定の思想を持つことを強制したり、あるいはこれを禁止したりするものではなく、特定の思想の有無について告白することを強要するものでもなく、児童に対して一方的な思想や理念を教え込むことを強制するものとみることもできないことから、**本件職務命令は、思想及び良心の自由を侵すものではなく、憲法19条に反しない**。

STEP 1 要点を覚えよう！

* **措辞適切(そじてきせつ)**…言葉の使い方や辞句の配置のしかたが適切であること。

「君が代」起立斉唱拒否事件（最判平23.5.30）

判例(事案と判旨) 公立高等学校の校長が、教諭に対し卒業式での国歌斉唱の際に国旗に向かって起立して国歌を斉唱することを命じたが、この職務命令が教諭の思想・良心の自由（憲法19条）を侵害するかが争われた。

☞**国歌斉唱の際の起立斉唱行為は**、一般的、客観的に見て、式典における慣例上の儀礼的な所作としての性質を有するものであり、起立斉唱行為を求める本件職務命令は、**個人の歴史観ないし世界観それ自体を否定したり、特定の思想を持つことを強制したり、これに反する思想を持つことを禁止したりするものではなく、特定の思想の有無について告白することを強要するものでもない**。

☞もっとも、**個人の歴史観ないし世界観に反する特定の思想の表明に係る行為そのものではない**とはいえ、**個人の歴史観ないし世界観に由来する行動（敬意の表明の拒否）と異なる外部的行為（敬意の表明の要素を含む行為）を求められる**こととなり、その限りで、その者の**思想及び良心の自由についての間接的な制約となる**。

☞そこで、**制限が必要かつ合理的なもの**である場合には、その制限を介して生ずる**上記の間接的な制約も許容されうる**ものというべきである。この間接的な制約が許容されるかは、**総合的に較量**して、職務命令に制約を**許容しうる程度の必要性及び合理性が認められるか否か**という観点から判断する。

☞学校の卒業式や入学式等という教育上の特に重要な節目となる儀式的行事においては、生徒等への配慮を含め、教育上の行事にふさわしい秩序を確保して式典の円滑な進行を図ることが必要である。**本件職務命令として起立斉唱行為を命じたことは、外部的行動の制限を介して思想及び良心の自由についての間接的な制約となる面はあるものの、総合的に較量すれば制約を許容しうる程度の必要性及び合理性が認められる**ため、**思想及び良心の自由（憲法19条）に反しない**。

この他、**最高裁判所裁判官の国民審査**においては、裁判官を罷免する場合は可とし、裁判官の罷免を望まない場合は白票とする方式を採用しており、保留の立場で白票を入れても罷免を望まない場合と同様の立場を強制されることになるため、**思想・良心の自由を侵害するのではないかが問題**となった事案がある。

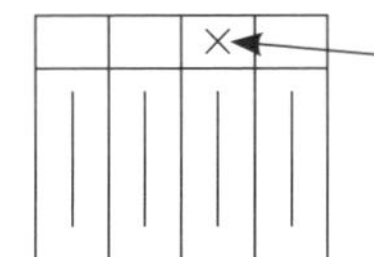

罷免を求める裁判官にのみ「×」を記入。
何も書かない場合、罷免を望まないことになる。

判例は、国民審査の制度を解職の制度と捉えたうえで、罷免する方がよいか悪いかわからない者は、積極的に「罷免を可とする」意思を持たない以上、「罷免を可としない」方に入るのが当然であり、「罷免を可としない」との効果を発生させることは**何ら意思に反するものではない**のであって、**思想・良心の自由に反するものではない**とした（最高裁判所裁判官国民審査事件：最大判昭27.2.20）。

STEP 2 一問一答で理解を確認！

1 判例は、謝罪広告を新聞紙等に掲載すべきことを加害者に命ずることは、単に事態の真相を告白し陳謝の意を表明するにとどまる程度のものであっても、加害者の人格を無視することになるから思想・良心の自由を侵害するとしている。

× 判例は、謝罪広告を新聞紙等に掲載すべきことを加害者に命ずることは、**単に事態の真相を告白し陳謝の意を表明するにとどまる程度のものであれば、思想・良心の自由（憲法19条）を侵害しない**としている（謝罪広告事件：最大判昭31.7.4）。

---

2 判例は、卒業式における国歌斉唱の際に職務命令として起立斉唱行為を命じたことは、外部的行動の制限を介して思想及び良心の自由についての間接的な制約となるから、思想及び良心の自由を侵害するとしている。

× 判例は、本件職務命令として起立斉唱行為を命じたことは、外部的行動の制限を介して思想及び良心の自由についての間接的な制約となる面はあるものの、**総合的に較量すれば、制約を許容しうる程度の必要性及び合理性が認められる**ため、**思想及び良心の自由に反しない**としている（「君が代」起立斉唱拒否事件：最判平23.5.30）。

---

3 判例は、内申書の記載は、個人の思想、信条そのものを記載したものであることは明らかであり、ここに書かれた外部的行為によって個人の思想、信条を了知でき、また、個人の思想、信条自体を高等学校の入学者選抜の資料に供したものと解することができるから、憲法19条に違反するとしている。

× 判例は、**内申書の記載は、個人の思想、信条そのものを記載したものでないことは明らか**であり、ここに書かれた外部的行為によって個人の思想、信条を了知しうるものではないし、また、個人の思想、信条自体を高等学校の入学者選抜の資料に供したものとは**到底解することができない**から、**憲法19条に違反しない**としている（麹町中学内申書事件：最判昭63.7.15)。

4 思想・良心の自由は、国民の抱いている思想について、国家権力がそれを明らかにするよう強制することを許さないということまでは保障していない。

× 思想・良心の自由は、**沈黙の自由を保障**しており、国民の抱いている**思想について、国家権力がそれを明らかにするよう強制することは許されない**。

5 判例は、ポストノーティス命令は、使用者の不当労働行為と認定されたことを関係者に周知徹底させ、同種行為の再発を抑制しようとする趣旨のものであって、憲法19条に反しないとしている。

○ **本問の記述のとおり**である（ポストノーティス命令事件：最判平3.2.22)。

6 思想・良心の自由は、内心の自由を保障しているが、内心にとどまるとしても絶対的に保障されるものではなく、内心の自由を制約することが許される。

× 思想・良心の自由は、**内心の自由を保障**しており、内心にとどまる限り他者の人権と衝突することはなく、**外部的な行動に及ばない限りは、絶対的な自由**として保障される。

7 判例は、最高裁判所裁判官の国民審査における裁判官を罷免する場合は可とし、裁判官の罷免を望まない場合は白票とする方式について、罷免する方がよいか悪いかわからない者が「罷免を望まない」と取り扱われるため、投票者の思想・良心の自由に反するものとしている。

× 判例は、国民審査の制度を解職の制度と捉えたうえで、罷免する方がよいか悪いかわからない者は「積極的に罷免を可とする」意思を持たない以上、「罷免を可としない」方に入るのが当然であり、「罷免を可としない」との効果を発生させることは**何ら意思に反するものではない**のであって、**思想・良心の自由に反するものではない**とした（最高裁判所裁判官国民審査事件：最大判昭27.2.20)。

STEP 3 過去問にチャレンジ！

問題 1 国家一般職（2019 年度）

思想及び良心の自由に関する次の記述のうち、妥当なものはどれか。ただし、争いのあるものは判例の見解による。

1 国家権力が、個人がいかなる思想を抱いているかについて強制的に調査することは、当該調査の結果に基づき、個人に不利益を課すことがなければ、思想及び良心の自由を侵害するものではない。

2 企業が、自己の営業のために労働者を雇用するに当たり、特定の思想、信条を有する者の雇入れを拒むことは許されないから、労働者の採否決定に当たり、その者から在学中における団体加入や学生運動参加の有無について申告を求めることは、公序良俗に反し、許されない。

3 市立小学校の校長が、音楽専科の教諭に対し、入学式における国歌斉唱の際に「君が代」のピアノ伴奏を行うよう命じた職務命令は、そのピアノ伴奏行為は当該教諭が特定の思想を有するということを外部に表明する行為と評価されることから、当該教諭がこれを明確に拒否している場合には、当然に思想及び良心の自由を侵害するものであり、憲法第19条に違反する。

4 特定の学生運動の団体の集会に参加した事実が記載された調査書を、公立中学校が高等学校に入学者選抜の資料として提供することは、当該調査書の記載内容によって受験者本人の思想や信条を知ることができ、当該受験者の思想、信条自体を資料として提供したと解されることから、憲法第19条に違反する。

5 他者の名誉を毀損した者に対して、謝罪広告を新聞紙に掲載すべきことを裁判所が命じることは、その広告の内容が単に事態の真相を告白し陳謝の意を表明するにとどまる程度のものであれば、その者の良心の自由を侵害するものではないから、憲法第19条に違反しない。

➡解答·解説は別冊 P.026

問題 2 国家一般職（2014 年度）

思想及び良心の自由に関するア～オの記述のうち、妥当なもののみを全て挙げているのはどれか。

ア 憲法は、思想・信条の自由や法の下の平等を保障すると同時に、経済活動の自由も基本的人権として保障しているから、企業者は、経済活動の一環としてする契約締結の自由を有し、いかなる者を雇い入れるか、いかなる条件でこれを雇うかについて、法律その他による特別の制限がない限り、原則として自由に決定することができ、企業者が特定の思想、信条を有する者をその故をもって雇い入れることを拒んでも、当然に違法とすることはできないとするのが判例である。

イ 最高裁判所裁判官の国民審査は解職の制度であるから、積極的に罷免を可とするものがそうでないものより多数であるか否かを知ろうとするものであり、積極的に罷免を可とする意思が表示されていない投票は罷免を可とするものではないとの効果を発生させても、何ら当該投票を行った者の意思に反する効果を発生させるものではなく、思想及び良心の自由を制限するものではないとするのが判例である。

ウ 強制加入団体である税理士会が政党など政治資金規正法上の政治団体に金員を寄付することは、税理士会の目的の範囲内の行為であって、政党など政治資金規正法上の政治団体に金員の寄付をするために会員から特別会費を徴収する旨の税理士会の総会決議は、会員の思想・信条の自由を侵害するものではなく、有効であるとするのが判例である。

エ 労働組合法第7条に定める不当労働行為に対する救済処分として労働委員会が使用者に対して発するポストノーティス命令は、労働委員会によって使用者の行為が不当労働行為と認定されたことを関係者に周知徹底させ、同種行為の再発を抑制しようとする趣旨のものであるが、当該命令が掲示することを求める文書に「深く反省する」、「誓約します」などの文言を用いることは、使用者に対し反省等の意思表明を強制するものであり、憲法第19条に違反するとするのが判例である。

オ 憲法の下においては、思想そのものは絶対的に保障されるべきであって、たとえ憲法の根本原理である民主主義を否定する思想であっても、思想にとどまる限り制限を加えることができないが、思想の表明としての外部的行為が現実的・具体的な害悪を生ぜしめた場合には、当該行為を一定の思想の表明であることを理由に規制することができ、当該行為の基礎となった思想、信条自体を規制の対象とすることも許されると一般に解されている。

1 ア、イ　**2** ア、ウ
3 イ、オ　**4** ウ、エ　**5** エ、オ

➡解答・解説は別冊P.027

問題 3　　国家専門職（2020 年度）

思想及び良心の自由に関するア～オの記述のうち、妥当なもののみを全て挙げているのはどれか。

ア 思想及び良心の自由の保障は、いかなる内面的精神活動であっても、それが内心の領域にとどまる限りは絶対的に自由であることをも意味している。

イ 思想及び良心の自由は、思想についての沈黙の自由を含むものであり、国民がいかなる思想を抱いているかについて、国家権力が露顕を強制することは許されない。

ウ 謝罪広告を強制執行することは、それが単に事態の真相を告白し陳謝の意を表するにとどまる程度のものであっても、当人の人格を無視し著しくその名誉を毀損し意思決定の自由ないし良心の自由を不当に制限することになるため、憲法第19条に違反するとするのが判例である。

エ 公立中学校の校長が作成する内申書に、生徒が学生運動へ参加した旨やビラ配布などの活動をした旨を記載することは、当該生徒の思想、信条を推知せしめるものであり、当該生徒の思想、信条自体を高校の入学者選抜の資料に供したものと解されるため、憲法第19条に違反するとするのが判例である。

オ 卒業式における国歌斉唱の際の起立斉唱行為を命ずる公立高校の校長の職務命令は、思想及び良心の自由についての間接的な制約となる面はあるものの、職務命令の目的及び内容並びに制約の態様等を総合的に較量すれば、当該制約を許容し得る程度の必要性及び合理性が認められ、憲法第19条に違反しないとするのが判例である。

1　イ、ウ
2　エ、オ
3　ア、イ、エ
4　ア、イ、オ
5　ウ、エ、オ

➡解答・解説は別冊 P.028

問題 4 国家専門職（2014 年度）

思想及び良心の自由に関するア～オの記述のうち、妥当なもののみを全て挙げているのはどれか。

ア 思想及び良心の自由は、いかなる内面的精神活動を行おうともそれが内心にとどまる限りは、絶対的に保障される。

イ 思想及び良心の自由は、人の内心の表白を強制されない、沈黙の自由も含むものであり、国民がいかなる思想を抱いているかについて、国家権力が露顕を強制することは許されない。

ウ 憲法上、公務員に対して憲法尊重擁護義務が課されているとまではいえず、公務員に対して憲法尊重擁護の宣誓を課すことは、思想及び良心の自由を制約するものとして違憲となる。

エ 民法第723条にいわゆる「他人の名誉を毀損した者に対して被害者の名誉を回復するに適当な処分」として謝罪広告を新聞紙等に掲載すべきことを加害者に命ずる判決は、その広告の内容が単に事態の真相を告白し陳謝の意を表明するにとどまる程度のものにあっては、これを強制執行することも許されるとするのが判例である。

オ 公務員が職務命令においてある行為を求められることが、当該公務員個人の歴史観ないし世界観に由来する行動と異なる外部的行為を求められることとなる場合、それが個人の歴史観ないし世界観に反する特定の思想の表明に係る行為そのものとはいえなくとも、当該職務命令が個人の思想及び良心の自由についての間接的な制約となる面があると判断されるときは、当該職務命令は直ちに個人の思想及び良心の自由を制約するものとして違憲となるとするのが判例である。

1 ア、イ
2 イ、ウ
3 ア、イ、エ
4 ア、ウ、オ
5 イ、ウ、エ、オ

➡解答・解説は別冊P.029

SECTION 2

信教の自由

STEP 1 要点を覚えよう！

POINT 1 憲法20条の規定

日本では戦前に思想統制を行っていた反省もあり、憲法は信教の自由の保障を強化している。そして、信教の自由の保障を強化するために「国家」と「宗教」の結びつきをできる限り排除しようという政教分離の原則を憲法20条と憲法89条によって規定している。

信教の自由については、**「信教の自由」自体**の保障の話と、**この保障を強化**するために**「国家」と「宗教」の結びつきをできる限り排除**しようという**「政教分離の原則」**の話とに分けることができる。ここでは「信教の自由」自体の話を確認するが、これらを規定している憲法20条は以下のものである。

> 1項：信教の自由は、何人に対してもこれを保障する。いかなる宗教団体も、国から特権を受け、又は政治上の権力を行使してはならない。
> 2項：何人も、宗教上の行為、祝典、儀式又は行事に参加することを強制されない。
> 3項：国及びその機関は、宗教教育その他いかなる宗教的活動もしてはならない。

まず、**「信教の自由」は、①信仰の自由、②宗教的行為の自由、③宗教的結社の自由の3つ**に分類されるが、それぞれの内容を確認する。

POINT 2 信仰の自由

信仰の自由とは、宗教を信仰し又は**信仰しない**こと、**信仰する宗教を変更することも自由**であることをいう。**信仰の自由は**、内心にとどまるものなので、憲法**19条の思想・良心の自由と同様に絶対的な自由**として保障される。

また、思想・良心の自由で認められる沈黙の自由と同様、信仰の自由においても**国家権力**が信仰の告白を強制することは**許されず**、信仰に反する行為の強制も**許されない**。

POINT 3 宗教的行為の自由

宗教的行為の自由とは、個人又は他者と共同して、宗教上の儀式、行事、布教等を行う自由をいう。憲法20条2項の宗教行為をしない自由、参加を強制されない自由もこの内容に含まれる。なお、**布教を行う自由は、表現活動の側面**もあるため、**21条1項の表現の自由によっても保障**されている。

POINT 4 宗教的結社の自由

宗教的結社の自由には、宗教団体を設立し活動することや、**設立した宗教団体への加入の自由**が含まれている。また、**宗教的結社の自由は、憲法21条1項（集会の自由・結社の自由）によっても重ねて保障**されている。

POINT 5 信教の自由に関する重要判例

加持祈祷事件（最大判昭38.5.15）

判例（事案と判旨） Aの病を治すため、Aの母が僧侶Xに加持祈祷の依頼をしたところ、Xは治療と称して、嫌がるAの身体を取り押さえさせ、約3時間にわたって無理やり燃え盛る護摩壇の線香の火にあたらせた。その結果、Aは急性心臓麻痺で死亡してしまった。Xは傷害致死罪で起訴されたが、Xの行った加持祈祷は宗教的行為としてなされたものであり、これを処罰することはXの信教の自由（憲法20条1項）を侵害するとして争われた。

☞加持祈祷が**宗教行為としてなされたものであったとしても、他人の生命・身体等に危害を及ぼす違法な有形力の行使**にあたるものであり、被害者を死に至らしめたものである以上、**その行為は著しく反社会的なものであることは否定しえない**ところであって、**憲法20条1項の信教の自由の保障の限界を逸脱したものであり、その行為を罰することは信教の自由に反しない**。

宗教法人オウム真理教解散命令事件（最決平8.1.30）

判例（事案と判旨） 宗教法人オウム真理教が、大量殺人を目的として毒ガスであるサリンを組織的に大量生成していたことを理由に解散命令が発せられた。そこで、解散命令はオウム真理教の信者の信仰の自由（憲法20条1項）等を侵害するとして争われた。

☞解散命令によって宗教法人が解散しても、信者は、法人格を有しない宗教団体を存続させ、あるいは、これを新たに結成することが妨げられるわけではなく、また、宗教上の行為を行い、その用に供する施設や物品を新たに調えることが妨げられるわけでもないことから、**解散命令は、信者の宗教上の行為を禁止したり制限したりする法的効果を一切伴わない**。

☞**解散命令は、専ら宗教法人の世俗的側面を対象**とし、**宗教団体や信者の精神的・宗教的側面に容かいする意図によるものではない**。

☞宗教法人オウム真理教の行為に対処するには、その法人格を失わせることが必要かつ適切であり、他方、解散命令によって宗教団体であるオウム真理教やその**信者らが行う宗教上の行為に何らかの支障を生ずることが避けられないとしても、**その**支障は解散命令に伴う間接的で事実上のものであるにとどまるため、解散命令は必要でやむをえない法的規制であり、憲法20条1項に反しない**。

「専ら世俗的側面を対象」の部分は、宗教的な部分を対象とはしていないと考えよう。特定の宗教観を否定するためのものではないということなんだ。

剣道実技拒否事件①（最判平8.3.8）

判例(事案と判旨) 公立の学校に進学したエホバの証人の信者であるXは、体育科目の一つとして剣道の科目があったが、宗教の教義に反するため、実技の履修を拒否したところ、原級留置処分（留年）となってしまい、翌年も同様の理由で実技を拒否したことで留年となり、2年連続留年の場合には退学となる旨の学則により退学処分となった。そこで、原級留置処分・退学処分は信教の自由（憲法20条1項）等を侵害するとして争われた。

☞**原級留置処分又は退学処分を行うかどうかの判断は、校長の合理的な教育的裁量に委ねられるべきもの**であり、**校長の裁量権の行使としての処分が、**全く事実の基礎を欠くか又は**社会観念上著しく妥当を欠き、裁量権の範囲を超え又は裁量権を濫用してされたと認められる場合に限り違法**である。

☞退学処分は学生の身分をはく奪する重大な措置であり、特に慎重な配慮を要するが、Xはレポート提出等の代替措置を認めてほしい旨繰り返し申し入れており、剣道実技を履修しないまま直ちに履修したと同様の評価を受けることを求めていたものではない。これに対し、本件学校は、X及び保護者からの代替措置を採ってほしいとの要求も一切拒否し、剣道実技の補講を受けることのみを説得した。

☞**履修拒否が信仰上の理由に基づくものかどうかは、外形的事情の調査によって容易に明らかになる**であろうし、信仰上の理由に仮託して履修拒否をしようという者が多数に上るとも考え難い。さらに、**代替措置を採ることによって、**本件学校における教育秩序を維持することができないとか、学校全体の運営に看過することができない**重大な支障を生ずるおそれがあったとは認められない。そうすると、代替措置を採ることが実際上不可能であったということはできない。**

☞Xは信仰の核心部分と密接に関連する真摯な理由から剣道実技を拒否したものであり、**このような信仰上の理由による剣道実技の履修拒否を、正当な理由のない履修拒否と区別することなく、**代替措置が不可能というわけでもないのに**代替措置について何ら検討することもなく原級留置処分をし、さらに、退学処分**をしたという**学校の措置は、**考慮すべき事項を考慮しておらず、又は考慮された事実に対する評価が明白に合理性を欠き、その結果、**社会観念上著しく妥当性を欠く処分をしたものであり、裁量権の範囲を超える違法なものとして信教の自由（憲法20条1項）等を侵害する。**

この剣道実技拒否事件については、**公立学校**であったことから**「政教分離の原則」に関する論点**もあるんだって。具体的には**「代替措置」を認めることが「政教分離の原則」に違反するのではないか**という点だけど、詳しくは次のSECTION3で解説するね。

ここで覚める! **剣道実技拒否事件のポイント！**

①原級留置処分又は退学処分を行うかどうかの判断は、誰が行う？
☞校長の合理的な教育的裁量に委ねられる。
②その判断が違法となる基準は？
☞裁量権の範囲を超え又は裁量権を濫用してなされたと認められる場合に限り違法となる。
③この事案の結論は？
☞裁量権の範囲を**超える違法**なものとして信教の自由（憲法20条1項）等を侵害する。

自衛官合祀事件（最大判昭63.6.1）

判例（事案と判旨） Xの夫は自衛隊員であり、公務中の事故で死亡し殉職自衛隊員として神社に合祀されたが、キリスト教徒であるXは、夫が神社に合祀されたことにより精神的苦痛を受けたとして訴えを提起した。
☞宗教上の人格権であるとする**静謐（せいひつ）な宗教的環境の下で信仰生活を送るべき利益**なるものは、これを**直ちに法的利益として認めることができない**。
☞**Xの法的利益の侵害の成否は**、合祀自体は神社によってされているから、神社とXとの間の私法上の関係として検討すべきこととなり、私人相互間において憲法20条1項前段及び同条2項によって保障される**信教の自由の侵害があり、その態様、程度が社会的に許容しうる限度を超えるとき**は、民法の諸規定等の適切な運用によって**法的保護が図られる**べきである。

上記判例について、問題となっているのは殉職した自衛隊員の妻であるXの**「静謐な宗教的環境の下で信仰生活を送る利益」**である。静謐とは、静かで穏やかな状態であることを意味するが、キリスト教徒であったXは、夫が神社に合祀されたことで、穏やかな信仰生活を送る利益が害されたと主張したものである。

そして、そもそも、**このような利益（自由）が憲法上認められるのか**という点について、**直ちに**法的利益として**認めることができない**としている。

ただし、**「直ちに」認めることはできないが、信教の自由の侵害があり、侵害の態様、程度が社会的に許容しうる限度を超えるとき**は、民法の諸規定等の適切な運用によって**法的保護が図られる**とする。なお、結果的にこの限度は超えていないとして、Xの主張は認められなかった。

STEP 2 一問一答で理解を確認！

1 判例は、宗教上の人格権であるとする静謐な宗教的環境の下で信仰生活を送るべき利益について、法的利益として認めることができるとしている。

× 判例は、宗教上の人格権であるとする**静謐な宗教的環境の下で信仰生活を送るべき利益なるものは**、これを直ちに**法的利益として認めることができない**としている（自衛官合祀事件：最大判昭63.6.1）。

---

2 判例は、宗教法人の解散命令によって、その信者らが行う宗教上の行為に何らかの支障を生ずることが避けられず、その支障は解散命令に伴う直接的で法律上のものになるため、解散命令は憲法20条1項に反するとしている。

× 判例は、解散命令によって宗教法人やその信者らが行う宗教上の行為に何らかの支障を生ずることが避けられないとしても、**その支障は解散命令に伴う間接的で事実上のものにとどまる**ため、解散命令は必要でやむをえない法的規制であり、**憲法20条1項に反しない**としている（宗教法人オウム真理教解散命令事件：最決平8.1.30）。

---

3 判例は、平癒祈願のための加持祈祷は、宗教行為としてなされたものである以上、それが他人の生命・身体等に危害を及ぼす有形力の行使により被害者を死に至らしめたものであっても、その行為は憲法20条1項の信教の自由の保障の限界を逸脱したとはいえないとしている。

× 判例は、平癒祈願のための加持祈祷が、宗教行為としてなされたものであったとしても、他人の生命・身体等に危害を及ぼす違法な有形力の行使により、被害者を死に至らしめたものである以上、その行為は著しく反社会的なものであって、**憲法20条1項の信教の自由の保障の限界を逸脱したもの**であり、**その行為を罰することは信教の自由に反しない**としている（加持祈祷事件：最大判昭38.5.15）。

---

4 判例は、原級留置処分又は退学処分を行うかどうかの判断は、校長の合理的な教育的裁量に委ねられるべきものであり、校長の裁量権の行使としての処分が、全く事実の基礎を欠くか又は社会観念上著しく妥当を欠き裁量権の範囲を超え又は裁量権を濫用してなされたと認められる場合に限り違法であるとしている。

○ **本問の記述のとおり**である（剣道実技拒否事件①：最判平8.3.8）。

---

5 判例は、公立の学校に進学したある宗教の信者が、体育科目の一つの実技を拒否した事案において、信仰の核心部分と密接に関連する真摯な信仰上の理由による剣道実技の履修拒否を正当な理由のない履修拒否と区別し、代替措置について十分な検討を経た原級留置処分をし、さらに、退学処分をしたという学校の措置は、社会観念上著しく妥当を欠く処分をしたとはいえず、裁量権の範囲内の適法なものとしている。

× 判例は、当該事案において、信仰の核心部分と密接に関連する真摯な信仰上の理由による剣道実技の履修拒否を、**正当な理由のない履修拒否と区別することなく、代替措置について何ら検討することもなく**原級留置処分をし、さらに、退学処分をしたという学校の措置は、**社会観念上著しく妥当を欠く処分をしたもの**であり、**裁量権の範囲を超える違法なもの**としている（剣道実技拒否事件①：最判平8.3.8）。

---

6 信仰の自由とは、宗教を信仰し又は信仰しないこと、信仰する宗教を変更することも自由であることをいうが、信仰の自由は、内心にとどまるものであれば、憲法19条の思想・良心の自由と同様に絶対的な自由として保障される。

○ **本問の記述のとおり**である。なお、信仰の自由においても**国家権力が信仰の告白を強制することは許されず、信仰に反する行為の強制も許されない**。

過去問にチャレンジ！

問題1　国家一般職（2021年度）

信教の自由に関するア～エの記述のうち、妥当なもののみを全て挙げているのはどれか。

ア　公立高等専門学校の校長が、信仰上の理由により必修科目の剣道実技の履修を拒否した学生に対し、原級留置処分又は退学処分を行うか否かの判断は、校長の合理的な教育的裁量に委ねられるところ、剣道は宗教的でなく健全なスポーツとして一般国民の広い支持を受けており、履修を義務とした場合に受ける信教の自由の制約の程度は極めて低く、また、信教の自由を理由とする代替措置は政教分離原則と緊張関係にあることから、代替措置をとることなく原級留置処分及び退学処分を行った校長の判断に裁量権の逸脱・濫用はないとするのが判例である。

イ　内心における信仰の自由とは、宗教を信仰し又は信仰しないこと、信仰する宗教を選択し又は変更することについて、個人が任意に決定する自由をいう。内心における信仰の自由の保障は絶対的なものであり、国が、信仰を有する者に対してその信仰の告白を強制したり、信仰を有しない者に対して信仰を強制したりすることは許されない。

ウ　市が町内会に対し市有地を無償で神社施設の敷地としての利用に供している行為が憲法第89条の禁止する公の財産の利用提供に当たるかについては、当該行為の目的が宗教的意義を持ち、その効果が宗教に対する援助、助長、促進又は圧迫、干渉等になるような行為といえるか否かを基準に判断すべきであり、当該行為は、通常必要とされる対価の支払をすることなく、その直接の効果として宗教団体である氏子集団が神社を利用した宗教活動を行うことを容易にしていることから、公の財産の利用提供に当たり、憲法第89条に違反するとするのが判例である。

エ　信教の自由は、憲法第13条に規定する生命、自由及び幸福追求に対する国民の権利に含まれ、裁判上の救済を求めることができる法的利益を保障されたものとして私法上の人格権に属するから、配偶者の死に際して、他人の干渉を受けることのない静謐の中で宗教的行為をすることの利益は、宗教上の人格権の一内容として法的に保護されるとするのが判例である。

1　イ　　2　ウ
3　エ　　4　ア、ウ　　5　イ、エ

➡解答・解説は別冊P.030

問題 2 国家一般職（2017 年度）

信教の自由に関するア～オの記述のうち、妥当なもののみを全て挙げているのはどれか。

ア 憲法第20条第1項前段は、「信教の自由は、何人に対してもこれを保障する」と規定している。ここにいう信教の自由には、内心における信仰の自由及び宗教的行為の自由が含まれるが、宗教的結社の自由は、憲法第21条第1項で保障されていることから、信教の自由には含まれないと一般に解されている。

イ 内心における信仰の自由とは、宗教を信仰し又は信仰しないこと、信仰する宗教を選択し又は変更することについて、個人が任意に決定する自由をいう。内心における信仰の自由の保障は絶対的なものであり、国が、信仰を有する者に対してその信仰の告白を強制したり、信仰を有しない者に対して信仰を強制したりすることは許されない。

ウ 知事が大嘗祭に参列した行為は、それが地方公共団体の長という公職にある者の社会的儀礼として、天皇の即位に伴う皇室の伝統儀式に際し、日本国及び日本国民統合の象徴である天皇の即位に祝意を表する目的で行われたものであるとしても、大嘗祭が神道施設の設置された場所において神道の儀式にのっとり行われたことに照らせば、宗教との過度の関わり合いを否定することはできず、憲法第20条第3項に違反するとするのが判例である。

エ 死去した配偶者の追慕、慰霊等に関して私人がした宗教上の行為によって信仰生活の静謐が害されたとしても、それが信教の自由の侵害に当たり、その態様、程度が社会的に許容し得る限度を超える場合でない限り、法的利益が侵害されたとはいえないとするのが判例である。

オ 市が町内会に対し無償で神社施設の敷地としての利用に供していた市有地を当該町内会に譲与したことは、当該譲与が、市の監査委員の指摘を考慮し、当該神社施設への市有地の提供行為の継続が憲法の趣旨に適合しないおそれのある状態を是正解消するために行ったものであっても、憲法第20条第3項及び第89条に違反するとするのが判例である。

1 ア、ウ
2 ア、エ
3 イ、エ
4 イ、オ
5 ウ、オ

➡解答・解説は別冊P.031

問題 3 裁判所職員（2015 年度）

信教の自由に関する次のア～ウの記述の正誤の組み合わせとして最も適当なものはどれか（争いのあるときは、判例の見解による。）。

ア 宗教法人の解散命令の制度は、専ら世俗的目的によるものであって、宗教団体や信者の精神的・宗教的側面に容かいする意図によるものではなく、信者の宗教上の行為を禁止ないし制限する法的効果を一切伴わないものであるから、信者の宗教上の行為に何らの支障も生じさせるものではない。

イ 公立学校において、学生が信仰を理由に剣道実技の履修を拒否する場合であっても、その理由の当否は外形的事情により判断すべきであって、当事者の説明する宗教上の信条と履修拒否との合理的関連性が認められるかどうかを確認する調査は、公教育の宗教的中立性に反するものであるから許されない。

ウ 精神病者の近親者から平癒祈願の依頼を受けて、線香護摩による加持祈禱を行い、線香の熱さのため身をもがく被害者を殴打するなどした行為は、一種の宗教行為としてなされたものであったとしても、他人の生命、身体等に危害を及ぼす違法な有形力の行使に当たるものである。

	ア	イ	ウ
1	正	正	誤
2	正	誤	正
3	誤	正	正
4	誤	正	誤
5	誤	誤	正

➡解答・解説は別冊 P.032

問題 4　　特別区Ⅰ類（2012 年度）

日本国憲法に規定する信教の自由又は政教分離の原則に関する記述として、最高裁判所の判例に照らして、妥当なのはどれか。

1 法令に違反して著しく公共の福祉を害すると明らかに認められる行為をした宗教法人について、宗教法人法の規定に基づいて行われた解散命令は、信者の宗教上の行為の継続に支障を生じさせ、実質的に信者の信教の自由を侵害することとなるので、憲法に違反する。

2 憲法は、内心における信仰の自由のみならず外部的な宗教的行為についてもその自由を絶対的に保障しており、宗教行為としての加持祈禱が、他人の生命、身体等に危害を及ぼす違法な有形力の行使に当たり、その者を死に致したとしても、信教の自由の保障の限界を逸脱したものとまではいえない。

3 信教の自由には、静謐な宗教的環境の下で信仰生活を送るべき法的利益の保障が含まれるので、殉職自衛隊員を、その妻の意思に反して県護国神社に合祀申請した行為は、当該妻の、近親者の追慕、慰霊に関して心の静謐を保持する法的利益を侵害する。

4 県が、神社の挙行した例大祭等に際し、玉串料、献灯料又は供物料をそれぞれ県の公金から支出して神社へ奉納したことは、玉串料等の奉納が慣習化した社会的儀礼にすぎないものであり、一般人に対して県が特定の宗教団体を特別に支援している印象を与えるものではなく、また、特定の宗教への関心を呼び起こすものとはいえないので、憲法の禁止する宗教的活動には当たらない。

5 市が、戦没者遺族会所有の忠魂碑を公費で公有地に移設、再建し、その敷地を同会に無償貸与した行為は、忠魂碑と特定の宗教とのかかわりは希薄であり、同会は宗教的活動を本来の目的とする団体ではなく、市の目的は移設後の敷地を学校用地として利用することを主眼とするものであるから、特定の宗教を援助、助長、促進するとは認められず、憲法の禁止する宗教的活動に当たらない。

➡解答・解説は別冊 P.033

SECTION 3

政教分離原則

STEP 1 要点を覚えよう！

POINT 1 津地鎮祭事件と目的効果基準

津地鎮祭事件（最大判昭52.7.13）は、政教分離原則違反となるかの判断についてリーディングケースとなった事案である。地鎮祭とは、建築工事等が始まる前に神主を招き、その土地の神様に対して工事の安全を祈願する、日本では一般的な儀式だが、**三重県津市の主催**で、市の体育館の起工式として神道による**地鎮祭が行われ、神職への謝礼など費用7,663円が公金より支出**されたところ、この**公金の支出が政教分離原則を定めた憲法20条3項などに違反するのかが問題**となった。

この点、判例は、国家と宗教との**完全な分離**は、**実際上不可能に近い**として、**憲法20条3項で禁止する宗教的活動**とは、国及びその機関の活動で宗教とのかかわり合いをもつすべての行為を指すものではなく、そのかかわり合いが相当とされる限度を超えるものに限られ、その**判断規準は、当該行為の目的が宗教的意義をもち、その効果が宗教に対する援助、助長、促進又は圧迫、干渉等になるような行為**という**「目的効果基準」**を採用した。

例えば、市役所がクリスマスツリーを飾るのはどうなのかな。宗教的な行為の完全分離は難しいだろうから、それが**いかなる目的で行われたのか**、また、**その行為を行うことによる宗教に対する効果**を見て、**違憲となるかどうかを判断**してみてね。

そのうえで、本件起工式の**目的は**、建築着工に際し工事の無事安全を願い、一般的慣習に従った儀礼を行うという**専ら世俗的**なものと認められ、その**効果は神道を援助、助長、促進し又は他の宗教に圧迫、干渉を加えるものとは認められない**として、**憲法20条3項により禁止される宗教的活動にはあたらない**とした。

なお、津地鎮祭事件では、**政教分離規定は、いわゆる制度的保障の規定**であって、**信教の自由そのものを直接保障するものではなく、国家と宗教との分離を制度として保障**することにより、**間接的に信教の自由の保障を確保**しようとするものであるということも判示している。

この**「目的効果基準」が、その後に争われた多くの事案で適用される**ことになるんだ。**それぞれの事案と結論**をきちんと押さえておこう。

愛媛玉串料事件（最大判平9.4.2）

判例（事案と判旨） **愛媛県知事が**、靖國神社で行われた例大祭や、護国神社で行われた慰霊大祭の際に、**公金から玉串料**[*]**等を支出**したことが、政教分離原則を定めた憲法20条3項、憲法89条に違反するのかが問題となった。

☞**玉串料等の奉納は、地鎮祭のように**時代の推移によって既にその宗教的意義が希薄化し慣習化した**社会的儀礼にすぎないものになっているとまでは到底いうことができず、一般人が社会的儀礼の一つにすぎないと評価しているとは考え難い**。

☞玉串料等を奉納したことは、その**目的が宗教的意義を持つことを免れず**、その**効果が特定の宗教に対する援助、助長、促進になると認めるべき**であり、県と本件神社等とのかかわり合いが**相当とされる限度を超えるもの**で、**憲法20条3項の禁止する宗教的活動にあたる**。

☞また本件支出は、本件神社等が憲法89条にいう宗教上の組織又は団体にあたることが**明らか**であり、憲法89条の禁止する公金の支出に**あたり違法**となり、憲法20条3項及び89条に**反する**。

箕面忠魂碑事件（最判平5.2.16）

判例（事案と判旨） 箕面（みのお）市は、小学校の校庭にあった市遺族会が管理する**忠魂碑の移転先として代替地を買い受けて、忠魂碑の移設・再建をし、その代替地を市遺族会に無償で貸与**したところ、これら一連の行為が憲法20条3項・憲法89条に反するとして争われた。

☞**代替地を無償貸与した行為の目的は、**小学校の校舎の建替え等のため公有地上に存する戦没者記念碑的な性格を有する施設を他の場所に移設し、その敷地を学校用地として利用することを主眼とするものであり、**専ら世俗的**なものと認められ、その**効果も、特定の宗教を援助、助長、促進し又は他の宗教に圧迫、干渉を加えるものとは認められない**ものであり、**宗教とのかかわり合いの程度が**我が国の社会的、文化的諸条件に照らし、**相当とされる限度を超えるものとは認められず、憲法20条3項により禁止される宗教的活動にはあたらない**。

☞**市遺族会は、**戦没者遺族の相互扶助・福祉向上と英霊の顕彰を主たる目的として設立され活動している団体であって、**特定の宗教の信仰、礼拝又は普及等の宗教的活動を行おうとするものではなく、**戦没者の慰霊、追悼、顕彰のための行事等が行われていることが明らかであるから、**憲法20条1項後段にいう「宗教団体」、憲法89条にいう「宗教上の組織若しくは団体」に該当せず、憲法20条1項後段・憲法89条に反しない**。

＊ 玉串料（たまぐしりょう）…神事の際に神前に供える金銭のこと。

鹿児島大嘗祭事件（最判平14.7.11）

判例（事案と判旨） 皇居で行われる**天皇の即位の礼に伴う大嘗祭**（だいじょうさい）に、**鹿児島県知事が参列**した行為が政教分離の原則を定めた憲法20条3項に違反するのかが問題となった。

☞大嘗祭への参列の目的は、天皇の即位に伴う**皇室の伝統儀式**に際し日本国及び日本国民統合の象徴である**天皇に対する社会的儀礼を尽くすもの**であり、その**効果も、特定の宗教に対する援助、助長、促進又は圧迫、干渉等になるようなものではない**から、県知事の大嘗祭への参列は憲法20条3項に**反しない**。

剣道実技拒否事件②（最判平8.3.8）

判例（事案と判旨） 94ページで見た「剣道実技拒否事件①」において、**公立の学校が**Xに対して剣道の**「代替措置」を採ること**が政教分離の原則（憲法20条3項等）に違反するのかが問題となった。

☞**学校が剣道実技以外の代替措置を講じて、その成果に応じた評価をすることが目的において宗教的意義をもち、特定の宗教を援助、助長、促進させる効果を有するものということはできない**ため、**代替措置を採ることは政教分離原則に反しない**。

☞公立学校で学生の信仰を調査し、宗教を序列化して別段の取扱いをすることは**許されない**が、**学生が信仰を理由に剣道実技の履修を拒否する場合に、学校がその理由の当否を判断するため**、単なる怠学のための口実であるか、宗教上の信条と履修拒否との合理的関連性が認められるかどうかを**確認する程度の調査をすることは、公教育の宗教的中立性に反しない**。

なお、判例は、**内閣総理大臣**の地位にある者が**靖國神社に参拝した行為**による法的利益の侵害の有無について、**人が神社に参拝する行為自体は、他人の信仰生活等に対して圧迫、干渉を加えるような性質のものではない**から、他人が特定の神社に参拝することによって自己の心情ないし宗教上の感情が害されたとし不快の念を抱いたとしても、これを被侵害利益として**直ちに損害賠償を求めることはできない**としている（小泉首相靖國神社参拝訴訟：最判平18.6.23）。

POINT 2 目的効果基準が採用されなかった重要判例

比較的近年の判例では、目的効果基準を採用せずに諸般の事情を**総合的に判断**して、政教分離原則違反となるかどうか判断するものもある。以下の判例は押さえておくこと。

空知太神社訴訟（そらちぶと）**（最大判平22.1.20）**

判例（事案と判旨） **北海道砂川市は**、空知太神社の付近住民で構成された**本件**

氏子集団を中心とした町内会に、市所有地を神社の建物、鳥居などの敷地として無償で使用させていたところ、この市所有地の無償貸与が、政教分離原則を定めた憲法89条等に反するのか問題となった。

☞**市所有地が無償で宗教的施設の敷地としての用に供されている状態**が憲法89条に違反するか否かの判断は、諸般の事情を考慮し社会通念に照らして**総合的に判断**する。

☞本件氏子集団は、宗教的行事等を行うことを主たる目的としている宗教団体であり、憲法89条の「宗教上の組織若しくは団体」に**あたる**。また、本件神社物件は、一体として神道の神社施設に**あたる**ものと見るほかはない。

☞社会通念に照らして**総合的に判断**すると、**本件利用提供行為は**、市と本件神社とのかかわり合いが信教の自由の保障の確保という制度の根本目的との関係で**相当とされる限度を超えるものとして憲法89条の禁止する公の財産の利用提供にあたり**、ひいては**憲法20条1項後段の禁止する宗教団体に対する特権の付与にも該当し、憲法89条等に反し違憲**である。

富平（とみひら）神社事件（最大判平22.1.20）

判例(事案と判旨) **市が町内会に対し無償で神社施設の敷地としての利用に供していた市有地を、当該町内会に譲与**したことが、憲法20条3項、憲法89条に定める政教分離原則に反するかが争われた。

☞**本件譲与は**、市が監査委員の指摘を考慮し、**政教分離の原則の趣旨に適合しないおそれのある状態を是正解消するために行ったもの**であり、**本件譲与の措置を講ずることが最も適当と考えられ、手段として相当性を欠くということもできない**。

☞社会通念に照らして**総合的に判断**すると、本件譲与は、**相当とされる限度を超えるかかわり合いをもたらすものということはできず、憲法20条3項、憲法89条に反しない**。

◆政教分離原則に関する重要判例のまとめ

事案	目的効果基準の採否	結論
地鎮祭への公金支出	採用	合憲
公金から玉串料を支出	採用	違憲
忠魂碑移転先として、代替地を買い受けて、忠魂碑の移設・再建をし、その代替地を遺族会に無償で貸与	採用	合憲
大嘗祭に知事が参列	採用	合憲
公立学校の履修科目の代替措置	採用	合憲
市所有地を無償で宗教的施設（神社の建物等）の敷地として氏子集団に提供	総合的に判断	違憲
市が町内会に無償で神社施設の敷地として利用に供していた市有地を、当該町内会に譲与	総合的に判断	合憲

STEP 2 一問一答で理解を確認！

1 判例は、憲法20条3項にいう宗教的活動とは、当該行為の目的が宗教的意義をもち、その効果が宗教に対する援助、助長、促進又は圧迫、干渉等になるような行為であるかどうかによって判断するとしている。

○ 判例は、多くの事案で憲法20条3項にいう宗教的活動にあたるか否かの判断について、当該行為の**目的**が**宗教的意義**をもち、その**効果**が宗教に対する**援助、助長、促進又は圧迫、干渉等**になるような行為であるかによって判断するとしている（**目的効果基準**、津地鎮祭事件：最大判昭52.7.13）。

---

2 判例は、市所有地が無償で宗教的施設の敷地としての用に供されている状態が憲法89条に違反するか否かの判断について、当該宗教的施設の性格、当該土地が無償で当該施設の敷地としての用に供されるに至った経緯、当該無償提供の態様、これらに対する一般人の評価等、諸般の事情を考慮し社会通念に照らし合わせて総合的に判断するとしている。

○ 判例は、本問の事案について、当該宗教的施設の性格、当該土地が無償で当該施設の敷地としての用に供されるに至った経緯、当該無償提供の態様、これらに対する一般人の評価等、諸般の事情を考慮し社会通念に照らし合わせて**総合的に判断**するとしている（空知太神社訴訟：最大判平22.1.20）。

---

3 判例は、大嘗祭への参列の目的は、天皇の即位に伴う皇室の伝統儀式に際し日本国及び日本国民統合の象徴である天皇に対する社会的儀礼を尽くすものであるが、その効果は相当とされる限度を超えるものと認められるため、憲法上の政教分離原則に違反し、県知事の大嘗祭への参列は憲法20条3項に反するとしている。

× 判例は、大嘗祭への参列の目的は、天皇の即位に伴う皇室の伝統儀式に際し日本国の象徴である天皇に対する社会的儀礼を尽くすものであり、効果も特定の宗教に対する援助、助長、促進又は圧迫、干渉等になるようなもの**ではない**から、県知事の大嘗祭への参列は憲法20条3項に**反しない**としている（鹿児島大嘗祭事件：最判平14.7.11)。

4 判例は、公立学校において、学生が信仰を理由に剣道実技の履修を拒否する場合に、学校がその理由の当否を判断するため、単なる怠学のための口実であるか、宗教上の信条と履修拒否との相対的関連性が認められるかどうかを確認する調査をすることは公教育の宗教的中立性に反するとしている。

× 判例は、公立学校において、学生が信仰を理由に剣道実技の履修を拒否する場合に、学校がその理由の当否を判断するため、単なる怠学のための口実であるか、宗教上の信条と履修拒否との合理的関連性が認められるかどうかを確認する程度の調査をすることは、公教育の宗教的中立性に**反しない**としている（剣道実技拒否事件②：最判平8.3.8)。

5 判例は、市遺族会は、戦没者遺族の相互扶助・福祉向上と英霊の顕彰を主たる目的として設立され活動している団体であるが、特定の宗教の信仰、礼拝又は普及等の宗教的活動を行おうとするものであるから、憲法20条1項後段にいう「宗教団体」、憲法89条にいう「宗教上の組織若しくは団体」に該当し、憲法20条1項後段・憲法89条に反するとしている。

× 判例は、市遺族会は、戦没者遺族の相互扶助・福祉向上と英霊の顕彰を主たる目的として設立され活動している団体であって、特定の宗教の信仰、礼拝又は普及等の宗教的活動を行おうとするものではなく、戦没者の慰霊、追悼、顕彰のための行事等が行われていることが明らかであるから、憲法20条1項後段にいう「宗教団体」、憲法89条にいう「宗教上の組織若しくは団体」に**該当せず**、憲法20条1項後段・憲法89条に**反しない**としている（箕面忠魂碑事件：最判平5.2.16)。

過去問にチャレンジ！

問題 1　　国家専門職（2016 年度）

信教の自由に関するア～オの記述のうち、判例に照らし、妥当なもののみを全て挙げているのはどれか。

ア　裁判所による宗教法人に対する解散命令は、世俗的目的によるものではあるものの、当該宗教法人に属する信者の宗教上の行為を禁止したり、制限したりする効果を伴うものであるから、必要でやむを得ない場合に限り許される。

イ　玉串料等を奉納することは、建築着工の際に行われる起工式の場合と同様に、時代の推移によって既にその宗教的意義が希薄化し、一般人の意識において慣習化した社会的儀礼にすぎないものになっていると評価することができるため、県が靖国神社等に対して玉串料等を公金から支出したことは憲法第20条第3項に違反しない。

ウ　憲法第20条第3項にいう宗教的活動とは、国及びその機関の活動で宗教との関わり合いを持つ全ての行為を指すものではなく、当該行為の目的が宗教的意義を持ち、その効果が宗教に対する援助、助長、促進又は圧迫、干渉等になるような行為をいう。

エ　市立高等専門学校の校長が、信仰上の真摯な理由により剣道実技の履修を拒否した学生に対し、代替措置について何ら検討することもなく、必修である体育科目の修得認定を受けられないことを理由として2年連続して原級留置処分をし、さらに、それを前提として退学処分をしたとしても、これらの処分は、校長の教育的裁量に委ねられるべきものであるため、社会通念上著しく妥当性を欠き、裁量権の範囲を超える違法なものであるということはできない。

オ　知事が大嘗祭に参列した行為は、大嘗祭が皇位継承の際に通常行われてきた皇室の伝統儀式であること、他の参列者と共に参列して拝礼したにとどまること、参列が公職にある者の社会的儀礼として天皇の即位に祝意を表する目的で行われたことなどの事情の下においては、憲法第20条第3項に違反しない。

1　ア、イ　　**2**　ウ、オ
3　エ、オ　　**4**　ア、イ、ウ　　**5**　イ、ウ、オ

➡解答・解説は別冊 P.035

問題 2　　特別区Ⅰ類（2017 年度）

日本国憲法に規定する信教の自由又は政教分離の原則に関する記述として、最高裁判所の判例に照らして、妥当なものはどれか。

1 信教の自由の保障は、何人も自己の信仰と相容れない信仰をもつ者の信仰に基づく行為に対して、それが自己の信教の自由を妨害するものでない限り寛容であることを要請しているが、静謐な宗教的環境の下で信仰生活を送るべき利益は法的利益として認められるため、殉職自衛隊員をその配偶者の意思に反して県護国神社に合祀申請した行為は、当該配偶者の法的利益を侵害するとした。

2 市が忠魂碑の存する公有地の代替地を買い受けて当該忠魂碑を移設、再建し、当該忠魂碑を維持管理する戦没者遺族会に対し当該代替地を無償貸与した行為は、当該忠魂碑が宗教的性格のものであり、当該戦没者遺族会が宗教的活動をすることを本来の目的とする団体であることから、特定の宗教を援助、助長、促進するものと認められるため、憲法の禁止する宗教的活動に当たるとした。

3 信仰上の理由による剣道実技の履修を拒否した学生に対し、正当な理由のない履修拒否と区別することなく、また、代替措置について何ら検討することもなく、原級留置処分及び退学処分をした市立高等専門学校の校長の措置は、社会観念上著しく妥当を欠く処分をしたものと評するほかはなく、裁量権の範囲を超える違法なものといわざるを得ないとした。

4 知事の大嘗祭への参列は、天皇の即位に伴う皇室の伝統儀式に際し、天皇に対する社会的儀礼を尽くすことを目的としているが、その効果は特定の宗教に対する援助、助長、促進になり、宗教とのかかわり合いの程度が、我が国の社会的、文化的諸条件に照らし、相当とされる限度を超えるものと認められるため、憲法上の政教分離原則に違反するとした。

5 市が連合町内会に対し、市有地を無償で神社施設の敷地として利用に供している行為は、当該神社施設の性格、無償提供の態様等、諸般の事情を考慮して総合的に判断すべきものであり、市と神社ないし神道とのかかわり合いが、我が国の社会的、文化的諸条件に照らし、相当とされる限度を超えるものではなく、憲法の禁止する宗教団体に対する特権の付与に該当しないとした。

➡解答・解説は別冊 P.036

SECTION

4 表現の自由①

STEP 1 要点を覚えよう！

POINT 1 表現の自由と含まれる価値

表現の自由とは「表現をする権利」であり、音声や文字、あるいは画像などにより、個人の思想、意見、主張、感情などを外部に向かって表明する自由のことをいう。単なる肉声や手書きによる表現行為だけでなく、表現によるインパクトがより効果的な表現手段である報道、出版、放送、映画、集団示威行動（デモ行進）などを含んでいる。

この表現の自由には、**自己実現の価値と、自己統治の価値がある**とされる。**自己実現の価値**とは、言論活動等を行うことで、自己の人格を発展させることをいう。つまり、言論活動によって**自分の人格を成長させる**ことができるといった**個人的**価値である。

自己統治の価値とは、言論活動等によって、**政治的意思決定に関与**することをいう。つまり、民主主義国家では、ある問題に対して、どのような判断をするべきなのかを考えるとき、議論をしたり、政治家を評価・批判する過程で、その考え方が洗練されていくといった**社会的**価値である。

POINT 2 知る権利

マス・メディア産業の発達により、国民は与えられる情報をただ受け取るだけという受動的な地位に置かれるようになってきた。こうした状況のなかで、国民が必要とする情報を十分に得るためには、**情報の受け手である国民の側から、知る権利を積極的に主張することが必要**であると考えられるようになってきており、その**知る権利は、憲法21条によって保障されている。**

そして、**知る権利は、国家により妨げられることなく自由に情報を受け取るという消極的側面**と、**情報の提供・公開を国家機関に対して要求するという積極的側面**とを持ち合わせている。

POINT 3 メモを取る自由

公開の法廷でメモを取ることは、知る権利を行使することになる。この点についてのレペタ法廷メモ事件を押さえておこう。

レペタ法廷メモ事件（最大判平元.3.8）

判例（事案と判旨） アメリカの弁護士であるレペタ氏は、日本において経済法の研究のため所得税法違反事件の公判の裁判傍聴中にメモを取ってよいか許可を求めたところ、裁判所はこれを認めなかった。そこで、裁判所によるメモの不許可は、レペタ氏の表現の自由等を侵害するとして訴えを提起した。

☞さまざまな意見、知識、情報に接し、これを摂取することを補助するものとしてなされる限り、**筆記行為の自由は、憲法21条1項の規定の精神に照らして尊重される**。また、傍聴人が**法廷でメモを取る行為**は、その見聞する裁判を認識、記憶するためになされるものである限り、**尊重に値し、ゆえなく妨げられてはならない**としつつ、**法廷における公正かつ円滑な訴訟の運営を妨げる場合**には**制限又は禁止することも許されるが**、そのような事態は通常はありえないから、**特段の事由がない限り傍聴人の自由に任せるべき**とした。

POINT 4 アクセス権

マス・メディアの影響力は巨大である一方、一般市民は通常、影響力の高い表現手段を持っていない。そこで、**情報の受け手である一般市民が、新聞やテレビといったマス・メディアの影響力を利用して情報を発信する権利をアクセス権（反論権）**という。

サンケイ新聞事件（最判昭62.4.24）

判例(事案と判旨) 自由民主党がサンケイ新聞上に日本共産党を批判する意見広告を載せたことに対して、共産党は反論するために「同一スペースでの反論文の無料掲載」を新聞社に要求した。このような反論権が憲法上保障されるのかどうかが問題となった。

☞自己が記事に取り上げられたというだけの理由によって、新聞を発行・販売する者に対し、反論文を無修正・無料で掲載することを求めることができるものとする**反論権は、新聞を発行・販売する者にとっては**、その掲載を強制されることになり本来ならば他に利用できたはずの紙面を割かなければならなくなる等の**負担を強いられ、批判的記事の掲載を躊躇させ、憲法の保障する表現の自由を間接的に侵す危険につながるおそれ**がある。

☞新聞等による情報の提供は一般国民に対し強い影響力をもち、特定の者の名誉ないしプライバシーに重大な影響を及ぼすことがあるとしても、**不法行為が成立する場合にその者の保護を図ることは別論**として、**反論権について具体的な成文法がないのに、たやすく認めることはできない**。

ただし、**名誉毀損の不法行為が成立する場合**、民法723条の名誉毀損の原状回復処分として**反論権を認めるかどうか、明らかにしていない点は注意しよう。**

関連する判例として、**放送法の定める訂正放送等の規定は**、真実でない事項の放送がされた場合において、放送内容の真実性の保障及び他からの干渉を排除することによる表現の自由の確保の観点から、放送事業者に対し、**自律的に訂正放送等を行うことを国民全体に対する公法上の義務として定めたもの**であって、**被害者に対して訂正放送等を求める私法上の請求権を付与する趣旨の規定ではない**としている（訂正放送等請求事件：最判平16.11.25）。

POINT 5 報道の自由・取材の自由

報道の自由とは、**報道機関がマス・メディアを通して、国民に対して事実を伝える自由**のことをいう。また、**取材の自由**とは、報道機関が事実を報道するための前提として、**情報収集を行う自由**のことをいう。

博多駅テレビフィルム提出命令事件（最大決昭44.11.26）

判例（事案と判旨） アメリカ軍の原子力空母の寄港に反対する全学連学生と機動隊が博多駅前で激しく衝突した。そのなかで機動隊の全学連学生に対する過剰警備が問題となり、テレビ局がこの状況を撮影していた。そこで、裁判所が事実確認のために、テレビ局に対して撮影フィルムの提出命令を出したところ、この裁判所による提出命令は、テレビ局の報道の自由・取材の自由を侵害するのかが問題となった。

☞**報道機関の報道は**、民主主義社会において国民が国政に関与するにつき、重要な判断の資料を提供し**国民の「知る権利」に奉仕**するものであるから思想の表明の自由と並んで、**報道の自由は表現の自由を規定した憲法第21条で保障され、報道のための取材の自由も憲法21条の精神に照らし十分尊重に値する**。

☞ただし、**取材の自由も公正な裁判の実現**というような憲法上の要請があるときは**ある程度の制約を受ける**ことになり、その制約が許されるかどうかは、**諸般の事情を比較衡量**して決せられる。

☞本件フィルムが証拠上きわめて重要な価値を有し、すでに放映されたものを含む放映のために準備されたものであるから、報道機関の不利益は将来の取材の自由が妨げられるおそれがあるというにとどまる程度であり、なお忍受されなければならない程度のものである。諸点その他各般の事情を併せて考慮すると、**本件フィルムの提出命令は、憲法21条に違反しない**。

「報道」の自由の前提となる**「取材」の自由**については、**「十分尊重に値する」**とするにとどまっていることは意識しておいてね。

TBSビデオテープ押収事件（最決平2.7.9）

判例(事案と判旨) TBSが暴力団に密着したドキュメンタリーを放送した。そのなかで暴力団組長による債権取立ての映像が問題になり、警察は当該組長を逮捕し、関連ビデオテープを捜索差押許可状により差し押さえた。そこで、この差押えは、テレビ局の報道の自由・取材の自由を侵害するのかが問題となった。

☞**報道の自由は表現の自由（憲法21条）によって保障され、取材の自由も憲法21条の精神に照らし十分尊重に値するが、公正な裁判の実現というような憲法上の要請があるときはある程度の制約を受ける**（博多駅テレビフィルム提出命令事件を引用）。

☞公正な刑事裁判を実現するために不可欠である適正迅速な捜査の遂行という要請がある場合にも取材の自由がある程度の制約を受けることになり、警察が取材結果に対して差押えをするには、適正迅速な捜査を遂げるための必要性等と、報道の自由が妨げられる程度及び将来の取材の自由が受ける影響**その他諸般の事情を比較衡量して判断**される。

☞報道機関の取材ビデオテープが悪質な被疑事件の全容を解明するうえで重要な証拠価値を持ち、このテープを編集したものが放映済みであって、被疑者らにおいてその放映を了承していたなどの事実関係の下においては、**本テープに対する捜査機関の差押処分は、憲法21条に違反しない**。

上記は**「警察」**による差押えの事案であるが、**「検察官」による報道機関の取材ビデオテープに対する差押処分**に関し、TBSビデオテープ押収事件と同様の判断の枠組みを用いて、適正迅速な捜査を遂げるために忍受されなければならないとして、**憲法21条に反しない**とした判例もある（日本テレビ事件：最決平元.1.30）。

POINT 6 推知報道・公判廷における取材

判例は、**少年法61条は少年が起こした事件の加害少年本人と推知できる報道を禁止**しているところ、**少年法61条に違反する推知報道にあたるか**は、その記事等により不特定多数の**一般人がその者を本人と推知できるか**どうかを基準に判断すべきとしている（長良川リンチ殺人事件報道訴訟：最判平15.3.14）。

また、判例は、**公判廷における写真撮影、録音等が裁判所の許可を受けなければならない**点について、新聞が真実を報道することは憲法21条の表現の自由に属し、そのための取材活動も認めなければならないが、審判の秩序を乱し、被告人や訴訟関係人の正当な利益を不当に害することは許されず、**公判廷における写真撮影、録音等について、裁判所の許可を得なければならないことは合憲**であるとしている（北海タイムス事件：最大決昭33.2.17）。

STEP 2 一問一答で理解を確認！

1 判例は、報道機関の報道は、民主主義社会において国民が国政に関与するにつき重要な判断の資料を提供し国民の「知る権利」に奉仕するものであるから、思想の表明の自由と並んで、報道の自由及び報道のための取材の自由も表現の自由を規定した憲法21条で保障されるとしている。

× 判例は、**報道の自由**は表現の自由を規定した**憲法21条で保障され**、報道のための**取材の自由は**憲法21条の精神に照らし**十分尊重に値する**としている（博多駅テレビフィルム提出命令事件：最大決昭44.11.26）。「取材」の自由について、憲法21条で「保障される」とまでは**明言していない**。

---

2 インターネットが発達した現代において、国民は、与えられる情報をただ受け取るだけという受動的な地位に置かれるようになってはおらず、国民が必要とする情報を十分に得ているため、情報の受け手である国民の側から、知る権利は必要とは考えられていない。

× インターネットが発達した情報社会の現代においても、国民が必要とする情報を十分に得るために、**知る権利は、憲法21条によって保障されている**。

---

3 判例は、筆記行為の自由は、憲法21条1項によって保障されるのであり、傍聴人が法廷においてメモを取ることは、その見聞する裁判を認識、記憶するためになされるものである限り、同じく憲法21条1項によって保障されるとしている。

× 判例は、**筆記行為の自由は**、憲法21条1項の規定の精神に照らして**尊重される**のであり、傍聴人が法廷においてメモを取ることは、その見聞する裁判を認識、記憶するためになされるものである限り、**尊重に値し**、ゆえなく**妨げられてはならない**としている（レペタ法廷メモ事件：最大判平元.3.8）。憲法21条で「保障される」とまでは**明言していない**。

---

4 判例は、自己が記事に取り上げられたというだけの理由によって、新聞を発行・販売する者に対し、反論文を無修正・無料で掲載することを求めることができるものとする反論権は、新聞を発行・販売する者にとっては、不法行為が成立する場合にその者の保護を図ることは別論として、反論権について具体的な成文法がないのに反論文掲載請求権をたやすく認めることはできないとしている。

○ **本問の記述のとおり**である（サンケイ新聞事件：最判昭62.4.24）。

---

5 判例は、自己が記事に取り上げられた行為に名誉毀損等の不法行為が成立した場合、その被害者は具体的な成文法なくして反論文掲載請求権が認められるとしている。

× 判例は「不法行為が成立する場合にその者の保護を図ることは別論として」とは示しつつも、**成文法なくして反論権が認められるかは明言していない**（サンケイ新聞事件：最判昭62.4.24）。

---

6 判例は少年犯罪の推知報道について、少年法61条は少年が起こした事件の加害少年本人と推知できる報道を禁止しているところ、少年法61条に違反する推知報道にあたるか否かは、その記事等により少年本人の身近な関係者がその者を本人と推知できるかどうかを基準に判断すべきとしている。

× 少年犯罪の推知報道について判例は、少年法61条に違反する推知報道にあたるかは、その記事等により不特定多数の**一般人**が**その者を本人と推知できるかどうかを基準**に判断すべきとしている（長良川リンチ殺人事件報道訴訟：最判平15.3.14）。

---

7 表現の自由には、自己実現の価値と自己統治の価値があるとされ、自己実現の価値は、言論活動によって自分の人格を成長させることができるという個人的な価値である。

○ **本問の記述のとおり**である。なお、自己統治の価値とは、周囲と議論等を行うことで、ある問題に対する考え方が洗練されていくという社会的な価値を意味する。

過去問にチャレンジ！

問題 1　　国家専門職（2019 年度）

精神的自由権に関するア～オの記述のうち、妥当なもののみを全て挙げているのはどれか。

ア 通信の秘密は、公権力による通信内容の探索の可能性を断ち切るために保障されていることから、その保障は、通信の内容にのみ及び、通信の差出人や受取人の住所等の情報には及ばないと一般に解されている。

イ 税関検査により輸入を禁止される表現物は、国外において既に発表済みのものであるし、税関により没収、廃棄されるわけではないから、発表の機会が事前に全面的に奪われているわけではないこと、税関検査は、関税徴収手続に付随して行われるもので、思想内容等それ自体を網羅的に審査し規制することを目的とするものではないこと、税関長の通知がされたときは司法審査の機会が与えられているのであって、行政権の判断が最終的なものとされているわけではないことを踏まえると、税関検査は憲法が絶対的に禁止している検閲には当たらないとするのが判例である。

ウ ある行為が、憲法により国及びその機関が行うことが禁止されている宗教的活動に該当するかどうかを検討するに当たっては、当該行為の主宰者が宗教家であるかどうか、その順序作法が宗教の定める方式に則ったものであるかどうかなど当該行為の外形的側面を考慮してはならず、当該行為が行われる場所の近辺に居住する者の当該行為に対する宗教的評価を中心として、当該行為者が当該行為を行うについての意図、目的及び宗教的意識の有無、程度等、諸般の事情を考慮し、社会通念に従って、客観的に判断しなければならないとするのが判例である。

エ 報道機関の報道は、民主主義社会において、国民が国政に関与するにつき、重要な判断の資料を提供し、国民の「知る権利」に奉仕するものであるから、思想の表明の自由と並んで、事実の報道の自由は、表現の自由を規定した憲法第21条の保障の下にあることはいうまでもなく、また、このような報道機関の報道が正しい内容を持つためには、報道の自由とともに、報道のための取材の自由も、憲法第21条の精神に照らし、十分尊重に値するものといわなければならないとするのが判例である。

オ 政党間の批判・論評は、表現の自由において特に保障されるべき性質のものであることから、政党は、自己に対する批判的な記事が他の政党の意見広告として新聞に掲載されたという理由のみをもって、具体的な成文法がなくとも、その記事への反論文を掲載することを当該新聞を発行・販売する者に対して求める権利が憲法上認められるとするのが判例である。

1　ア、エ　　2　ア、オ
3　イ、ウ　　4　イ、エ　　5　ウ、オ

➡解答・解説は別冊P.038

問題2　　裁判所職員（2021年度）

表現の自由に関する次のア～オの記述のうち、妥当なもののみを全て挙げているものはどれか（争いのあるときは、判例の見解による。）。

ア　報道機関の取材源は、一般に、それがみだりに開示されると将来にわたる自由で円滑な取材活動が妨げられることになるため、民事訴訟法上、取材源の秘密については職業の秘密に当たり、当該事案における利害の個別的な比較衡量を行うまでもなく証言拒絶が認められる。

イ　新聞の記事が特定の者の名誉ないしプライバシーに重大な影響を及ぼし、その者に対する不法行為が成立する場合には、具体的な成文法がなくても、新聞を発行・販売する者に対し、その記事に対する自己の反論文を無修正かつ無料で掲載することを求めることができる。

ウ　報道機関の報道は国民の知る権利に奉仕するものであるため、報道の自由は、表現の自由を保障した憲法第21条によって保障され、報道のための取材の自由も報道が正しい内容を持つために報道の自由の一環として同条によって直接保障される。

エ　都市の美観・風致の維持を目的として、電柱等へのビラ、ポスター等の貼付を禁止することは、表現の自由に対して許された必要かつ合理的な制限である。

オ　意見、知識、情報の伝達の媒体である新聞紙、図書等の閲読の自由が憲法上保障されるべきことは、表現の自由を保障した憲法第21条の規定の趣旨、目的から、いわばその派生原理として当然に導かれる。

1　ア、イ　　2　ア、オ
3　イ、ウ　　4　ウ、エ　　5　エ、オ

➡解答・解説は別冊P.039

STEP 3 過去問にチャレンジ!

問題 3　裁判所職員（2017 年度）

報道の自由に関する次のア～ウの記述の正誤の組み合わせとして最も適当なものはどれか（争いのあるときは、判例の見解による。）。

ア　報道機関の報道は、国民が国政に関与するにつき、重要な判断の資料を提供し、国民の「知る権利」に奉仕するものであるから、事実の報道の自由も憲法21条の保障の下にある。

イ　私人間において、当事者の一方が情報の収集、管理、処理につき強い影響力を持つ日刊新聞紙を全国的に発行・発売する者である場合、新聞に取りあげられた他方の当事者には、不法行為の成否にかかわらず、反論文を無修正かつ無料で新聞紙上に掲載することを請求できる権利が憲法21条1項の規定から直接に生じるというべきである。

ウ　各人がさまざまな意見、知識、情報に接し、これを摂取する自由は、憲法21条1項の趣旨、目的からの派生原理である。筆記行為の自由は、同項の規定の精神に照らして尊重されるべきであり、傍聴人が法廷でメモを取ることは、故なく妨げられてはならない。

	ア	イ	ウ
1	正	正	正
2	正	誤	誤
3	正	誤	正
4	誤	正	正
5	誤	誤	誤

➡解答・解説は別冊 P.041

問題 4 特別区Ⅰ類（2020 年度）

日本国憲法に規定する表現の自由に関する記述として、最高裁判所の判例に照らして、妥当なものはどれか。

1 筆記行為の自由は、様々な意見、知識、情報に接し、これを摂取することを補助するものとしてなされる限り、憲法の規定の精神に照らして尊重されるべきであり、裁判の公開が制度として保障されていることに伴い、傍聴人は法廷における裁判を見聞することができるのであるから、傍聴人が法廷においてメモを取ることは、その見聞する裁判を認識、記憶するためになされるものである限り、尊重に値し、故なく妨げられてはならないとした。

2 報道の自由は、憲法が保障する表現の自由のうちでも特に重要なものであるから、報道機関の国政に関する取材行為の手段・方法が、取材対象者の個人としての人格の尊厳を著しく蹂躙する等法秩序全体の精神に照らし社会観念上是認することのできない態様のものである場合であっても、一般の刑罰法令に触れないものであれば、正当な取材活動の範囲を逸脱し違法性を帯びるものとはいえないとした。

3 インターネットの個人利用者による表現行為の場合においては、他の表現手段を利用した場合と区別して考えるべきであり、行為者が摘示した事実を真実であると誤信したことについて、確実な資料、根拠に照らして相当の理由があると認められなくても、名誉毀損罪は成立しないものと解するのが相当であるとした。

4 新聞記事に取り上げられた者は、その記事の掲載により名誉ないしプライバシーに重大な影響を及ぼされた場合には、名誉毀損の不法行為が成立しなくても、当該新聞を発行・販売する者に対し、条理又は人格権に基づき、当該記事に対する自己の反論文を無修正かつ無料で掲載することを求めることができるとした。

5 名誉権に基づく出版物の頒布等の事前差止めは、その対象が公職選挙の候補者に対する評価等の表現行為に関するものである場合には、その表現が私人の名誉権に優先する社会的価値を含むため原則として許されないが、その表現内容が真実でないことが明白である場合には、被害者が重大にして著しく回復困難な損害を被るおそれがなくても、例外的に事前差止めが許されるとした。

➡解答・解説は別冊 P.041

SECTION

5 表現の自由②

STEP 1 要点を覚えよう！

POINT 1 取材源秘匿

取材活動では、**匿名を条件として取材に応じる者**がおり、このような匿名性を保護しなければ、この者が萎縮して、将来の取材活動に影響が出てしまうため、取材で得た**取材源の秘匿**を保護する必要がある。

他方で、この取材源の情報が裁判で必要となり、**情報が開示されなければ公正な裁判が不可能**になってしまう場合がある。そこで、このような場合にどう判断するかに関する重要判例を確認する。

石井記者事件（最大判昭27.8.6）

判例（事案と判旨） ある公務員が汚職の疑いで夜中に逮捕され、翌日の新聞朝刊で報道された。そこで、関係する公務員のなかに情報を漏らした者がいるのではないかと問題となり、この記事を書いた石井記者が証人喚問された際、新聞記者に取材源に関する証言を拒絶する権利が認められるかが問題となった。

☞新聞記者は、記事の**取材源に関するという理由**によって、**刑事訴訟法上、証言拒絶権を有しない**。

☞**憲法21条は**、新聞記者に対し、その**取材源に関する証言を拒絶しうる特別の権利までも保障したものではない**。

NHK記者証言拒絶事件（最決平18.10.3）

判例（事案と判旨） **民事訴訟法197条は「職業の秘密」に関する事項について証言を拒むことができる旨を規定**しているが、民事事件において証人となったNHKの記者が、**取材源に関する証言を「職業の秘密」にあたるとして拒絶することができるのかが**問題となった。

☞**民事訴訟法**においては、ある事項が公開されると当該職業に深刻な影響を与え、以後その遂行が困難になる「職業の秘密」（民事訴訟法197条1項3号）に関する事項について尋問を受ける場合には、証人は証言を拒むことができると規定されている。もっとも、**「職業の秘密」にあたるとしても、直ちに証言拒絶が認められるものではなく**、秘密の公表によって生ずる不利益と証言の拒絶によって犠牲になる真実発見及び裁判の公正とを**比較衡量したうえで、保護に値する秘密と判断された場合のみ証言拒絶が認められる**。

ここで前きめる！ 記者に取材源秘匿権が認められるか？

・刑事訴訟　→刑事訴訟法上でも、憲法上でも保障されていない。
・民事訴訟　→民事訴訟法では「職業の秘密」に関する事項は取材源の秘匿が認められているが、「職業の秘密」にあたるとしても、**保護に値する秘密と判断された場合のみ証言拒絶が認められる**。

西山記者事件・外務省機密漏洩事件（最決昭53.5.31）

判例(事案と判旨) 日米沖縄返還協定に際し、日本政府とアメリカ政府との間に密約があったことを毎日新聞の西山記者がスクープした。しかしその情報は、外務省の女性事務官に酒を飲ませて関係を持ち、それを背景に機密文書を持ち出させて得たものであった。そのため、西山記者は国家公務員法に違反して秘密を漏らした罪及び同法違反行為をそそのかした罪で起訴されたが、これに対して報道の自由による正当な取材であるとして無罪を主張した。

☞報道機関が取材の目的で公務員に対し秘密を漏示するようにそそのかしたからといって、直ちに違法性が推定されるものではなく、**報道機関が公務員に対し根気強く執拗に説得ないし要請を続けることは、それが真に報道の目的のための取材であり、手段・方法が相当であれば正当な業務行為**である。

☞しかし、**取材の手段・方法が、一般の刑罰法令に触れる行為を伴う**場合はもちろん、一般の刑罰法令に触れないものであっても、取材対象者の個人としての人格の尊厳を著しく蹂躙する等、法秩序全体の精神に照らし**社会観念上、是認することのできない態様のものである場合は、正当な取材活動の範囲を逸脱し違法性を帯びる**としたうえで、本件取材行為は法秩序全体の精神に照らし**社会観念上**、到底**是認することのできない不相当なもの**であるから、正当な取材活動の範囲を**逸脱**しているとした。

粘り強く取材を続けること自体は正当な業務行為といえるけど、上記のような方法では、正当な業務行為とはいえないと判断された事案なんだ。

POINT 2 表現の自由と名誉権

表現の自由は重要な権利だが、表現の自由も**絶対無制約ではなく「公共の福祉」による制約を受ける場合**がある。ここで問題になるのが、**表現の自由と名誉権との対立関係**である。ある表現行為が、人の社会的評価を低下させる内容であった場合、どちらの権利が優先されるのかという問題である。

この点、刑法230条で規定される**名誉毀損罪**では、**事実を示して、人の社会的**

評価を低下させる表現行為をすると刑罰を受ける。つまり、このような行為を行うと、表現の自由よりも名誉権が優先されるということである。

しかし、**刑法230条の2**では、他者の名誉権を侵害する表現行為であっても、**「公共の利害」に関する事実**であり、その**目的が「公益を図ること」にあった場合には、その事実が真実であれば罰しない**として、表現の自由が優先する場合について規定されている。

例えば、ある政治家の汚職の事実を告発する報道は、名誉毀損罪に該当するが、その事実は「**公共の利害**」に該当し、一般的にその目的が**公益を図る**ことにあるといえるため、その事実が真実であれば表現の自由が優先する（＝報道した者は名誉毀損罪で処罰されない）。この点に関する重要判例を確認しておこう。

月刊ペン事件（最判昭56.4.16）

判例（事案と判旨） 雑誌「月刊ペン」で、宗教団体創価学会の会長の女性関係にまつわる私的行動を記事にして出版したところ、出版社の編集長が名誉毀損罪（刑法230条）にあたるとして起訴された。この事件のなかで、宗教団体会長といった**私人の私生活上の事実が「公共ノ利害ニ関スル事実」（刑法230条の2）にあたるのかが主な争点**となった。

☞**私人の私生活上の行状であっても、**その携わる社会的活動の性質及びこれを通じて社会に及ぼす影響力の程度などのいかんによっては、その社会的活動に対する批判ないし評価の一資料として、**刑法230条の2第1項にいう「公共ノ利害ニ関スル事実」にあたる場合がある**。

☞大規模な宗教団体である創価学会の会長ともなれば、その社会的影響力は大きく、私生活の行動であっても公共の利害に関する事実に**あたる**。

夕刊和歌山事件（最大判昭44.6.25）

判例（事案と判旨） Xは、他紙の記者が市役所職員に恐喝まがいの取材をした旨の記事を「夕刊和歌山時事」に掲載したところ、この記事が名誉毀損罪（刑法230条）にあたるとして起訴された。記事の事実について「真実であることの証明」（刑法230条の2第1項）がないが、名誉毀損罪を成立させることは、表現の自由（憲法21条）に反するかどうかが争われた。

☞刑法230条の2の規定は、人格権としての個人の名誉の保護と、憲法21条による正当な言論の保障との調和を図ったものというべきであり、これら両者間の調和と均衡を考慮するならば、**刑法230条の2第1項にいう事実が真実であることの証明がない場合でも、行為者がその事実を真実であると誤信し、誤信したことについて、確実な資料、根拠に照らし相当の理由があるときは、犯罪の故意がなく、名誉毀損の罪は成立しない**。

なお、**インターネットの個人利用者による表現行為**の場合においても、**他の表現手段を利用した場合と同様に**、行為者が摘示した事実を真実であると**誤信**したことについて、確実な資料、根拠に照らして**相当の理由**があると認められるときに限り、**名誉毀損罪（刑法230条）は成立しない**のであって、**より緩やかな要件で名誉毀損罪の成立を否定すべきではない**としている（ラーメンチェーン店名誉毀損事件：最決平22.3.15）。

「石に泳ぐ魚」事件（最判平14.9.24）

判例(事案と判旨) 小説作品によって、著者と交友関係にあった女性が人格権に基づく名誉権等を侵害されたとして当該小説の出版等の差止めを求め、その差止めが憲法21条1項に反するかが争われた。

☞**侵害行為（出版等）の差止めが認められるか**は、侵害行為の対象となった人物の社会的地位や侵害行為の性質に留意しつつ、予想される侵害行為によって受ける**被害者側の不利益と侵害行為を差し止めることによって受ける侵害者側の不利益とを比較衡量により判断**するとして、人格権としての**名誉権等に基づく当該小説の出版等の差止めは、憲法21条1項に反しない**とした。

POINT 3 著作者の人格的利益に関する重要判例

著作者の人格的利益の侵害が問題となった重要判例である、船橋市西図書館蔵書破棄事件を確認する。

船橋市西図書館蔵書破棄事件（最判平17.7.14）

判例(事案と判旨) 船橋市西図書館の司書であったAは、廃棄基準に該当していないにもかかわらず、自身が嫌う政治的思想が書かれた蔵書107冊を勝手に廃棄した。そこで、廃棄された本の著者が、自身の人格的利益等が侵害されたとして訴えを提起した。

☞公立図書館は、住民に図書館資料を提供するための公的な場であるから、**著作者は法的保護に値する人格的利益として、著作物によってその思想・意見等を公衆に伝達する利益を有する**。

☞**公立図書館の図書館職員である公務員が、図書の廃棄について基本的な職務上の義務に反し**、著作者又は著作物に対する**独断的な評価や個人的な好みによって不公正な取扱い**をしたときは、**著作者の人格的利益を侵害するものとして、国家賠償法上、違法**となる。

著作者には「著作物によってその思想・意見等を公衆に伝達する利益」という権利が認められたと理解しておいてね。

STEP 2 一問一答で理解を確認！

1 判例は、著作者は法的保護に値する人格的利益として、著作物によってその思想・意見等を公衆に伝達する利益までは有しないとしている。

× 判例は、著作者は法的保護に値する人格的利益として**著作物によってその思想・意見等を公衆に伝達する利益を有する**としたうえで、公立図書館の図書館職員である公務員が、独断的な評価や個人的な好みによって、著作者の書籍を廃棄した点について、著作者の人格的利益を**侵害する**ものとして**国家賠償法上違法**となるとしている（船橋市西図書館蔵書破棄事件：最判平17.7.14）。

---

2 判例は、憲法21条は新聞記者に対して、その取材源に関する証言を拒絶しうる特別の権利を保障している。

× 判例は、憲法21条は新聞記者に対して、その**取材源に関する証言を拒絶しうる特別の権利までも保障したものではない**としている（石井記者事件：最大判昭27.8.6）。

---

3 報道機関が、公務員に対し根気強く執拗に説得ないし要請を続けることは、それが報道の目的のためでなくても、取材の手段・方法が相当であれば、正当な業務行為であるとしている。

× 報道機関が公務員に対し根気強く執拗に説得ないし要請を続けることは、それが**真に報道の目的のため**の取材であり、**手段・方法が相当**であれば、正当な業務行為であるとしている（西山記者事件・外務省機密漏洩事件：最決昭53.5.31）。

---

4 判例は、刑法230条の2第1項にいう事実が真実であることの証明がない場合であっても、行為者がその事実を真実であると誤信し、その誤信したことについて、確実な資料、根拠に照らし相当の理由があるときは、犯罪の故意がなく、名誉毀損の罪は成立しないとしている。

○ **本問の記述のとおり**である（夕刊和歌山事件：最大判昭44.6.25）。

---

5 判例は、私人の私生活上の行状であっても、その携わる社会的活動の性質及びこれを通じて社会に及ぼす影響力の程度などのいかんによっては、その社会的活動に対する批判ないし評価の一資料として、刑法230条の2第1項にいう「公共ノ利害ニ関スル事実」にあたる場合があるとしている。

○ **本問の記述のとおり**である（月刊ペン事件：最判昭56.4.16）。

---

6 判例は、小説によって、著者と交友関係にあった女性が人格権に基づく名誉権等を侵害されたとして当該小説の出版等の差止めを求めた事案において、名誉権は人の人格にかかわる重要な権利であり、個人の尊重を規定する憲法13条の趣旨からも当該小説の出版等の差止めを認めた。

× 本問の事例において判例は、**侵害行為（出版等）の差止めが認められるか**は、侵害行為の対象となった人物の社会的地位や侵害行為の性質に留意しつつ、予想される侵害行為によって受ける**被害者側の不利益と侵害行為を差し止めることによって受ける侵害者側の不利益とを比較衡量により判断**するとして、人格権としての名誉権等に基づく当該小説の出版等の差止めは、憲法21条1項に**反しない**とした（「石に泳ぐ魚」事件：最判平14.9.24）。

過去問にチャレンジ！

問題1　国家一般職（2019年度）

表現の自由に関するア～オの記述のうち、判例に照らし、妥当なもののみを全て挙げているのはどれか。

ア 著作者は、自らの著作物を公立図書館が購入することを法的に請求することができる地位にあるとは解されないし、その著作物が公立図書館に購入された場合でも、当該図書館に対し、これを閲覧に供する方法について、著作権又は著作者人格権等の侵害を伴う場合は格別、それ以外には、法律上何らかの具体的な請求ができる地位に立つものではない。

イ 民事訴訟法は、職業の秘密に関する事項について尋問を受ける場合には、証人は証言を拒むことができると規定しているところ、ここにいう「職業の秘密」とは、その事項が公開されると、当該職業に深刻な影響を与え、以後その遂行が困難になるものをいう。もっとも、ある秘密が、このような意味での職業の秘密に当たる場合においても、そのことから直ちに証言拒絶が認められるものではなく、そのうち保護に値する秘密についてのみ証言拒絶が認められる。

ウ 少年事件情報の中の加害少年本人を推知させる事項についての報道、すなわち少年法に違反する推知報道かどうかは、その記事等により、不特定多数の一般人がその者を当該事件の本人であると推知することができるかどうかを基準にして判断するのではなく、本人と面識があり、又は本人の履歴情報を知る者が、その知識を手掛かりに当該記事等が本人に関するものであると推知することができるかどうかを基準に判断すべきである。

エ インターネットの個人利用者による表現行為の場合においても、他の方法による表現行為の場合と同様に、行為者が摘示した事実を真実であると誤信したことについて、確実な資料、根拠に照らして相当の理由があると認められるときに限り、刑法に規定する名誉毀損罪は成立しないものと解するのが相当であって、より緩やかな要件で同罪の成立を否定すべきではない。

オ 表現の自由が自己実現及び自己統治の価値に資する極めて重要な権利であることに鑑み、出版物の頒布等の事前差止めは、その対象である評価・批判等の表現行為が公務員又は公職選挙の候補者に対するものであるか私人に対するものであるかにかかわらず、当該表現内容が真実でない場合又は専ら公益を図る目的でないことが明白である場合を除き、許されない。

1 ア、エ　　**2** ア、オ

3　イ、ウ　　4　イ、エ　　5　ウ、オ

➡解答・解説は別冊 P.043

問題 2　　国家専門職（2017 年度）

表現の自由に関するア～オの記述のうち、判例に照らし、妥当なもののみを全て挙げているのはどれか。

ア　公務員又は公職選挙の候補者に対する評価、批判等を掲載する出版物の頒布等を裁判所が事前に差し止めることは、公務員又は公職選挙の候補者の名誉権を保護する手段として不可欠であるから、原則として許される。

イ　図書の著作者は、自らの著作物を公立図書館に所蔵させる権利を有しており、公立図書館の図書館職員である公務員が、図書の廃棄について、基本的な職務上の義務に反し、著作者や著作物に対する独断的な評価や個人的な好みによって不公正な取扱いをしたときは、当該権利を侵害するものとして違法となる。

ウ　私人の私生活上の行状であっても、その携わる社会的活動の性質及びこれを通じて社会に及ぼす影響力の程度などのいかんによっては、その社会的活動に対する批判ないし評価の一資料として、刑法第230条の2第1項にいう「公共の利害に関する事実」に当たる場合がある。

エ　取材の自由が憲法第21条の精神に照らし尊重に値するとしても、公正な刑事裁判の実現は憲法上の要請である以上、取材の自由は公正な刑事裁判の実現の要請に劣後するため、報道機関の取材活動によって得られたフィルムが刑事裁判の証拠として必要と認められる場合には、当該フィルムに対する裁判所の提出命令が憲法第21条に違反することはない。

オ　現代民主主義社会においては、集会は、国民が様々な意見や情報等に接することにより自己の思想や人格を形成、発展させ、また、相互に意見や情報等を伝達、交流する場として必要であり、さらに、対外的に意見を表明するための有効な手段であるから、憲法第21条第1項の保障する集会の自由は、民主主義社会における重要な基本的人権の一つとして特に尊重されなければならない。

1　ア、イ　　2　ア、エ
3　イ、オ　　4　ウ、エ　　5　ウ、オ

➡解答・解説は別冊 P.044

問題 3　国家専門職（2015 年度）

精神的自由権に関する次の記述のうち、判例に照らし、妥当なものはどれか。

1　宗教上の行為の自由は、信仰の自由と異なり、公共の安全や他の者の基本的な権利及び自由を保護するために必要な制約に服するが、その制約は必要最小限度のものでなければならず、宗教法人の解散を命ずることは、信者の宗教上の行為に重大な支障が生じ、憲法第20条第1項に反し許されない。

2　教授の自由は、大学その他の高等学術研究教育機関においてのみ認められるものであり、初等中等教育機関においては、たとえ一定の範囲であっても、これを認めると教育の機会均等と全国的な教育水準を確保する要請に応えることが難しくなるため、教師の教授の自由は保障されていない。

3　報道の自由は、憲法第21条が保障する表現の自由のうちでも特に重要なものであり、報道のための取材の自由も、同条の精神に照らし、十分尊重に値するものであるが、報道機関が公務員に対し根気強く執ような説得や要請を続けることは、それが真に報道の目的から出たものであっても、正当な取材活動の範囲を逸脱するものとして直ちに違法性を帯びる。

4　人の名誉を毀損する表現にも表現の自由の保障は及ぶが、私人の私生活上の行状については、私人の携わる社会的活動の性質及びこれを通じて社会に及ぼす影響力の程度のいかんにかかわらず、刑法第230条の2第1項に規定する「公共の利害に関する事実」には当たらない。

5　憲法第21条第2項にいう「検閲」とは、行政権が主体となって、思想内容等の表現物を対象とし、その全部又は一部の発表の禁止を目的として、対象とされる一定の表現物につき網羅的一般的に、発表前にその内容を審査した上、不適当と認めるものの発表を禁止することを、その特質として備えるものをいい、検閲の禁止については、公共の福祉を理由とする例外の許容も認められない。

➡解答・解説は別冊P.045

問題 4　　特別区Ⅰ類（2016 年度）

日本国憲法に規定する表現の自由に関する記述として、最高裁判所の判例に照らして、妥当なものはどれか。

1 報道関係者の取材源の秘密は、民事訴訟法に規定する職業の秘密に当たり、民事事件において証人となった報道関係者は、保護に値する秘密についてのみ取材源に係る証言拒絶が認められると解すべきであり、保護に値する秘密であるかどうかは、秘密の公表によって生ずる不利益と証言の拒絶によって犠牲になる真実発見及び裁判の公正との比較衡量により決せられるべきであるとした。

2 夕刊和歌山時事に掲載された記事により名誉が毀損されたとする事件で、刑法は、公然と事実を摘示し、人の名誉を毀損した者を処罰対象とするが、事実の真否を判断し、真実であることの証明があったときは罰しないとするところ、被告人の摘示した事実につき真実である証明がない以上、真実であると誤信したことにつき相当の理由があったとしても名誉毀損の罪責を免れえないとした。

3 著名な小説家が執筆した小説によって、交友関係のあった女性がプライバシーを侵害されたとした事件で、当該小説において問題とされている表現内容は、公共の利害に関する事項であり、侵害行為の対象となった人物の社会的地位や侵害行為の性質に留意することなく、侵害行為の差止めを肯認すべきであり、当該小説の出版等の差止め請求は肯認されるとした。

4 公立図書館の図書館職員が閲覧に供されている図書を著作者の思想や信条を理由とするなど不公正な取扱いによって廃棄することは、当該著作者が著作物によって、その思想、意見等を公衆に伝達する利益を損なうものであるが、当該利益は、当該図書館が住民の閲覧に供したことによって反射的に生じる事実上の利益にすぎず、法的保護に値する人格的利益であるとはいえないとした。

5 電柱などのビラ貼りを全面的に禁止する大阪市屋外広告物条例の合憲性が争われた事件で、当該条例は、都市の美観風致を維持するために必要な規制をしているものであるとしても、ビラの貼付がなんら営利と関係のない純粋な政治的意見を表示するものである場合、当該規制は公共の福祉のため、表現の自由に対し許された必要かつ合理的な制限であるとはいえないとした。

➡解答・解説は別冊 P.046

SECTION 6

表現の自由③

STEP 1 要点を覚えよう！

POINT 1 検閲の禁止

憲法21条2項前段は検閲を禁止しているが、そもそも**「検閲」とは何か**という問題がある。この点、「検閲」の定義や禁止の意味等に関する重要判例が税関検査事件である。なお、判例中に「事前抑制（規制）」という言葉が出てくるが、これはPOINT2を参照のこと。

税関検査事件（最大判昭59.12.12）

判例(事案と判旨) Xは外国から、わいせつな映画フィルム、書籍などを輸入しようとしたところ、札幌税関支署長は、性行為等を描写したものであり、輸入禁制品に該当するとして輸入を禁止した。そこで、Xは税関の検査が憲法21条2項前段で禁止される「検閲」にあたるとして訴えを提起した。

☞**「検閲」は表現の自由に対する最も厳しい制約**であるから、公共の福祉による**例外の許容をも認めないとする「検閲」の絶対的禁止**を憲法21条2項前段で特に規定した。

☞**「検閲」とは、行政権が主体**となって、**思想内容等の表現物を対象**とし、その表現物の全部又は一部の**発表を禁止する目的**で、対象とされる表現物を**網羅的一般的に、発表前に審査**した上、不適当と認めるものの**発表を禁止**することである。

☞税関検査により輸入が禁止される表現物は、一般に**国外においては既に発表済み**のものであり、事前の**発表一切を禁止するものではなく**、税関により没収・廃棄されるわけではないから**発表の機会が全面的に奪われることはない**ので、税関検査は、事前規制そのものではない。税関検査は、関税徴収手続に付随して行われるもので、**思想内容等それ自体を網羅的に審査し規制することを目的とするものではない**。また、税関長の通知がされたときは司法審査の機会が与えられているから**行政権の判断が最終的なものとされるわけではない**。したがって、**税関検査は「検閲」にあたらない**。

☞なお、単なる所持目的の輸入は規制すべきでないとも思えるが、**単なる所持目的か、販売目的所持かは区別が付かず**、単なる所持から販売へ変更することも容易であることから、健全な性的風俗を保護するためには単なる所持かどうかを**区別することなく、一般的にいわば水際で阻止することもやむをえない**。

第一次家永教科書事件①（最判平5.3.16）

判例(事案と判旨) 民間で著作・編集した図書について、文部大臣が教科書として適切か否かを審査し、これに合格したものを教科書として使用することを認める教科書検定制度が憲法21条2項前段で禁止される「検閲」にあたるのかが問題となった。

☞「検閲」の定義については、税関検査事件を引用した。

☞**本件検定は、一般図書としての発行を何ら妨げるものではなく**、発表禁止目的や発表前の審査などの特質がないから、**検閲にはあたらない**。

☞思想の自由市場への登場を禁止する**事前抑制ともいえない**から、**憲法21条1項に違反しない**。

岐阜県青少年保護育成条例事件（最判平元.9.19）

判例(事案と判旨) 青少年保護育成条例により有害図書とされた図書を自動販売機で販売していた会社が条例違反で起訴されたところ、自販機での販売禁止は憲法21条1項等に反するかが問題となった。

☞**自販機での販売禁止は**、税関検査事件の判決趣旨からして**「検閲」にあたらない**。

☞著しく性的感情を刺激し又は著しく残忍性を助長するため青少年の健全な育成を阻害するおそれがある図書を有害図書として指定し、自動販売機への収納を禁止することは、**青少年に対する関係において、憲法21条1項に違反しない**ことはもとより、**成人に対する関係においても**、有害図書の流通を幾分制約することにはなるものの、青少年の健全な育成を阻害する有害環境を浄化するための規制に伴う必要やむを得ない制約であり、**憲法21条1項に違反しない**。

国家による規制が「検閲にあたる」とした判例は、実はないんだ。判例を素材にした問題で「検閲にあたる」とあったら、その時点で誤りだよ。

POINT 2 事前抑制の禁止の理論

事前抑制とは、何らかの**表現物を発表**しようとするときに、**表現行為に先立って公権力がこれを抑制**することをいい、**原則**として**禁止**される。理由は、①表現がなされる前に抑制するので思想の自由市場の保障に反すること、②表現のすべてが公権力の判断を受けるので、事後抑制に比べて一般的（個別的でないこと）で、広汎的（一部規制でないこと）になること、③事前抑制は行政権の広汎な裁量権の下で簡易な手続によるので手続保障が十分でないことが挙げられる。

この点、北方ジャーナル事件（次ページ）において、**出版物の頒布等の事前差止めは、原則として許されないが、厳格な要件のもとで例外的に事前差止めが許される**としている。**一切の例外が認められない「検閲」と異なり、事前抑制は、例外的に厳格な要件の下で許される**場合があることに注意しよう。

北方ジャーナル事件（最大判昭61.6.11）

判例(事案と判旨) 北海道知事選挙に出馬予定であったAに対し、それを快く思わなかった月刊誌「北方ジャーナル」が誹謗記事として「嘘とハッタリと、カンニングの巧みな」少年「ゴキブリ共」などと書いて出版しようとした。事前にこの事実を知ったAは、裁判所に出版の事前差止めを申し立てたところ、これが認められ裁判所は出版社に対して出版の差止めを命じた。そこで、出版社は、裁判所による出版物の事前差止めは、表現の自由（憲法21条1項・2項）を侵害して違憲であると主張した。

☞**「裁判所」の仮処分による事前差止めは、**「行政機関」による表現物の内容の網羅的一般的な審査に基づいて事前規制すること自体が目的とされる場合とは異なり、個別的な私人間の紛争について当事者の申請に基づき差止請求権等の私法上の被保全権利の存否、保全の必要性の有無を裁判所によって審理判断されるのであるから、**「検閲」（憲法21条2項前段）にはあたらない。**

☞**表現行為に対する事前抑制は、**新聞、雑誌その他の出版物や放送等の表現物がその自由市場に出る前に抑止して、公の批判の機会を減少させるものであり、事後制裁の場合よりも広汎にわたりやすく、濫用のおそれがあるうえ、実際上の抑止的効果が事後制裁の場合より大きいので、**厳格かつ明確な要件の下においてのみ許される。**

☞**出版物の頒布等の事前差止めは、事前抑制に該当する**ものであるから、差止め対象が公務員又は公職選挙の候補者に対する評価、批判等の表現行為に関する場合には、一般に公共の利害に関する事項であり、その表現が対象者である私人の名誉権に優先する社会的価値を含み、当該表現行為に対する事前差止めは、**原則として許されない**が、その**表現内容が真実でなく又はそれが専ら公益を図る目的のものではないことが明白**であって、かつ、**被害者が重大にして著しく回復困難な損害を被るおそれがある**ときに限って、**例外的に事前差止めが許される。**

新潟公安条例事件（最大判昭29.11.24）

判例(事案と判旨) Xは無許可でデモ行進を行ったため新潟県公安条例に違反するとして起訴された。Xは条例によるデモ行進の許可制は、表現行為に対する事前抑制であり表現の自由（憲法21条）を侵害するとして争われた。

☞**集団行動について、**単なる届出制にとどまらず、**一般的な許可制とすることは、憲法の趣旨に反して許されない。**

☞しかし、公共の秩序を保持し又は公共の福祉が著しく侵されることを防止するため、条例において、**特定の場所又は方法につき、合理的かつ明確な基準の下で許可制又は届出制を定める旨の規定、公共の安全に対し明らかな差迫った危険を及ぼすことが予見されるときは、許可せず又は禁止することができる旨の規定**を設けても、**直ちに憲法の保障する国民の自由を不当に制限することにはならない。**

一般的に「届出制」は届出さえすれば認められるものだけど、「許可制」は許可するか否かの判断がなされるから、表現行為への厳しい制約となってしまうんだ。

なお、判例は、**規定の文面上では許可制**を採用しているが、**許可が原則義務づけられ、不許可の場合が厳格に制限**されている場合には、**実質において届出制と変わらない**から、**このような許可制も許される**としている（東京都公安条例事件①：最大判昭35.7.20）。

POINT 3 明確性の理論

明確性の理論とは、**精神的自由を規制する立法は明確でなければならない**ことをいう。規制する法律が漠然として不明瞭であると、表現活動に対する萎縮効果を生じさせてしまうことから、明確であるべきとする理論である。判例は、徳島市公安条例事件においてこの明確性の理論を承認しているといえる。

徳島市公安条例事件（最大判昭50.9.10）

判例（事案と判旨） 徳島市の公安条例では、デモ活動中は「交通秩序を維持すること」と決められていたところ、この条例の規定があいまい不明確であるとして違憲となるのかが問題となった。

☞**刑罰法規があいまい不明確のゆえに憲法に違反するかは、**通常の判断能力を有する**一般人の理解**において、具体的場合に当該行為がその適用を受けるものかどうかの**判断を可能ならしめるような基準が読みとれるか**どうかによってこれを決定すべきである。

☞**「交通秩序を維持すること」という規定は、**通常の判断能力を有する**一般人**が、具体的場合において禁止される場合であるかどうかを判断するにあたっては、さほどの**困難を感じることはなく、**例えば、道路上の集団行進等に際して往々みられるだ行進、うず巻行進、すわり込み、道路一杯を占拠するいわゆるフランスデモ等の行為が、殊更な交通秩序の阻害をもたらすような行為にあたるものと容易に想到することができるので、**明確性を欠き憲法に反するものとはいえない**。

STEP 2 一問一答で理解を確認！

1 判例は、刑罰法規があいまい不明確のゆえに憲法に違反するかは、裁判官・検察官・弁護士等の法律家の理解において具体的場合に当該行為がその適用を受けるものかどうかの判断を可能ならしめるような基準が読みとれるかどうかによってこれを決定すべきであるとしている。

× 判例は、**刑罰法規があいまい不明確のゆえに憲法に違反するかは、通常の判断能力を有する一般人の理解**において、具体的場合に当該行為がその適用を受けるものかどうかの判断を可能ならしめるような基準が読みとれるかどうかによってこれを決定すべきであるとしている（徳島市公安条例事件：最大判昭50.9.10）。

---

2 判例は「検閲」とは、司法権が主体となって、思想内容等の表現物を対象とし、その表現物の全部又は一部の発表を禁止する目的で、対象とされる表現物を網羅的一般的に、発表前に審査したうえ、不適当と認めるものの発表を禁止することとしている。

× 判例は**「検閲」**（憲法21条2項前段）とは、**行政権が主体**となって、**思想内容**等の表現物を対象とし、その表現物の全部又は一部の**発表を禁止**する目的で、対象とされる表現物を網羅的一般的に、**発表前**に審査したうえ、不適当と認めるものの**発表を禁止**すること（税関検査事件：最大判昭59.12.12）としている。

---

3 判例は、裁判所による事前差止めは、公権力が主体となる以上、「検閲」にあたるとしている。

× **2**のとおり**「検閲」は「行政権」が主体**となって行うものとされており、**裁判所による事前差止めは、**「検閲」（憲法21条2項前段）に**あたらない**。

---

4 判例は、著しく性的感情を刺激し又は著しく残忍性を助長するため青少年の健全な育成を阻害するおそれがある図書を有害図書

○ 判例は、本問の事案に関して、青少年に対する関係において、憲法21条1項に**違反**

として指定し、自動販売機への収納を禁止することは、青少年に対する関係において、憲法21条1項に違反しないことはもとより、成人に対する関係においても、有害図書の流通を幾分制約することにはなるものの、青少年の健全な育成を阻害する有害環境を浄化するための規制に伴う必要やむを得ない制約であり、憲法21条1項に違反しないとしている。

しないことはもとより、成人に対する関係においても、有害図書の流通を幾分制約することにはなるものの、青少年の健全な育成を阻害する有害環境を浄化するための規制に伴う必要やむを得ない制約であり、憲法21条1項に**違反しない**としている（岐阜県青少年保護育成条例事件：最判平元.9.19）。

---

5 判例は、集団行動について単なる届出制だけでなく一般的な許可制とすることも憲法の趣旨に反せず、公共の秩序を保持し又は公共の福祉が著しく侵されることを防止するため、条例において、行政の裁量による基準の下で許可制又は届出制を定める旨の規定、公共の安全に対し一般的に危険を及ぼすことが予見されるときは許可せず又は禁止することができる旨の規定を設けても、直ちに憲法に反するとはいえないとしている。

× 判例は、**集団行動**について単なる届出制にとどまらず**一般的な許可制とすることは憲法の趣旨に反して許されない**が、公共の秩序を保持し又は公共の福祉が著しく侵されることを防止するため、条例において、特定の場所又は方法につき合理的かつ明確な基準の下で許可制又は届出制を定める旨の規定、**公共の安全に対し明らかな差迫った危険を及ぼすことが予見**されるときは許可せず又は禁止することができる旨の規定を設けても、**直ちに憲法に反するとはいえない**としている（新潟公安条例事件：最大判昭29.11.24）。

---

6 出版物の頒布等に対する事前差止めは、表現行為に対する強力な制約であるため、一切の例外が認められない。

× **出版物の頒布等に対する事前差止め**は、原則として許されないが、**厳格な要件**の下で**例外的に許される場合がある**（北方ジャーナル事件：最大判昭61.6.11）。

STEP 3 過去問にチャレンジ！

問題 1　　国家一般職（2021 年度）

表現の自由に関する次の記述のうち、判例に照らし、妥当なものはどれか。

1　公立図書館の職員である公務員が、閲覧に供されている図書の廃棄について、著作者又は著作物に対する独断的な評価や個人的な好みによって不公正な取扱いをすることは、当該図書の著作者が著作物によってその思想、意見等を公衆に伝達する利益を侵害するものであるが、当該利益は法的保護に値する人格的利益とまではいえず、国家賠償法上違法とはならない。

2　報道のための取材の自由は、憲法第21条の精神に照らし、十分尊重に値するが、公正な裁判の実現のためにある程度の制約を受けることとなってもやむを得ないものであり、その趣旨からすると、検察官又は警察官による報道機関の取材ビデオテープの差押え・押収についても、公正な刑事裁判を実現するために不可欠である適正迅速な捜査の遂行という要請がある場合には認められる。

3　道路における集団行進等を規制する市の条例が定める「交通秩序を維持すること」という規定は、通常の判断能力を有する一般人の理解において、具体的場合に当該行為がその適用を受けるものかどうかの判断を可能ならしめる基準が読み取れず、抽象的で立法措置として著しく妥当を欠くものであるから、憲法第31条に違反する。

4　検閲とは、公権力が主体となって、思想内容等の表現物を対象とし、その全部又は一部の発表の禁止を目的として、対象とされる一定の表現物につき網羅的一般的に、発表前にその内容を審査した上、不適当と認めるものの発表を禁止することであるから、道知事選挙への立候補予定者を攻撃する目的の記事が掲載された雑誌の印刷、販売等の事前差止めを命じた裁判所の仮処分は、検閲に当たり、違憲である。

5　名誉毀損罪における公共の利害に関する場合の特例を定める刑法第230条の2の規定は、人格権としての個人の名誉の保護と憲法が保障する正当な言論の保障との調和を図るものであるが、行為者が摘示した事実につき真実であることの証明がなければ、行為者がその事実を真実であると誤信し、その誤信したことについて、確実な資料、根拠に照らし相当の理由があるとしても、犯罪の故意が認められ、同罪が成立する。

➡解答・解説は別冊 P.048

問題 2　　国家一般職（2013 年度）

集会・結社の自由に関する次の記述のうち、判例に照らし、妥当なものはどれか。

1　空港建設に反対する集会の開催を目的とした公の施設（市民会館）の使用許可申請を不許可にした処分に関し、市の市民会館条例が不許可事由として定める「公の秩序をみだすおそれがある場合」とは、集会の自由を保障することの重要性よりも、集会が開かれることによって、人の生命、身体又は財産が侵害され、公共の安全が損なわれる危険を回避し、防止することの必要性が優越する場合をいうものと限定して解すべきであり、その危険性の程度としては、単に危険な事態を生ずる蓋然性があるというだけでは足りず、明らかな差し迫った危険の発生が具体的に予見されることが必要である。

2　デモ行進は、思想、主張、感情等の表現を内包するものであるが、純粋の言論と異なって、一定の行動を伴うものであり、その潜在的な力は、甚だしい場合は一瞬にして暴徒と化すことが群集心理の法則と現実の経験に徴して明らかであるから、表現の自由として憲法上保障される要素を有さず、デモ行進の自由は、憲法第21条第1項によって保障される権利とはいえない。

3　集団行動の実施について、都道府県の公安条例をもって、地方的情況その他諸般の事情を十分考慮に入れ、不測の事態に備え、法と秩序を維持するのに必要かつ最小限度の措置を事前に講ずることはやむを得ないから、公安委員会に広範な裁量を与え、不許可の場合を厳格に制限しない、一般的な許可制を定めて集団行動の実施を事前に抑制することも、憲法に違反しない。

4　市の公安条例が集団行進についての遵守事項の一つとして「交通秩序を維持すること」と規定している場合、当該規定は、抽象的で立法措置として著しく妥当性を欠くものであるが、集団行進を実施するような特定の判断能力を有する当該集団行進の主催者、指導者又はせん動者の理解であれば、具体的な場合に当該行為がその適用を受けるものかどうかの判断を可能ならしめる基準が読みとれるから、憲法に違反しない。

5　結社の自由や団結権に基づいて結成された団体は、その構成員に対し、その目的に即して合理的な範囲内での統制権を有するから、地方議会議員の選挙に当たり、労働組合が、統一候補以外の組合員で立候補しようとする者に対し、立候補を思いとどまらせる勧告又は説得の域を超え、立候補を取りやめることを要求し、これに従わないことを理由にその組合員を統制違反者として処分することも、組合の統制権の範囲内の行為として許される。

➡解答・解説は別冊P.049

問題 3 国家一般職（2012 年度）

表現行為に対する事前抑制と検閲に関するア～オの記述のうち、判例に照らし、妥当なもののみを全て挙げているのはどれか。

ア 憲法第21条第2項前段は、「検閲は、これをしてはならない。」と規定する。憲法が、表現の自由につき、広くこれを保障する旨の一般的規定を同条第１項に置きながら、別に検閲の禁止についてこのような特別の規定を設けたのは、検閲がその性質上表現の自由に対する最も厳しい制約となるものであることに鑑み、これについては、公共の福祉を理由とする例外の許容をも認めない趣旨を明らかにしたものと解すべきである。

イ 我が国内において処罰の対象となるわいせつ文書等に関する行為は、その頒布、販売及び販売の目的をもってする所持等であって、単なる所持自体は処罰の対象とされていないから、単なる所持を目的とする輸入は、これを規制の対象から除外すべきである。そのため単なる所持の目的かどうかを区別して、わいせつ文書等の流入を阻止している限りにおいて税関検査によるわいせつ表現物の輸入規制は、憲法第21条第1項の規定に反するものではないということができる。

ウ 出版物の頒布等の事前差止めは、表現行為に対する事前抑制に該当するが、その対象が公務員又は公職選挙の候補者に対する評価、批判等の表現行為に関するものである場合であっても、その表現内容が私人の名誉権を侵害するおそれがあるときは原則として許される。

エ 条例により、著しく性的感情を刺激し又は著しく残忍性を助長するため青少年の健全な育成を阻害するおそれがある図書を有害図書として指定し、自動販売機への収納を禁止することは、青少年に対する関係において、憲法第21条第1項に違反しないことはもとより、成人に対する関係においても、有害図書の流通を幾分制約することにはなるものの、青少年の健全な育成を阻害する有害環境を浄化するための規制に伴う必要やむを得ない制約であり、同項に違反しない。

オ 教科書検定は、教育の中立・公正、一定水準の確保等の要請に照らして、不適切と認められる図書の教科書としての発行、使用等を禁止するものであり、同検定による表現の自由の制限は、思想の自由市場への登場を禁止する事前抑制そのものに当たるものというべきであって、厳格かつ明確な要件の下においてのみ許容され得る。

1 ア、イ
2 ア、エ
3 イ、オ

4 ウ、エ
5 ウ、オ

➡解答・解説は別冊P.051

問題4 裁判所職員（2019年度）

表現の自由に関する次のア～エの記述のうち、判例の立場として妥当なもののみを全て挙げているものはどれか。

ア 裁判所の許可を得ない限り公判廷における取材活動のための写真撮影を行うことができないとすることは、憲法に違反しない。

イ 事実の報道の自由は、国民の知る権利に奉仕するものであるものの、憲法第21条によって保障されるわけではなく、報道のための取材の自由も、憲法第21条とは関係しない。

ウ 美観風致の維持及び公衆に対する危害防止の目的のために、屋外広告物の表示の場所・方法及び屋外広告物を掲出する物件の設置・維持について必要な規制をすることは、それが営利と関係のないものも含めて規制の対象としていたとしても、公共の福祉のため、表現の自由に対して許された必要かつ合理的な制限であるといえる。

エ 人の名誉を害する文書について、裁判所が、被害者からの請求に基づいて当該文書の出版の差止めを命ずることは、憲法第21条第2項の定める「検閲」に該当するが、一定の要件の下において例外的に許容される。

1 ア、イ
2 ア、ウ
3 ア、エ
4 イ、エ
5 ウ、エ

➡解答・解説は別冊P.052

SECTION 7

表現の自由④

STEP 1 要点を覚えよう！

POINT 1 違憲審査基準

ある**法律の規定が、国民の権利を過度に侵害**するものである場合、**その規定を裁判所による違憲審査権によって違憲無効**として無力化し、国民の権利を守ることができる。

これが**司法権による「違憲審査権（憲法81条）」**と呼ばれるものであり、ある法律の規定が「合憲」であるか「違憲無効」であるかを判断するための基準を「違憲審査基準」と呼ぶ。

POINT 2 二重の基準論と民主政の過程

違憲審査基準には様々なものがあるが、試験に出題される内容に重点を置いてみていくと、**精神的自由権は、経済的自由権より価値が高いと考える「二重の基準」**と呼ばれる理論が重要である。

この理論は多くの判例で採用され、**精神的自由権を規制する法律の違憲審査基準は、経済的自由権を規制する法律の違憲審査基準より、厳しく判断**するという理論である。**精神的**自由権は、**一度侵害されると、民主政の過程によって回復することが困難**であるため、裁判所によって厳格に判断するというものである。

この二重の基準を理解するうえで、**民主政の過程**という考え方が重要である。例えば、民主主義による代表制をとる国に、与党のＡ政党と野党のＢ政党の二大政党があったとする。Ａ政党が、国民の人権を不当に制限する悪法を制定した場合、国民の間で様々な議論がなされる結果、「Ａ政党は悪い政党」という世論となろう。すると次回の選挙では、Ａ政党はその不信から多くの議席を失うことになる。

そして、政党Ａに対立する政党Ｂが多くの議席を得て与党となり、悪法を撤廃するという流れになる。つまりは、**民主的な政治の過程において、おかしな規制は是正**されることが期待できる。これが**「民主政の過程」**という考え方である。しかし、**精神的自由が規制**されてしまうと、**自由な議論が封じられる結果、この民主政の過程による是正が難しくなる**のである。

現政権を批判する表現が禁止（侵害）されると、民主政の過程で、不当な状態などを是正することが困難になってしまうんだ。

他方、**経済的自由は、一度害されても民主政の過程で回復が期待できる。**「それはおかしいよね」といった議論が可能であるためである。よって、例えば、**職業選択の自由**（憲法22条1項）において判例は、職業はその性質上、社会的相互関連性が大きいため、**精神的自由に比較して公権力による規制の要請は強い**としている（薬事法距離制限事件：最大判昭50.4.30）。

法律を制定するのも人である以上、悪法が制定されてしまうこともあるが、その悪法について**自由に議論できる環境（思想の自由市場）**があれば、そこでの議論により世論が形成され、次回の選挙で選出された議員によって悪法が撤廃される。このようなプロセスが**「民主政の過程」**や**「民主政による是正」**と呼ばれているということである。

この**思想の自由市場が保障**されているからこそ、言い換えると、**精神的自由権が守られている状況**であるからこそ、**民主政による是正**という自浄作用が働くのである。したがって、精神的自由権が守られている限り、裁判所が厳しく目を光らせておく必要はなく、それよりは、民主政による是正といった自浄作用に任せておくことが国民主権の原理上、理にかなっているのである。

逆に、**一度「思想の自由市場」が歪められてしまうと、民主政による是正が困難**となる。したがって、**精神的自由権を制限する法律は、裁判所が厳しく目を光らせておく必要**があり、**ある法律**が国民の精神的自由権を不当に制限しないかどうか、**厳格な基準で判断**する必要があるのである。

経済的自由権の方が、精神的自由権よりも価値が低いというわけではないよ。精神的自由権は壊されると回復が難しいので、その制限には目を光らせようということなんだ。

POINT 3 表現の自由に関する規制

表現の自由に対する規制には、**直接的に表現内容自体を規制**する**表現内容規制**と、表現内容とは直接的に関係のない**表現の時・場所・手段などを規制**する**表現内容中立規制**がある。

まず、**表現内容規制**については、表現の自由の核心部分を制限することにつながるため、**裁判所は厳格な基準**で判断するべきである。他方、**表現内容中立規制**は、あくまでも表現の時・場所・手段に対しての規制であるため、時や場所を変えれば表現できる道が残されている。よって、**表現内容規制と比較して緩やかな基準**でもよいと考える。

例えば、表現者の主張内容にかかわらず、病院や学校の近くではデモ行進が制限されているが、少し離れた大通りであれば許されるケースをイメージしておこう。表現内容中立規制に関する重要判例を確認しておく。

大阪市屋外広告物条例違反事件（最大判昭43.12.18）

判例（事案と判旨） 大阪市では、条例で電柱などに貼り紙をすることを禁止していたところ、Xはビラを電柱に貼ったとして条例違反で逮捕された。そこでXは、この貼り紙を禁止する条例はXの表現の自由を侵害すると主張した。

☞**美観風致の維持及び公衆に対する危害防止の目的**のために、屋外広告物の表示の場所・方法並びに屋外広告物を掲出する物件の設置・維持について**必要な規制をすることは**、それが**営利と関係のないものも含めて規制の対象としていたとしても、公共の福祉のため、表現の自由に対して許された必要かつ合理的な制限であり、憲法違反はない**。

戸別訪問禁止事件（最判昭56.6.15）

判例（事案と判旨） 衆議院議員総選挙において、有権者の家を戸別に訪問したXは、戸別訪問を一律禁止している公職選挙法138条1項の規定に違反した罪で起訴された。Xは、公職選挙法138条1項は政治活動の自由（憲法21条）を侵害すると主張した。

☞**戸別訪問の禁止は、意見表明そのものの制約を目的とするものではなく、**その手段方法のもたらす買収、利害誘導等の弊害が**選挙の自由と公正を害することを防止するため**のものであるから、**戸別訪問の禁止によって失われる利益は、手段方法が制約される間接的、付随的な制約**にすぎず、**選挙の自由と公正**の確保という得られる利益の方がはるかに**大きく**、戸別訪問を一律に禁止している公職選挙法138条1項は、憲法21条に**違反しない**。

POINT 4 パブリック・フォーラム

道路、公園、広場などは、**一般公衆が自由に出入りできる場所**であり、**表現のための場として役立つ**ことから、これらを**パブリック・フォーラム**という。このパブリック・フォーラム**が表現の場所として用いられる**ときには、所有権や、本来の利用目的のための管理権に基づく**制約を受けざるをえない**としても、**表現の自由の保障を可能な限り配慮**する必要があると考えられている（最判昭59.12.18：吉祥寺駅構内ビラ配布事件、伊藤正己裁判官の補足意見）。

一般公衆が自由に出入り**できる場所**であるとする以上、**「学校」はパブリック・フォーラムに**あたらないといえるんだ。

POINT 5 明白かつ現在の危険の基準

明白かつ現在の危険の基準は、**表現内容規制の違憲審査基準**である。前述のように、表現内容規制は、表現の自由の核心部分を制限することにつながるため、裁判所は厳格な基準で判断するが、具体的には、①**ある表現行為**が近い将来、**実質的害悪を引き起こす蓋然性が明白**であること、②その**実質的害悪が極めて重大**であり、発生が**時間的に切迫**していること、③**規制手段が**害悪を避けるのに**必要不可欠**であることなど、厳格な要件のもと規制が認められる。

泉佐野市民会館事件（最判平7.3.7）

判例(事案と判旨) 関西新空港建設に反対する過激派集団が泉佐野市民会館の使用許可を申請したところ、市長は市条例で定める「公の秩序をみだすおそれがある場合」に該当すると判断し不許可とした。そこで、本件不許可が集会の自由（憲法21条1項）を侵害するとして争われた。

☞地方自治法244条の普通地方公共団体の公の施設として、市民会館のように集会の用に供する施設が設けられている場合、**住民は、その施設の設置目的に反しない限り、利用を原則的に認められる**ことになるので、市民会館の使用を拒否することによって憲法の保障する集会の自由を実質的に否定することにならないかどうかを検討すべきである。

☞**対立する他のグループ等がこれを実力で阻止し、妨害しようとして紛争を起こすおそれ**があることを理由に**公の施設の利用を拒むことは、憲法21条の趣旨に反する**。

☞条例で定める「公の秩序をみだすおそれがある場合」に該当するとして市民会館の使用を**不許可とするには、**会館における集会の自由を保障することの重要性よりも、集会が開かれることによって、人の生命、身体又は財産が侵害され、公共の安全が損なわれる危険を回避し、防止することの必要性が優越する場合に限られるべきであり、その危険性の程度としては、**単に危険な事態を生ずる蓋然性があるというだけでは足りず、明らかな差し迫った危険の発生が具体的に予見されることが必要**である。

なお、判例は、**公立学校の学校施設の目的外使用を許可するか否か**について、**原則として、管理者の裁量に委ねられており、学校教育上支障がない場合であっても、**行政財産である学校施設の目的及び用途と当該使用の目的、態様等との関係に配慮した**合理的な裁量判断により許可をしないこともできるとする**（公立学校施設使用不許可事件：最判平18.2.7）。

また、**メーデー集会における皇居外苑の使用を不許可とした事案**について、判例は、メーデー集会のために皇居外苑の使用許可をすると、多数の人数、長期間の使用から公園自体が著しい損壊を受けると予想されることから、公園の管理のために不許可としたのであって、**表現の自由、団体行動の自由を制限する目的でなく、憲法21条、憲法28条に違反しない**としている（皇居前広場事件：最大判昭28.12.23）。

STEP 2 一問一答で理解を確認！

1 判例は、メーデー集会のための皇居外苑の使用を許可した場合、多数の人数、長期間の使用から公園自体が著しい損壊を受けると予想されることから、利用者のために不許可としたのであって、表現の自由、団体行動の自由を制限する目的であっても、憲法21条、憲法28条に違反しないとしている。

× 判例は、**メーデー集会のための皇居外苑の使用**を許可した場合は、多数の人数、長期間の使用から公園自体が著しい損壊を受けると予想されることから、**公園の管理のために不許可**としたのであって、**表現の自由、団体行動の自由を制限する目的でなく、憲法21条、憲法28条に違反しない**としている（皇居前広場事件：最大判昭28.12.23）。

---

2 判例は、公立学校の学校施設の目的外使用を許可するか否かは、原則として管理者の裁量に委ねられており、学校教育上支障がない場合であっても、行政財産である学校施設の目的及び用途と当該使用の目的、態様等との関係に配慮した合理的な裁量判断により許可をしないこともできるとしている。

○ 判例は、**公立学校の学校施設の目的外使用を許可するか否かは**、原則として**管理者の裁量**に委ねられており、**学校教育上支障がない場合であっても**、行政財産である学校施設の目的及び用途と当該使用の目的、態様等との関係に配慮した**合理的な裁量判断により許可をしないこともできる**としている（公立学校施設使用不許可事件：最判平18.2.7）。

---

3 判例は、条例で定める「公の秩序をみだすおそれがある場合」に該当するとして市民会館の使用を不許可とするには、集会が開かれることによって、明らかな差し迫った危険の発生が具体的に予見されることが必要であるとしている。

○ **本問の記述のとおり**である（泉佐野市民会館事件：最判平7.3.7）。

---

4 判例は、戸別訪問の禁止について、戸別訪問の禁止によって失われる利益は立候補者の表現の自由が制約されることであり、それは表現の自由の直接的な制約であるから、戸別訪問を一律に禁止している公職選挙法138条1項は、憲法21条に違反するとしている。

× 判例は、戸別訪問の禁止について、**戸別訪問の禁止によって失われる利益は、手段方法が制約される間接的、付随的な制約**にすぎず、**選挙の自由と公正**の確保という**禁止による利益の方がはるかに大きく**、戸別訪問を一律に禁止している公職選挙法138条1項は、憲法21条に**違反しない**としている（戸別訪問禁止事件：最判昭56.6.15）。

---

5 判例は、美観風致の維持及び公衆に対する危害防止の目的のために、屋外広告物について必要な規制をすることは、それが表現の自由と関係のあるものも含めて規制の対象となっているから、公共の福祉のため、表現の自由に対して許された必要かつ合理的な制限とはいえず憲法違反になるとしている。

× 判例は、美観風致の維持及び公衆に対する危害防止の目的のために、屋外広告物の表示の場所・方法及び屋外広告物を掲出する物件の設置・維持について必要な規制をすることは、**それが営利と関係のないものも含めて規制の対象としていたとしても**、公共の福祉のため、表現の自由に対して許された**必要かつ合理的な制限**であり、**憲法違反はない**としている（大阪市屋外広告物条例違反事件：最大判昭43.12.18）。

---

6 違憲審査基準の一つとして、生活に直結する経済的自由権は、精神的自由権よりも価値が優越すると考える二重の基準というものがある。

× 二重の基準は、**精神的**自由権は一度侵害されると民主政の過程での回復が困難となるため、**精神的**自由権の方が、**経済的**自由権よりも価値が優越すると考える。

過去問にチャレンジ！

問題 1 裁判所職員（2017 年度）

表現の自由に関する次のア～オの記述のうち、適当なもののみを全て挙げているものはどれか（争いのあるときは、判例の見解による。）。

ア メーデー集会のための皇居外苑の使用を許可しなかった処分は、公園の管理、保存の支障や公園としての本来の利用の目的を考慮してなされたもので、表現の自由又は団体行動権自体の制限を目的とするものでなければ、憲法21条及び憲法28条に違反するものではない。

イ 学校施設は、一種のパブリックフォーラムであり、その目的外使用の許否が学校長の裁量判断に委ねられているものではないから、学校長が、学校施設の目的及び用途と目的外使用の目的、態様等との関係を考慮して判断することは許されない。

ウ 地方自治法244条にいう公の施設として集会の用に供する施設が設けられている場合、集会の主催者が当該施設で集会を平穏に行おうとしていたとしても、他のグループ等がこれを実力で阻止・妨害しようとする可能性があるときは、その可能性が一般的抽象的なものであっても、当該施設の管理者は、施設の利用を許さないとすることができる。

エ 公立図書館は、そこで閲覧に供された図書の著作者にとって、その思想、意見等を公衆に伝達する公的な場ではあるものの、著作者が自身の著作物を公立図書館において公平に取り扱うことを求める具体的な権利を有するものではないから、図書の廃棄について、公立図書館の職員が独断的な評価や個人的な好みによって不公正に取り扱ったとしても、そのことを理由として、当該図書の著作者が国家賠償法上の損害賠償を求めることはできない。

オ 行列行進又は公衆の集団示威運動は、公共の福祉に反するような不当な目的又は方法によらないかぎり、本来国民の自由とするところであるから、条例においてこれらの行動につき単なる届出制を定めることは格別、そうでなく一般的な許可制を定めてこれを事前に抑制することは、憲法の趣旨に反し許されないと解される。

1 ア、ウ　**2** ア、オ
3 イ、エ　**4** イ、オ　**5** ウ、エ

➡解答・解説は別冊 P.053

問題2　　裁判所職員（2021年度）

集会・結社の自由に関する次のア～エの記述のうち妥当なもののみを全て挙げているものはどれか（争いのあるときは、判例の見解による。）。

ア　集会の用に供される公共施設の管理者は、当該施設の利用申請に対し、集会が開かれることによって、人の生命身体又は財産が侵害され、公共の安全が損なわれる抽象的な危険があれば、当該施設の利用を拒否することができる。

イ　集会の自由について、民主主義社会における重要な基本的人権の一つとして特に尊重すべきである理由は、集会が、国民が様々な意見や情報等に接することにより自己の思想や人格を形成、発展させ、また、相互に意見や情報等を伝達、交流する場として必要であり、さらに、対外的に意見を表明するための有効な手段であるためである。

ウ　地方公共団体が定める条例において、集団行進等の集団行動を一般的な許可制を定めて事前に抑制することは憲法第21条第1項に反し許されない。

エ　特定の団体への加入を強制する法律は、団体に加入しないといった結社の自由を侵害するものであるから、憲法第21条第1項に反する。

1　ア、イ
2　ア、ウ
3　イ、ウ
4　イ、エ
5　ウ、エ

➡解答・解説は別冊P.054

SECTION 8 表現の自由⑤

STEP 1 要点を覚えよう！

POINT 1 集会の自由

憲法21条1項では、集会の自由が保障されている。**集会では、自分の意見を外部に向けて発表**することができ、**民主主義社会において特に重要な権利**とされる。

また、**デモ行進は動く集会**として、**集会の自由により保障される**。もっとも、集会の自由は多数の人が集まって行動することから、他者の権利と衝突することがあり、「公共の福祉」による制限を受ける。

成田新法事件①（最大判平4.7.1）

判例(事案と判旨) 過激派Xらは、成田空港の開港を阻止するため空港周辺に多くの団結小屋を設営して妨害工作等を行っていた。そこで、政府は急遽Xらの破壊活動を防止するため空港周辺の工作物の使用を禁止する「成田新法」を定め、即日施行し団結小屋の使用禁止命令を出したが、Xらはこれを憲法違反として争った。

☞集会は、国民が様々な意見や情報等に接することにより自己の思想や人格を形成、発展させ、また、相互に意見や情報等を伝達、交流する場として必要であり、さらに、対外的に意見を表明するための有効な手段であるから、憲法21条1項の保障する**集会の自由は**、民主主義社会における**重要な基本的人権の一つ**として**特に尊重**されなければならない。

☞**集会の自由といえども**公共の福祉による**必要かつ合理的な制限を受け**、制限が必要とされる程度と、制限される自由の内容及び性質、これに加えられる具体的制限の態様及び程度等を**較量して判断**される。

東京都公安条例事件②（最大判昭35.7.20）

判例(事案と判旨) 東京都の公安条例の許可を得ない集団行動等により条例違反で起訴され、この条例が行きすぎた規制として争われた。

☞**集団行動には、表現の自由として憲法によって保障されるべき要素が存在するが**、多数人の集合体自体の力、つまり潜在する一種の物理的力によって支持されていることを特徴とし、その潜在的な力はきわめて容易に動員されうる性質があり、平穏静粛な集団でも時に昂奮、激昂の渦中に巻きこまれ、甚だしい場合には**一瞬にして暴徒と化し**、勢いの赴くところ実力によって法と秩序を蹂躙し、集団行動の指揮者はもちろん警察力を以てしても如何ともし得ないような事態に発展する危険が存在することは、群集心理の法則と現実の経験に徴して明らかであるから、**地方公共団体が、「公安条例」を以て、必要かつ最小限度の措置を事前に講ずることは、やむをえない**。

なお、人の気持ちをあおって特定の行動をするようしむける**「せん動（どう）」について、判例は、せん動は表現活動の性質を有するが**、公共の安全を脅かす重大犯罪を引き起こす可能性のある社会的に危険な行為であるから、公共の福祉に反し、**表現の自由の保護を受けるに値しない**としている（渋谷暴動事件：最判平2.9.28）。

POINT 2 結社の自由①（総論）

個人の表現活動には限界があり、より効果的な表現活動のためには、多数人で集団や組織を作り、活動を行っていく必要がある。

そこで、**憲法21条1項は、結社の自由を保障**している。ここで**「結社」とは、多数人が様々な共通の目的をもって継続的に結合**することをいい、結社の目的は、政治的、経済的、宗教的、学問的、芸術的など多岐にわたる。

そのため、結社の自由は、信教の自由（憲法20条1項前段）における宗教的結社の自由や、労働基本権（憲法28条）における労働組合結成の自由など、他の条文で重ねて保障されることになる。

POINT 3 結社の自由②（消極的結社の自由）

結社の自由には、団体を**結成**する自由、団体に加入する自由、団体の**構成員としてとどまる**自由といった「積極的結社の自由」のみならず、団体を**結成しない**自由、団体に**加入しない**自由、団体から**脱退する**自由といった「消極的結社の自由」を含むと解されている。

もっとも、例えば、弁護士会、司法書士会、税理士会などの強制加入団体について、職業が高度の専門性と公共性を持ち、その技術水準と公共性を維持確保するために、職業倫理確保と事務改善を図ることに限定される限り、法律で積極的、消極的結社の自由を制限する**「強制加入団体」は合憲**であると解されている。

◆結社の自由の種類

積極的結社の自由	消極的結社の自由
団体を**結成**する自由	団体を**結成しない**自由
団体に**加入**する自由	団体に**加入しない**自由 ☞一定の場合、強制加入団体も**合憲**
構成員として**とどまる**自由	団体から**脱退**する自由 ☞一定の場合、強制加入団体も**合憲**

POINT 4 結社の自由③（団体内部における拘束）

団体内部における拘束について、政党に関しては共産党袴田事件が、労働組合に関しては三井美唄労働組合事件が重要判例となっているので、確認しておこう。

共産党袴田事件①（最判昭63.12.20）

判例（事案と判旨） 日本共産党の党員であった袴田氏は、**党規約違反を理由に除名処分**を受けたところ、党所有の家屋に居住していたため、日本共産党が家屋の明渡し及び賃料相当損害金の支払を求めて提訴した。Xは本件除名処分は党規約に反し無効であるとして争った。

☞**政党は**、政治上の信条、意見等を共通にする者が任意に結成する政治結社であり、国民がその政治的意思を国政に反映させ実現させるための最も有効な媒体であって、**議会制民主主義を支えるうえにおいてきわめて重要な存在**であるから、政党は高度の自主性と自律性を与えて**自主的に組織運営をなしうる自由を保障され、党員は**、自由な意思によって政党を結成し、あるいはそれに加入した以上は政党の存立及び組織の秩序維持のために**自己の権利や自由に一定の制約を受けることがあることも当然である**。

なお、判例は、**憲法は明文で政党を定めていない**が、**政党の存在を当然に予定**しているものというべきであり、政党は議会制民主主義を支える**不可欠の要素**としている（八幡製鉄政治献金事件：最大判昭45.6.24）。

三井美唄労働組合事件（最大判昭43.12.4）

判例（事案と判旨） 地方議会議員の選挙において、**労働組合として統一候補を擁立することを決定**したが、**組合員が独自の立場で立候補しようとしたため**、組合員個人での**立候補を断念させようと説得**するもそれに応じなかったことから**組合員の資格を1年間停止する処分**をしたところ、公職選挙法225条3号の禁止する候補者に対する威迫にあたるとして争われた。

☞結社の自由（憲法21条1項）や団結権（憲法28条）に基づいて結成された団体における統制権について、**労働組合はその目的を達成するために必要かつ合理的な範囲で組合員に対して統制権を有している**。

☞地方議会議員の選挙にあたり、労働組合がその組合員の居住地域の生活環境の改善その他生活向上を図るため、組合を挙げてその選挙運動を推進することは組合活動として**許される**が、**組合員個人の立候補の自由に対する統制権について、立候補を思いとどまるよう勧告、説得するまでが**必要かつ合理的な範囲として**許されるもの**であり、**この範囲を超えて立候補を取りやめるよう要求し、従わない場合は統制違反者として処分**することは**違法**である。

ここで固める！ **三井美唄労働組合事件のポイント！**

①労働組合には、組合員への統制権が**認められる**。
②組合員の立候補を思いとどまるよう勧告・説得することは**許される**。
③立候補しない要求に従わない組合員を処分することは**許されない**。

POINT 5 通信の秘密①（総論）

通信とは、電話やデータ送信だけでなく、手紙や電報など様々なものを含むと解されている。これら通信の秘密を守らなければ、通信による表現活動に対して萎縮効果を与えてしまうため通信の秘密は保障され、さらに現代においては、プライバシー権の観点からも保護すべきとされている。

POINT 6 通信の秘密②（法律上の守秘義務）

通信事業者、郵便事業者、警察等においては、情報の漏洩禁止が様々な法律で定められている。

具体的には、捜査機関が、犯罪捜査のために通信内容を取得するためには、通信の秘密を不当に侵害することがないように制定された「犯罪捜査のための通信傍受に関する法律」（いわゆる通信傍受法）の3条1項によって裁判官の発する傍受令状が必要となり、また、電気通信事業者は、電気通信事業法の4条（秘密の保護）によって通信の秘密を守る義務を負っている。

POINT 7 通信の秘密③（秘密の内容）

通信の内容が秘密であることは当然であるが、**通信の存在自体や通信時間、方法、宛先、発信者などの情報であっても、秘密の対象**となる。これは、これらの情報の存在自体が内容と同じく、表現の意味を持つ可能性があるからである。

例えば、AがBに絵葉書を送ったとすれば、その絵のみが通信の内容となるが、発信者Aと宛先Bが知り合いであり、絵葉書を送る関係であるという情報が第三者にとって意味を持つ可能性がある。

なお、下級審判例においては、郵便物の発送元や宛先であってもそれを知られることによって、思想表現の自由が抑圧されるおそれがあることから、**秘密には**信書の内容だけでなく、**発信人や宛先の住所、氏名等も含まれる**としたものがある（郵便法国家公務員法各違反等事件：大阪高判昭41.2.26）。

POINT 8 通信の秘密④（秘密の制限）

通信の秘密といえども絶対的で無制約ではなく、**法律により制限**がなされる場合がある。

例えば、刑事訴訟法100条1項では、**裁判所は被告人から発し、又は被告人に対して発した郵便物、信書便物を差し押さえたり、提出させたりすることができる**と規定しており、また、**破産法82条1項では、破産管財人**（破産者の財産管理等をする者）**は、破産者にあてた郵便物等**を受け取ったときは、これを**開いて見ることができる**としている。

STEP 2 一問一答で理解を確認！

1 判例は、憲法21条1項の保障する集会の自由は、民主主義社会における基本的人権の一つにすぎないとしている。

× 判例は、憲法21条1項の保障する**集会の自由は**、民主主義社会における**重要な基本的人権の一つとして特に尊重**されなければならないとしている（成田新法事件①：最大判平4.7.1）。

---

2 判例は、政党は、高度の自主性と自律性を与えて自主的に組織運営をなしうる自由を保障されるが、党員に対して、政党の存立及び組織の秩序維持のために党員の権利や自由に一定の制約をすることは許されないとしている。

× 判例は、**政党は、高度の自主性と自律性を与えて自主的に組織運営をなしうる自由を保障**され、**党員は**、自由な意思によって政党を結成し、あるいはそれに加入した以上は政党の存立及び組織の秩序維持のために自己の権利や自由に**一定の制約を受けることがあることも当然である**としている（共産党袴田事件①：最判昭63.12.20）。

---

3 判例は、集団行動において、平穏静粛な集団であれば、勢いの赴くところ実力によって法と秩序を蹂躪することはなく、集団行動の指揮者はもちろん警察力によって抑圧制御できることは、群集心理の法則と現実の経験に徴して明らかであるとしている。

× 判例は、平穏静粛な集団でも時に昂奮、激昂の渦中に巻きこまれ、甚だしい場合には**一瞬にして暴徒と化し**、勢いの赴くところ実力によって法と秩序を蹂躪し、集団行動の指揮者はもちろん警察力を以てしても如何ともし得ないような事態に発展する危険が存在することは、群集心理の法則と現実の経験に徴して明らかであるとしている（東京都公安条例事件②：最大判昭35.7.20）。

---

4 結社の自由には、団体を結成しない自由、団体に加入しない自由、団体から脱退する自由といった「消極的結社の自由」を含むと解されているが、強制加入団体は合憲であると解されている。

○ 結社の自由には、団体を結成しない自由、団体に加入しない自由、団体から脱退する自由といった「**消極的結社の自由**」を含むと解されている。もっとも、職業が高度の専門性と公共性を持ち、その技術水準と公共性を維持確保するために、職業倫理確保と事務改善を図ることに限定される限り、法律で積極的、消極的結社の自由を制限する「強制加入団体」（例：弁護士会、司法書士会等の職業団体等）は**合憲**であると解されている。

---

5 判例は、労働組合はその目的を達成するために必要かつ合理的な範囲で組合員に対して統制権を有しており、また、組合を挙げて選挙運動を推進することは組合活動として許されることから、組合員個人の立候補の自由に対する統制権について、立候補を思いとどまるよう勧告、説得すること、さらに、立候補を取りやめるよう要求し、従わない場合は統制違反者として処分することも許されるとしている。

× 判例は、**労働組合は**その目的を達成するために必要かつ合理的な範囲で組合員に対して**統制権を有して**おり、また、組合を挙げて選挙運動を推進することは組合活動として**許される**が、組合員個人の立候補の自由に対する統制権について、**立候補を思いとどまるよう勧告、説得するまでが必要かつ合理的な範囲として許される**ものであり、この範囲を超えて、立候補を取りやめるよう要求し、**従わない場合は統制違反者として処分することは違法**としている（三井美唄労働組合事件：最大判昭43.12.4）。

STEP 3 過去問にチャレンジ！

問題 1

裁判所職員（2020 年度）

結社の自由に関する次のア～エの記述のうち、妥当なもののみを全て挙げているのはどれか（争いのあるときは、判例の見解による。）。

ア 憲法第21条第1項が保障している結社の自由は、団体を結成し、その団体が団体として活動する自由は含むが、それに加入する自由や加入した団体から脱退する自由は含まない。

イ 憲法は、政党について明文で規定していないが、政党は、国民の政治意思を国政に実現させる最も有効な媒体であり、議会制民主主義を支えるのに不可欠な要素である。

ウ 政党は、政治上の信条や意見を共通にする者が任意に結成する団体であるが、政党が党員に対して政治的忠誠を要求し、一定の統制を施すことは、憲法第19条が規定する思想良心の自由を侵害するから許されない。

エ 憲法第21条第1項が規定する結社とは、多数人が、政治、経済、宗教などの様々な共通の目的をもって継続的に結合することをいう。

1 ア、イ
2 ア、ウ
3 イ、ウ
4 イ、エ
5 ウ、エ

➡解答・解説は別冊 P.056

問題 2

裁判所職員（2020 年度）

通信の秘密に関する次のア～ウの記述の正誤の組み合わせとして最も妥当なものはどれか（争いのあるときは、判例の見解による。）。

ア 通信の秘密の保障は、通信の内容についてのみ及び、信書の差出日時など、通信の存在それ自体に関する事項には及ばない。

イ 通信の秘密にも一定の内在的制約があり、破産管財人が破産者に対する郵便物を開封することは、必ずしも通信の秘密を侵すものではない。

ウ 捜査機関が、犯罪捜査のため、通信事業を営む民間企業から任意に特定者間の通信内容の報告を受けた場合には、通信の秘密が侵されたとはいえない。

	ア	イ	ウ
1	正	誤	正
2	正	誤	誤
3	誤	正	誤
4	誤	正	正
5	誤	誤	正

➡解答・解説は別冊P.056

問題3　裁判所職員（2019年度）

集会・結社の自由に関する記述として最も妥当なものはどれか（争いのあるときは、判例の見解による。）。

1 集会は、多数人が政治・学問・芸術・宗教などの問題に関する共通の目的をもって一定の場所に集まることをいうところ、集会の自由は、表現の自由の一形態として重要な意義を有する人権であるから、原則として、土地・建物の所有権等の権原を有する私人は、その場所における集会を容認しなければならない。

2 集会が民主主義社会における重要な基本的人権の一つとして特に尊重されなければならないとする理由は、対外的に意見を表明するための有効な手段であるのみならず、様々な意見や情報等に接することによって思想や人格を形成、発展させたり、相互に意見や情報等を伝達、交流する場として必要であるからである。

3 集団行動は、平穏静粛な集団であっても、時に昂奮、激昂の渦中に巻き込まれ、甚だしい場合には一瞬にして暴徒と化すものであって、憲法上の保障外にあるといえるから、地方公共団体が制定した集団行動を規制する公安条例は合憲である。

4 結社の自由は、団体を結成しそれに加入する自由、その団体が団体として活動する自由に加えて、団体を結成しない、団体に加入しない又は加入した団体から脱退するという自由を含むものであるから、個々人に特定の団体への加入を強制する法律は許されない。

5 憲法第21条第1項が保障する結社の自由は、信教の自由及び団結権と保障範囲が重なることはない。

➡解答・解説は別冊P.057

問題 4 裁判所職員（2014 年度）

集会及び結社の自由に関する次のア～エの記述の正誤の組み合わせとして最も適当なものはどれか（争いのあるときは、判例の見解による。）。

ア 現代民主主義社会においては、集会は、国民が様々な意見や情報等に接することにより自己の思想や人格を形成、発展させ、また、相互に意見や情報等を伝達、交流する場として必要であり、さらに、対外的に意見を表明するための有効な手段であるから、集会の自由は、民主主義社会における重要な基本的人権の一つとして特に尊重されなければならないが、公共の福祉による必要かつ合理的な制限を受けることがあるのはいうまでもなく、このような制限が是認されるかどうかは、制限が必要とされる程度と、制限される自由の内容及び性質、これに加えられる具体的制限の態様及び程度等を較量して決めることになる。

イ 市民会館の使用について、「公の秩序をみだすおそれがある場合」を不許可事由とする規定は、当該会館における集会の自由を保障することの重要性よりも、当該会館で集会が開かれることによって、人の生命、身体又は財産が侵害され、公共の安全が損なわれる危険を回避し、防止することの必要性が優越する場合をいうものと限定して解すべきであるが、危険の発生が明らかに差し迫っていなくても、不許可とすることができる。

ウ 公安条例による公共の場所での集会、集団行進等の集団行動についての事前規制については、単なる届出制を定めることは許されるが、許可とは一般的禁止を特定の場合に解除することを意味するから、表現の自由の保障により本来自由たるべき集団行動に許可制を適用することは許されず、一般的な許可制を定めて集団行動を事前に抑制する場合はもちろん、実質的に届出制と異なることがないような規制であっても文面上において許可制を採用することは許されない。

エ 弁護士会や司法書士会等の職業団体が強制加入を定めていることは、職業が高度の専門技術性・公共性を持ち、その専門技術水準・公共性を維持確保するための措置としての必要があって、その団体の目的及び活動範囲がその職業従事者の職業倫理の確保と事務の改善進歩を図ることに厳格に限定されている限り、必ずしも結社の自由の侵害とはいえない。

	ア	イ	ウ	エ
1	正	正	誤	正
2	誤	誤	誤	正
3	正	正	正	誤
4	誤	正	正	誤
5	正	誤	誤	正

➡解答・解説は別冊 P.058

問題 5

裁判所職員（2013 年度）

憲法21条に関する次のア～オの記述のうち、適当なもののみをすべて挙げているのはどれか（争いのあるときは、判例の見解による。）。

ア 公共の安全を脅かす現住建造物等放火罪、騒乱罪等の重大犯罪のせん動は、表現活動としての性質を有しているが、社会的に危険な行為であるから、公共の福祉に反し、表現の自由の保護を受けるに値しない。

イ 裁判所の仮処分による出版物の差止めは、憲法21条2項にいう検閲に当たり、原則として許されないが、その表現内容が真実でなく、またはそれがもっぱら公益を図る目的のものでないことが明白であって、かつ、被害者が重大にして著しく回復困難な損害を被るおそれがあるときは、例外的に許される。

ウ 集会は、国民が様々な意見や情報等に接することにより自己の思想や人格を形成、発展させ、また、相互に意見や情報等を伝達、交流する場として必要であり、さらに、対外的に意見を表明するための有効な手段であるから、憲法21条1項の保障する集会の自由は、民主主義社会における重要な基本的人権の一つとして特に尊重されなければならない。

エ 戸別訪問の一律禁止（公職選挙法138条）は、一つの意見表明の手段方法に伴う限度での間接的、付随的な制約にすぎない反面、禁止により得られる利益は失われる利益に比してはるかに大きいから、許される。

オ 結社の自由や団結権に基づいて結成された団体は内部統制権を有し、労働組合も、特定の候補者を支持する政治活動を行うことが認められ、それに対抗して立候補した組合員を除名することも認められる。

1 ア、ウ
2 ア、ウ、エ
3 イ、ウ
4 イ、エ、オ
5 エ、オ

➡解答・解説は別冊P.059

SECTION 9

学問の自由

STEP 1 要点を覚えよう！

POINT 1 学問の自由の内容

憲法23条は「学問の自由は、これを保障する」と規定し、学問の自由を保障している。**学問の自由は、学問研究の自由、研究発表の自由、教授の自由**という3つの自由が内容となっている。

まず、**学問研究の自由**とは、**研究内容や研究方法を研究者が自由に決定**できるということをいい、**研究発表の自由**とは、**研究成果を外部に発表する自由**である。

そして、**教授の自由**とは、**主として大学の教授が学生に対する教育を行う自由**である。これらのなかでも研究発表の自由と教授の自由には重要判例があるため、個別に確認する。

POINT 2 研究発表の自由の重要判例

教科書検定制度について争われた、以下の判例を押さえておこう。

第一次家永教科書事件②（最判平5.3.16）

判例(事案と判旨) 民間で著作・編集した図書について、文部大臣（当時）が教科書として適切か否かを審査し、これに合格したものを教科書として使用することを認める教科書検定制度が、研究発表の自由を侵害するかが争われた。

☞**教科書は**、普通教育の場において使用される児童、生徒用の図書であって、**研究の結果の発表を目的とするものではなく、教科書検定は研究発表の自由を侵害しない**。

POINT 3 教授の自由の学説と重要判例

教授の自由のうち「子どもの教育」について、親・教師・国の誰が主体となるべきか等について、以下の3つの考え方がある。

・**国家教育権説**

子どもの教育は、親を含む国民全体の共通関心事であるから、公教育制度は国民全体の教育意思が実現されるべきものであることからして、教育内容は議会制民主主義の下で国会の法律制定を通じて具体化されるべきであり、国民ではなく**国家が、教育内容を主体的・包括的に教育内容の決定権を有する**とする。

・国民教育権説

子どもの教育は、憲法26条の保障する子どもの教育を受ける権利に対する責務として行われるべきもので、そのような責務を担う者は**親を中心とする国民全体**であるから、国家は単に義務教育遂行を助成するための整備をするにとどまるとする。

・折衷説（判例）

判例は、**親は一定の範囲内で教育の自由**をもち、学校外における教育や学校選択の自由を有する。一方で、**教師にも教育の本質から一定の教育内容を決定する自由**がある。それ以外の領域については、**国が適切な教育政策の実施のために必要かつ相当と認められる範囲において教育内容決定権を有する**としている（旭川学テ事件：最大判昭51.5.21）。

旭川学テ事件（最大判昭51.5.21）

判例（事案と判旨） 文部省（当時）が全国の中学2・3年生を対象として一斉学力テストを実施した際、学力テストに反対していた市立中学の教師が阻止しようと暴行を加えたため逮捕・起訴された事案について、普通教育における教師の憲法23条に関する権利侵害がされたとして争われた。

☞**憲法第26条の背後には、国民各自が**、一個の人間として、また、一市民として、成長、発達し、自己の人格を完成、実現するために**必要な学習をする固有の権利を有する**こと、**特に自ら学習することのできない子どもは、**その学習要求を充足するための**教育を自己に施すことを大人一般に対して要求する権利を有する**との観念が存在している。

☞**学問の自由は**、単に**学問研究の自由**ばかりでなく、その**結果を教授する自由をも含む**。

☞学問的探究をする大学教育と比べて、知識の伝達と能力の開発を主とする**普通教育の場においても**、子どもの教育が教師と子どもとの間の直接の人格的接触を通じ、その個性に応じて行われなければならないという本質的要請に照らし、教授の具体的内容及び方法について、ある程度自由な裁量が認められなければならないという意味においては、**一定の範囲における教授の自由が保障されるべき**。

☞ただし、**普通教育**において、**児童生徒には教授内容を批判する能力がなく、教師が児童生徒に対して強い影響力、支配力を有し、子どもの側に学校や教師を選択する余地が乏しく、教育の機会均等を図るうえからも全国的に一定の水準を確保すべき強い要請**があること等からすれば、**普通教育における教師に完全な教授の自由を認めることは、とうてい許されない**。

☞**親は**、子どもの将来に対して最も深い関心をもち、かつ、配慮をすべき立場にある者として、子どもの教育に対する一定の支配権、すなわち**子女の教育の自由を有すると認められるが、このような親の教育の自由は、主と**

して家庭教育等、学校外における教育や学校選択の自由にあらわれる。

☞国民全体の意思を組織的に決定、実現すべき立場にある国は、広く適切な教育政策を実施すべく、**必要かつ相当と認められる範囲において、教育内容について決定する権能***を有する。

なお、判例は**「学習指導要領」の法的拘束力を認め**、高校教師が学習指導要領から逸脱した授業を行ったことに対する**処分は、懲戒権者の裁量の範囲を逸脱したものとはいえない**としている（伝習館高校事件：最判平2.1.18）。

ここで創きめる！ 旭川学テ事件の重要ポイント！

①子どもは、教育を**自己に施す**ことを大人一般に対して**要求する権利**を有する。
②学問の自由には、教授する自由を含むところ、普通教育の場（小中学校）においても、**一定の範囲**における教授の自由が保障**される**。
　☞普通教育の教師に完全な教授の自由を認めることは、**許されない**。
③親の教育の自由は、主として家庭教育等、**学校外**における教育や学校選択の自由にあらわれる。
④国は、**必要かつ相当**と認められる範囲において、教育内容について決定する権能を有する。

POINT 4 大学の自治

大学の自治とは、**大学が**国家権力などの**外部勢力の圧力や干渉を排除**して、**研究と教育を自主的に決定し遂行**することをいう。つまり、大学の自主性を確保することで、**間接的に学問の自由を保障しようとする制度的保障**であると解されている。

なお、大学の自治の具体的な内容としては、教員の人事、施設管理、学生の管理、研究の内容、研究の方法、予算管理などが含まれている。

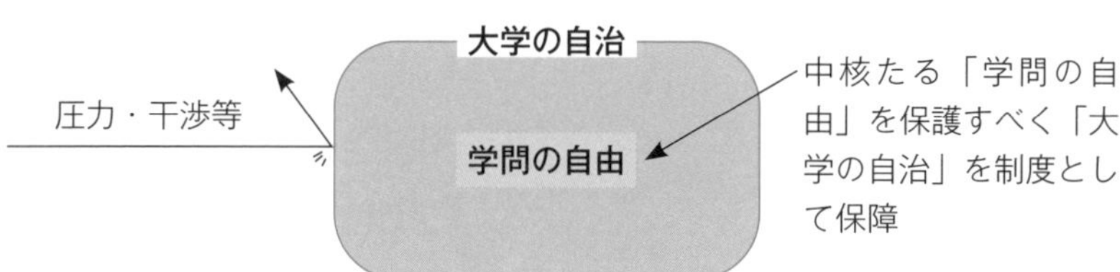

東大ポポロ事件（最大判昭38.5.22）

判例(事案と判旨) 東京大学の学生団体「ポポロ劇団」が大学の許可を得て大学の教室内で、ある事件を題材とする演劇発表会を開催した。その際に、学生らが観客の中に私服警官がいるのを発見し、警察官に暴行を加えたため逮捕・起訴された。そこで、学生らは、私服警官の立ち入りは学問の自由（憲法23条）

* **権能（けんのう）**…ある事がらについて権利を主張し、行使することができる能力のこと。なお、特定の行為について「権限」（行うことができる権利）がある場合、その行為について「権能」を有することとなる。

と大学の自治を侵害するとして争われた。
☞**学問の自由は、学問的研究の自由**とその**研究結果の発表の自由とを含み、**広くすべての国民に対してそれらの自由を保障するとともに、大学が深く真理を探究することを本質とすることに鑑みて、**特に大学におけるそれらの自由を保障することを趣旨**としたものである。
☞大学における学問の自由を保障するために、伝統的に**大学には大学の自治が認められている。**
☞**学生の集会は、**大学の許可したものであっても**真に学問的な研究又はその結果の発表のためのものではなく、実社会の政治的社会的活動にあたる行為**をする場合には、**大学の有する特別の学問の自由と自治は享有しない。**

ここまでは自ら学んだり、研究したり、その成果を発表したりする自由の話だったけど、以下の「教育を受ける権利」は話が異なるんだ。

POINT 5 教育を受ける権利

憲法26条は、教育を受ける権利を保障し、その1項で「**すべて国民は、**法律の定めるところにより、その能力に応じて、**ひとしく教育を受ける権利を有する**」とし、2項で「**すべて国民は、**法律の定めるところにより、その保護する**子女に普通教育を受けさせる義務を負ふ。義務教育は、これを無償**とする」とする。

この教育を受ける権利は、**国の介入や統制を加えられることなく教育を受けることができるという自由権**としての側面と、**国に対して教育制度の整備とそこでの適切な教育を要求するという社会権**としての側面を有する。

また、憲法26条**2項は、親などの親権者が子に対して教育を受けさせる義務**を規定しているが、これは憲法26条1項の子どもの教育を受ける権利を実質化させるためのものであるから、**子どもにとっては権利であって、義務ではない。**

なお、判例は、**憲法26条2項後段の「無償」とは、授業料を徴収しない**という意味であり、**授業料のほかに、教科書その他教育に必要な一切の費用まで無償にするという意味ではない。**義務教育であることからすれば国が教科書等の費用について軽減するよう配慮・努力することは望ましいが、**国の財政等の事情を考慮して立法政策の問題として解決**すべきであるとしている（義務教育費負担請求事件：最大判昭39.2.26）。

ここまでにも「立法政策」という言葉が出てくるけど、要するに、これは国会が決めるべきものであって、裁判所が判断するものではないという意味だよ。

STEP 2 一問一答で理解を確認！

1 憲法23条で保障される学問の自由には、学問研究の自由、研究発表の自由、教授の自由という3つの自由がある。

○ **本問の記述のとおり**である。

2 学問研究の自由とは、研究内容や研究方法を外部に発表する自由のことを意味する。

× 本問の内容は**研究発表の自由**である。学問研究の自由とは、**研究内容**や**研究方法**を自由に研究者が決定できることを意味する。

3 判例は、教科書検定制度について、検定に合格しないと教科書として発表できないため、研究発表の自由を侵害するものとしている。

× 判例は、教科書検定制度について、そもそも**教科書は研究の結果の発表を目的とするものではなく、研究発表の自由を侵害しない**としている（第一次家永教科書事件②：最判平5.3.16）。

4 判例は、大学における学生の集会は、真に学問的な研究又はその結果の発表のためのものではなく、実社会の政治的社会的活動にあたる行為をする場合であっても、大学の有する特別の学問の自由と自治を享有するとしている。

× 判例は、**学生の集会は、大学の許可したものであっても真に学問的な研究又はその結果の発表のためのものではなく、実社会の政治的社会的活動にあたる行為をする場合**には、大学の有する特別の**学問の自由と自治は享有しない**としている（東大ポポロ事件：最大判昭38.5.22）。

5 判例は、教育を受ける権利を規定する憲法26条の背後には、国民が学習をする固有の権利や、子どもが教育を自己に施すことを大人一般に対して要求する権利は存在しないとしている。

× 判例は、憲法26条の背後には、学習をする固有の権利を**有する**こと、特に、自ら学習することのできない**子どもは、教育を自己に施すことを大人一般に対して要求する権利を有する**との観念が存在しているとしている（旭川学テ事件：最大判昭51.5.21）。

6 判例は、憲法26条2項後段の「無償」とは、授業料や教科書その他教育に必要な一切の費用まで無償にするという意味として、実際に教科書等は無償となっている。

× 判例は、憲法26条2項後段の**「無償」については、授業料を徴収しないという意味**であり、授業料のほかに、**教科書その他教育に必要な一切の費用まで無償にするという意味ではない**としている（義務教育費負担請求事件：最大判昭39.2.26）。ただし、立法政策として、現在は教科書等も無償とされている。

7 判例は、普通教育において、児童生徒には教授内容をある程度批判する能力があること、教師が児童生徒に対して強い影響力、支配力を有するとしても子どもの側には学校や教師を選択する余地が広くあること、各児童生徒に応じた学力を確保すべき強い要請があること等からすれば、普通教育における教師に完全な教授の自由を認めることは許されるとしている。

× 判例は、普通教育において、**児童生徒には教授内容を批判する能力がなく、教師が児童生徒に対して強い影響力、支配力を有し**、子どもの側に学校や教師を選択する余地が乏しく、教育の機会均等を図るうえからも全国的に一定の水準を確保すべき強い要請があること等からすれば、**普通教育における教師に完全な教授の自由を認めることは、とうてい許されない**としている（旭川学テ事件：最大判昭51.5.21）。

STEP 3 過去問にチャレンジ！

問題 1 国家一般職（2016 年度）

学問の自由及び教育を受ける権利に関するア～オの記述のうち、判例に照らし、妥当なもののみを全て挙げているのはどれか。

ア 憲法第23条の学問の自由は、学問的研究の自由とその研究結果の発表の自由を含み、学問の自由の保障は全ての国民に対してそれらの自由を保障するとともに、大学が学術の中心として真理探究を本質とすることから、特に大学におけるそれらの自由を保障することを趣旨とする。

イ 大学における学生の集会について、大学の許可した学内集会は、真に学問的な研究とその結果の発表のためのものでなくても、実社会の政治的社会的活動に当たる行為をする場合には、大学の有する特別の学問の自由と自治を享有する。

ウ 普通教育における学問の自由については、教師が公権力によって特定の意見のみを教授することを強制されない必要があることから、大学教育と同様、普通教育における教師にも完全な教授の自由が認められる。

エ 憲法第26条の規定の背後には、国民各自が、成長し、発達し、自己の人格を完成、実現するために必要な学習をする固有の権利を有すること、特に、自ら学習することのできない子供は、その学習要求を充足するための教育を自己に施すことを大人一般に対して要求する権利を有するとの観念が存在すると考えられる。

オ 憲法は、子女の保護者に対して普通教育を受けさせる義務を定めていることから、憲法の義務教育を無償とする規定は、教育の対価たる授業料及び教科書その他教育に必要な費用を無償としなければならないことを定めたものと解すべきである。

1 ア、イ
2 ア、エ
3 イ、オ
4 ウ、エ
5 ウ、オ

➡解答・解説は別冊P.061

問題 2　国家一般職（2014 年度）

子供に対する教育内容の決定権能の帰属等について論じた最高裁判所昭和51年5月21日大法廷判決（刑集第30巻5号615頁）に関するア～オの記述のうち、当該判決に照らし、妥当なもののみを全て挙げているのはどれか。

ア 憲法第26条の規定の背後には、国民各自が、一個の人間として、また、一市民として、成長、発達し、自己の人格を完成、実現するために必要な学習をする固有の権利を有すること、特に、自ら学習することのできない子供は、その学習要求を充足するための教育を自己に施すことを大人一般に対して要求する権利を有するとの観念が存在している。

イ 憲法第23条の保障する学問の自由には、学問研究の結果を教授する自由は含まれるものではないが、普通教育の場においては、子供の教育が教師と子供との間の直接の人格的接触を通じ、その個性に応じて行われなければならないという本質的要請に照らし、憲法第26条により一定の範囲における教師の自由な裁量が認められる。

ウ 普通教育においては、児童生徒に教授内容を批判する能力がなく、教師が児童生徒に対して強い影響力、支配力を有すること、また、子供の側に学校や教師を選択する余地が乏しく、教育の機会均等を図る上からも全国的に一定の水準を確保すべき強い要請があることなどからすれば、普通教育における教師に完全な教授の自由を認めることは、許されない。

エ 親は、子供に対する自然的関係により、子供の将来に対して最も深い関心を持ち、かつ、配慮をすべき立場にある者として、子供の教育に対する一定の支配権、すなわち子女の教育の自由を有すると認められるが、このような親の教育の自由は、主として家庭教育等学校外における教育や学校選択の自由にあらわれる。

オ 憲法の採用する議会制民主主義の下においては、国は、法律で、当然に、公教育における教育の内容及び方法についても包括的にこれを定めることができ、また、教育行政機関も、法律の授権に基づく限り、広くこれらの事項について決定権限を有する。

1　ア、エ
2　イ、オ
3　ウ、オ
4　ア、ウ、エ
5　イ、エ、オ

➡解答・解説は別冊 P.062

問題 3 裁判所職員（2020 年度）

学問の自由に関する次のア～ウの記述の正誤の組み合わせとして最も妥当なものはどれか（争いのあるときは、判例の見解による。）。

ア 教科書検定制度は、教科書の形態における研究結果の発表を著しく制限するから、学問の自由を保障した憲法第23条に反する。

イ 学問の自由には教授の自由が含まれるが、普通教育においては、大学教育と異なり、教師に完全な教授の自由は認められない。

ウ 大学における研究と教育は、大学が国家権力等に干渉されず、組織としての自立性を有することにより全うされるから、大学の自治は、学問の自由と不可分である。

	ア	イ	ウ
1	正	正	誤
2	正	誤	正
3	正	誤	誤
4	誤	正	誤
5	誤	正	正

➡解答・解説は別冊 P.062

CHAPTER

経済的自由権

この章で学ぶこと

経済的自由権も判例重視 重要判例を着実に押さえよう

CHAPTER3・経済的自由権では、「職業選択の自由」「財産権」を扱います。

自由で民主的な社会を維持していくためには、自由な経済活動が必須であることから、この分野は精神的自由権に次いで出題されやすいパートといえます。

「職業選択の自由」「財産権」は、ともに重要判例がいくつもあるため、前章と同様に、重要判例を中心に学習していくことが必須となってきます。もっとも、「職業選択の自由」における規制目的二分論や条例による財産権制約の可否など、学説の理解を問われることもあるので、条文・判例・学説をバランスよく俯瞰することが大切です。

表現の自由ほどではありませんが、この分野も重要判例が多く、個々の判例を押さえなければならないので、記憶の負担がそれなりにかかります。過去問を解きながら地道に学習を進めていきましょう。

若干ある違憲判決に注意

経済的自由権では、裁判所が“違憲”とした判決が、若干ながら存在します。違憲判決は、珍しいこともあって、試験では狙われやすいところです。どのような理由で違憲となったのか、を意識して押さえておきましょう。

また、違憲の判例に引っ張られて、逆に、合憲の判決を違憲だと覚え間違えるリスクもあります。過去問を何度も解いて、合憲・違憲をきちんと正しく判断できるよう、よく練習しておいてください。

憲法29条は条文の文言をしっかりチェック

「財産権」に関する憲法29条では、条文の解釈について、いくつかの判例・学説があるので、条文を細かくチェックしながら判例・学説を整理しておいたほうがいいでしょう。人権分野では判例学習の割合が多いのですが、場合によっては、条文をしっかり見ておくことが必要です。29条の条文はまさにその一つなので、本書や六法でしっかりとチェックしておきましょう。

試験別対策

国家一般職

財産権からの出題が多い。そのため、まずは財産権から学習するのも一手。経済的自由権では違憲判決も出ているので、違憲判決の内容は特に意識して押さえておきたい。

国家専門職

国家一般職と異なり、職業選択の自由からの出題が多い。先に職業選択の自由を学習してから、財産権を学習するのがセオリーといえる。

地方上級

この分野からの出題頻度は低く、財産権が数年おきに問われる程度。財産権をざっと学習しておくのが一手。

裁判所職員

職業選択の自由と財産権がまんべんなく問われる傾向にある。判例の正確な理解・記憶が問われるので、網羅的かつ正確な学習が求められる。過去問をしっかりと解いて、選択肢をきちんと検討しきれるようにしておこう。

特別区Ⅰ類

職業選択の自由と財産権がバランスよく出題される。まずは、職業選択の自由に関する重要判例を網羅的に学習したうえで、財産権の学習に進もう。

市役所

出題頻度は低く、数年おきに1問ほど問われるにとどまる。本章の内容をざっと通読しておけば、ひとまずは足りる。

SECTION 1

職業選択の自由①

STEP 1 要点を覚えよう！

POINT 1 経済的自由権

憲法22条1項は「何人も、公共の福祉に反しない限り、**居住、移転及び職業選択の自由**を有する」と規定し、2項で「何人も、**外国に移住**し、又は**国籍を離脱する自由**を侵されない」と規定している。居住・移転の自由も含めて、これらは**経済的自由権**である。

POINT 2 居住・移転の自由

憲法22条1項の**「居住・移転の自由」は**、歴史上、人々は土地に拘束され移動が制限されてきたことから、自由な移動を保障することで、様々な職業を自由に選択できるという**経済的自由**の側面を有する。また、自由な移動を保障することで、身体の拘束を許さないという意味から**人身の自由**の側面も有する。

さらに現代社会では、人との接触の機会を増やして他者と交流し、自己実現を目指すという点で**表現の自由、精神的自由**の要素も持つと考えられている。

POINT 3 外国に移住する自由

憲法22条2項の**「外国に移住する自由」には、外国へ一時旅行する自由が含まれる**。そして、同条項には「公共の福祉」の制約規定がないが、**海外旅行の自由も絶対無制限ではなく**、「公共の福祉」のために**合理的な制限に服する**としている(帆足計(ほあしけい)事件：最大判昭33.9.10)。

POINT 4 国籍を離脱する自由

憲法22条2項の**「国籍を離脱する自由」には、日本国籍を失い、無国籍になる自由までは含まれない**と解されている。そのため、仮に日本国籍を離脱する場合には、他国の国籍を取得する必要がある。

POINT 5 規制目的二分論

経済的自由権を規制する法律については、その規制の**目的によって「消極目的規制」と「積極目的規制」**の２つに分けることができる。

消極目的規制とは、**国民の生命や健康に対する危険を防止**するための規制であり、**警察的目的**とも呼ばれる。他方、**積極目的規制**とは、調和のとれた**経済発展と社会的経済的弱者の保護**を目的とした規制である。

消極目的規制の場合は、国民の生命、健康にかかわる重要な事項であるため、裁判所による**厳格な合理性の基準**で判断され、**積極目的規制**の場合は、政策的技術的な判断が伴うため裁判所による判断になじみにくいことなどから、消極目的規制と比較してより緩やかな基準である**明白性の原則**によって判断される。このように規制目的により審査基準を変える手法を**規制目的二分論**という。

なお、**職業選択の自由を規制する手段**としては、**届出制、許可制、資格制、特許制、国家独占**などがあり、このうち国家独占は、現在では民営化が進んでいるが、かつての郵便事業、タバコ専売、電話、国鉄（現在のJR）がこれにあたる。

そもそも**国家独占という規制が許されるかについては**、その職業の性質上、民間による無制限な活動や恣意的な活動となった場合は社会生活への影響が大きいために**許されている**。

POINT 6 営業の自由と重要判例①

営業の自由は、職業選択の自由により**選択した職業を遂行する自由**である。営業の自由に関する重要な判例を確認する。

薬事法距離制限事件（最大判昭50.4.30）

判例(事案と判旨) 当時の薬事法では、新しく薬局を開設しようとする場合は、都道府県知事による許可を受ける必要がある「許可制」が設けられていた。Xが薬局を開設しようと県に対して申請をしたところ不許可処分を受け、その理由は、薬局の新規開設条件として既存の薬局から100m以上離れなければならないという「適正配置規制」があり、この規定に抵触するものであった。Xは、①薬事法が薬局の新規開設を「許可制」としていること、②薬局の新規開設条件に「適正配置規制」を設けていることが、Xの職業選択の自由（憲法22条1項）を侵害するとして訴えを提起した。

☞**憲法22条1項は**、狭義における職業選択の自由のみならず、**職業活動の自由（営業の自由）の保障をも包含**している。

☞**職業活動は**、本質的に社会的・経済的な活動であり、その性質上、社会的相互関連性が大きいものであるから、**精神的自由に比較して、公権力による規制の要請が強く、憲法22条1項が「公共の福祉に反しない限り」という留保をして職業選択の自由を認めたのも、特にこの点を強調する趣旨**である。

☞**一般に許可制は職業の自由に対する強力な制限**であるから、**合憲といえるためには、原則として重要な公共の利益のために必要かつ合理的な措置であり**、それが社会政策ないしは経済政策上の積極的な目的のための措置ではなく**消極的、警察的措置である場合**には、許可制に比べて職業の自由に対するより緩やかな制限では目的を十分に達成することができないと認められることを要し、**許可制の採用自体が認められる場合でも、個々の許可条件について、さらに個別的にその適否を判断**しなければならない。

☞薬事法における薬局の開設等の許可条件の一つとしての**適正配置規制は**、主として**国民の生命及び健康に対する危険の防止という消極的、警察的目**

的であるところ、薬局の自由な開設を認めることで、薬局同士での競争が激化し、これによる経営の不安定化が生じ、さらには不良医薬品の供給という法規違反が起きるという因果関係は単なる観念上の想定にすぎないことから、**適正配置規制は、必要かつ合理的な規制とはいえず、憲法22条1項に違反し無効である**。

薬事法距離制限事件は、数少ない違憲判決の判例なんだ。これはしっかりと覚えておこう。

酒類販売業免許制事件（最判平4.12.15）

判例（事案と判旨） 酒類販売業を営もうとするXが、所轄税務署長に対して、酒類販売業の免許を申請したが、酒税法10条の「その経営の基礎が薄弱であると認められる場合」に該当するとして拒否された。この拒否処分がXの職業選択の自由（憲法22条1項）を侵害するのかが問題となった。

☞**租税の適正かつ確実な賦課徴収を図る**という、国の重要な財政収入の確保を目的とした**職業の許可制は**、立法府の裁量を逸脱し、**著しく不合理でない限り**、憲法22条1項に**違反せず合憲**である。

この酒類販売業免許制事件では、**積極目的・消極目的規制のどちらとも異なる税法独自の基準**であることに注意しよう。

小売市場距離制限事件（最大判昭47.11.22）

判例（事案と判旨） 小売商業調整特別措置法では、小売市場を開設しようとする場合には、既存の小売市場から700m以上離れなければならないという法的規制が設けられている。そのため、この法的規制が小売市場を開設しようとする者の職業選択の自由（憲法22条1項）を侵害するのかが問題となった。

☞**本件小売市場の許可規制は**、経済的基盤の弱い小売商を過当競争による共倒れから保護するもので**積極目的規制**である。

☞**積極目的規制**については、立法府がその裁量権を逸脱し、当該法的規制措置が**著しく不合理であることが明白である場合に限って違憲**となる。

☞**本件小売市場の許可規制は**、著しく不合理であることが明白であるとは認められないため、**憲法22条1項に違反せず合憲**である。

西陣絹ネクタイ事件（最判平2.2.6）

判例(事案と判旨) 国内の蚕産業を守るため、生糸の輸入を制限するように法律が改正されたところ、生糸の価格が大幅に値上がりしたため、この生糸を原料としていた絹ネクタイの織物業者は高額で原料を購入しなければならなくなった。そのため、この法律の改正による規制が織物業者の営業の自由（憲法22条1項）を侵害するのかが問題となった。

☞**積極目的規制**については、立法府がその裁量権を逸脱し、当該法的規制措置が**著しく不合理であることが明白である場合に限って違憲**となる（小売市場距離制限事件を引用）。

☞**当該規制は、積極目的規制**にあたり、営業の自由に対し制限を加えるものではあるが、規制措置が**著しく不合理であることが明白**であるとはいえず、本件法律の改正等の立法行為が国家賠償法1条1項の適用上例外的に違法の評価を受けるもの**ではない**から、憲法22条1項に**違反せず合憲**である。

◆規制目的二分論のポイントの概観

経済的自由権を規制する法律等

↓

許可制は強力な制限なので、**必要かつ合理的な措置**である必要

↓

- 消極目的規制
  ↓
  厳格に判断すべきであり、薬事法距離制限事件は違憲

- 積極目的規制
  ↓
  著しく不合理であることが明白である場合に限って違憲
  - 小売市場距離制限事件は**合憲**
  - 西陣絹ネクタイ事件も**合憲**

上記に加えて、酒類販売業免許制事件では、**租税の賦課徴収を図るための許可制**について、著しく不合理でない限り合憲という**独自の基準**を設けている、ということみたいだね。

STEP 2 一問一答で理解を確認！

1 判例は、移住と旅行とでは、時間的な違いがあることから、憲法22条2項の「外国に移住する自由」には、外国へ一時旅行する自由が含まれないとしている。	× 判例は、憲法22条2項の「外国に移住する自由」には外国へ一時旅行する自由が**含まれる**とする（帆足計事件：最大判昭33.9.10）。
2 居住・移転の自由は、自由な移動を保障することで、身体の拘束を許さないという意味から人身の自由の側面も有する。	○ **本問の記述のとおり**である。
3 居住・移転の自由は、人との接触の機会を増やして他者と交流し、自己実現を目指すという点で表現の自由、精神的自由の要素も持つと考えられている。	○ **本問の記述のとおり**である。
4 判例は、憲法22条2項には「公共の福祉」による制約規定がないため、海外旅行の自由には「公共の福祉」による制約がない。	× 判例は、憲法22条2項には「公共の福祉」の制約規定がないが、海外旅行の自由も絶対無制限**ではなく**「公共の福祉」のために合理的な制限に**服する**としている（帆足計事件：最大判昭33.9.10）。
5 判例は、一般に許可制は、職業の自由に対する軽微な制限であるから、重要な公共の利益を目的としている以上、原則として合憲であるとしている。	× 一般に許可制は、職業の自由に対する**強力**な制限であるから、合憲といえるためには、原則として重要な公共の利益のために**必要かつ合理的な措置**であることを要するとしている（薬事法距離制限事件：最大判昭50.4.30）。

6 判例は、租税の適正かつ確実な賦課徴収を図るという国の重要な財政収入の確保を目的とした職業の許可制は、立法府の裁量を逸脱し、著しく不合理でない限り、憲法22条1項に違反するものではないとしている。

○ **本問の記述のとおり**である（酒類販売業免許制事件：最判平4.12.15）。

7 判例は、小売市場の許可規制は、経済的基盤の弱い小売商を過当競争による共倒れから保護するもので消極目的規制であるから、立法府がその裁量権を逸脱し、当該法的規制措置が必要かつ合理的である場合に限って違憲となるとしている。

× 判例は、小売市場の許可規制は、経済的基盤の弱い小売商を過当競争による共倒れから保護するもので、**積極目的**規制であるから、立法府がその裁量権を逸脱し、当該法的規制措置が**著しく不合理であることが明白**である場合に限って違憲となるとしている（小売市場距離制限事件：最大判昭47.11.22）。

8 国内の蚕産業を守るため、法律の改正による規制が織物業者の営業の自由を侵害するのかが問題となった事案において判例は、規制措置が著しく不合理であることが明白であるとして、本件法律の改正等の立法行為は憲法22条1項に違反するとした。

× 当該事案において判例は、当該規制は、**積極目的規制**にあたり、営業の自由に対し制限を加えるものではあるが、規制措置が**著しく不合理であることが明白**であるとは**いえず**、本件法律の改正等の立法行為が国家賠償法1条1項の適用上例外的に違法の評価を受けるもの**ではない**から、憲法22条1項に**違反せず合憲**であるとした（西陣絹ネクタイ事件：最判平2.2.6）。

9 国籍を離脱する自由には、無国籍になる自由までは含まれないと解されている。

○ **本問の記述のとおり**である。

STEP 3 過去問にチャレンジ！

問題 1　　裁判所職員（2019 年度）

職業選択の自由に関する記述として最も妥当なものはどれか（争いのあるときは、判例の見解による。）。

1 営業の自由は財産権の行使として憲法第29条により保障されるから、憲法第22条が保障する「職業選択の自由」には、営業の自由は含まれない。

2 職業選択の自由を規制する手段としては、届出制、許可制、資格制、特許制などがあるが、国家独占は職業選択の自由を害するものとして認められることはない。

3 職業の許可制は、職業選択の自由に対する強力な制限であるから、その合憲性を肯定し得るためには、原則として、重要な公共の利益のために必要かつ合理的な措置であることを要するが、この要請は、個々の許可条件の合憲性判断においてまで求められるものではない。

4 憲法第22条第1項が「公共の福祉に反しない限り」という留保を伴っているのは、職業活動は社会的相互関連性が大きく、精神的自由と比較して、公権力による規制の要請が強いことを強調する趣旨によるものである。

5 職業選択の自由に対する規制の目的には、主として国民の生命及び健康に対する危険を防止又は除去ないし緩和するために課せられる積極目的規制と、福祉国家の理念に基づいて、経済の調和のとれた発展を確保し、特に社会的、経済的弱者を保護するために、社会経済政策の一環として実施される消極目的規制がある。

➡解答・解説は別冊 P.064

問題2 裁判所職員（2012年度）

職業選択の自由に関する次のア～オの記述のうち、適当なもののみをすべて挙げているのはどれか（争いのあるときには、判例の見解による。）。

ア　小売市場の許可規制は、過当競争によって招来されるであろう小売商の共倒れから小売商を保護するために採られた措置であるが、立法目的との関係において、合理性と必要性のいずれをも肯定することができないから、憲法22条1項に違反し、無効である。

イ　特定の団体でなければ生糸を輸入することができないとする一元輸入措置を内容とする法律を制定することは、営業の自由に対し制限を加えるものではあるが、積極的な社会経済政策の実施の一手段として、一定の合理的規制措置を講ずることは許容されることなどからすると、その立法行為が国家賠償法１条１項の適用上例外的に違法の評価を受けるものではない。

ウ　薬局の開設等の許可における適正配置規制は、主として国民の生命及び健康に対する危険の防止という消極的、警察的目的のための規制措置であり、公共の福祉の確保のために必要な制限と解されるから、憲法22条１項に違反するものではない。

エ　公衆浴場法による適正配置規制は、国民保健及び環境衛生を目的とするものであるが、その目的を達成する手段としては過度の規制であるから、公衆浴場の経営の許可を与えないことができる旨の規定を設けることは、憲法22条に違反する。

オ　医業類似行為を業とすることが公共の福祉に反するのは、かかる業務行為が人の健康に害を及ぼすおそれがあるからである。それゆえ、あん摩師、はり師、きゅう師及び柔道整復師法が医業類似行為を業とすることを禁止処罰するのも人の健康に害を及ぼすおそれのある業務行為に限局する趣旨と解しなければならないのであって、このような禁止処罰は公共の福祉上必要であるから、憲法22条に反するものではない。

1　ア、ウ
2　イ、エ
3　イ、オ
4　ウ、エ
5　エ、オ

➡解答・解説は別冊P.065

問題 3 国家一般職（2017年度）

経済的自由権に関するア～オの記述のうち、妥当なもののみを全て挙げているのはどれか。

ア 憲法第22条第1項が保障する居住・移転の自由は、経済活動の目的だけでなく、広く人の移動の自由を保障するという意味において、人身の自由としての側面を有すると一般に解されている。

イ 憲法第22条第2項が保障する外国に移住する自由には外国へ一時旅行する自由が含まれるが、外国旅行の自由といえども無制限のままに許されるものではなく、公共の福祉のために合理的な制限に服するとするのが判例である。

ウ 酒税法による酒類販売業の許可制は、致酔性を有する酒類の販売を規制することで、国民の生命及び健康に対する危険を防止することを目的とする規制であり、当該許可制は、立法目的との関連で必要かつ合理的な措置であるといえ、より緩やかな規制によっては当該目的を十分に達成することができないと認められることから、憲法第22条第1項に違反しないとするのが判例である。

エ 憲法第29条にいう「財産権」とは、所有権その他の物権や債権といった私法的な権利を指し、水利権や河川利用権といった公法的な権利は含まれない。

オ 憲法第29条第3項にいう「公共のために用ひる」とは、学校や道路の建設といった公共事業のために私有財産を直接供する場合を指し、広く社会公共の利益のために私有財産の収用を行う場合は含まれない。

1 ア、イ
2 ア、エ
3 イ、ウ
4 ウ、オ
5 エ、オ

➡解答・解説は別冊 P.066

問題 4　国家専門職（2016 年度）

経済的自由権に関するア～オの記述のうち、妥当なもののみを全て挙げているのはどれか。

ア 財産権に対する規制が憲法第29条第2項にいう公共の福祉に適合するものとして是認されるべきものであるかどうかは、規制の目的、必要性、内容、その規制によって制限される財産権の種類、性質及び制限の程度等を比較考量して判断すべきものであるとするのが判例である。

イ 憲法第29条第3項の「公共のために用ひる」とは、学校、鉄道、道路等の公共事業のために私有財産の収用等を行うことを意味しており、特定の個人が受益者となる場合はこれに当たらないとするのが判例である。

ウ 憲法第22条第2項は、外国に移住する自由を保障しているが、外国へ一時旅行する自由も同項により保障されるとするのが判例である。

エ 憲法第22条第2項は、国籍離脱の自由を認めており、その中には無国籍になる自由も含まれていると一般に解されている。

オ 租税の適正かつ確実な賦課徴収を図るという国家の財政目的のための職業の許可制による規制については、その必要性と合理性についての立法府の判断が政策的、技術的な裁量の範囲を逸脱するもので著しく不合理なものでない限り、これを憲法第22条第1項の規定に違反するものということはできないとするのが判例である。

1　ア、ウ
2　イ、エ
3　エ、オ
4　ア、イ、エ
5　ア、ウ、オ

➡解答・解説は別冊 P.067

SECTION 2

職業選択の自由②

STEP 1 要点を覚えよう！

POINT 1 営業の自由と重要判例②

営業の自由に関する重要判例について、「職業選択の自由①」で学習したもの以外の判例を確認する。下の**公衆浴場距離制限事件は3つの判例**があり、それぞれ判断が異なるが、**いずれの結論も合憲**と判断していること、また、**それぞれの判例が規制目的をどう捉えているか**を押さえておこう。

公衆浴場距離制限事件（最大判昭30.1.26、最判平元.1.20、最判平元.3.7）

判例（事案と判旨） 公衆浴場法では、公衆浴場を開設しようとする場合には、既存の公衆浴場と一定の距離を保たなければならないという法的規制が設けられており、この法的規制が公衆浴場を開設しようとする者の職業選択の自由（憲法22条1項）を侵害するとして争われた。

☞①**最大判昭30.1.26**において、公衆浴場は、多数の国民の日常生活に必要で公共性を伴う厚生施設であることからすれば、**国民保健及び環境衛生という消極目的**として出来る限りその偏在・濫立を防止すべきであり、偏在・濫立する場合は公共の福祉に反することになるから、**公衆浴場法の距離制限規定は、憲法22条1項に違反せず合憲**であるとした。

☞②**最判平元.1.20**において、公衆浴場が住民の日常生活において欠くことのできない公共的施設であり、**経営困難による廃業・転業を防止し健全・安定な経営を実現するという積極的・社会経済政策的な規制目的**の立法により国民の保健福祉を維持することは公共の福祉に適合するものであるから、その手段として十分の必要性と合理性を**有している。積極目的規制については、立法府がその裁量権を逸脱し当該法的規制措置が著しく不合理であることが明白である場合に限って違憲**となる（小売市場距離制限事件を引用）ところ、**公衆浴場の適正配置規制及び距離制限は、この場合にはあたらず、憲法22条1項に違反せず合憲である。**

☞③**最判平元.3.7**では、**消極目的と積極目的が併存**しているとしたが、結論として**当該規制は合憲**としている。

適正配置規制の目的について、古い判例からだんだん「消極目的」→「積極目的」→「併存」へと判断が変わっていってるよ。

白タク道路運送法違反事件（最大判昭38.12.4）

判例(事案と判旨) 旧道路運送法の規定では、自家用自動車での有償運送を禁止しており、タクシー事業を行う場合には運輸大臣（当時）の許可と免許が必要であった。そのため、この規制が自家用自動車で有償運送を行おうとする者の営業の自由（憲法22条1項）を侵害するのかが問題となった。

☞**当時の道路運送法の規定が、自家用自動車を有償運送の用に供することを禁止していることは公共の福祉の確保のために必要な制限であり、憲法22条1項に違反せず合憲**である。

白タクというのは、無許可で自家用車（ナンバープレートが白）を用いて有償運送を行うもので、許可を受けた場合のナンバープレートは緑なんだよ。

司法書士法違反事件（最判平12.2.8）

判例(事案と判旨) **登記業務は司法書士の独占業務**と規定されている司法書士法の規定について、職業選択の自由（憲法22条1項）に違反するかが問題となった。

☞公共の福祉に**合致した合理的なもの**で憲法22条1項に**違反せず合憲**である。

なお、判例は「あん摩師、はり師、きゆう師及び柔道整復師法」の規定が、何人も同法1条に掲げるものを除き、医業類似行為を業としてはならず、これに違反した者を処罰するとしているのは、医業類似行為を業とすることが人の健康に害を及ぼすおそれがあり公共の福祉に反するからであり、憲法22条に**反しない**としている（あはき師法違反医業類似行為事件：最大判昭35.1.27）。

POINT 2 規制目的による判例の分類

SECTION1で確認したものも含め、判例の規制目的は以下のものだ。

事件名	概要	規制目的	結論
薬事法距離制限事件	職業の許可制・適正配置規制	消極目的	違憲
小売市場距離制限事件	市場開設の配置、距離制限	積極目的	合憲
西陣絹ネクタイ事件	生糸の輸入規制	積極目的	合憲
酒類販売業免許制事件	酒類販売の免許による制限	区別せず	合憲
公衆浴場距離制限事件①	公衆浴場開設の距離制限	消極目的	合憲
公衆浴場距離制限事件②		積極目的	
公衆浴場距離制限事件③		併存する	

STEP 2 一問一答で理解を確認！

1 平成元年の公衆浴場法による公衆浴場の適正配置規制に関する判決では、当該規制は積極的、社会経済政策的な規制目的を有するが、その手段としての必要性と合理性を有していると認められず、憲法に違反し、無効であるとした。

× 平成元年に判示された公衆浴場の適正配置規制に関する判決は2つあるが、**どちらの判例も結論として合憲**としている（公衆浴場距離制限事件：最判平元.1.20、最判平元.3.7）。

2 判例は、司法書士等の規定された以外の者が、他人の嘱託を受けて、登記手続の代理業務を行うことは、登記制度の利用状況から考えて合理的であるから、これを禁止・処罰することは公共の福祉に反し憲法22条1項に違反するとしている。

× 判例は、登記制度が国民の権利義務等社会生活上の利益に重大な影響を及ぼすものであるから、法律に別段の定めがある場合を除き、司法書士及び公共嘱託登記司法書士協会以外の者が、他人の嘱託を受けて、登記に関する手続について代理する業務及び登記申請書類を作成する業務を行うことを禁止し、これに違反した者を処罰することは、公共の福祉に**合致した合理的なもの**で、憲法22条1項に**違反せず合憲**であるとしている（司法書士法違反事件：最判平12.2.8）。

3 判例は、タクシー事業を行う場合に、運輸大臣の許可と免許を要するとする規制について、自家用自動車で有償運送を行おうとする者の営業の自由を侵害するものとして憲法に反するとしている。

× 判例は、当時の道路運送法の規定が、自家用自動車を有償運送の用に供することを禁止していることは公共の福祉の確保のために必要な制限であり、**憲法22条1項に違反せず合憲**であるとしている（白タク道路運送法違反事件：最大判昭38.12.4）。

4 判例は、登記業務が司法書士の独占業務と規定されている司法書士法の規定について、職業選択の自由に違反するとしている。

× 判例は、当該規制について、**公共の福祉に合致した合理的なもので憲法22条1項に違反せず合憲**であるとしている（司法書士法違反事件：最判平12.2.8）。

5 判例は、あん摩師、はり師、きゆう師及び柔道整復師法の規定が、一定の場合を除き、医業類似行為を業としてはならず、これに違反した者を処罰するとしている点について、憲法22条に反するものとしている。

× 判例は「あん摩師、はり師、きゆう師及び柔道整復師法」の規定が、何人も同法1条に掲げるものを除き、医業類似行為を業としてはならず、これに違反した者を処罰するとしているのは、医業類似行為を業とすることが人の健康に害を及ぼすおそれがあり公共の福祉に反することからであり、**憲法22条に反しない**としている（あはき師法違反医業類似行為事件：最大判昭35.1.27）。

6 判例は、市場開設の配置や距離制限を規定する法令が問題となったいわゆる小売市場距離制限事件において、当該規制の目的を消極目的としたうえで、合憲としている。

× 判例は当該規制については**積極目的**であるとしたうえで、**合憲**としている（小売市場距離制限事件：最大判昭47.11.22）。

STEP 3 過去問にチャレンジ！

問題 1

特別区Ⅰ類（2016 年度）

日本国憲法に規定する職業選択の自由に関する記述として、最高裁判所の判例に照らして、妥当なものはどれか。

1 自家用自動車を有償運送の用に供することを禁止している旧道路運送法の規定は、自家用自動車の有償運送行為が無免許営業に発展する危険性の多いものとは認められず、公共の福祉の確保のために必要な制限と解することができないため、憲法に違反するとした。

2 小売商業調整特別措置法の小売市場の開設許可規制は、小売商の共倒れから小売商を保護するためにとられた措置であると認められるが、その目的、規制の手段及び態様において著しく不合理であることが明白であり、憲法に違反するとした。

3 旧薬事法の薬局の適正配置規制は、国民の生命及び健康に対する危険の防止という消極的、警察的目的のための措置ではなく、薬局の経営の保護という社会政策的目的のものであるが、薬局の偏在に伴う過当競争による不良医薬品の供給の危険は、観念上の想定にすぎず、公共の利益のために必要かつ合理的な規制を定めたものということができないから、憲法に違反し、無効であるとした。

4 平成元年の公衆浴場法による公衆浴場の適正配置規制に関する判決では、当該規制は公衆浴場業者が経営の困難から廃業や転業をすることを防止し、国民の保健福祉を維持するという積極的、社会経済政策的な規制目的を有するが、その手段としての必要性と合理性を有していると認められず、憲法に違反し、無効であるとした。

5 法律に別段の定めがある場合を除き、司法書士及び公共嘱託登記司法書士協会以外の者が、他人の嘱託を受けて、登記に関する手続について代理する業務及び登記申請書類を作成する業務を行うことを禁止し、これに違反した者を処罰する司法書士法の規定は、公共の福祉に合致した合理的なもので憲法に違反するものでないとした。

➡解答・解説は別冊 P.068

問題 2

国家一般職（2014 年度）

憲法第22条に関するア～オの記述のうち、判例に照らし、妥当なもののみを全て挙げているのはどれか。ただし、ア～オの記述に掲げられた法律の規定には、現

行において廃止・改正されているものも含まれている。

ア　憲法第22条の保障する居住・移転の自由は、自己の住所又は居所を自由に決定し移動することを内容とするものであり、旅行のような人の移動の自由は含まれないため、旅行の自由は、国の内外を問わず、同条ではなく、一般的な自由又は幸福追求権の一部として憲法第13条により保障される。

イ　憲法第22条第1項は日本国内における居住・移転の自由を保障するにとどまり、外国人に入国の自由は保障されないが、同条第2項にいう外国移住の自由はその権利の性質上外国人に限って保障しないという理由はなく、出国の自由は外国人にも保障される。

ウ　職業の許可制は、職業選択の自由そのものに制約を課すもので、職業の自由に対する強力な制限であるから、その合憲性を肯定するためには、原則として、重要な公共の利益のために必要かつ合理的な措置であることを要し、また、それが、自由な職業活動が社会公共に対してもたらす弊害を防止するための消極的、警察的措置ではなく、社会政策ないしは経済政策上の積極的な目的のための措置である場合には、許可制に比べて職業の自由に対するより緩やかな制限である職業活動の内容及び態様に対する規制によっては目的を十分に達成することができないと認められることを要する。

エ　法律に別段の定めがある場合を除き、司法書士及び公共嘱託登記司法書士協会以外の者が、他人の嘱託を受けて、登記に関する手続について代理する業務及び登記申請書類を作成する業務を行うことを禁止し、これに違反した者を処罰する司法書士法の規定は、登記制度が国民の権利義務等社会生活上の利益に重大な影響を及ぼすものであることなどに鑑みたものであり、公共の福祉に合致した合理的な規制を定めたものであって、憲法第22条第1項に違反しない。

オ　薬局及び医薬品の一般販売業（以下「薬局等」という。）の開設に適正配置を要求する旧薬事法の規定は、不良医薬品の供給による国民の保健に対する危険を完全に防止するためには、薬局等の乱設による過当競争が生じるのを防ぎ、小企業の多い薬局等の経営の保護を図ることが必要であることなどに鑑みたものであり、公共の福祉に合致した合理的な規制を定めたものであって、憲法第22条第1項に違反しない。

1　ア、ウ　　2　ア、オ
3　イ、ウ　　4　イ、エ　　5　エ、オ

➡解答・解説は別冊P.069

SECTION 3

財産権①

STEP 1 要点を覚えよう！

POINT 1 憲法29条1項①（総論）

憲法29条1項は「財産権は、これを侵してはならない」と規定し、経済的自由権の一つとし**て財産権を保障**している。これは職業選択の自由の下、自らの意思で「職業」に就き、働いて得た対価である「給料」やそれで「購入した物」などの**財産を、理由もなく不当に国家権力によって奪われることのない**権利である。

POINT 2 憲法29条1項②（「財産権」の内容①）

憲法29条1項は、私有財産制を制度として保障するのみならず、国民の個々の財産権についても、基本的人権として保障している。この点に関する重要判例を二つ確認しておこう。

森林法共有林事件（最大判昭62.4.22）

判例(事案と判旨) 父から山林を贈与された兄と弟は、山林を共有することになった。その後、兄と弟は山林の経営を巡って対立したため、弟は山林を半分ずつに分けることを裁判所に請求した。しかし、当時の森林法の規定では、山林における共有持分の分割は認められていなかった。そこで、この森林法の規定は、弟の財産権を侵害するとして訴えを提起した。

☞**憲法29条1項は、私有財産制度を保障しているのみでなく、**社会的経済的活動の基礎をなす**国民の個々の財産権につき、これを基本的人権として保障**するとしている。

☞**森林法の規定が共有森林について民法所定の分割請求権を否定**しているのは、森林の細分化を防止することによって森林経営の安定を図るとする当該規定の**立法目的との関係において、合理性と必要性のいずれをも肯定することのできないことが明らか**であって、この点に関する**立法府の判断は、その合理的裁量の範囲を超える**ものであると言わなければならず、**当該規定は、憲法29条2項に違反し、無効**である。

森林法共有林事件は、経済的自由権に関して、171ページの薬事法距離制限事件に続いて2つ目の違憲判決が出た判例なんだって。

証券取引法164条事件（最大判平14.2.13）

判例(事案と判旨) A社の株主Xは、不当に内部情報を得てA社の株式を購入して利益を得た。これがインサイダー取引にあたるとして、A社は株主Xに対して当時の証券取引法164条に基づき利益の提供を求めたところ、この証券取引法164条が、株主Xの財産権（憲法29条）を侵害するのかが問題となった。

☞当時の証券取引法164条は、証券取引市場の公平性、公正性を維持するとともにこれに対する一般投資家の信頼を確保するという目的による規制を定めるものであるところ、その**規制目的は正当**であり、上場会社等の役員又は主要株主に対し一定期間内に行われた取引から得た利益の提供請求を認めるような**規制手段が必要性又は合理性に欠けることが明らかであるとはいえず、公共の福祉に適合する制限を定めたもの**であるため、証券取引法164条は**憲法29条に違反しない**。

なお、判例は、**区分所有法が、団地一棟建替えと団地全建物一括建替えとで議決要件が異なる定めとなっている**ことについて、計画的に良好・安全な住環境を確保し、その敷地全体の効率的・一体的な利用を図ろうとする目的で、建替えに参加しない区分所有者の経済的損失に対する相応の手当もあり、その他区分所有権の性質等も鑑みて、規制の目的、必要性、内容、その規制によって制限される財産権の種類、性質及び制限の程度等を**比較考量して判断すると、区分所有法の規定は合理性を失うものではなく、憲法29条に違反しない**としている（団地所有権移転登記手続等請求事件：最判平21.4.23）。

区分所有法は、分譲マンションの区分所有者の利害関係を調整する法律だよ。マンションの建替えなどの議決要件などが定められているんだ。

POINT 3 憲法29条1項③（「財産権」の内容②）

財産権は、一切の財産的価値を有する権利をいう。財産的価値のある権利であれば、財産権に含まれると考えてよい。よって、**財産権には**、所有権などの物権だけでなく、賃借権などの債権も含まれるが、さらに民法などの私法的権利だけでなく、**特別法で認められた漁業権や鉱業権、公法的な権利である水利権も財産権に含まれる**。

POINT 4 憲法29条2項①（総論）

憲法29条2項は「財産権の内容は、公共の福祉に適合するやうに、法律でこれを定める」と規定しており、**「財産権の内容」を「法律」で定める**としているが、「公共の福祉に適合するやうに」という前提があり、これは**財産権も絶対無制限ではなく、法律によって制限することができる**という意味である。

例えば、急斜面の土地を所有している者がいるとして、本来は自分の土地である以上、どのように使用しても問題はないはずだが、急斜面に建物を建てると土砂崩れが起きた際に、周辺住民に危険が及ぶ可能性がある。そこで法律で、急斜面への建物の建築を禁止してもよい、ということである。

自己の所有物であっても、他人の人権を侵害するような使用のしかたはできないの。人権相互の調整を行う根拠となるのが「公共の福祉」だよ。

また、判例は、**法律でいったん定められた財産権の内容を事後の法律で変更**したとしても、それが**公共の福祉に適合するようにされたものである限り、違憲ではない**としている（国有財産買受申込拒否処分取消事件：最大判昭53.7.12）。

POINT 5 憲法29条2項②（「法律でこれを定める」）

憲法29条2項では、**財産権の内容は「法律」で定める**と規定しているが、**「条例」によって定めても違憲ではない**。なぜなら、憲法94条は地方公共団体に条例制定権を認めており、「条例」も「法律」と同じく**民主的基盤に立って制定**されるからである。この点に関する重要判例を確認してみよう。

奈良県ため池条例事件（最大判昭38.6.26）

判例（事案と判旨） 多数のため池がある奈良県は、ため池の破損、決かい等による災害を未然に防止するために、ため池の保全に関する条例を制定した。この条例では、ため池の堤とうでの耕作を禁止し、違反者には罰金を科していたところ、Xは条例施行後も引き続き、堤とうで耕作を行ったため条例違反で起訴された。そこで、条例による制限はXの財産権を侵害すると主張した。

☞憲法29条2項では、財産権の内容は「法律」で定めると規定しているが、**ため池の破損、決かいの原因となるため池の堤とうの使用行為は**、憲法でも、民法でも**適法な財産権の行使として保障されていない**ものであり、**憲法、民法の保障する財産権の行使の埒外**であるから、**条例による禁止・処罰をしても、憲法及び法律に抵触又はこれを逸脱しない**。

☞**地方公共団体の特殊な事情により国において法律で一律に定めることが困難又は不適当なことがある**ため、その**地方公共団体ごとにその条例で定めることが容易且つ適切な場合がある**ことからして、本件のような、ため池の保全の問題は、まさにこの場合に該当する。

☞**本条例による制約は**、災害を防止し公共の福祉を保持する上に社会生活上やむをえないものであることからすると、**ため池の堤とうを使用しうる財産権を有する者が当然受忍しなければならない責務**であり、**憲法29条3項の損失補償は必要ではない**。

ここで覚える！ 奈良県ため池条例事件のポイント！

①ため池の破損、決かいの原因となる、ため池の堤とうの使用行為は、適法な財産権の行使として**保障されていない**！

②「法律」によって、全国統一的に規制を定めるのではなく、「条例」によって、その地方の事情を考慮した規制を行うことが適切な場合が**ある**。

③本件規制によって、損失補償は**不要**！

ここで「条例」による財産権の制約についての主要な学説における、以下の二つの考え方を理解しておこう。

【A説】財産権の制限は、**法律の委任がある場合を除いて、必ず法律**による。
理由①**「法律でこれを定める」**という憲法29条2項の文言。
②憲法29条1項は「財産権は、これを侵してはならない」と規定されていることから**財産権の不可侵性**を保障し、これを受けて2項では「財産権の内容は、公共の福祉に適合するやうに、法律でこれを定める」と規定されていることから、**財産権の不可侵性に対する例外的な公共の福祉による制約は法律に限定**される。

【B説（通説）】財産権は、法律の個別の委任なくして、**条例で規制できる**。
理由①条例は地方議会において民主的手続によって制定され、法律と同様に、**民主的基盤**がある。
②憲法94条において、条例は法律の範囲内で制定することができると規定されていることからすれば、B説でも法律の範囲内という制限を受けるので、絶対無制限ではない。

なお、B説において、憲法29条2項は財産権の内容を「法律でこれを定める」と規定している以上、B説は解釈によって「法律」に条例が含まれるべきと主張することになる。

POINT 6 憲法29条2項③（「公共の福祉」）

憲法29条2項は、財産権は**「公共の福祉」による制約を受ける**としているが、この「公共の福祉」には二つの意味がある。すなわち、①国家から財産権を不当に侵害されないという**自由国家的**な「公共の福祉」と、②社会的経済的弱者保護のために個々人の財産権の制限はやむをえないという**社会国家的**な「公共の福祉」である。

別の言い方をすれば、財産権は消極目的による規制だけじゃなくて、積極目的による規制も**できる**ということだよ。

STEP 2 一問一答で理解を確認！

1 判例は、森林法の規定が共有森林について民法所定の分割請求権を否定していることについて、立法目的との関係において、立法府の判断は、その合理的裁量の範囲を超え、憲法に違反し無効であるとしている。

○ **本問の記述のとおり**である（森林法共有林事件：最大判昭62.4.22）。

2 判例は、ため池の破損等の原因となるため池の堤とうの使用行為が問題となった事案において、憲法29条2項では財産権の内容は「法律」で定めると規定しており、条例による禁止・処罰は憲法及び法律に抵触又はこれを逸脱するとしている。

× 判例は、ため池の破損、決かいの原因となるため池の堤とうの使用行為は、憲法でも民法でも適法な財産権の行使として**保障されていない**ものであり、憲法、民法の保障する財産権の行使の**埒外**であるから、条例による禁止・処罰をしても憲法及び法律に抵触又はこれを逸脱する**ことはない**としている（奈良県ため池条例事件：最大判昭38.6.26）。

3 憲法29条2項は、財産権は「公共の福祉」による制約を受けるとしているが、この「公共の福祉」には自由国家的な「公共の福祉」と、社会国家的な「公共の福祉」の二つの意味がある。

○ **本問の記述のとおり**である。

4 判例は、一度法律で定めた財産権の内容を事後の法律で変更することはできないとしている。

× 法律でいったん定められた財産権の内容を事後の法律で変更したとしても、それが**公共の福祉に適合**するようにされたものである限り、違憲の立法ではないとしている（国有財産買受申込拒否処分取消事件：最大判昭53.7.12）。

5 憲法29条2項では、財産権の内容は「法律」で定めると規定しているので、「条例」によって財産権の内容を定めることはできない。

× 「条例」によって定めても違憲**ではない**。なぜなら、憲法94条は地方公共団体に条例制定権を認めており、「条例」も「法律」と同じく民主的基盤に立って制定されるからである。

6 特別法で認められた漁業権や鉱業権、公法的な権利である水利権は、憲法にいう財産権に含まれない。

× 財産権は、一切の財産的価値を有する権利をいい、賃借権などの債権も含まれるほか、特別法で認められた漁業権や鉱業権、公法的な権利である水利権も財産権に**含まれる**。

7 憲法29条1項は、私有財産制を制度として保障するのみならず、国民の個々の財産権についても、基本的人権として保障している。

○ **本問の記述のとおり**である。

8 判例は、条例において、ため池の堤とうでの耕作を禁止し、違反者には罰金を科していた事案において、かかる規制による損失補償が必要であるとしている。

× 判例は、当該事案において、損失補償は**不要**であるとしている（奈良県ため池条例事件：最大判昭38.6.26）。

9 判例はインサイダー取引を規制する当時の証券取引法164条の規定が財産権を侵害するとして争われた事案において、憲法29条に違反しないとしている。

○ **本問の記述のとおり**である（証券取引法164条事件：最大判平14.2.13）。

STEP 3 過去問にチャレンジ！

問題1　　裁判所職員（2014年度）

財産権の保障に関する次のア～オの記述のうち、判例の見解に合致するもののみを全て挙げているものはどれか。

ア 法律で一旦定められた財産権の内容を事後の法律で変更することは、法的安定性を害し、公正さにも欠けるため、許されない。

イ 憲法29条は、1項において「財産権は、これを侵してはならない。」と規定し、2項において「財産権の内容は、公共の福祉に適合するやうに、法律でこれを定める。」と規定し、私有財産制度を保障しているのみではなく、社会的経済的活動の基礎をなす国民の個々の財産権につき、これを基本的人権として保障している。

ウ 土地収用法に基づいて土地を収用する場合、その補償は、当該土地について合理的に算出された相当な額であれば、市場価格を下回るものであっても、適正な補償であるといえる。

エ 憲法29条2項は、「財産権の内容は、公共の福祉に適合するやうに、法律でこれを定める。」と規定しており、財産権が全国的な取引の対象となる場合が多く、統一的に法律で規定すべきであることからすると、財産権を法律によらずに条例で規制することは同項に反し許されない。

オ ある法令が財産権の制限を認める場合に、その法令に損失補償に関する規定がない場合であっても、その制限によって損失を被った者が、直接憲法29条3項を根拠にして、補償請求をする余地が全くないわけではない。

1　ア、ウ
2　ア、エ
3　イ、エ
4　イ、オ
5　ウ、オ

➡解答・解説は別冊P.071

問題 2 特別区Ⅰ類（2021 年度）

日本国憲法に規定する財産権に関する記述として、最高裁判所の判例に照らして、妥当なものはどれか。

1 河川附近地制限令の制限は、特定の人に対し、特別に財産上の犠牲を強いるものであり、当該制限に対しては正当な補償をすべきであるにもかかわらず、その損失を補償すべき何らの規定もなく、また、別途直接憲法を根拠にして補償請求をする余地も全くなく、同令によって、当該制限の違反者に対する罰則のみを定めているのは、憲法に違反して無効であるとした。

2 森林法の規定が共有森林につき持分価額2分の1以下の共有者に民法所定の分割請求権を否定しているのは、当該規定の立法目的との関係において、合理性と必要性のいずれをも肯定することのできないことが明らかであって、この点に関する立法府の判断は、その合理的裁量の範囲を超えるものであると言わなければならず、当該規定は、憲法に違反し、無効というべきであるとした。

3 証券取引法によるインサイダー取引の規制は、一般投資家の信頼を確保するという目的によるものであり、その規制目的は正当であるが、上場会社の役員又は主要株主に対し一定期間内に行われた取引から得た利益の提供請求を認めるような規制手段が必要性又は合理性に欠けることが明らかであるから、憲法に違反するとした。

4 土地収用法が、事業認定の告示時における相当な価格を近傍類地の取引価格を考慮して算定した上で、権利取得裁決時までの物価の変動に応ずる修正率を乗じて、権利取得裁決時における土地収用に伴う補償金の額を決定するとしたことは、近傍類地の取引価格に変動が生ずることがあり、その変動率と修正率とは必ずしも一致せず、被収用者は収用の前後を通じてその有する財産価値を等しくさせる補償は受けられないため、同法の規定は憲法に違反するとした。

5 区分所有法が、1棟建替えにおいて、区分所有者及び議決権の各5分の4以上の多数で建替え決議ができると定めているのに比べて、団地内全建物一括建替えにおいて、団地内の各建物の区分所有者及び議決権の各3分の2以上の賛成があれば、団地全体の区分所有者及び議決権の各5分の4以上の多数の賛成で一括建替え決議ができると定めているのは、十分な合理性を有しておらず、規制の目的等を比較考量して判断すれば、同法の規定は憲法に違反するとした。

➡解答・解説は別冊 P.072

問題3 特別区Ⅰ類（2018年度）

日本国憲法に規定する財産権に関するA～Dの記述のうち、最高裁判所の判例に照らして、妥当なものを選んだ組み合わせはどれか。

A ため池の破損、決かいの原因となるため池の堤とうの使用行為は、憲法、民法の保障する財産権の行使のらち外にあり、これらの行為を条例によって禁止、処罰しても憲法に抵触せず、条例で定めても違憲ではないが、ため池の堤とうを使用する財産上の権利を有する者は、その財産権の行使をほとんど全面的に禁止されることになるから、これによって生じた損失は、憲法によって正当な補償をしなければならないとした。

B インサイダー取引の規制を定めた証券取引法は、証券取引市場の公平性、公正性を維持するとともにこれに対する一般投資家の信頼を確保するという目的による規制を定めるものであるところ、その規制目的は正当であり、上場会社等の役員又は主要株主に対し、一定期間内に行われた取引から得た利益の提供請求を認めることは、立法目的達成のための手段として、必要性又は合理性に欠けることが明らかであるとはいえないのであるから、憲法に違反するものではないとした。

C 森林法が共有森林につき持分価額2分の1以下の共有者に民法所定の分割請求権を否定しているのは、森林の細分化を防止することによって森林経営の安定を図るとする森林法の立法目的との関係において、合理性と必要性のいずれをも肯定することができ、この点に関する立法府の判断は、その合理的裁量の範囲内であるというべきであるから、憲法に違反するものではないとした。

D 財産上の犠牲が、公共のために必要な制限によるものとはいえ、単に一般的に当然に受認すべきものとされる制限の範囲をこえ、特別の犠牲を課したものである場合に、法令に損失補償に関する規定がないからといって、あらゆる場合について一切の損失補償を全く否定する趣旨とまでは解されず、直接憲法を根拠にして、補償請求をする余地が全くないわけではないとした。

1 A、B
2 A、C
3 A、D
4 B、C
5 B、D

➡解答・解説は別冊P.073

問題 4　　特別区Ⅰ類（2013 年度）

日本国憲法に規定する財産権に関する記述として、判例、通説に照らして、妥当なものはどれか。

1　財産権の保障とは、個々の国民が現に有している個別的、具体的な財産権の保障を意味するものではなく、個人が財産権を享有することができる法制度すなわち私有財産制を保障したものとされている。

2　財産権とは、すべての財産的価値を有する権利を意味するものではなく、所有権その他の物権、債権のほか、著作権、意匠権などの無体財産権をいい、漁業権、鉱業権などの特別法上の権利は財産権には含まれない。

3　財産権の制約の根拠としての「公共の福祉」は、自由国家的な消極的な公共の福祉のみならず、社会国家的な積極的・政策的な公共の福祉の意味をもつものとして解釈され、財産権は積極目的規制にも服するものとされる。

4　最高裁判所の判例では、条例をもって、ため池の堤とうに竹木若しくは農作物を植え、又は建物その他の工作物を設置する行為を禁止することは、財産権を法律ではなく条例で制限することになるので、財産権の内容は法律で定めるとする憲法の規定に違反するとした。

5　最高裁判所の判例では、財産上の犠牲が単に一般的に当然に受認すべきものとされる制限の範囲をこえ、特別の犠牲を課したものである場合であっても、法令に損失補償に関する規定がない場合は、直接憲法を根拠にして補償請求をすることはできないので、損失補償を請求する余地はないとした。

➡解答・解説は別冊 P.074

SECTION 4

財産権②

STEP 1 要点を覚えよう！

POINT 1 憲法29条3項①（総論）

憲法29条3項は「**私有財産は、正当な補償の下に**、これを**公共のために用ひることができる**」と規定されている。**個人の財産**であっても、**「正当な補償」によって国が収用できる**ということだ。例えば、国道を拡張するために民家を取り壊す必要がある場合、道路を拡張することが「公共のために用ひる」にあたり、土地建物を失った住民にその価格を支払うことが「正当な補償」にあたる。

問題は**どのような補償がこの「正当な補償」といえるか**である。この点、戦後GHQの主導で行われた農地改革において、そのために定められた**自作農創設特別措置法（現在は廃止）**では、地主から**少額で土地を収用できる**とされていた点が問題となった。この事案において**「正当な補償」とは**、その当時の経済状態において成立することを考えられる価格に基づき、**合理的に算出された相当な額（相当補償）**をいうとされた（自作農創設特別措置法事件：最大判昭28.12.23）。

この判例は戦後すぐの国の財政状況も前提にしており、必ずしも全額補償されるわけではないというイメージだ。近年の土地収用補償金請求事件（最判平14.6.11）でも同様の判断をしている一方、以下の判例もある。

土地収用法事件（最判昭48.10.18）

判例(事案と判旨) 当時の都市計画法に基づき土地を収用する場合における被収容者に対する土地収用法に基づく補償額について、都市計画法に基づく建築制限を考慮し土地の評価が低くなる結果として補償金額も低くなることから、「正当な補償」（憲法29条3項）の考え方が問題となった。

☞土地収用法における損失補償は、特定の公益上必要な事業のために土地が収用される場合に、その収用によって当該土地の所有者等が被る特別な犠牲の回復を図ることを目的とするものであるから、**完全な補償として収用の前後を通じて被収用者の財産価値を等しくならしめるような補償をなすべき**であり、金銭をもって補償する場合は、被収用者が近傍において被収用地と**同等の代替地等を取得するに足りる金額の補償**となる（**完全補償**）。

これらの判例では、結論が分かれているの。だから、「正当な補償」について、**事案を特定せずに結論を断言する選択肢は**誤りとなるので、注意が必要だよ。

POINT 2 憲法29条3項②（直接の損失補償）

次に、財産権を制限する法律に損失補償の規定がない場合であっても、**憲法29条3項を直接の根拠**として、**損失補償を請求できるか**という問題がある。

河川附近地制限令違反事件（最大判昭43.11.27）

判例（事案と判旨） 砂利採取業者Xが、河川附近地制限令という法令に補償規定がないことが憲法違反であるとして争った事案。

☞法令に損失補償の規定がなくても、損失を被った者が損失を具体的に主張立証して、**憲法29条3項を直接の根拠として補償を請求する余地はある**ため、当該法令を直ちに違憲無効と解すべきではない。

また、「物」ではなく「身体」に損害が発生した場合に補償を求めることができるかどうかが争われた事案が次の判例である。

予防接種ワクチン禍事件（東京高判平4.12.18）

判例（事案と判旨） 当時の予防接種法の規定又は国の行政指導に基づき自治体が予防接種を実施した結果、副作用により障害・死亡するに至ったとして、被害児とその両親らが国を被告として、憲法上の損失補償請求等の損害賠償請求訴訟を提起した。

☞財産上特別の犠牲が課せられた場合と、**生命、身体に対し特別の犠牲**が課せられた場合とで、後者の方を不利に扱うことが許されるとする合理的理由は全くないから、**生命、身体に対して特別の犠牲が課せられた場合においても、29条3項を類推適用し、直接国に対して補償請求ができる**。

予防接種ワクチン禍事件で犠牲になったのは「生命、身体」であり、財産権自体ではないので、憲法29条3項の「**類推適用**」となる。

POINT 3 憲法29条3項の「公共のために用ひる」の意味

「公共のために用ひる」とは、道路、公園、ダム建設のような公共事業だけではなく、**伝染病予防のために家畜を殺処分**する場合なども**含む**。

また判例は、憲法29条3項にいう「公共のために用ひる」とは、私有財産権を個人の私の利益のために取上げないという保障であるから、反面において、**公共の利益の必要があれば、権利者の意思に反しても収用できる**と解し、また、収用した結果、広く国民一般ではなく、**特定の個人が受益者となる場合**であっても、**全体の目的が公共の用のためであればよい**とする（自作農創設特別措置法事件：最大判昭28.12.23、栗山茂裁判官の補足意見）。

STEP 2 一問一答で理解を確認！

1 判例は、法律に損失補償の規定がなければ、憲法29条3項を直接の根拠として補償を請求する余地はないとしている。

× 判例は、法律に損失補償の規定がなくても、**憲法29条3項を直接の根拠として補償を請求する余地はある**としている（河川附近地制限令違反事件：最大判昭43.11.27）。

2 判例は、憲法29条3項にいう「公共のために用ひる」とは、公共の利益の必要があり、物理的に公共の使用のためでなければならないとしている。

× 判例は、憲法29条3項にいう「公共のために用ひる」とは、私有財産権を個人の私の利益のために取上げないという保障であるから、その反面において**公共の利益の必要**があれば**権利者の意思に反して収用できる**と解され、必ずしも**物理的に公共の使用のためでなければならないと解すべきではない**としている（自作農創設特別措置法事件：最大判昭28.12.23、栗山茂裁判官の補足意見）。

3 判例には、土地収用法における損失の補償に関して、完全な補償として収用の前後を通じて被収用者の財産価値を等しくならしめるような補償をなすべきであるとするものもある。

○ **本問の記述のとおり**である（土地収用法事件：最判昭48.10.18）。なお、補償の意味についての問題は、結論が異なる二つの判例があるため、問題文に注意しておくこと。

4 予防接種の副作用により生命、身体に障害が発生した場合、財産権に対する犠牲ではないため、憲法29条3項を根拠として国に対して補償請求は認められない。

× 判例は、財産上特別の犠牲が課せられた場合と、生命、身体に対し特別の犠牲が課せられた場合とで、後者の方を不利に扱うことが許されるとする合理的理由は**全くない**から、生命、身体に対して特別の犠牲が課せられた場合においても、29条3項を**類推適用**し、直接国に対して補償請求が**できる**とする（予防接種ワクチン禍事件：東京高判平4.12.18）。

5 判例は、予防接種の副作用により生命、身体に障害が発生した場合、憲法29条3項を直接適用することで、国に対する補償請求が認められるとする。

× 当該事案について判例は、憲法29条3項を**類推適用**し、直接国に対して補償請求が**できる**とする（予防接種ワクチン禍事件：東京高判平4.12.18）。「直接適用」ではない。

6 憲法29条3項に基づく国の収用は、権利者が反対の意思を表明している場合は、正当な補償を行ったとしても認められない。

× 判例は、**公共の利益の必要**があれば、権利者の意思に反しても**収用できる**と解している（自作農創設特別措置法事件：最大判昭28.12.23、栗山茂裁判官の補足意見）。

7 憲法29条3項の「公共のために用ひる」とは、ダム建設のような公共事業のみならず、伝染病が蔓延した際、その予防のために家畜を殺処分するような場合も含まれる。

○ **本問の記述のとおり**である。

STEP 3 過去問にチャレンジ！

問題 1

国家一般職（2015年度）

憲法第29条に関するア～オの記述のうち、妥当なもののみを全て挙げているのはどれか。ただし、争いのあるものは判例の見解による。

ア 憲法第29条第1項は「財産権は、これを侵してはならない」と規定するが、これは、個人の現に有する具体的な財産上の権利の保障を意味し、個人が財産権を享有し得る法制度の保障までも意味するものではない。

イ 憲法第29条第2項は「財産権の内容は、公共の福祉に適合するやうに、法律でこれを定める」と規定するが、この「公共の福祉」は、各人の権利の公平な保障を狙いとする自由国家的公共の福祉を意味し、各人の人間的な生存の確保を目指す社会国家的公共の福祉までも意味するものではない。

ウ 特定の個人に対し、財産上特別の犠牲が課せられた場合と、生命、身体に対し特別の犠牲が課せられた場合とで、後者の方を不利に扱うことが許されるとする合理的理由はないから、痘そうの予防接種によって重篤な後遺障害が発生した場合には、国家賠償請求によらずに、憲法第29条第3項を直接適用して、国に対して補償請求をすることができる。

エ 憲法第29条第3項は「私有財産は、正当な補償の下に、これを公共のために用ひることができる」と規定するが、この「公共のため」とは、ダムや道路などの建設のような公共事業のためであることを意味し、収用全体の目的が広く社会公共の利益のためであっても、特定の個人が受益者となる場合は該当しない。

オ 補償請求は、関係法規の具体的規定に基づいて行うが、法令上補償規定を欠く場合であっても、直接憲法第29条第3項を根拠にして、補償請求をすることができる。

1　ア
2　オ
3　イ、ウ
4　ウ、エ
5　エ、オ

➡解答・解説は別冊P.075

問題 2　裁判所職員（2021 年度）

財産権に関する次のア～ウの記述の正誤の組み合わせとして最も妥当なものはどれか（争いのあるときは、判例の見解による。）。

ア 憲法第29条は、私有財産制を制度として保障するのみならず、国民の個々の財産権についても、基本的人権として保障している。

イ 憲法第29条第3項にいう「公共のために用ひる」とは、病院、学校、鉄道、道路等の建設といった、公共事業のために私有財産を用いる場合に限られる。

ウ 憲法第29条第3項にいう「正当な補償」とは、財産が一般市場においてもつ客観的な経済価格が補てんされることを意味するから、当該価格を下回る金額の補てんでは、「正当な補償」とはいえない。

	ア	イ	ウ
1	正	正	誤
2	誤	正	正
3	誤	誤	正
4	正	誤	誤
5	誤	誤	誤

➡解答・解説は別冊 P.076

問題 3 裁判所職員（2012 年度）

条例による財産権の制限に関する次のA、B各説についてのア～エの記述のうち、適当なもののみをすべて挙げているのはどれか。

A説　財産権の規制は、法律の委任がある場合を除き、必ず法律によらなければならない。

B説　財産権は、法律の個別の委任なしに条例で規制することができる。

ア　A説は、条例が民主的基盤に立って制定されるものであることを根拠とする。

イ　A説は、憲法が財産権の不可侵性を保障していることを重視する。

ウ　B説は、法律による制約を受けずに、条例で財産権を規制することができてしまうと批判される。

エ　B説は、憲法29条２項の文言を根拠とする。

1　イ
2　イ、ウ
3　ア、ウ
4　ア、イ、エ
5　イ、ウ、エ

➡解答・解説は別冊P.077

上の問題は189ページの「財産権①」で解説した学説の対立に関するものなんだけど、CHAPTER3の最後に、このような学説の違いを問う問題も出題されることがあるよ、ということの参考として紹介しておくね。

CHAPTER

人身の自由

この章で学ぶこと

人身の自由は条文知識がポイント

CHAPTER4・人身の自由では、「適正手続の保障」「逮捕や捜索差押えに関する規定」「刑事裁判における権利」などを扱います。

過去の歴史において、不当な逮捕・拷問や恣意的な刑罰権の行使がなされたことから、憲法は31条以下に詳細な規定を置くことで、人身の自由を保障しています。

もっとも公務員試験では、この人身の自由の出題頻度はそれほど高いとはいえません。ですから、ほかの頻出分野をまずしっかり押さえてから学習すべき分野といえます。

そして人身の自由のポイントは条文知識にあります。これまで見てきた精神的自由権・経済的自由権に比べると、条文問題の比重がとても高いのです。問題文にも条文がよく出るので、ぜひ条文知識をしっかりと身につけておいてください。

いくつかの重要判例にも注意

また、条文知識が重要ではあるものの、いくつかの重要判例もあるので、それらも合わせて押さえておきましょう。判例を学習する際には、その判例に関連する条文を併せて見ておくと、理解がスムーズに進みます。

たとえ後回しにしても、丸ごと捨てたりしないように

本章の出題頻度は低いので、学習を後回しにしてもいいでしょう。頻出分野である精神的自由権や経済的自由権などをまず学習すべきであることは間違いありません。しかし、この人身の自由を丸ごと捨てるのはおすすめできません。

丸ごと捨てた単元があると、罪悪感や不安に包まれて、試験本番のときに勉強してきたはずの単元までうまく対処できなくなるというリスクがあるからです。そのためにも、ざっとでよいので本章を一読くらいはしておきましょう。

試験別対策

国家一般職
出題頻度は低く、数年おきに1問ほど問われるにとどまる。内容は、条文知識が問われやすいので、まずは本章で条文をしっかりと確認しよう。

国家専門職
国家一般職と同様、出題頻度は低い。まずは重要条文をしっかりと確認し、余裕があれば重要判例も押さえておこう。

地方上級
こちらも出題頻度はかなり低く、合否にはほぼ影響しないと考えられる。もっとも、出題された場合に1問得点できるといいので、本章で条文だけでも押さえておこう。

裁判所職員
出題頻度は低いが、出題された場合は条文と判例がバランスよく問われやすい。捨てても合格は可能だろうが、可能であれば本章をしっかりと読みこんでおこう。

特別区Ⅰ類
他の試験種よりも、やや出題頻度は高い。難易度自体はあまり高くないので、本章で重要判例を押さえたうえで、過去問をしっかり解いておこう。

市役所
出題頻度はかなり低い。他の重要分野を学習してから、この分野の条文知識を押さえておけば足りるはず。

SECTION 1

人身の自由①

STEP 1 要点を覚えよう！

POINT 1 適正手続の保障

国家は、犯罪捜査のために逮捕や勾留、証拠の捜索、差押えなどを行うが、これが**行きすぎると国民の人身の自由が侵害**されてしまう。そこで、**憲法は詳細に逮捕や勾留、証拠の捜索、差押えや押収にかかわるルールを規定**しており、この憲法の規定を**さらに詳しく定めたのが刑事訴訟法**である。

まず、憲法31条は「何人も、**法律の定める手続**によらなければ、その生命若しくは自由を奪はれ、又はその他の**刑罰を科せられない**」と規定しており、**適正手続（法定手続）**を保障している。

適正手続とは、刑罰を受ける場合には、しっかりとした法律の手続に従う必要があるということだが、通説は人権保障の点から、①**手続が法律により制定**されること（＝刑事訴訟法が制定）、②**その手続内容が適正**であること、③手続だけでなく、**実体も法律によって制定**されること（＝刑法等が制定）、そして、④**実体（刑法等）の内容もまた適正**であることを要求していると解している。

POINT 2 適正手続の内容（POINT１、②手続の適正）

上記のとおり、刑罰を科す際には、法律に規定する**手続に従って適切な措置**が行われる必要がある。この点に関して争いとなった重要判例を確認する。

成田新法事件②（最大判平4.7.1）

判例(事案と判旨) 過激派Ｘらは、成田空港の開港を阻止するため空港周辺に多くの団結小屋を設営して妨害工作等を行っていた。そこで、政府は急遽Ｘらの破壊活動を防止するため空港周辺の工作物の使用を禁止する「成田新法」を定め、即日施行し、団結小屋の使用禁止命令を出したが、Ｘらはこれを憲法違反として争った（使用禁止命令等の**行政手続にも適正手続の保障は及ぶか**）。

☞**憲法31条の定める法定手続の保障は、直接には刑事手続**に関するものであるが、**行政手続についても当然に憲法31条による保障の枠外とはならない**。

☞行政手続は、刑事手続とはその**性質において差異**があり、また、行政目的に応じて多種多様であるから、**行政処分の相手方に事前の告知、弁解、防御の機会を与えるかどうかは**、行政処分により制限を受ける権利利益の内容、性質、制限の程度、行政処分により達成しようとする公益の内容、程度、緊急性等を**総合較量**して決定されるべきものであって、**常に必ずそのような機会を与えることを必要とするものではない**。

第三者所有物没収事件（最大判昭37.11.28）

判例(事案と判旨) Ａは密輸を企て貨物を船舶に積んだところ、これが発覚して税関当局から当時の関税法の規定に基づき貨物を没収された。没収の際、Ａに対する告知、聴聞等の機会はあったが、貨物の一部の所有者である**第三者Ｂには当時の関税法の規定では告知・聴聞等の機会は与えられなかった**。これが憲法31条で保障する適正手続等に違反するのかが問題となった。

☞第三者の所有物の没収は、被告人に対する附加刑として言い渡され、その刑事処分の効果が第三者に及ぶものであるから、**所有物を没収せられる第三者についても、告知、弁解、防御の機会を与えることが必要**であって、**これなくして第三者の所有物を没収することは、適正な法律手続に違反する**。

☞所有物を没収せられる第三者への告知、弁解、防御の機会が規定されていない関税法の規定によって第三者の所有物を没収することは、憲法31条等に反する。

POINT 3 適正手続の内容（POINT１、④実体の適正）

実体（刑法等）も適正であるといえるためには、**刑罰規定の明確性**が重要である。何を行うと処罰されるのかが、**通常の判断能力を有する一般人の理解において読みとれなければならない**。

刑罰規定の明確性は、明確性の理論として表現の自由のところで既に学習したよね。**132ページの徳島市公安条例事件**（最大判昭50.9.10）を再確認しよう。

POINT 4 憲法の逮捕規定

憲法33条は「何人も、**現行犯として逮捕される場合を除いては**、権限を有する司法官憲が発し、且つ理由となつてゐる犯罪を明示する**令状によらなければ、逮捕されない**」と規定しており、**令状による逮捕の原則**を規定している。司法官憲とは、司法に関する職務を行う公務員のことで、憲法上は裁判官を意味する。

捜査機関による逮捕に令状を要求しているのは、逮捕の判断を捜査機関だけに任せると、証拠なくして逮捕するなど、国民の権利を侵害するおそれがあるため、**司法官憲（裁判官）に、その逮捕が適正かどうかを事前に判断**させるためだ。

ただし、**犯人が現に犯罪を行っているか、犯罪直後**であれば、早急に犯人を逮捕して犯罪を阻止する必要があるため、憲法33条は「**現行犯として逮捕される場合を除いては**」として、「令状によらなければ、逮捕されない」。つまり、現行犯は、**令状なしで逮捕できる**とした。これを**現行犯逮捕**という。

STEP 2 一問一答で理解を確認！

1 憲法31条の適正手続については、手続の法律による制定だけではなく、その手続が適正であること、また、手続だけではなく、実体も法律によって制定すべきであることが要求されるが、実体もまた適正であることまでは要求されていない。

× 憲法31条の適正手続について、通説では、①**手続が法律により制定される**だけではなく、②その**手続内容が適正**であること、③手続だけでなく、**実体も法律によって制定**（刑法等）されるべきであること、④**実体**（刑法等）**の内容もまた適正**であることを要求している。

2 判例は、行政手続は、刑事手続と本質として同じであるから、行政処分の相手方に事前の告知、弁解、防御の機会を与えるかどうかは、行政処分により制限を受ける権利利益について検討することなく、行政庁の独断裁量で決定されるとしている。

× 判例は、行政手続は、刑事手続とはその性質において差異があり、また、行政目的に応じて多種多様であるから、**行政処分の相手方に事前の告知、弁解、防御の機会を与えるかどうかは、**行政処分により制限を受ける権利利益の内容、性質、制限の程度、行政処分により達成しようとする公益の内容、程度、緊急性等を**総合較量して決定**されるとしている（成田新法事件②：最大判平4.7.1）。

3 判例は、第三者の所有物の没収は、被告人に対する附加刑として言い渡され、その刑事処分の効果が第三者に及ぶものであるから、所有物を没収せられる第三者についても、告知、弁解、防御の機会を与えることが必要であるとしている。

○ **本問の記述のとおり**である（第三者所有物没収事件：最大判昭37.11.28）。

4	判例は、刑罰法規があいまい不明確のゆえに憲法に違反するかは、合理的な判断能力を有する裁判所の理解において、基準が読みとれるかどうかによって決定すべきであるとしている。	× 判例は、刑罰法規があいまい不明確のゆえに憲法に違反するかは、**通常の判断能力を有する一般人の理解**において、基準が読みとれるかどうかによって決定すべきであるとしている（徳島市公安条例事件：最大判昭50.9.10）。
5	憲法33条は、何人も権限を有する司法官憲が発し、かつ理由となっている犯罪を明示する令状によらなければ、逮捕されないと規定する以上、令状によらない逮捕は認められない。	× 憲法33条は「**現行犯**として逮捕される場合を**除いては**」と規定しており、**令状によらない逮捕も認められる**。
6	憲法33条は、令状による逮捕の原則を規定しているが、令状なくして逮捕されるのは現行犯逮捕に限られるため、犯罪直後に逮捕する場合も令状が必要となる。	× 犯罪直後といえる場合は**「現行犯逮捕」に含まれる**ため、**令状は不要**である。
7	判例は、行政手続にも適正手続の保障が及ぶかについて争いとなった事案において、憲法31条の定める法定手続の保障は、直接には刑事手続に関するものであるから、行政手続については、憲法31条による保障の枠外となるとしている。	× 判例は、憲法31条の定める法定手続の保障は、直接には刑事手続に関するものであるが、**行政手続についても当然に憲法31条による保障の枠外とはならないとしている**（成田新法事件②：最大判平4.7.1）。
8	犯罪捜査のための逮捕や勾留、証拠の捜索、差押え等のルールについては、刑事訴訟法で規定されており、憲法ではこれらのルールは規定されていない。	× これらのルールについては刑事訴訟法で詳しく規定されているが、**憲法上でも詳細なルールが規定されている**。

STEP 3 過去問にチャレンジ！

問題1　　特別区Ⅰ類（2013年度）

日本国憲法に規定する人身の自由に関する記述として、最高裁判所の判例に照らして、妥当なものはどれか。

1 旧関税法は、犯罪に関係ある船舶、貨物等が被告人以外の第三者の所有に属する場合にもこれを没収する旨を規定しており、この規定によって第三者に対し、告知、弁解、防御の機会を与えることなく、その所有物を没収することは、適正な法律手続によるものであり、法定手続の保障を定めた憲法に違反しない。

2 黙秘権に関する憲法の規定は、何人も自己が刑事上の責任を問われるおそれのある事項について供述を強要されないことを保障したものと解すべきであり、旧道路交通取締法施行令が、交通事故発生の場合において操縦者に事故の内容の報告義務を課しているのは、その報告が自己に不利益な供述の強要に当たるため、憲法に違反する。

3 刑事被告人が迅速な裁判を受ける権利を保障する憲法の規定は、審理の著しい遅延の結果、迅速な裁判を受ける被告人の権利が害せられたと認められる異常な事態が生じた場合には、当該被告人に対する手続の続行を許さず、その審理を打ち切るという非常救済手段がとられるべきことをも認めている趣旨の規定である。

4 憲法の定める法定手続の保障は、直接には刑事手続に関するものであるが、行政手続についても、行政作用に対する人権保障という観点から、当然にこの保障が及ぶため、行政処分を行う場合には、その相手方に事前の告知、弁解、防御の機会を必ず与えなければならない。

5 刑罰法規があいまい不明確のゆえに憲法の定める法定手続の保障に違反するかどうかは、通常の判断能力を有する一般人の理解において、具体的場合にその適用を受けるものかどうかの判断を可能ならしめるような基準が読みとれるかどうかによって決定すべきであり、公安条例の交通秩序を維持することという規定は、犯罪構成要件の内容をなすものとして不明確なため、違憲である。

➡解答・解説は別冊P.078

問題 2　　国家Ⅱ種（2003 年度）

憲法第31条の定める法定手続の保障に関するア～オの記述のうち、判例に照らし、妥当なもののみをすべて挙げているのはどれか。

ア 旧関税法は同法所定の犯罪に関係ある船舶、貨物等が被告人以外の第三者の所有に属する場合においてもこれを没収する旨を規定し、その所有者たる第三者に対して、告知、弁解、防御の機会を与えるべきことを定めていないが、当該規定に基づいて第三者の所有物を没収することは、法律に定める手続に従って行われるものであり、憲法第31条に違反するものではない。

イ 憲法第31条の定める法定手続の保障は、直接には刑事手続に関する規定であるが、行政手続についても、刑事手続と同様に本条の保障の枠内にあり、行政処分によってその相手方の権利を侵害するおそれがある場合には当該処分により達成しようとする公益の内容、程度を問わず、当該処分の相手方に事前の告知、弁解、防御の機会を与える必要がある。

ウ ある刑罰法規があいまい不明確のため憲法第31条に違反するかどうかは、通常の判断能力を有する一般人の理解において、具体的場合に当該行為がその適用を受けるものかどうかの判断を可能ならしめる基準が読み取れるかどうかによってこれを決定すべきである。

エ 関税定率法が輸入禁制品として挙げている「風俗を害すべき書籍、図画」は、「風俗」文言が専ら「わいせつな書籍、図画」を意味することは、我が国内における社会通念に合致するとはいえないが、表現物の規制についての関係法令における用語例から判断すれば、「わいせつな書籍、図画」を意味することは明らかであり、明確性に欠けるところはない。

オ 刑事裁判において、起訴されていない犯罪事実をいわゆる余罪として認定し、実質上これを処罰する趣旨で量刑の資料に考慮し、これにより被告人を重く処罰することは、憲法第31条に反し許されず、また、量刑のための一事情として、いわゆる余罪を考慮することも許されない。

1 ウ　　**2** イ、エ
3 イ、オ　　**4** ウ、エ　　**5** ア、ウ、オ

➡解答・解説は別冊 P.079

SECTION 2

人身の自由②

STEP 1 要点を覚えよう！

POINT 1 逮捕（緊急逮捕）

例えば、殺人犯が犯罪現場から逃亡したが、隣町で明らかに犯人と思われるような者がいたとする。この場合、犯人が現に犯罪を行っている最中や犯行直後とはいえないため、現行犯逮捕はできない。そこで、このような場合に**刑事訴訟法210条によって、緊急逮捕**が認められている。

もっとも、**緊急逮捕は憲法33条による令状逮捕の例外となるため、憲法33条に反しないかが問題**となるが、判例は、捜査機関が逮捕状によらず被疑者を逮捕することができることを規定している**刑事訴訟法210条は、厳格な制約の下に、罪状の重い一定の犯罪のみについて、緊急やむをえない場合に限り、逮捕後直ちに裁判官の審査を受けて逮捕状の発行を求めることを条件**としているため、**憲法33条の趣旨に反しない**としている（最大判昭30.12.14）。

POINT 2 拘禁理由の開示請求等

憲法34条は「何人も、**理由を直ちに告げられ**、且つ、**直ちに弁護人に依頼する権利を与へられなければ、抑留又は拘禁されない**。又、何人も、**正当な理由がなければ、拘禁されず**、要求があれば、その理由は、直ちに本人及びその弁護人の出席する公開の法廷で示されなければならない」と規定されており、前段において、抑留又は拘禁時の**弁護人依頼権**を保障している。

「抑留又は拘禁」は、いずれも身体の自由を拘束することを意味する。**「抑留」は逮捕などの一時的な身体の自由の拘束**を指し、**「拘禁」は勾留などの継続的な自由の拘束**を意味する。勾留とは、捜査機関に逮捕された後、逃亡や証拠隠滅のおそれがある場合、裁判が終わるまで身柄を拘束される手続である。

また、憲法34条**後段**では、**拘禁**するための**正当な理由**を要求し、被疑者や弁護人からの**要求があれば、その理由について公開の法廷で示さなければならない**こと**（拘禁理由の開示請求権）**を規定している。この点、**抑留（逮捕）は短期間の身柄拘束であり、理由開示請求が規定されていない**ことに注意しよう。これは、拘禁（勾留）は、国家権力による長期間の身柄拘束であり、被告人への権利侵害の度合いが強いことが理由である。

POINT 3 弁護人依頼権

上記のとおり、憲法34条前段では、法律の専門知識を持っていない被告人が、弁護士から適切なアドバイスをもらえるように**弁護人依頼権を保障**している。

弁護人依頼権の具体的な内容としては、①捜査官等から弁護人依頼権が保障されているとの**告知を受ける**権利、②弁護人選任を**妨害されない**権利、③弁護人選任のための**紹介、連絡、時間的保障の配慮**を受ける権利、④**弁護活動、弁護人との接見交通**の保障を受ける権利を含むと解されている。

POINT 4 国選弁護人制度

憲法37条３項は「刑事被告人は、いかなる場合にも、資格を有する弁護人を依頼することができる。被告人が自らこれを依頼することができないときは、国でこれを附する」として、刑事被告人の弁護人依頼権が規定され、これを充足させるために、**国選弁護人制度**も規定している。

国選弁護人制度とは、弁護人に依頼すると多額の費用がかかるため、**弁護士費用を国が負担**するものである。裁判所は、刑事被告人の弁護人依頼権や国選弁護人制度を尊重しなければならない。

もっとも、判例は、**被告人が国選弁護人を通じて、正当な防御活動を行う意思がない**ことを自らの行動によって**表明したものと評価すべき事情**の下で、**裁判所が国選弁護人**の辞意を容れてこれを**解任した後に、被告人が再度国選弁護人の選任を請求**しても、被告人においてその後も弁護活動を誹ぼう罵倒、裁判長の退廷命令を再三なされるなどの状況を維持存続させたとみるべき場合は、**再選任請求を却下しても憲法37条3項に違反しない**としている（最判昭54.7.24）。

POINT 5 捜索・押収における令状主義と例外

憲法35条1項は「何人も、その住居、書類及び所持品について、侵入、捜索及び押収を受けることのない権利は、第三十三条の場合を除いては、正当な理由に基いて発せられ、且つ捜索する場所及び押収する物を明示する令状がなければ、侵されない」と規定しており、2項は「捜索又は押収は、権限を有する司法官憲が発する各別の令状により、これを行ふ」と規定されている。

これは、**「逮捕」**の場合と同様に、**司法官憲（裁判官）の発する令状がなければ、その住居、書類及び所持品**について、**侵入、捜索及び押収を受けない**ということである。

ただし、例外的に、憲法35条1項は「第三十三条の場合を除いては」として、**捜査機関が被疑者を逮捕する場合**には、**令状がなくても、その現場で捜索や差押えを行うことができる**としている。この逮捕する場合には、**令状逮捕だけではなく、現行犯逮捕や緊急逮捕も含まれる**。

川崎民商事件①（最大判昭47.11.22）

判例（事案と判旨） 川崎民主商工会議所の会員の確定申告に関する過少申告の疑いを理由とした**税務職員の当時の所得税法に基づく立入検査**に対して、これを妨害したとして起訴されたところ、令状なく調査することは憲法35条に違反する等として争った。

☞憲法35条1項の規定は、刑事責任追及の手続における強制について司法権による事前抑制が行われることを保障した趣旨であるが、**刑事責任追及を目的としないという理由のみで、手続における一切の強制が当然に憲法35条1項による保障の枠外にあると判断することは相当ではない**。
☞**行政手続の一種である税務調査として所得税法に定める検査は**、裁判官の発する令状を要件としていないが、専ら所得税の公平確実な賦課徴収のために必要な資料を収集することを目的とする手続で**刑事責任の追及を目的とする手続ではなく、実質上、刑事責任追及のための資料の取得収集に直接結びつく作用を一般的に有するものではない**ことから**憲法35条に違反しない**。

POINT 6 迅速な裁判

憲法37条1項は「すべて刑事事件においては、**被告人は、公平な裁判所の迅速な公開裁判を受ける権利**を有する」と規定している。これは、迅速な刑事裁判が行われないと、被告人の心身に悪影響が生じてしまうためである。

高田事件（最大判昭47.12.20）
判例(事案と判旨) 起訴された**被告人の審理が15年以上全く行われず事実上中断**されたことは、憲法37条1項に反しないのかが問題となった。
☞憲法37条1項の保障する迅速な裁判を受ける権利は、単に迅速な裁判を一般的に保障するだけでなく、個々の刑事事件について、審理の著しい遅延の結果、迅速な裁判を受ける被告人の権利が害せられたと認められる**異常な事態が生じた場合には、具体的規定がなくても、その審理を打ち切るという非常救済手段がとられるべきことをも認めている**。
☞15年以上、裁判が再開されないといった事態が生じた場合、その審理を打ち切る方法について現行法上具体的な明文の規定はないところ、判決で**免訴***の言渡しをするのが相当である。

なお、この判決を受けて、裁判の迅速化に関する法律が制定され、その2条で、裁判の迅速化として、第一審の訴訟手続については**2年以内**のできるだけ短い期間内にこれを終局させること等を目標とすると規定されている。

POINT 7 証人尋問権と証人喚問権

憲法37条2項は「刑事被告人は、**すべての証人に対して審問する機会を充分に与へられ**、又、**公費で自己のために強制的手続により証人を求める権利**を有する」と規定している。

前段の「すべての証人に対して審問する機会を充分に与へられ」とは、証人尋問権を意味するが、これは被告人に**不利な証言をする者に対して反対尋問**ができるということを保障するものである。

また、**後段の「証人を求める権利」とは、証人喚問権**を意味するが、これは被

* **免訴**…刑事裁判において、刑事訴訟法337条各号に該当した場合(例えば、①有罪がもう既に確定した事件について再び逮捕・起訴された場合、②犯罪の時効が完成した場合等)に有罪・無罪の判断をせずに打ち切ること。

告人に**有利な証言をする者を呼び出して、証人尋問***ができることを保障するものである。

もっとも、判例は、**裁判所は不必要と思われる被告人側の証人までをもすべて尋問する必要はなく、当該事件の裁判をなすに必要適切な証人を喚問すれば、それでよい**としている（証人喚問権に関する裁判：最大判昭23.7.29）。

さらに、後段では「公費で……証人を求める権利を有する」と規定されているが、これは被告人に資力がないことで、証人を呼び出すことができない状況を回避するための規定である。判例は、この規定について、**証人尋問に要する費用はすべて国家でこれを支給し**、被告人の無資産などの事情により充分に証人の喚問を請求する自由が妨げられてはならないという趣旨であり、被告人が判決において**有罪の言渡しを受けた場合にも訴訟費用の負担を命じてはならないという趣旨ではない**としている（衆議院議員選挙法違反事件：最判昭25.10.19）。

POINT 8 遮へい措置・ビデオリンク方式の可否

POINT7のとおり、憲法37条2項前段は、被告人による証人尋問権を保障しているが、刑事裁判において証人が心理的圧迫を受けないために、**刑事訴訟法の規定に基づいて、遮へい措置、別の場所からのビデオリンク方式で尋問を行うことも、憲法37条2項前段に違反するものではない。**

判例は、刑事裁判における証人尋問が公判期日において行われる場合、刑事訴訟法の規定に基づいて、傍聴人と証人との間で遮へい措置が採られ、あるいはビデオリンク方式によることとされ、さらには、ビデオリンク方式によったうえで傍聴人と証人との間で遮へい措置が採られても、**審理が公開されていることに変わりはないから、憲法37条1項等に違反するものではない**としている（最判平17.4.14）。

「裁判の公開」については、憲法82条2項が「**裁判官の全員一致**で、公の秩序又は善良の風俗を害する虞があると決した場合には、**対審は、公開しないでこれを行ふことができる**」と規定していて、憲法自体が例外を認めているんだよ。

ここで🔒きめる！ 憲法34条、35条1項、37条の保障まとめ

- 34条前段　☞抑留・拘禁時の弁護人依頼権
- 34条後段　☞拘禁理由の開示請求権
- 35条1項　☞捜索・押収における令状主義
- 37条1項　☞刑事被告人の公平・迅速・公開裁判を受ける権利
- 37条2項前段　☞刑事被告人の証人尋問権
- 37条2項後段　☞刑事被告人の証人喚問権
- 37条3項　☞刑事被告人の国選弁護人依頼権

＊ **証人尋問**…証人の供述から、証言を得る証拠調べの手続。なお、「証人喚問」とは証人を呼び出すことを意味する。

STEP 2 一問一答で理解を確認！

1 判例は、刑事訴訟法210条で規定されている緊急逮捕は、令状主義の原則を規定する憲法33条に違反するとしている。

× 判例は、**緊急逮捕**について、罪状の重い一定の犯罪のみについて、緊急やむをえない場合に限り、逮捕後直ちに裁判官の審査を受けて逮捕状の発行を求めることを条件としているから、**憲法33条の趣旨に反しない**としている（最大判昭30.12.14）。

2 「抑留又は拘禁」は、いずれも身体の自由を拘束することを意味し、抑留は勾留などの継続的な自由の拘束を意味し、拘禁は逮捕などの一時的な身体の自由の拘束を意味する。

× **「抑留」は逮捕**などの**一時的**な身体の自由の拘束を意味し、**「拘禁」は勾留**などの**継続的**な自由の拘束を意味する。

3 憲法34条は、何人も、正当な理由がなければ、抑留されず、要求があれば、その理由は、直ちに本人及びその弁護人の出席する公開の法廷で示されなければならないと規定している。

× 本問のように規定されているのは「**拘禁**」であり、「抑留」**ではない**。

4 捜査機関が被疑者を逮捕する場合には、令状がなくても、その現場で捜索や押収を行うことができ、逮捕する場合とは、令状逮捕だけではなく、現行犯逮捕や緊急逮捕も含まれている。

○ **本問の記述のとおり**である。

5 判例は、憲法37条1項の保障する迅速な裁判を受ける権利は、法律において具体的規定がなければ、その審理を打ち切るという非常救済手段は認められないとしている。

× 判例は、憲法37条1項の保障する迅速な裁判を受ける権利は、被告人の権利が害せられたと認められる異常な事態が生じた場合には、**具体的**

規定がなくても、その**審理を打ち切る**という非常救済手段がとられることを認めている（高田事件：最大判昭47.12.20）。

---

6 判例は、被告人が国選弁護人を通じて正当な防御活動を行う意思がないことを自らの行動によって表明したものと評価すべき事情の下においては、裁判所が国選弁護人の辞意を容れてこれを解任してもやむをえないとしている。

○ 判例は、被告人が国選弁護人を通じて**正当な防御活動を行う意思がない**ことを**自らの行動によって表明**したものと評価すべき事情の下においては、裁判所が国選弁護人の辞意を容れてこれを解任しても**やむをえない**としている（国選弁護人辞任解任事件：最判昭54.7.24）。

---

7 判例は、刑事裁判における証人尋問が公判期日において行われる場合、刑事訴訟法の規定に基づいて、傍聴人と証人との間で遮へい措置が採られ、あるいはビデオリンク方式によることは、審理が公開されているとはいえないものの、憲法37条1項等に違反するものではないとしている。

× 判例は、刑事裁判における証人尋問が公判期日において行われる場合、刑事訴訟法の規定に基づいて、傍聴人と証人との間で遮へい措置が採られ、あるいは**ビデオリンク方式**によることとされていても、**審理が公開されていることに変わりはない**から、憲法37条1項等に違反するもの**ではない**としている（最判平17.4.14）。

---

8 判例は、憲法37条2項は、被告人が判決において有罪の言渡しを受けた場合に訴訟費用の負担を命じてはならないという趣旨であるとしている。

× 判例は、憲法37条2項は、**被告人が**判決において**有罪の言渡しを受けた場合に訴訟費用の負担を命じてはならないという趣旨ではない**としている（衆議院議員選挙法違反事件：最判昭25.10.19）。

STEP 3 過去問にチャレンジ！

問題 1 国家専門職（2019 年度）

人身の自由に関するア～オの記述のうち、妥当なもののみを全て挙げているのはどれか。

ア 憲法第31条は、「何人も、法律の定める手続によらなければ、その生命若しくは自由を奪はれ、又はその他の刑罰を科せられない。」と規定しているが、これは手続が法律で定められることを要求するものであり、法律で定められた手続が適正であることまでを要求するものではないと一般に解されている。

イ 憲法第33条は、「何人も、現行犯として逮捕される場合を除いては、権限を有する司法官憲が発し、且つ理由となつてゐる犯罪を明示する令状によらなければ、逮捕されない。」と規定している。このため、たとえ厳格な制約の下に、罪状の重い一定の犯罪のみについて、緊急やむを得ない場合に限り、逮捕後直ちに裁判官の審査を受けて逮捕状を求めることを条件としても、令状なく緊急に被疑者を逮捕することは認められないとするのが判例である。

ウ 憲法第37条第1項は、「すべて刑事事件においては、被告人は、公平な裁判所の迅速な公開裁判を受ける権利を有する。」と規定しているが、個々の刑事事件について、審理の著しい遅延の結果、被告人の迅速な裁判を受ける権利が害されたと認められる異常な事態が生じた場合であっても、裁判所は、これに対処すべき具体的規定がなければ、その審理を打ち切るという非常救済手段を用いることはできないとするのが判例である。

エ 旧所得税法に定める検査は、あらかじめ裁判官の発する令状によることを一般的要件としていないところ、検査の性質が刑事責任の追及を目的とするものではなく、所得税の公平確実な賦課徴収を図るという公益上の目的を実現するため不可欠のものであるとしても、強制的に行われ、検査の結果として刑事責任の追及につながる可能性があることから、憲法に定める令状主義に反するとするのが判例である。

オ 刑事事件における証人喚問権は、憲法上明文で認められている権利であるが、裁判所は、被告人又は弁護人からした証人申請に基づき全ての証人を喚問し、不必要と思われる証人までをも全て尋問する必要はなく、当該事件の裁判を行うのに必要適切な証人を喚問すればよいとするのが判例である。

1 ウ
2 オ

3　ア、イ
4　ウ、エ
5　エ、オ

➡解答・解説は別冊 P.081

問題 2　特別区Ⅰ類（2019 年度）

日本国憲法に規定する人身の自由に関する記述として、判例、通説に照らして、妥当なものはどれか。

1　憲法の定める法定手続の保障は、手続が法律で定められることだけでなく、その法律で定められた手続が適正でなければならないこと、実体もまた法律で定められなければならないことを意味するが、法律で定められた実体規定も適正でなければならないことまで要求するものではない。

2　何人も、理由を直ちに告げられ、かつ、直ちに弁護人に依頼する権利を与えられなければ、抑留又は拘禁されず、また、何人も、正当な理由がなければ、抑留されず、要求があれば、その理由は、直ちに本人及びその弁護人の出席する公開の法廷で示されなければならない。

3　何人も、その住居、書類及び所持品について、侵入、捜索及び押収を受けることのない権利が保障されており、住居の捜索や所持品の押収については裁判官が発した令状によりこれを行う必要があるので、令状逮捕の場合以外に住居の捜索や所持品の押収を行うことは許されない。

4　最高裁判所の判例では、憲法の迅速な裁判の保障条項は、迅速な裁判を保障するために必要な措置をとるべきことを要請するにとどまらず、審理の著しい遅延の結果、迅速な裁判を受ける被告人の権利が害せられたと認められる異常な事態が生じた場合、これに対処すべき具体的規定がある場合に限りその審理を打ち切る非常救済手段がとられるべきことを認める趣旨の規定であるとした。

5　最高裁判所の判例では、憲法の定める法定手続の保障が、行政手続に及ぶと解すべき場合であっても、一般に行政手続は刑事手続とその性質においておのずから差異があり、また、行政目的に応じて多種多様であるから、行政処分の相手方に事前の告知、弁解、防御の機会を常に必ず与えることを必要とするものではないとした。

➡解答・解説は別冊 P.082

SECTION

3 人身の自由③

STEP 1 要点を覚えよう！

POINT 1 自白強要の禁止（黙秘権）

憲法38条1項は「何人も、**自己に不利益な供述を強要されない**」、2項は「**強制、拷問**若しくは**脅迫による自白又は不当に長く抑留若しくは拘禁された後の自白は、**これを**証拠とすることができない**」と規定し、**自白強要の禁止**が保障されている。

これは、歴史的に警察機関による捜査の過程において、拷問や長期間の拘束により自白を強要し、冤罪*につながる自白をしてしまうことがあったため、自己に不利益な供述を強要することが**禁止**され、仮にこのような供述を得たとしても、この供述を**証拠として使えない**こととした。

川崎民商事件②（最大判昭47.11.22）

判例(事案と判旨) 行政手続の一種である税務調査の質問を拒否することで刑罰を受けるのは黙秘権（憲法38条1項）に反する等として争った（事案の詳細は213ページの川崎民商事件①を参照）。

☞憲法38条1項の定める**黙秘権の保障は、刑事手続以外**でも、実質上、**刑事責任追及のための資料の取得収集に直接結びつく作用を一般的に有する手続であれば、憲法38条1項の保障が及ぶ**。

自動車事故報告義務事件（最大判昭37.5.2）

判例(事案と判旨) 交通事故を起こした者に対して、事故の内容について警察官への報告を義務づけている当時の道路交通取締法施行令の規定が、憲法38条1項の不利益供述強要の禁止に反するのかが問題となった。

☞**当時の道路交通取締法施行令の規定にある「事故の内容」とは、**その発生した日時、場所、死傷者の数及び負傷の程度並びに物の損壊及びその程度等、交通事故の態様に関する事項を指すものであるから、操縦者、乗務員その他の従業者は、警察官の交通事故に対する処理をなすにつき必要な限度においてのみ報告義務を負担するのであって、それ以上に**刑事責任を問われるおそれのある事故の原因その他の事項までも報告する義務は含まれず、自己に不利益な供述の強要にあたらない**ことからすれば、当該報告義務は、何人も自己が刑事上の責任を問われるおそれのある事項について供述を強要されないことを保障した黙秘権（憲法38条1項）に**反しない**。

* **冤罪（えんざい）**…無実であるにもかかわらず、犯罪者として扱われること。

なお、憲法38条1項の**「供述」とは、言葉によって表現**されるものであるから、**指紋、足型、飲酒検問における呼気は「供述」にあたらない。**

POINT 2 遡及処罰の禁止

憲法39条は「何人も、**実行の時に適法**であつた行為又は**既に無罪とされた行為**については、**刑事上の責任を問はれない。**又、**同一の犯罪**について、**重ねて刑事上の責任を問はれない**」と規定されており、**遡及処罰の禁止、一事不再理の原則を保障**している。

まず、憲法39条**前段は**、ある行為を行ったときには合法であったのに、その後に法律を制定、改正して過去の行為を処罰することが禁止されている（**遡及処罰の禁止**）。これが許されると、今、行っている行為が将来処罰されるかもしれないとして、国民の活動を萎縮させてしまうからである。

もっとも、判例は、**行為当時の最高裁判所の判例の示す法解釈に従えば無罪**となるべき行為について、**判例変更をして処罰することが憲法39条に違反しない**ことは最高裁の各判例の趣旨からして明らかであるとしている（最判平8.11.18）。

POINT 3 一事不再理の原則と二重の危険の禁止

憲法39条**後段は**同じ犯罪について何度も刑事責任を問われないという**「一事不再理の原則」**を規定している。なお、下級審において無罪の判決が出ても、その事件については確定しておらず、第一審、控訴審（第二審）、上告審（第三審）はまとめて一つの手続である以上、上訴して再度同じ刑事手続を受けさせられることになっても、違憲ではない。

また、憲法39条後段は「同一の犯罪について、重ねて刑事上の責任を問はれない」と規定されているところ、判例は、**下級審における無罪又は有罪判決に対し、検察官が上訴をなし有罪又はより重き刑の判決を求める**ことは、被告人を二重の危険にさらすもの**ではない**から、憲法39条後段に**違反しない**としている（衆議院議員選挙法違反事件：最大判昭25.9.27）。

さらに判例は、**ほ（逋）脱犯*として刑罰**を科し、さらに**行政法上の制裁として重加算税を課した場合**、二重処罰にならないか問題となった事案において、刑罰は反社会的行為を制裁するものであり、追徴課税は納税義務違反の発生を防止するためであり、**性質が異なる**ものであるから、二重処罰を禁止する憲法39条に**反しない**としている（最大判昭33.4.30）。

POINT 4 残虐な刑罰の禁止

憲法36条は、残虐な刑罰の禁止を保障しているが、判例は、**刑法で規定する死刑である絞首刑は、一般に直ちに残虐な刑罰に該当するとは考えられない**が、将来もし死刑について火あぶり、はりつけ、さらし首、釜ゆでの刑のような残虐な執行方法を定める法律が制定されたとするならば、その法律は、憲法36条に違反するものというべきとしている（最大判昭23.3.12）。

* **ほ（逋）脱犯**…納税義務者が不正な手段で納税義務を免れたり（脱税）、税額の還付（支払った金銭の返還）を受ける犯罪のこと。

STEP 2 一問一答で理解を確認！

1 憲法38条1項の「供述」とは、言葉によって表現されるものであるから、飲酒検問における呼気は「供述」となる。	× 憲法38条1項の**「供述」とは、言葉**によって表現されるものであるから、**指紋、足型、飲酒検問における呼気は「供述」にあたらない**。
2 判例は、憲法38条の定める黙秘権の保障は、刑事手続以外であっても、実質上、刑事責任追及のための資料の取得収集に直接結びつく作用を一般的に有する手続であれば、その保障が及ぶとしている。	○ 判例は、憲法38条の定める**黙秘権の保障は、刑事手続以外でも、実質上、刑事責任追及のための資料の取得収集に直接結びつく作用を一般的に有する手続であれば、憲法38条の保障が及ぶ**としている（川崎民商事件②：最大判昭47.11.22）。
3 判例は、交通事故を起こした者に事故の内容について警察官への報告を義務づけている当時の道路交通取締法施行令の規定について、憲法38条1項の不利益供述強要の禁止に反するとしている。	× 判例は、**当時の道路交通取締法施行令の規定にある「事故の内容」には、刑事責任を問われるおそれのある事故の原因その他の事項までも報告する義務は含まれず、自己に不利益な供述の強要にあたらない**ことからすれば、憲法38条1項に**反しない**としている（自動車事故報告義務事件：最大判昭37.5.2）。
4 ある行為を行ったときに合法であったのに、その後に法律を制定・改正して過去の行為を処罰することは禁止されていない。	× 本問の処罰を行うことは**遡及処罰の禁止**に該当し、**許されない**。

5 判例は、行為当時の最高裁判所の判例の示す法解釈に従えば無罪となるべき行為について、判例変更をして処罰することが憲法39条に違反しないとしている。

○ **本問の記述のとおり**である（最判平8.11.18）。

6 現在の刑法で規定されている死刑である絞首刑は、一般に残虐な刑罰に該当するといえるものの、他により適切な方法があるわけでもないので、憲法36条に違反する残虐な刑罰にはあたらないとしている。

× 刑法で規定する死刑である**絞首刑は、一般に直ちに残虐な刑罰に該当するとは考えられない**が、将来もし死刑について火あぶり、はりつけ、さらし首、釜ゆでの刑のような残虐な執行方法を定める法律が制定された場合は、憲法36条に違反する残虐な刑罰となるとしている（最大判昭23.3.12）。

7 憲法39条後段は「同一の犯罪について、重ねて刑事上の責任を問はれない」と規定しているところ、判例は、下級審における無罪判決に対し、検察官が上訴をして有罪判決を求めることは、憲法39条後段に違反しないとしている。

○ **本問の記述のとおり**である（衆議院議員選挙法違反事件：最大判昭25.9.27）。

8 憲法39条後段は、一事不再理の原則を規定しているため、日本が三審制を採用している点には違憲の疑いがある。

× **第一審、控訴審（第二審）、上告審（第三審）はまとめて一つの手続**である以上、**三審制は違憲ではない**。

9 判例は、脱税犯（ほ脱犯）として刑罰を科した後、さらに行政法上の制裁として重加算税を課した場合、二重処罰を禁止する憲法39条に違反するとしている。

× 判例は、**刑罰と追徴課税は性質が異なる**ものであるから、**憲法39条に違反しない**としている（最大判昭33.4.30）。

STEP 3 過去問にチャレンジ！

問題 1 国家一般職（2021 年度）

手続的権利に関するア～オの記述のうち、判例に照らし、妥当なもののみを全て挙げているのはどれか。

ア 審理の著しい遅延の結果、迅速な裁判を受ける被告人の権利が害されたと認められる異常な事態が生じた場合であっても、その救済のためには法律で具体的方法が定められている必要があるから、迅速な裁判を受ける権利を保障した憲法第37条第1項に違反する審理に対して、その審理を打ち切るために、判決で免訴の言渡しをすることはできない。

イ 黙秘権を規定した憲法第38条第1項の法意は、何人も自己が刑事上の責任を問われるおそれのある事項について供述を強要されないことを保障したものと解されるから、交通事故を起こした者に事故の内容の警察官への報告を法令で義務付けていることは、同条項に違反する。

ウ 憲法第34条前段が規定する弁護人依頼権は、単に身体の拘束を受けている被疑者が弁護人を選任することを官憲が妨害してはならないとするだけではなく、被疑者に対し、弁護人を選任した上で、弁護人に相談し、その助言を受けるなど弁護人から援助を受ける機会を持つことを実質的に保障しているものと解すべきである。

エ 下級審における無罪又は有罪判決に対し、検察官が上訴し、有罪又はより重い刑の判決を求めることは、被告人を二重の危険にさらすものではなく、また、憲法第39条に違反して重ねて刑事上の責任を問うものでもない。

オ 詐欺その他の不正な方法で法人税を免れた行為に対して、法人税法上のほ脱犯として刑罰を科すとともに追徴税を課すことは、追徴税は名目上は税金であるが実質的には刑罰であり、刑罰としての罰金と同一の性質であるから、二重処罰を禁止する憲法第39条に違反する。

1 ア、イ
2 ア、オ
3 イ、ウ
4 ウ、エ
5 エ、オ

➡解答・解説は別冊 P.083

問題2　国家一般職（2012年度）

刑事被告人の権利に関するア〜オの記述のうち、妥当なもののみを全て挙げているのはどれか。

ア　憲法第37条第1項にいう「迅速な」裁判とは、適正な裁判を確保するのに必要な期間を超えて不当に遅延した裁判でない裁判をいうと解されている。平成15年に制定された裁判の迅速化に関する法律では、裁判の迅速化の具体的な目標として、第一審の訴訟手続については2年以内のできるだけ短い期間内に終局させることが規定された。

イ　憲法第37条第1項にいう「公開裁判を受ける権利」とは、対審及び判決が公開法廷で行われる裁判を受ける権利をいうが、裁判の対審及び判決を公開の法廷で行うことは、刑事被告人の人権を擁護するために必要不可欠であることから、刑事手続上、いかなる例外も認められていない。

ウ　刑事裁判における証人尋問において、刑事訴訟法の規定に基づいて、被告人から証人の状態を認識できなくする遮へい措置が採られ、あるいは、同一構内の別の場所に証人を在席させ映像と音声の送受信により相手の状態を相互に認識しながら通話する方法で尋問を行うビデオリンク方式によることとされ、さらにはビデオリンク方式によった上で遮へい措置が採られても、憲法第37条第2項前段に違反するものではないとするのが判例である。

エ　憲法第37条第2項の趣旨は、刑事被告人の防禦権を訴訟の当事者たる地位にある限度において十分に行使せしめようとするものだけではなく、有罪の判決を受けた場合にも刑事被告人に対して証人尋問に要する費用を含めて訴訟費用を負担させてはならないという趣旨であるとするのが判例である。

オ　憲法第37条第3項は、刑事被告人の弁護人依頼権を保障し、これを実質的に担保するものとして国選弁護人の制度を設けているから、裁判所は、被告人から国選弁護人の選任請求があった場合には、被告人が国選弁護人を通じて権利擁護のため正当な防禦活動を行う意思がないことを自らの行動によって表明し、その後も同様の状況を維持存続させたときであっても当該請求に応じなければならないとするのが判例である。

1　ア、イ　　**2**　ア、ウ
3　イ、オ　　**4**　ウ、エ
5　エ、オ

➡解答・解説は別冊P.084

問題 3 裁判所職員（2013 年度）

刑事手続に関する次のア～オの記述のうち、適当なもののみを全て挙げているのはどれか（争いのあるときは、判例の見解による。）。

ア 憲法37条1項は、迅速な裁判を一般的に保障するために必要な立法上及び司法行政上の措置をとるべきことを要請するにとどまるから、個々の刑事事件について、現実に審理の著しい遅延の結果、迅速な裁判を受ける被告人の権利が害せられたと認められる異常な事態が生じた場合であっても、これに対処すべき具体的規定がなければ、審理を打ち切るなどの救済手段をとることはできない。

イ 憲法38条1項は、自己に不利益な供述を強要されないことを定めているが、刑事手続以外でも、実質上、刑事責任追及のための資料の取得収集に直接結びつく作用を一般的に有する手続であれば、同項の保障が及ぶ。

ウ 指紋・足型の採取、呼気検査などは、憲法38条1項の「供述」に当たらないから、不利益な供述の強要の禁止を定めた同項の保障は及ばない。

エ かつての判例によれば適法であった行為が判例変更によって違法と評価されるようになった場合に、判例変更前になされた行為を処罰することは、憲法39条前段の定める遡及処罰の禁止に反しない。

オ 現行法において定められている絞首刑が憲法36条にいう残虐な刑罰に当たることは否定できないが、火あぶり、はりつけ、さらし首、釜ゆでなどのように歴史上されてきた極めて非人道的かつ残虐な刑罰を禁止することが同条の趣旨であるから、それらと比較して残虐性が軽微な絞首刑は同条の禁止に反するものではない。

1　ア、イ、エ
2　ア、ウ、オ
3　イ、ウ、エ
4　イ、エ、オ
5　ウ、エ、オ

➡解答・解説は別冊 P.085

CHAPTER

社会権・受益権（国務請求権）

この章で学ぶこと

社会権・受益権では
判例を重視しつつ条文もチェック

CHAPTER5・社会権・受益権では、「生存権」「労働基本権」「受益権（国務請求権）」を扱います。

社会権とは、福祉国家の理念に基づいて、社会的・経済的弱者を保護し、国民が人間に値する生活を営むことを保障する権利です。また、受益権（国務請求権）は、人権保障を確実にするための権利のことです。

社会権のうち「生存権」については、その法的性格といくつかの重要判例を押さえておくことが必須となります。また、「労働基本権」においては、団結権・団体交渉権・団体行動権という3つの内容と、公務員の労働基本権に関する重要判例をセットで押さえておく必要があります。社会権はそれなりに出題されやすい分野なので、抜かりなく対策を行っておきましょう。

他方、「受益権（国務請求権）」では、条文知識にウエイトが置かれます。本書記載の内容をしっかりと頭に入れておけば十分ですが、受益権については後手に回る受験生も多いので、ここはある程度押さえておけば足りるでしょう。

本章では「生存権」「労働基本権」を中心に、重要判例を押さえることが重要です。特に生存権については、その法的性格に争いがあるので、この部分をしっかりと押さえてください。

生存権の判例は
ややこしいので要注意

「生存権」の判例は、事案が複雑なものが多いので、本書記載の判旨を慎重に読みこんでください。生存権が問題となるケースでは、国からの給付が関わってきます。それだけに、込み入った事実関係や法的処理になりやすいのです。精神的自由権などで扱う判例に比べると、生存権で問題となる判例はややとっつきにくい印象があるかもしれません。

その反面、「労働基本権」の判例は、生存権に比べると読みやすいので、まずは労働基本権から判例を押さえるのも一手といえます。

試験別対策

国家一般職

社会権からの出題が多く、重要判例の知識が問われやすい。精神的自由権や経済的自由権と同様、重要判例をていねいに学習していこう。

国家専門職

国家一般職と異なり、労働基本権がやや出題されやすい。重要判例を中心に学習し、出題された場合は確実に得点できるようにしておきたい。

地方上級

社会権からの出題が多く、生存権と労働基本権がバランスよく問われやすい。生存権と労働基本権の重要判例について、しっかりとチェックしておくこと。

裁判所職員

社会権を中心に、重要判例がまんべんなく問われることが多い。重要判例を中心に網羅的な学習を心がけてほしい。

特別区Ⅰ類

他の試験種よりも、社会権の出題頻度が少しだけ高い。難易度自体は高くないので、本章で重要判例を押さえたうえで、過去問をしっかり解いておこう。

市役所

出題頻度は低いが、社会権について生存権の法的性質が若干問われやすい。ひとまずは、生存権を優先的に進めよう。

SECTION 1

生存権

STEP 1 要点を覚えよう！

POINT 1 社会権の内容

社会権とは、国家に対して積極的な作為* **を求める権利**である。社会権は、資本主義社会の発達に伴う、貧富の差の拡大や労働条件の悪化などによって生じた**社会的経済的弱者を保護**するために生まれた権利であり、現行憲法では、憲法25条の生存権、憲法28条の労働基本権などがある。

POINT 2 生存権

憲法25条1項は「すべて国民は、**健康で文化的な最低限度の生活を営む権利**を有する」と規定されており、これを受けて2項は「国は、すべての生活部面について、社会福祉、社会保障及び公衆衛生の向上及び増進に努めなければならない」として、生存権が規定されている。

生存権はその性質として、社会的経済的弱者保護のために国家の積極的な配慮を求めるものであるから**社会権的側面**を有する一方、公権力による不当な生存権侵害があった場合には、裁判所に排除を求めうる点で**自由権的側面**も有する。

POINT 3 生存権の法的性格に関する3つの学説

そもそも生存権の法的性格には争いがあり、以下の3つの学説がある。この3つの学説の特徴は押さえておこう。

・**プログラム規定説**
生存権の規定は、**国民に対して具体的な権利を保障したものではなく、単なるプログラム（目標）を規定**したものであり、国民の生存を確保すべき**政治的義務**を国家に課しているにすぎないという考え方。

・**抽象的権利説（通説）**
生存権の規定は、**国民が健康で文化的な最低限度の生活を営むのに必要な立法を行う法的義務を国家に課している**。そして、**憲法25条を直接の根拠として立法や行政の不作為の違憲性を裁判で争うことはできないが、生存権を具体化する法律があれば、その法律に基づく裁判の中で憲法25条違反を主張できる**とする考え方。

・**具体的権利説**
生存権の規定は、**国民が健康で文化的な最低限度の生活を営むのに必要な立法を要求できる法的権利を保障**し、そのような**立法を行う法的義務を国**

* **作為**…法律上は、人の積極的な行為を意味する。逆に「不作為」は何もしないことである。

家に課している。そして、**生存権を具体化する法律がない場合でも、裁判で立法不作為の違憲性を争うことができる**とする考え方。

プログラム規定説は目標を掲げただけであり、憲法25条1項には、法的権利性が**ない**し、裁判の根拠にも**できない**というものだ。具体的権利説は逆に、憲法25条1項に法的権利性を**強く認め**、具体的な法律がなかったとしても、法律が「ない」ことに対する、立法不作為の違憲性を**争える**とする。そして、これらの中間的な学説が抽象的権利説であり、憲法25条1項に法的権利を**認める**ものの、裁判で争うためには、前提として**具体的な法律**が必要と考え、具体的な法律がない場合、その「ない」ことに対する、立法不作為の違憲性は**争えない**とする。

◆生存権の法的性格に関する3つの学説

学説	法的権利性	裁判規範性	
		具体的法律あり	具体的法律なし
プログラム規定説	なし	なし	なし
抽象的権利説	あり	あり	なし
具体的権利説	あり	あり	あり

POINT 4 生存権の重要判例

生存権については重要判例が多い。各判例の事案と結論を押さえておこう。

朝日訴訟（最大判昭42.5.24）

判例（事案と判旨） 重度の結核を患っていた朝日氏が、当時の生活保護法に基づく生活扶助の基準の額の月600円では健康で文化的な最低限度の生活を送れないとして、憲法25条1項を直接の根拠として訴えを提起した。

☞**憲法25条1項は、すべての国民が健康で文化的な最低限度の生活を送れるよう国政を運営すべき**であることを**国の責務として宣言**したにとどまり、**個々の国民に対する具体的な権利を定めたものではない**。

☞憲法の趣旨・目的を**具体化した法律があれば、それは具体的権利となる**のであるから、憲法25条1項の規定の趣旨を実現するために制定された**生活保護法によって初めて個々の権利が与えられている**。

☞生活保護法を根拠にしたとしても、**何が健康で文化的な最低限度の生活かの決定は厚生大臣の裁量に委ねられており**、その保護基準は、憲法の定める健康で文化的な最低限度の生活を維持するものでなければならない。

☞**健康で文化的な最低限度の生活であるかの認定判断は**、抽象的な相対的概念であり、その具体的内容は多数の不確定的要素を綜合考量して初めて決定できるものであるから、**厚生大臣の合目的的*な裁量**に委されており、当不当の問題として**政府の政治責任が問われることはあっても、直ちに違法の問題を生ずることはないが**、憲法及び生活保護法の趣旨・目的に反し、

* **合目的的**…ある物事が一定の目的にかなっているさま。

裁量権の限界を超えた・濫用といえるような場合には、違法となる。
☞月額600円の支給額は、裁量権の逸脱・濫用とは**いえず**、憲法25条に**違反しない**。

堀木訴訟②（最大判昭57.7.7）

判例（事案と判旨） 全盲の視力障害者で障害福祉年金を受給していたXは内縁の夫と離別後、2人の間の子を養育していたため児童扶養手当を申請したが、児童扶養手当法の併給調整条項に該当したことを理由に却下されたため、この併給調整条項が憲法25条1項等に違反するとして争った。
☞憲法25条1項の**「健康で文化的な最低限度の生活」なるものは、きわめて抽象的・相対的な概念**であって、憲法25条の規定の趣旨にこたえて具体的にどのような立法措置を講ずるかの選択決定は、**立法府の広い裁量**に委ねられており、それが**著しく合理性を欠き明らかに裁量の逸脱・濫用と見ざるをえないような場合を除き、裁判所が審査判断するのに適しない**。
☞社会保障給付の全般的公平を図るため公的年金相互間における併給調整を行うかどうかは**立法府の裁量**の範囲に属する事柄と見るべきであるから、立法における給付額が低額であるからといって、**当然に憲法25条に反するとはならない**。

総評サラリーマン訴訟（最判平元.2.7）

判例（事案と判旨） 当時の所得税法において給与所得に係る課税関係規定が給与所得者の「健康で文化的な最低限度の生活」を侵害するかが問題となった。
☞憲法25条の「健康で文化的な最低限度の生活」は、**抽象的・相対的な概念**であり、その具体的内容は文化の発達・経済的条件・一般的な国民生活の状況などで判断される専門技術的・政策的なものであり、国の財政事情も考慮しなければならないのであるから、どのような立法措置をとるかは**立法府の広い裁量**に委ねられ、それが**著しく合理性を欠き明らかに裁量の逸脱・濫用でない限り、裁判所が審査判断するのに適しない**。
☞また、所得税法の定める課税最低限が「健康で文化的な最低限度の生活」を維持するための生計費を下回り、著しく合理性を欠き明らかに裁量の逸脱・濫用となる**理由**を**具体的に主張**しなければならない。

このサラリーマン訴訟では、裁量の逸脱・濫用であると主張する者が、その理由を具体的に主張しなければならないとまで判示しているんだ。

学生無年金障害者訴訟（最判平19.9.28）

判例(事案と判旨) 平成元年改正前の当時の国民年金法が、20歳以上の学生を、国民年金の強制加入被保険者として一律に保険料納付義務を課すのではなく、任意加入を認めて国民年金に加入するかどうか、20歳以上の学生の意思に委ねるとする規定が、憲法25条に違反するのかが問題となった。

☞**国民年金制度は**憲法25条の生存権を実現するための制度であるところ、具体的に**どのような立法措置をとるかは立法府の広い裁量**に委ねられており、それが**著しく合理性を欠き、裁量の逸脱・濫用でなければ裁判所が審査判断することは適さない**としたうえ、**当該措置は、著しく合理性を欠くということはできず、憲法25条に反しない**。

ここで覚きめる！ 生存権に関する重要判例の流れ

①国会（立法府）に広い裁量が認められる。

↓よって、

②その逸脱・濫用がない限り、裁判所の審査判断に適しない。

↓よって、

③違憲ではない。

また、33ページでも見た外国人と生存権に関する重要判例として、塩見訴訟（最判平元.3.2）がある。社会保障上の施策における**在留外国人の処遇については、国は、特別の条約の存しない限り**、当該外国人の属する国との外交関係、変動する国際情勢、国内の政治・経済・社会的諸事情等に照らしながら、**その政治的判断により決定でき、限られた財源下での福祉的給付を行うにあたり自国民を在留外国人より優先的に扱うことも許され、障害福祉年金の支給対象者から在留外国人を除外することは、立法府の裁量の範囲に属する事柄であって、憲法第25条に反しない**とした。

また、判例は、**生活扶助基準の内容**が健康で文化的な生活水準を維持することができるかの判断は、**厚生労働大臣に**専門技術的かつ政策的な見地に基づく**裁量権が認められ、その裁量権の行使**にあたっては、老齢加算が支給されることを前提として現に生活設計を立てていた被保護者の期待的利益に対して**配慮する程度にとどまり**、期待的利益の喪失を通じて、その生活に看過し難い影響を及ぼしたものとは**いえない**から、**裁量権の範囲に逸脱・濫用はない**としている（生活保護変更決定取消請求事件：最判平24.2.28）。

なお、161ページで見た**憲法26条2項後段の義務教育の「無償」**について、この規定は社会権としての性質もある。判例はこの「無償」について、**授業料を徴収しないという意味**であり、**授業料のほかに、教科書その他教育に必要な一切の費用まで無償という意味ではない**としている（義務教育負担費請求事件：最大判昭39.2.26）。

STEP 2 一問一答で理解を確認！

1 社会権とは、国家に対して自由を求める権利である。

× 国家に対して自由を求める側面がないわけではないが、社会権とは、国家に対して**積極的な作為を求める**権利である。

2 生存権は社会的経済的弱者保護のために国家の積極的な配慮を求めるものであるから社会権的側面があるが、公権力による不当な生存権侵害があった場合には裁判所に排除を求めるといった自由権的側面は認められていない。

× 生存権は社会的経済的弱者保護のために国家の積極的な配慮を求めるものであるから**社会権的側面**があるといえる。さらに、公権力による不当な生存権侵害があった場合には裁判所に排除を求めうるという点で**自由権的側面**も認められている。

3 生存権の法的性格について、プログラム規定説は、憲法25条1項の生存権の規定は、単なるプログラム（目標）を規定したものであり、国民の生存を確保すべき政治的義務を国家に課しているにとどまらず、個々の国民に対して法的権利を保障したものという考え方である。

× プログラム規定説は、憲法25条1項の生存権の規定は、個々の国民に対して具体的な権利を保障したもの**ではなく**、単なるプログラム（目標）を規定したものであり、国民の生存を確保すべき**政治的義務**を国家に課しているにすぎないという考え方である。

4 生存権の法的性格について、抽象的権利説は、憲法25条1項の生存権の規定は、国民が健康で文化的な最低限度の生活を営むのに必要な立法を行う法的義務を国家に課しているが、生存権を具体化する法律の存在を前提として憲法違反を主張することも許されないとする考え方である。

× 抽象的権利説について、前半の記述は**正しい**が、憲法25条を直接の根拠として立法や行政の不作為の違憲性を裁判で争うことは**できない**ものの、生存権を**具体化する法律**があれば、その法律に基づく裁判のなかで憲法25条違反を主張**できる**とする考え方である。

5 生存権の法的性格について具体的権利説によれば、生存権を具体化する法律がない場合でも、裁判で立法不作為の違憲性を争うことができる。

○ **本問の記述のとおり**である。

6 生存権の法的性格について、抽象的権利説によれば、憲法25条1項の生存権の規定は、国民が健康で文化的な最低限度の生活を営むのに必要な立法を行う法的義務を国家に課している以上、裁判で立法不作為の違憲性を争うことができる。

× 抽象的権利説は、憲法25条を直接の根拠として立法や行政の不作為の違憲性を裁判で争うことは**できない**ものの、生存権を**具体化する法律**があれば、その法律に基づく裁判のなかで憲法25条違反を主張**できる**とする考え方である。

7 判例は、憲法26条2項後段の「無償」について、授業料のみならず、教科書その他教育に必要な一切の費用まで無償にするという意味と解しており、実際に教科書等は無償とされている。

× 判例は、憲法26条2項後段の「無償」について、**授業料**を徴収しないという意味であり、授業料のほかに、教科書その他教育に必要な一切の費用まで無償という意味**ではない**としている（義務教育負担費請求事件：最大判昭39.2.26）。

8 判例は、憲法25条の健康で文化的な最低限度の生活の判断は、専門技術的・政策的なものであり、国の財政事情も考慮しなければならないのであるから、立法府の広い裁量に委ねられ、裁量の逸脱・濫用がない限り、裁判所が審査判断することはできないとしている。

○ **本問の記述のとおり**である（総評サラリーマン訴訟：最判平元.2.7）。

STEP 3 過去問にチャレンジ！

問題1 特別区Ⅰ類（2015年度）

日本国憲法に規定する生存権の法的性格に関する記述として、判例、通説に照らして、妥当なものはどれか。

1 生存権には、社会権的側面があるが、国民が自らの手で健康で文化的な最低限度の生活を維持する自由を有し、国家はそれを阻害してはならないという自由権的側面が認められることはない。

2 プログラム規定説は、憲法の生存権の規定は、国民の生存を確保すべき政治的・道義的義務を国に課したにとどまらず、個々の国民に対して法的権利を保障したものである。

3 抽象的権利説は、憲法の規定は、国家に対して立法その他の措置を通じて生存権を実現すべき法的義務を課しているので、直接憲法の規定を根拠に、裁判所に対し国家の立法の不作為の違憲性を争うことも、生存権を具体化する法律の存在を前提として憲法違反を主張することも許されないとしたものである。

4 最高裁判所の判例では、国は、特別の条約の存しない限り、政治的な判断により、限られた財源の下で福祉的給付を行うに当たり、自国民を在留外国人より優先的に扱うことは許されるべきことと解され、在留外国人を障害福祉年金の支給対象者から除外することは、立法府の裁量の範囲に属するとした。

5 最高裁判所の判例では、健康で文化的な最低限度の生活の内容について、その具体的な立法措置の選択決定は立法府の広い裁量にゆだねられているため、それが著しく合理性を欠き明らかに裁量の逸脱及び濫用であるといえる場合であっても、司法審査の対象とならないとした。

➡解答・解説は別冊P.086

問題2 国家一般職（2012年度）

憲法第25条に関するア～オの記述のうち、妥当なもののみを全て挙げているのはどれか。

ア 生存権の法的性格については、学説上複数の見解が存在する。このうち、いわゆるプログラム規定説は、憲法第25条は、国民の生存を確保するための立法を行う法的義務を国に課しているが、国民の具体的権利を認めたものではないとする見解であり、同説によれば、立法府がその義務を履行しない場合であっても、個々の国民が裁判所に対して国の不作為の違憲訴訟を提起することはできない。

イ 平成元年改正前の国民年金法が、20歳以上の学生を、国民年金の強制加入被保険者として一律に保険料納付義務を課すのではなく、任意加入を認めて国民年金に加入するかどうか、20歳以上の学生の意思にゆだねることとした措置は、著しく合理性を欠くものとして憲法第25条に違反するとするのが判例である。

ウ 憲法第25条の定める健康で文化的な最低限度の生活を維持するために必要な生活費は経済学等の学問的知見によって容易に計量化が可能であり、旧所得税法における課税最低限を定めるに当たっては立法府の裁量を認める余地はないから、同法の定める課税最低限が健康で文化的な最低限度の生活を維持するための生計費を下回ることを立証すれば、当該課税最低限に基づく課税の憲法第25条違反を主張することができるとするのが判例である。

エ 社会保障上の施策における在留外国人の処遇については、国は、特別の条約の存しない限り、当該外国人の属する国との外交関係、変動する国際情勢、国内の政治・経済・社会的諸事情等に照らしながら、その政治的判断により決定でき、限られた財源下での福祉的給付に当たり自国民を在留外国人より優先的に扱うことも許され、障害福祉年金の支給対象者から在留外国人を除外することは、立法府の裁量の範囲に属する事柄であって、憲法第25条に違反するものではないとするのが判例である。

オ 社会保障法制上、同一人に同一の性格を有する２以上の公的年金が支給されることとなるべき場合において、社会保障給付の全般的公平を図るため公的年金相互間における併給調整を行うかどうかは、立法府の裁量の範囲に属する事柄と見るべきであり、また、この種の立法における給付額の決定も、立法政策上の裁量事項であり、その給付額が低額であるからといって当然に憲法第25条に違反するものではないとするのが判例である。

1 ア、イ
2 ア、ウ
3 イ、オ
4 ウ、エ
5 エ、オ

➡解答・解説は別冊P.087

問題3　　裁判所職員（2016年度）

生存権に関する次のア～ウの記述の正誤の組み合わせとして最も適当なものはどれか（争いのあるときは、判例の見解による。）。

ア 具体的権利としては、憲法の規定の趣旨を実現するために制定された生活保護法によって、はじめて与えられているというべきであって、憲法25条1項の規定の趣旨を実現するために制定された生活保護法が、生活に困窮する要保護者又は被保護者に対し具体的な権利として賦与した保護受給権も、時の政府の施政方針によって左右されることのない客観的な最低限度の生活水準に基づく適正な保護基準による保護を受け得る権利である。

イ 憲法25条の規定の趣旨にこたえて具体的にどのような立法措置を講ずるかの選択決定は、立法府の広い裁量にゆだねられており、それが著しく合理性を欠き明らかに裁量の逸脱・濫用に該当するか否かの点についても、裁判所が審査判断するのに適しない。

ウ 社会保障上の施策において在留外国人をどのように処遇するかについては、国は、特別の条約の存しない限り、当該外国人の属する国との外交関係、変動する国際情勢、国内の政治・経済・社会的諸事情等に照らしながら、その政治的判断によりこれを決定することができるのであり、その限られた財源の下で福祉的給付を行うに当たり、自国民を在留外国人より優先的に扱うことも、許される。

	ア	イ	ウ
1	正	正	誤
2	正	誤	正
3	正	誤	誤
4	誤	正	誤
5	誤	誤	正

➡解答・解説は別冊P.088

問題 4 裁判所職員（2013年度）

次の文章は、昭和31年当時の生活扶助費月額600円が健康で文化的な最低限度の生活水準を維持するに足りるかが争われた事件に関する最高裁判所の判決の理由の一部（原文縦書き）である。次の1～5の文章を正しい順に並び替えて、A～Eの空欄に入れるとき、Eの空欄に入る文章として、最も適当なものはどれか。

憲法25条1項は、「すべて国民は、健康で文化的な最低限度の生活を営む権利を有する。」と規定している。この規定は、（　A　）。

生活保護法は、「この法律の定める要件」を満たす者は、「この法律による保護」を受けることができると規定し（2条参照）、その保護は、厚生大臣の設定する基準に基づいて行なうものとしているから（8条1項参照）、右の権利は、厚生大臣が最低限度の生活水準を維持するにたりると認めて設定した保護基準による保護を受け得ることにあると解すべきである。もとより、（　B　）。しかし、（　C　）。したがつて、（　D　）。ただ、（　E　）。

1 厚生大臣の定める保護基準は、法8条2項所定の事項を遵守したものであることを要し、結局には憲法の定める健康で文化的な最低限度の生活を維持するにたりるものでなければならない

2 現実の生活条件を無視して著しく低い基準を設定する等憲法および生活保護法の趣旨・目的に反し、法律によつて与えられた裁量権の限界をこえた場合または裁量権を濫用した場合には、違法な行為として司法審査の対象となることをまぬかれない

3 何が健康で文化的な最低限度の生活であるかの認定判断は、いちおう、厚生大臣の合目的的な裁量に委されており、その判断は、当不当の問題として政府の政治責任が問われることはあつても、直ちに違法の問題を生ずることはない

4 健康で文化的な最低限度の生活なるものは、抽象的な相対的概念であり、その具体的内容は、文化の発達、国民経済の進展に伴つて向上するのはもとより、多数の不確定的要素を綜合考量してはじめて決定できるものである

5 すべての国民が健康で文化的な最低限度の生活を営み得るように国政を運営すべきことを国の責務として宣言したにとどまり、直接個々の国民に対して具体的権利を賦与したものではない（昭和23年れ第205号、同年9月29日大法廷判決、刑集2巻10号1235頁参照）。具体的権利としては、憲法の規定の趣旨を実現するために制定された生活保護法によつて、はじめて与えられているというべきである

➡解答・解説は別冊P.089

SECTION 2

労働基本権

STEP 1 要点を覚えよう！

POINT 1 労働基本権の性質と内容

憲法28条は「**勤労者の団結する権利**及び**団体交渉その他の団体行動をする権利**は、これを保障する」と規定しており、**労働基本権**を保障している。

労働基本権の性質としては、労働者に認められている争議行為や労働放棄の自由について国家が刑罰を科してはならないという**自由権的**側面と、使用者の侵害行為に対して、国家が救済措置や救済立法措置をとるべきという**社会権的**側面がある。また、基本的には、使用者と勤労者との間で問題となることから、**私人間に直接適用される権利**である。

憲法28条の「勤労者」については、現に職業を有する者はもちろん、労働基本権を保障する目的は、使用者との関係で弱い立場である労働者の地位を保護することにあることからすれば、**現に職業を有していない者であっても**、雇用を開始する段階で使用者と関係を持つことになる以上、**「勤労者」に含まれる**。

そして、労働基本権は、**労働組合などを組織する団結権**、**労働組合などが使用者と交渉する団体交渉権**、労働組合などが労働条件の実現のために**行動する団体行動権（争議権・争議行為）**が含まれており、これらは**労働三権**と呼ばれる。それぞれの権利を確認していこう。

POINT 2 団結権

団結権とは、使用者と対等な立場で交渉するために、一般的に**労働組合を組織する権利**をいう。

なお、労働組合には、労働者に対して組合への入会を強制し、労働者が労働組合員でなくなった場合には、使用者がその労働者を解雇するという使用者との協定（ユニオン・ショップ協定）が存在する場合がある。

この**ユニオン・ショップ協定**の是非について判例は、労働者が労働組合の組合員たる資格を取得せず又はこれを失った場合に、使用者をして当該労働者との雇用関係を終了させることにより、間接的に労働組合の組織の拡大強化を図ろうとする制度であり、**正当な機能を果たすものと認められる限りにおいてのみ、その効力を承認することができる**（最判昭50.4.25）としている。

なお、労働組合に関しては、150ページで解説した**三井美唄労働組合事件**（最大判昭43.12.4）も確認しておこう。**労働組合には組合員に対する統制権が認められ**、選挙に立候補しようとした組合員を思いとどまるよう**勧告、説得するまでは許されるが**、立候補を取りやめるよう要求し、**従わない場合は統制違反者とし**

て処分することは違法であるとした判例である。

また、労働組合については以下の重要判例がある。

国労広島地方本部事件（最判昭50.11.28）

判例（事案と判旨） 当時の国鉄労働組合が、日米新安全保障条約に反対する活動資金を調達するために、組合員に対して臨時組合費を要求し、支払わない組合員を処分したことが統制権の不当な行使であるとして争われた。

☞**組合費の目的が特定の政治的活動のため**である場合、**組合費を徴収することは、特定の政治的立場**を組合員に強制することになるから**許されない**。

☞**政治的活動に参加して不利益を受けた者を救援するための費用を目的**とした場合は、組織の維持強化を図るにすぎないとして**許される**。

POINT 3 団体交渉権と団体行動権（争議権・争議行為）

団体交渉権とは、団結権に基づいて結束した**労働組合が、労働条件などを使用者と交渉する**権利である。

また、**団体行動権**とは、**労働条件の実現を図るために行う行動をする権利**をいう。労働組合が団体交渉権を行使しても、使用者にその交渉に従うべき義務はない。そこで、労働者が使用者に対して圧力をかけるために、**ストライキ（労働を行わないこと）、サボタージュ（労働能率を下げること）、ボイコット（拒否活動・不買運動）**などを行うことがある。

このような争議行為を行えば、雇用契約違反に対する民事上の責任や、業務を妨害したことに対する刑事上の責任が問われる可能性があるが、**労働条件改善という正当な目的**のためであれば、**これらの責任は免除**される。

なお判例は、タクシー会社におけるストライキに際し、労働組合員が、車庫に格納された営業用自動車のかたわらに座り込むなどして、会社の退去要求に応ぜず、会社は右自動車を車庫から搬出できなかったという事案において、**ストライキの手段方法**として、**不法に使用者側の自由意思を抑圧**し、あるいは**その財産に対する支配を阻止するような行為**をすることは**許されず**、これをもって**正当な争議行為と解することはできない**とした（御國ハイヤー事件：最判平4.10.2）。

山田鋼業事件（最大判昭25.11.15）

判例（事案と判旨） 整理解雇を通告されたことに対して、労働組合が生産管理（争議行為として労働者が使用者の支配を排除し、工場・事業所全体を運営すること）を行ったことが争議権として認められるかが問題となった。

☞使用者側の自由権や財産権も絶対無制限ではなく、労働者の団体行動権等のためある程度の制限を受けるが、労働者側の争議権においても**使用者側の自由意思を抑圧し、財産に対する支配を阻止することは許されない**とした。

STEP 2 一問一答で理解を確認！

1 労働基本権は、労働者に認められている争議行為や労働放棄の自由について国家が刑罰を科してはならないという自由権的側面と、使用者の侵害行為に対して国家が救済措置、救済立法措置をとるべきという社会権的側面がある。

○ **本問の記述のとおり**である。

2 憲法は国家に対する規定である以上、労働基本権は、使用者と勤労者との私人間には適用されない。

× **労働基本権は**、基本的には使用者と勤労者との間で問題となることから**私人間に直接適用**される権利である。

3 判例は、労働組合はその目的を達成するために必要かつ合理的な範囲で組合員に対して統制権を有するから、立候補を取りやめるよう要求し、従わない場合は違反者として処分することは適法であるとしている。

× 判例は、労働組合はその**目的を達成するために必要かつ合理的な範囲**で組合員に対して**統制権**を有するが、立候補を取りやめるよう要求し、**従わない場合は違反者として処分**することは**違法**であるとしている（三井美唄労働組合事件：最大判昭43.12.4）。

4 労働基本権の一つである団体行動権には争議行為も含まれ、争議行為が正当な行為であった場合、民事上の債務不履行責任、不法行為責任は免除されるが、刑事責任は免除されない。

× 労働基本権の一つである団体行動権には争議行為も含まれ、**争議行為が正当な行為**であれば、**刑事責任のみならず、民事上の債務不履行責任、不法行為責任も免除される**。

5 労働基本権は労働組合などを組織する団結権、労働組合などが使用者と交渉する団体交渉権が含まれるが、労働組合などが労働条件の実現のために行動する団体行動権（争議権・争議行為）は含まれない。

× 労働基本権は労働組合などを組織する**団結権**、労働組合などが使用者と交渉する**団体交渉権**、労働組合などが労働条件の実現のために行動する**団体行動権（争議権・争議行為）**が含まれる。そして、これらを労働三権という。

6 ユニオン・ショップ協定とは、労働者が使用者に対して圧力をかけるために、一定の場合に労働を行わないことを約束する協定である。

× ユニオン・ショップ協定とは、労働組合が労働者に対して組合への**入会を強制**し、労働者が労働組合員でなくなった場合には、使用者がその労働者を**解雇**するという使用者との協定である。本問の内容は**ストライキ**である。

7 判例は、いわゆるユニオン・ショップ協定について、その効力を承認することができないとしている。

× 判例は、**ユニオン・ショップ協定**について、**正当な機能を果たす**ものと**認められる限り**においてのみ、その効力を承認することができるとしている（最判昭50.4.25）。

8 判例は、組合費の目的が特定の政治的活動のためである場合、組合費を徴収することは、特定の政治的立場を組合員に強制することになるから許されないとしている。

○ **本問の記述のとおり**である。なお、政治的活動に参加して**不利益を受けた者を救援するための費用を目的**とした場合は、**許される**（国労広島地方本部事件：最判昭50.11.28）。

STEP 3

過去問にチャレンジ！

問題 1　　国家一般職（2019 年度）

労働基本権に関する次の記述のうち、妥当なものはどれか。ただし、争いのあるものは判例の見解による。

1 労働基本権の権利主体は勤労者であり、勤労者とは、労働組合法上の労働者、すなわち職業の種類を問わず、賃金、給料その他これに準ずる収入によって生活する者を指す。したがって、公務員は勤労者に含まれるが、現に職を持たない失業者は勤労者に含まれない。

2 労働基本権は、社会権として、国に対して労働者の労働基本権を保障する立法その他の措置を要求する権利であると同時に、自由権として、団結や争議行為を制限する立法その他の措置を国に対して禁止するという意味を持つ。また、労働基本権は私人間の関係にも直接適用される。

3 労働協約により、労働組合に加入しない労働者又は組合員でなくなった労働者の解雇を使用者に義務付けるユニオン・ショップ協定は、労働者の団結しない自由を侵害するものであるから、有効なものとはなり得ない。

4 憲法第28条による労働者の団結権保障の効果として、労働組合は、その目的を達成するために、組合員に対する統制権を有しているが、この統制権が及ぶのは、労働組合の経済的活動の範囲内に限られており、労働組合の政治的・社会的活動には及ばない。

5 憲法第28条は団体行動をする権利を保障しており、団体行動とはストライキその他の争議行為をいう。労働組合が同条によって保障される正当な争議行為を行った場合、刑事責任は免責されるが、民事上の債務不履行責任や不法行為責任は免責されない。

➡解答・解説は別冊 P.091

問題 2　　国家専門職（2021 年度）

社会権に関するア〜オの記述のうち、判例に照らし、妥当なもののみを全て挙げているのはどれか。

ア 憲法第25条第1項は、全ての国民が健康で文化的な最低限度の生活を営み得るように国政を運営すべきことを国の責務として宣言したにとどまるため、この規定の趣旨に応えてどのような立法措置を講ずるかの選択決定は立法府の広い裁量に委ねられているから、立法府の判断が著しく合理性を欠き明らかに裁量の逸脱・濫用となる場合であっても、司法審査は及ばない。

イ 憲法第26条第1項は全ての国民に教育を受ける権利を保障しているところ、その教育内容について、国は必要かつ相当と認められる範囲においてのみ決定する権能を有するにすぎないため、国が定める学習指導要領は法規としての性質を有しない。

ウ 憲法第28条の労働基本権の保障の狙いは、憲法第25条に定める生存権の保障を基本理念とし、経済上劣位に立つ勤労者に対して実質的な自由と平等とを確保するための手段として、その団結権、団体交渉権、争議権等を保障しようとするものである。また、労働基本権は、単に私企業の労働者だけについて保障されるのではなく、国家公務員や地方公務員も、憲法第28条にいう勤労者にほかならない以上、原則的にその保障を受ける。

エ 労働組合が組合員に対して有する統制権は、当該組合の目的を達成するために必要であり、かつ合理的な範囲内である場合に限って認められるところ、労働組合が実施した政治的活動に参加して不利益処分を受けた組合員を救済する費用として徴収する臨時組合費については、労働組合の統制権の合理的な範囲を超えた強制に当たり、組合員はこれを納付する義務を負わない。

オ 争議権の保障は、市民法上の権利・自由との衝突を必然的に伴うものであるが、その目的は使用者と労働者との間に実質的な対等を実現することにあるから、労働組合が使用者側の自由意思を抑圧し、財産に対する支配を阻止するような手段を用いて争議行為を行った場合であっても、労働者が不当な目的で争議行為を行ったなどの特段の事情のない限り、正当な争議行為として認められる。

1 ウ
2 ア、イ
3 ウ、エ
4 ア、イ、オ
5 ウ、エ、オ

➡解答・解説は別冊P.092

問題 3 国家専門職（2017 年度）

社会権に関するア～オの記述のうち、妥当なもののみを全て挙げているのはどれか。

ア 厚生労働大臣が、生活保護基準を改定し、生活保護法に基づく生活扶助につき定められていた70歳以上の高齢者を対象とする老齢加算制度を廃止する場合には、老齢加算が支給されることを前提として現に生活設計を立てていた被保護者の期待的利益について特別な配慮をすべきであり、厚生労働大臣がかかる特別な配慮をせずに判断を行ったときは、その裁量権の範囲を逸脱するものであるとするのが判例である。

イ 個人の基本的自由を認め、その人格の独立を国政上尊重すべきものとしている憲法の下においては、子供が自由かつ独立の人格として成長することを妨げるような国家的介入、例えば、誤った知識や一方的な観念を子供に植え付けるような内容の教育を施すことを強制することは、憲法第26条、第13条の規定上からも許されないと解されるから、国は、子供の教育内容についてこれを決定する権能を有しないとするのが判例である。

ウ 憲法第26条第2項後段にいう義務教育の無償とは、授業料不徴収の意味と解するのが相当であり、授業料のほかに、教科書、学用品その他教育に必要な一切の費用まで無償としなければならないことを定めたものと解することはできないとするのが判例である。

エ 労働組合が、地方議会議員の選挙に当たり、統一候補を決定し、組合を挙げて選挙運動を推進している場合において、統一候補以外の組合員で立候補しようとする者に対し、立候補を思いとどまるように勧告又は説得することは、組合の統制権を超えるものとして違法であるとするのが判例である。

オ 労働基本権は、国との関係で労働者に保障されるだけでなく、使用者対労働者という関係において労働者の権利を保護することも目的としている。したがって、労働基本権の保障は私人間の関係にも直接適用される。

1 ア
2 ア、ウ
3 イ、エ
4 ウ、オ
5 エ、オ

➡解答・解説は別冊P.093

問題 4 国家専門職（2014 年度）

労働基本権に関するア～オの記述のうち、妥当なもののみを全て挙げているのはどれか。

ア 憲法第28条が保障する労働基本権は、使用者対労働者という関係において、労働者の権利を保護する目的も有しており、同条は、国家との関係においてのみならず、私人間の関係にも直接適用される。

イ 憲法第28条は「勤労者の団結する権利及び団体交渉その他の団体行動をする権利は、これを保障する。」として、勤労者に、団結権、団体交渉権、団体行動権（争議権）を保障しており、これらの権利は労働三権と呼ばれる。

ウ 憲法第28条による労働者の団結権保障の効果として、労働組合は、その目的を達成するために必要かつ合理的な範囲内において、その組合員に対する統制権を有するが、労働組合が、地方議会議員の選挙に当たり、組合が決めた統一候補以外の組合員で立候補しようとする者に対し、立候補を思いとどまるよう、勧告又は説得をすることは、当該組合員の立候補の自由を侵害するため許されないとするのが判例である。

エ 憲法は労働者の団体が適正な労働条件の実現を図るために団体行動をする権利を認めているが、その団体行動が使用者に損害を与えるに至った場合は、それが労働組合の正当な争議行為によるものであったとしても、当該使用者は、当該労働組合に対してその損害の賠償を請求することができる。

オ いわゆる安保反対闘争のような活動は、直接的には国の安全や外交等の国民的関心事に関する政策上の問題を対象とする活動であるが、究極的には何らかの意味において労働者の生活利益の維持向上と無縁ではないのであるから、労働組合の多数決によって決定された同活動実施のための臨時組合費の徴収については、組合員はこれを納付する義務を負うとするのが判例である。

1 ア、イ
2 ア、ウ
3 ア、イ、エ
4 イ、ウ、オ
5 ウ、エ、オ

➡解答・解説は別冊P.094

SECTION 3

公務員の労働基本権

STEP 1 要点を覚えよう！

POINT 1 公務員の労働基本権

公務員にも労働基本権が保障されるかについて、判例は、労働基本権は単に私企業の労働者だけについて保障されるのではなく、公共企業体の職員はもとよりのこと、**国家公務員や地方公務員も、憲法28条にいう勤労者にほかならない以上、原則的に保障される**としている（全逓東京中郵事件：最大判昭41.10.26）。

ただし、公務員といっても様々な職種があり、職種によっては労働基本権が認められないものがある。それをまとめたのが以下の内容だ。

◆公務員の労働基本権の制約

・**労働三権の「すべて」が禁止されるもの**
警察職員、消防職員、自衛隊員等の公務員。

・**労働三権の「一部」が禁止されるもの①**
権力的性格を有しているが、現場業務ではない**非現業公務員は、団結権**は認められるが、**団体交渉権は一部制限**され、**団体行動権は禁止**されている。例えば、市役所の窓口事務の職員である。

・**労働三権の「一部」が禁止されるもの②**
非権力的な業務を行う**現業公務員は、団結権、団体交渉権は認められる**が、**団体行動権は禁止**されている。例えば、水道局や市民病院の職員、地方自治体の社会福祉士、保育士などである。

職種	団結権	団体交渉権	団体行動権
警察・消防等	×	×	×
非現業公務員	○	△※	×
現業公務員	○	○	×

※協約締結権などは否定される。

ストライキ等は、
全公務員において禁止される。

POINT 2 公務員の労働基本権に関する判例の変遷

前ページのとおり、**いかなる職種**であったとしても**公務員には「団体行動権」が認められない**。しかし、これに反して争議を行った者や、争議の計画者が起訴された際に、公務員に「団体行動権」が認められないことが憲法28条に違反しないかが争われることとなった。

この点について初期の判例（弘前機関区事件：最大判昭28.4.8）では、公務員は「全体の奉仕者」（憲法15条2項）であることを理由に憲法28条に反しないとしていたが、「全体の奉仕者」から一律に団体行動権の禁止を許容する点には批判があり、その後の判例は変遷していく。

「全体の奉仕者」というのは、公務員は国民全体の公僕（公衆に奉仕する人のこと）であるから、といったイメージだね。

都教組事件（最大判昭44.4.2）

判例（事案と判旨） 東京都教職員組合（都教組）の組合員が、都内公立小中学校教職員の勤務評定の導入に反対・阻止するため、一部教職員に対して、就業を放棄し、同盟罷業（ストライキ）させる目的で集会参加をあおったことで、地方公務員法違反で起訴された。**地方公務員法には、争議行為自体のみならず、その「あおり行為の禁止」**も定められているが、その、地方公務員法が憲法に違反すると争われた。

☞争議行為の禁止・あおり行為等を処罰している**地方公務員法の規定が対象としている禁止行為は**、文字通りの解釈ではなく、①**争議行為自体の違法性**の程度が**強く**、かつ、②**あおり行為等**が争議行為に通常随伴して行われる行為の範囲を超え、**違法性の程度が強いものに限られる**（①②の二重のしぼり）とする**合憲限定解釈**（憲法に適合するよう文言を解釈し読み替えること）を行い、当該規定は憲法28条に**反しない**とした。

上記の都教組事件において、「あおり行為の禁止」に該当するには、単なる争議行為をあおるだけでは該当せず、**「異常な争議行為」**についての**「異常なあおり行為」があった場合だけ**と限定的に法律を解釈することで、**地方公務員法を合憲**とした。

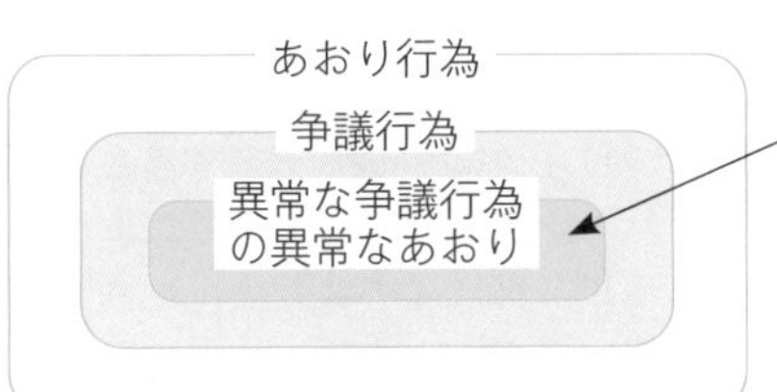

しかしその後、いわば**公務員の特殊性**から、**争議行為の一律禁止やあおり行為の禁止を全面的に認め、249ページの都教組事件のような解釈はすべきではない**という判例が出される。

岩手県教組学力テスト事件（最大判昭51.5.21）

判例（事案と判旨） 岩手県教員組合の組合員は、全国中学校一斉学力調査を阻止するため、一部の教員らに学力調査を実施しないよう指示等をしたことが、地方公務員法違反等として起訴された。

☞あおり行為は、争議行為の原動力としての中核的地位を占めるものであり、社会的責任が重いことからすれば、あおり行為をした者に対して違法な争議行為の防止のために特に処罰の必要性を認め、**地方公務員法の規定において罰則を設けることには十分合理性があり、憲法28条等に反しない**のであるから、争議行為に違法性の強いものと弱いものとを区別して、前者のみが同条同号にいう争議行為にあたるものとし、さらにまた、右争議行為の遂行を共謀し、そそのかし、又はあおる等の行為についても、いわゆる争議行為に通常随伴する行為は単なる争議参加行為と同じく可罰性を有しないものとして右規定の適用外に置かれるべきであると解しなければならない理由は**なく**、このような解釈を是認することはできない。

上記の判例については、初期の判例の理屈である「全体の奉仕者」論の復活だと批判がなされているんだ。

POINT 3 その他、公務員の労働基本権に関する重要判例

以上の判例の変遷とは別に、公務員の労働基本権に関するその他の重要判例を確認しておく。どれも実際に出題されているものである。

全司法仙台事件（最大判昭44.4.2）

判例（事案と判旨） 新安保条約に対する反対運動が広く行われ、労働組合等によっても活発に行われていたところ、裁判所職員がこの活動に参加することが裁判所の職員団体の争議行為として正当化されるかが問題となった。

☞**裁判所の職員団体の本来の目的**に鑑みれば、使用者たる国に対する経済的地位の維持・改善に直接関係があるとはいえず、**このような政治的目的のために争議を行うがごときは、争議行為の正当な範囲を逸脱するものであって許されるべきではなく**、かつ、それが**短時間のものであり、また、かりに暴力等を伴わないものとしても**、裁判事務に従事する裁判所職員の職務の停廃をきたし、国民生活に重大な障害をもたらす**おそれがある**から、**このような争議行為は、違法性の強いものである。**

全逓名古屋中郵事件（最大判昭52.5.4）

判例（事案と判旨） 全逓信労働組合の組合員が、名古屋中央郵便局の職員等に対して争議として職場大会へ参加させて業務を停止させた。この組合員の行為について郵便法上の教唆犯（犯罪をそそのかす罪）が成立するとして起訴された。

☞**非現業の国家公務員**の場合、その**勤務条件は、憲法上、国民全体の意思を代表する国会において法律、予算の形で決定すべき**ものとされており、**労使間の自由な団体交渉に基づく合意によって決定すべきものとはされていない**ので、私企業の労働者の場合のような労使による勤務条件の共同決定に関する団体交渉権及び団体交渉過程の一環として予定されている**争議権は、憲法上当然に保障されているものとはいえない**のであり、旧公共企業体等労働関係法の適用を受ける**五現業及び三公社の職員についても、直ちに又は基本的に妥当する**。

以上、四つの判例をまとめると以下のようになるので、各判例を区別して押さえておこう。

ここで覚める！ 公務員の労働基本権に関する重要判例！

①地方公務員法が争議行為自体の禁止のみならず、その「あおり行為の禁止」を定めている点が争われた事案（都教組事件：最大判昭44.4.2）

☞地方公務員法を**限定的に解釈**して、**合憲**とした。

↓しかし、

②岩手県教組学力テスト事件（最大判昭51.5.21）

☞地方公務員法の規定において罰則を設けることには**十分合理性があり**、憲法28条等に**反しない**とした。

③裁判所職員が新安保条約の反対運動に参加した事案（全司法仙台事件：最大判昭44.4.2）

☞**争議行為の正当な範囲を逸脱する**として、それが**短時間で、暴力等を伴わないものとしても、違法性の強い**ものとした。

④郵便局の職員等に職場大会へ参加させて業務を停止させた行為の違法性が争われた事案（全逓名古屋中郵事件：最大判昭52.5.4）

☞**非現業の国家公務員**の場合、**勤務条件は、国会において法律、予算の形で決定すべき**ものとされ、**労使間の自由な団体交渉に基づく合意によって決定すべきものとはされていない**ので、**争議権は、憲法上当然に保障されているものとはいえない**とした。

STEP 2 一問一答で理解を確認！

1 判例は、国家公務員や地方公務員も、憲法28条にいう勤労者にほかならない以上、原則的に保障されるとしている。	○ **本問の記述のとおり**である（全逓東京中郵事件：最大判昭41.10.26）。ただし、あくまでも原則的にということであり、労働基本権が制限される職種もある。
2 警察職員・消防職員は、団結権・団体交渉権・団体行動権のすべてが禁止されているが、自衛隊員は団体行動権のみが禁止されている。	× 警察職員、消防職員、自衛隊員等の公務員は、団結権、団体交渉権、団体行動権の**すべてが禁止**されている。
3 非権力的な業務を行う現業公務員は、団結権、団体交渉権は認められているが、団体行動権は禁止されている。	○ 水道局や市民病院の職員、地方自治体の社会福祉士、保育士などの非権力的な業務を行う現業公務員は、**団結権**、**団体交渉権**は認められているが、**団体行動権**は禁止されている。
4 団体行動権は、いかなる職種であっても公務員には保障されていない。	○ **本問の記述のとおり**である。
5 判例は、裁判所の職員団体が政治的目的のために争議を行うことは、裁判事務に従事する裁判所職員の職務の停廃をきたすとしても、国民生活に重大な障害をもたらすとはいえないから、違法性が弱いものであるとしている。	× 判例は、裁判所の職員団体の政治的目的のために争議を行うがごときは、裁判事務に従事する裁判所職員の職務の停廃をきたし、国民生活に重大な障害をもたらす**おそれがある**ため、このような争議行為は、**違法性の強い**ものであるとしている（全司法仙台事件：最大判昭44.4.2）。

6 判例は、地方公務員法には、争議行為自体の禁止のみならず、その「あおり行為の禁止」も定められているところ、いきすぎた制約であり、憲法に違反するとしている。

× 判例は、争議行為の禁止・あおり行為等を処罰している地方公務員法の規定が対象としている禁止行為は、文字通りの解釈ではなく、①争議行為自体の**違法性**の程度が**強く**、かつ、②あおり行為等が争議行為に通常随伴して行われる行為の範囲を超え、**違法性の程度が強い**ものに限られるとする**合憲限定解釈**を行い、憲法28条に**反しない**とした（都教組事件：最大判昭44.4.2）。

---

7 岩手県教組学力テスト事件において判例は、地方公務員法の規定について合憲限定解釈を行い、憲法に違反しないとしている。

× 岩手県教組学力テスト事件において判例は、地方公務員法の規定において罰則を設けることには**十分合理性があり**、憲法28条等に**反しない**としている。

---

8 判例は、非現業の国家公務員であっても、その勤務条件については、労使間の自由な団体交渉に基づく合意によって決定すべき余地があるとしている。

× 非現業の国家公務員の場合、その勤務条件は、憲法上、国民全体の意思を代表する国会において**法律**、**予算の形で決定**すべきものとされており、労使間の自由な団体交渉に基づく合意によって決定すべきものとは**されていない**としている（全逓名古屋中郵事件：最大判昭52.5.4）。

STEP 3 過去問にチャレンジ！

問題 1

特別区Ⅰ類（2020 年度）

日本国憲法に規定する労働基本権に関する記述として、最高裁判所の判例に照らして、妥当なものはどれか。

1 憲法は、労働者の争議権が平等権、自由権、財産権等の基本的人権に対して絶対的優位を有することを認めているのであって、使用者側の自由権や財産権が労働者の団体行動権のため制限を受けるのは当然であり、労働者が使用者側の自由意思を抑圧し、財産に対する支配を阻止することは許されるとした。

2 地方公務員法の規定は、全ての地方公務員の一切の争議行為を禁止し、これらの争議行為の遂行を共謀し、唆し、あおる等の行為を全て処罰する趣旨であり、それは、公務員の労働基本権を保障した憲法の趣旨に反し、必要やむを得ない限度を越えて争議行為を禁止し、かつ、必要最小限度を越えて刑罰の対象としているので、違憲無効であるとした。

3 裁判事務に従事する裁判所職員が新安保条約に対する反対運動のような政治的目的のために争議を行うことは、争議行為の正当な範囲を逸脱するものであるが、短時間のものであり、また、暴力を伴わないものであれば、職務の停廃を来し、国民生活に重大な障害をもたらすおそれはなく、違法性はないとした。

4 岩手県教組学力テスト事件において、地方公務員法の規定は、地方公務員の争議行為に違法性の強いものと弱いものとを区別して前者のみが同法にいう争議行為に当たるものとし、また、当該争議行為の遂行を共謀し、唆し、又はあおる等の行為のうちいわゆる争議行為に通常随伴する行為を刑事制裁の対象から除外する趣旨と解すべきであるとした。

5 全逓名古屋中郵事件において、公共企業体等労働関係法の適用を受ける五現業及び三公社の職員について、その勤務条件は、憲法上、国会において法律、予算の形で決定すべきものとされており、労使による勤務条件の共同決定を内容とする団体交渉権の保障はなく、当該共同決定のための団体交渉過程の一環として予定されている争議権もまた、憲法上、当然に保障されていないとした。

➡解答・解説は別冊 P.095

問題2　特別区Ⅰ類（2014年度）

日本国憲法に規定する労働基本権に関する記述として、判例、通説に照らして、妥当なのはどれか。

1　勤労者の団結する権利は、労働者の団体を組織する権利であるとともに、労働者を団結させて使用者の地位と対等に立たせるための権利であり、警察職員、消防職員、自衛隊員にも保障されている。

2　勤労者の団体交渉をする権利とは、労働者の団体が、労働条件について使用者と対等の立場で交渉する権利であり、非現業国家公務員や地方公営企業職員以外の地方公務員が組織する職員団体が、当局との交渉の結果、労働協約を締結することも含まれる。

3　勤労者の団体行動をする権利は、労働者の団体が労働条件の実現を図るために団体行動をする権利であり、その中心は争議権であるが、現業の国家公務員や地方公営企業職員にもこの争議権が認められている。

4　最高裁判所の判例では、私企業の労働者であると、公務員を含むその他の勤労者であるとを問わず、使用者に対する経済的地位の向上の要請とは直接関係のない警察官職務執行法の改正に対する反対のような政治的目的のために争議行為を行うことは、憲法28条とは無関係なものであるとした。

5　最高裁判所の判例では、全逓信労働組合の役員が、職場大会に参加するよう職員を説得した上、数時間職場を離脱させた事件において、労働基本権は、すべての労働者に保障するところであり、業務の停廃が国民生活に重大な障害をもたらすおそれがある場合であっても、争議行為を禁止してはならないとした。

➡解答・解説は別冊P.096

SECTION 4

受益権（国務請求権）

STEP 1 要点を覚えよう！

POINT 1 受益権（国務請求権）の背景

受益権（国務請求権）とは、国民が自己の利益のために、**国家の行為などを要求する積極的な権利**である。絶対的支配が行われてきた専制君主の時代から、国家が不当に人権を侵害しないよう人権保障を確実なものにするために認められてきた背景がある。

なお、資本主義社会の発達に伴う貧富の差の拡大や労働条件の悪化などによって生じた**社会的経済的弱者を保護するために生まれた社会権とは異なる**権利である。

POINT 2 請願権

憲法16条は「何人も、損害の救済、公務員の罷免、法律、命令又は規則の制定、廃止又は改正その他の事項に関し、**平穏に請願する権利**を有し、何人も、**かかる請願をしたためにいかなる差別待遇も受けない**」と規定しており、請願権を保障している。これは**外国人や未成年者・法人やその他の団体にも認められている。**

この**「請願」とは、国又は地方公共団体の機関**に対して、その職務権限に属する**あらゆる事項について希望を述べる**ことである。

もっとも、**国又は地方公共団体は、請願に対して、何らかの判断や採択をする義務はなく、また、何らかの施策を行う義務もない**と解されている。

POINT 3 裁判を受ける権利

憲法32条は**「何人も、裁判所において裁判を受ける権利を奪はれない」**と規定しており、**裁判を受ける権利**を保障している。自己の権利が侵害された場合には、民事裁判や行政裁判などを受ける権利を有し、刑罰を受ける場合には、刑事裁判によらなければならないことを意味する。

POINT 4 裁判を受ける権利の「裁判」

憲法32条の**「裁判」とは、公開、対審の訴訟手続**による裁判をいう。**対審とは、**争う者同士が**裁判官の前で主張を戦わせる**ことをいう。

他方、非公開、非対審を原則とする**家事審判**＊などの**家庭裁判所で行われる非訟（ひしょう）手続は憲法32条にいう「裁判」に含まれない**。なお、家事審判は、家族や親族にかかわる法律問題について扱う裁判の一種だが、内容によっては世間一般に公開すべきではないものがある。そのような裁判は非訟手続（事件）として、非公開で進められる。

＊ **家事審判**…子の監護に関する処分など、家事事件手続法で掲げられる事項について、家庭裁判所が行う裁判。

公開・対審で行われる「訴訟」事件に対して、非公開・非対審で行われるものを「非訟」事件というんだって。覚えておいてね。

POINT 5 管轄違い

実際に裁判が行われる場合、民事訴訟法や刑事訴訟法では、**どの裁判所で裁判を行うのかという管轄**について規定している。この点について判例は、**憲法32条は、裁判所以外の国家機関（行政府・立法府等）によっては裁判をされることはないという裁判を受ける権利を保障**しているのであって、**訴訟法で定める管轄権を有する具体的裁判所において裁判を受ける権利を保障したものではない**としている（町村長選挙罰則違反事件：最大判昭24.3.23）。

でも、憲法違反ではないというだけで、原則として、管轄違いの裁判は訴訟法違反になるんだよ。

POINT 6 法律上の利益

裁判では、訴訟の当事者が訴訟の目的となっている権利関係につき、裁判所の判断を求める**「法律上の利益」がなければ、訴えは却下**される。訴えの却下とは、実際に内容の判断に踏み込むことなく、門前払いされるようなものをいう。

これは「法律上の利益」がない裁判を認めてしまうと、訴えられる者にとっては煩雑であり、裁判所にとっても無駄な時間と労力を要するからである。したがって、この**「法律上の利益」がないとして訴えが却下されたとしても、裁判を受ける権利を侵害したことにはならない**。

これに関して判例は、**村長解職賛否投票の賛否投票の無効宣言を求める訴訟を提起した後に市町村の合併が行われて村が消滅**した場合、裁判を行っても村長の地位を回復することはできず、訴訟の利益が失われたとして、その訴えを却下しても憲法32条の裁判を受ける権利を**侵害しない**としている（村長解職投票無効確認請求事件：最大判昭35.12.7）。

POINT 7 審級制度

審級制度とは、日本では正しい裁判を実現するために**第一審、第二審（控訴審）、第三審（上告審）の三つの審級の裁判所**を設け、当事者が望めば、**原則的に3回までの反復審理を受けられる**制度のことである。

これに関して、**判決に影響を及ぼすことが明らかな法令の違反があることを理由として上告することを許容しない民事訴訟法の規定の合憲性**が争われた事案において、判例は、上告を許容するかは審級制度の問題であって、憲法81条において**最高裁判所は「憲法に適合するかしないかを決定**する権限を有する終審裁判所である」と規定されていることから、憲法に適合するかどうかではなく、法令違反があるだけでは最高裁判所に上告できないと法律で規定することは**立法の裁量の範囲内といえるから、憲法第32条の裁判を受ける権利を侵害しない**としている（規約変更認可処分取消等請求事件：最判平13.2.13）。

POINT 8 裁判員制度

裁判員制度とは、**刑事裁判に、国民から選ばれた裁判員が参加**する制度である。いわば裁判のプロである裁判官に裁かれるわけではない点で、**この制度の合憲性**が争われた事案において判例は、裁判員制度の仕組みを考慮すれば、**公平な「裁判所」における法と証拠に基づく適正な裁判が行われること（憲法31条、32条、37条1項）は制度的に十分保障されている**うえ、裁判官は刑事裁判の基本的な担い手とされているものと認められ、憲法が定める刑事裁判の諸原則を確保するうえでの**支障はない**ことからすれば、**裁判員制度は憲法32条等に違反しない**としている（覚せい剤取締法違反事件：最大判平23.11.16）。

POINT 9 外国人の裁判を受ける権利

憲法37条の裁判を受ける権利は、その**性質上外国人にもその保障が及ぶ**と一般に解されている。なお、裁判所法74条では、**「裁判所では、日本語を用いる」**と規定されているが、**通訳・翻訳をつけて裁判を行うことはできる**（刑事訴訟法175条～178条）。

POINT 10 法テラス

民事・刑事を問わず、法による紛争の解決に必要な情報やサービスの提供が受けられる社会を実現するために制定された**総合法律支援法に基づき**設立された公的な法人として、**日本司法支援センター（法テラス）**がある。この法テラスでは、経済的な理由で弁護士など法律の専門家に相談ができない等の問題に対応すべく、**民事法律扶助等の業務**を行っている。

POINT 11 明治憲法における裁判を受ける権利

日本国憲法が制定される前の**明治憲法（大日本帝国憲法）においても、裁判を受ける権利は保障されていた**（明治憲法24条）。しかし、刑事事件と民事事件のみが対象とされ、行政事件については司法裁判所とは別の行政裁判所に訴訟を提起すべきものとされ（明治憲法61条）、また、訴訟を提起しうる事項は法律で限定されていた（列挙主義）ことから、**裁判を受ける権利の保障は十分なものではなかった。**

行政事件というのは、行政事件訴訟法などによって規定される訴訟類型に該当する訴訟のことで、国や地方公共団体による違法・不当な行為によって権利を制約された場合や、行政の客観的な秩序維持を求める場合なんかが当てはまるんだ。

STEP 1 要点を覚えよう！

POINT 12 国家賠償請求権

憲法17条は「何人も、**公務員の不法行為により**、**損害**を受けたときは、**法律の定めるところにより、国又は公共団体に、その賠償を求めることができる**」と規定し、**国家賠償請求権**を保障している。この国家賠償請求権を制限する郵便法について争われたのが、以下の事案である。

郵便法免責規定違憲判決（最大判平14.9.11）

判例(事案と判旨) 郵便法の規定で郵便業務従事者の故意又は重大な過失によって損害が生じた場合に、国の損害賠償責任を否定している部分が憲法17条に違反するかが争われた。

☞**憲法17条の「法律の定めるところにより」とは**、公務員のどのような行為がいかなる要件で損害賠償責任を負うかを**立法府の政策判断に委ねた**ものであるが、**立法府に無制限の裁量権を付与するといった法律に対する白紙委任を認めていない**ものであるから、郵便法の規定で、郵便業務従事者の故意又は重大な過失によって損害が生じた場合に、不法行為に基づく**国の損害賠償責任を免除又は制限している部分は、立法府の裁量を逸脱し**、憲法17条に**反する**。

POINT 13 刑事補償請求権

憲法40条は「何人も、**抑留又は拘禁された後、無罪の裁判**を受けたときは、法律の定めるところにより、**国にその補償を求めることができる**」と規定し、**刑事補償請求権**を保障している。

刑事事件において、抑留や拘禁を受けて「無罪」となった者は、一般的に重大な不利益や精神的な苦痛を受けていることから、その不利益や損失を救済すべきという要請によって規定されたものだ。

なお、この刑事補償の手続を規定した刑事補償法は、警察機関等の故意・過失を要件と**していない**ことから、警察機関や検察官の故意や過失は**不要**である。つまり、警察機関等に落ち度がなかったとしても、補償が**認められる**。

刑事補償請求棄却決定特別抗告事件（最大決昭31.12.24）

判例(事案と判旨) **抑留又は拘禁されたが不起訴**となり、裁判を受けずに終わった場合は、補償請求できるかが問題となった。

☞不起訴となった場合には、原則として補償請求は**できない**が、無罪となった事実と不起訴となった事実が重なり合っており、**実質上は無罪となった事実についての抑留又は拘禁であると認められる部分**があれば、不起訴の事実についても、**例外的に補償の対象になる**。

STEP 2 一問一答で理解を確認！

1 受益権（国務請求権）とは、国民が自己の利益のために、国家の行為などを要求する積極的な権利であり、一般に社会権の一つとして考えられている。

× 社会権は、**社会的経済的弱者**を**保護**するために生まれた権利であり、受益権（国務請求権）とは**異なる**権利である。

2 請願権を行使された国又は地方公共団体は、請願に対して、何らかの施策を行う義務まではないが、何らかの判断や採択をする義務を負う。

× 国又は地方公共団体は、請願に対して、何らかの判断や採択をする義務は**なく**、また、何らかの施策を行う義務も**ない**。

3 憲法32条で保障される裁判を受ける権利の「裁判」には、裁判である以上、家庭裁判所で行われる非訟手続も含まれる。

× 家庭裁判所で行われる非訟手続は、憲法32条にいう「裁判」に**含まれない**。

4 訴訟法で定める管轄権を有する裁判所以外の裁判所において裁判を受けてしまっても憲法違反とはならない。

○ **本問の記述のとおり**である（町村長選挙罰則違反事件：最大判昭24.3.23）。

5 審級制度とは、日本では正しい裁判を実現するために複数の審級の裁判所を設け、当事者が望めば、反復審理を受けられるという制度のことである。

○ **本問の記述のとおり**である。

6 判例は、裁判員制度の仕組みを考慮すると、憲法が定める刑事裁判の諸原則を確保するうえで、裁判官以外の者が裁判に参加することは憲法上支障があることからすれば、裁判員制度は憲法第32条に反するとしている。

× 判例は、裁判員制度の仕組みを考慮すれば、憲法が定める刑事裁判の諸原則を確保するうえでの**支障はない**ことからすれば、裁判員制度は憲法第32条に**違反しない**としている（覚せい剤取締法違反事件：最大判平23.11.16）。

7 判例は、不起訴となった場合には原則として補償請求はできないが、無罪となった事実と不起訴となった事実が重なり合っており、実質上は無罪となった事実についての抑留又は拘禁であると認められる部分があれば、不起訴の事実についても、例外的に補償の対象になるとしている。

○ **本問の記述のとおり**である（刑事補償請求棄却決定特別抗告事件：最大決昭31.12.24）。

---

8 判例は、郵便法の規定で、郵便業務従事者の故意又は重大な過失によって損害が生じた場合に不法行為に基づく国の損害賠償責任を免除又は制限している部分は、立法府の裁量の範囲内であり憲法17条に反するとはいえないとしている。

× 判例は、郵便法の規定で、郵便業務従事者の故意又は重大な過失によって損害が生じた場合に不法行為に基づく国の損害賠償責任を免除又は制限している部分は、立法府の**裁量を逸脱し、憲法17条に反する**としている（郵便法免責規定違憲判決：最大判平14.9.11）。

---

9 刑事補償請求権（憲法40条）の手続を規定した刑事補償法は、補償の成立に官憲の故意・過失を要件としているため、警察機関や検察官の故意や過失は必要である。

× 刑事補償請求権（憲法40条）の手続を規定した**刑事補償法は、警察機関等の故意・過失を要件としていない**。

---

10 明治憲法（大日本帝国憲法）において、裁判を受ける権利は保障されていた。

○ **明治憲法**においても、**裁判を受ける権利は保障されていた**（明治憲法24条）。

---

11 明治憲法（大日本帝国憲法）における裁判を受ける権利では、民事事件と刑事事件のみならず、行政事件についても司法裁判所の対象とされていた。

× **明治憲法**においても、**裁判を受ける権利は保障されていた**が、刑事事件と民事事件のみが対象であり、行政事件は司法裁判所とは別の**行政裁判所**に訴訟を提起すべきものとされていた（明治憲法61条）。

STEP 3
過去問にチャレンジ！

問題 1 国家一般職（2018 年度）

国務請求権に関するア～オの記述のうち、妥当なもののみを全て挙げているのはどれか。

ア 憲法は、歴史的に確立された近代的裁判制度を前提とした裁判を受ける権利を人権として保障し、裁判制度として、裁判の公開や三審制の審級制度を明文で規定している。

イ 裁判を受ける権利については、その性質上外国人にもその保障が及ぶと一般に解されており、裁判所法は、被告人が外国人である刑事裁判においては、裁判所は、検察官の同意を得た上で、日本語以外の言語を用いて裁判を行うことを決定することができる旨規定している。

ウ 憲法第32条は、訴訟法で定める管轄権を有する具体的裁判所において裁判を受ける権利を保障したものであるが、管轄違いの裁判所がした裁判であっても、それが恣意的な管轄の間違いでない限り、同条に違反しないとするのが判例である。

エ 裁判員制度は、公平な「裁判所」における法と証拠に基づく適正な裁判が行われることが制度的に十分保障されている上、裁判官は刑事裁判の基本的な担い手とされているものと認められ、憲法が定める刑事裁判の諸原則を確保する上での支障はなく、憲法第32条に違反しないとするのが判例である。

オ 憲法第40条は、何人も、抑留又は拘禁された後、無罪の裁判を受けたときは、法律の定めるところにより、国にその補償を求めることができると定めているが、同条にいう「抑留又は拘禁」には、たとえ不起訴となった事実に基づく抑留又は拘禁であっても、そのうちに実質上は、無罪となった事実についての抑留又は拘禁であると認められるものがあるときは、その部分の抑留及び拘禁も含まれるとするのが判例である。

1 ア、イ
2 ア、オ
3 イ、ウ
4 ウ、エ
5 エ、オ

➡解答・解説は別冊P.097

問題 2 国家一般職（2013 年度）

裁判を受ける権利に関するア～オの記述のうち、妥当なもののみを全て挙げているのはどれか。

ア 裁判を受ける権利は、現行憲法においては、憲法上保障された権利として明文で規定されているが、明治憲法においては、裁判を受ける権利を保障する規定は存在せず、とりわけ行政事件の裁判は、通常裁判所の系列に属さない行政裁判所の権限に属し、出訴できる場合も限定されるなど、国民の権利保障という点では不十分なものであった。

イ 憲法第32条の趣旨は、全ての国民に、憲法又は法律で定められた裁判所においてのみ裁判を受ける権利を保障するとともに、訴訟法で定める管轄権を有する具体的裁判所において裁判を受ける権利を保障したものと解されるから、管轄違いの裁判所による裁判は同条に違反するとするのが判例である。

ウ 憲法第32条は、訴訟の当事者が訴訟の目的たる権利関係につき裁判所の判断を求める法律上の利益を有することを前提として、かかる訴訟につき本案の裁判を受ける権利を保障したものであって、当該利益の有無にかかわらず常に本案につき裁判を受ける権利を保障したものではないとするのが判例である。

エ いかなる事由を理由に上告をすることを許容するかは審級制度の問題であって、憲法が第81条の規定するところを除いてはこれを全て立法の適宜に定めるところに委ねている趣旨からすると、判決に影響を及ぼすことが明らかな法令の違反があることを最高裁判所への上告理由としていない民事訴訟法の規定は、憲法第32条に違反しないとするのが判例である。

オ 裁判を受ける権利を実質的なものにするためには、資力の乏しい者に対する法律扶助の制度が必要であるが、平成16年に制定された総合法律支援法では、資力の乏しい者にも民事裁判等手続の利用をより容易にする民事法律扶助事業の適切な整備及び発展が図られなければならないこととされ、新たに設立された日本司法支援センター（法テラス）が民事法律扶助等の業務を行うこととなった。

1 ア、イ
2 ア、オ
3 イ、ウ、エ
4 イ、エ、オ
5 ウ、エ、オ

➡解答・解説は別冊 P.097

問題 3　　裁判所職員（2013 年度）

国務請求権に関する次の記述のうち、最も適当なものはどれか（争いのあるときは、判例の見解による。）。

1　国務請求権とは、国家による行為を請求する権利であり、受益権や人権を確保するための基本権などと呼ばれるものであるが、伝統的には社会権に分類される権利である。

2　請願権（憲法16条）とは、国又は地方公共団体の機関に対して、その職務に関する希望を述べる権利であり、請願を受けた国又は地方公共団体の機関は、これを受理し、採択をする義務を負うが、何らかの施策を行う義務までを負うものではない。

3　裁判を受ける権利（憲法32条）の「裁判」とは、憲法82条が定める公開・対審・判決という原則が保障される訴訟事件の裁判に限らず、家庭裁判所で行われる家事審判のような非訟事件の裁判も含まれると解されている。

4　国家賠償請求権（憲法17条）は、「法律の定めるところにより」賠償を求めることができる権利であるが、判例は、郵便物の亡失等につき損害賠償責任を過剰に制限・免除していた郵便法の規定について、立法裁量の範囲を逸脱するものとして、違憲であるとした。

5　刑事補償請求権（憲法40条）は、抑留又は拘禁された被告人について、無罪の裁判があった場合に、国に対し、補償を求めることができるとする権利であるが、この刑事補償請求権を具体化した刑事補償法は、官憲の故意・過失を要件としている。

➡解答・解説は別冊 P.098

CHAPTER

国会

この章で学ぶこと

国会では条文知識を網羅的にチェックする

CHAPTER6・国会では、「国会の構成と衆議院の優越」「国会の運営と権能」「議院の権能」「国政調査権」「国会議員の権能」を扱います。

憲法は代表民主制を採用しており、これは議会を中心とする政治体制を意味します。代表民主制においては、国民の意思を議会に反映し、議会が公開の討論を行って、政治の基本方針を決定します。それゆえ、議会である国会は憲法上の重要な地位と役割を与えられており、公務員試験でも国会に関する知識がよく出題されるのです。

国会関連の学習にあたっては、国会がどのような地位を持つのか、衆議院と参議院の違いは何か、という点や、国会それ自体と議院（衆議院・参議院）や国会議員の権能の違いを押さえることを意識するとよいでしょう。

統治分野では、今まで学んできた人権分野と異なり、条文知識が非常に重要になってきます。条文内容の理解も含めて、記憶の作業を確実に行っていくことが重要です。

頻出分野なのでしっかり対策を

国会は、統治分野では最も出題頻度の高い分野なので、しっかりと対策をしていく必要があります。本章では、国会・議院・国会議員という３つの項目を見ていくので、今学習している内容がどの項目に属するのかという点について混乱しやすく、きちんと整理して押さえていくことが重要です。国会・議院・国会議員には、それぞれに異なった権能が付与されているので、それらの権能の違いをしっかりと押さえておきましょう。

また、定足数や期間に関する数字も重要です。これらは何度も反復して覚えるしかないので、数字関係の知識も頑張って習得してください。

この分野は覚えることが多岐にわたっていて、とにかく苦しい学習になりやすいのですが、逆にいえば、確実な得点源でもあります。ぜひ、地道に取り組んでみてください。

試験別対策

国家一般職

統治分野のなかでも最も出題されやすく、国会の権能に関する事項がやや問われやすい。国会は記憶の勝負になるので、本章を何度も読んで、過去問もしっかり解いておこう。

国家専門職

国家一般職と異なり、この分野からの出題頻度はやや下がる。国会の地位や構成がやや問われやすいので、この部分を中心に学習しよう。

地方上級

国政調査権に関する事項がやや問われやすい。国政調査権の性質に関するポイントはしっかりと押さえておくこと。

裁判所職員

この分野からは、まんべんなく問われることが多い。他の試験種よりも若干難易度が上がるので、よりていねいな学習が求められる。本章を何度も読んで、過去問をしっかり解いておこう。

特別区Ⅰ類

国家一般職と同程度に出題頻度が高い。国会の権能と国政調査権が問われやすいので、まずはこの分野から記憶していくのが一手。

市役所

国会議員に関する事項がやや問われやすい。国会議員について優先的に学習してから、他の部分を見ていこう。

SECTION 1

国会の構成と衆議院の優越

STEP 1 要点を覚えよう！

POINT 1 全国民の代表

憲法43条1項は「両議院は、全国民を代表する選挙された議員でこれを組織する」と規定している。つまり、国会は選挙で選ばれた国会議員によって構成されるが、あくまでも**「全国民」の「代表」**であることが規定されている。これは、**選ばれた地域の住民や後援団体などの意見に拘束されることなく**、全国民の代表として自己の良心に従って活動すればよいという**自由委任の原則（表決の自由）**を定めていると解されている。

POINT 2 国権の最高機関

憲法41条は「国会は、国権の最高機関であつて、国の唯一の立法機関である」と規定している。**「国権」とは、国家の権力**であり、**統治権**を意味する。そして、**「最高機関」の意味**には争いがあり、統括機関説、政治的美称説に分かれている。

統括機関説とは、**「最高機関」には法的な意味**があり、**国会は国政全般を統括する機能をもつ**機関であるとする考え方である。

政治的美称説（通説）とは、**「最高機関」には法的な意味はなく**、国政の中心的地位を占める機関であることを強調した**政治的な美称（敬意を示す言葉）にすぎない**とする考え方である。

POINT 3 立法の意味

「唯一の立法機関」の**「立法」とは、国会が行う実質的意味の立法（一般的・抽象的法規範）**を意味する。**国会以外の機関が法規範を定立することは禁止**され、形式的に「法律」という形で制定される規定に限らず、実質的に法律と同等の制限を有する規定を制定することも**禁止**されている（**実質的意味の立法の禁止**）。例えば、**旧憲法下での独立命令や緊急命令*は**、命令と書かれていても法律と同等の効力が認められる法規範である。

POINT 4 国会中心立法の原則

「唯一の立法機関」という規定からは、**国会中心立法の原則**と、**国会単独立法の原則**が導かれる。**国会中心立法の原則**とは、**国会だけが立法を行える**という原則であり、国会以外の機関が立法を行ってはならないという意味を持つ。

ただし、**憲法が規定する例外**として、**両議院の規則制定権**（憲法58条2項）や**最高裁判所の規則制定権**（憲法77条1項）がある。

* **独立命令と緊急命令**…ともに旧憲法下（大日本帝国憲法）で認められていたもので、行政が独立で定めたり、緊急時に定める命令。現在の日本国憲法では認められていない。

なお、国会中心立法の原則からすると、**法律の委任の範囲内であれば法令を規定できる**ことになるが、判例は、**児童扶養手当法の委任を受けた政令である当時の同法施行令が、父に認知された児童を支給対象から除外**したことは、法の委任の趣旨に反し、**法の委任の範囲を逸脱した違法な処分**であるとしている（最判平14.1.31：児童扶養手当法施行令事件）。

POINT 5 国会単独立法の原則

国会単独立法の原則とは、国会が立法を行う際に**国会以外の機関が関与しない**という原則である。**憲法が規定する例外**として、**地方自治特別法の住民投票**（憲法95条）がある。これは、その地域だけに適用される地方自治特別法の制定には、国会の議決だけではなく、その地域に住む「住民の投票」も必要であり、国会以外が関与するためである。

また実務上、**内閣が国会に対して法律案を提出**することが行われているが、立法の前段階である法律案提出を内閣に認めることは、国会単独立法の原則に反しないかが問題となる。通説は、**国会はその法律案を自由に修正し、又は否決することもできるため、国会単独立法の原則に反しない**と考えられている。

POINT 6 二院制

国民の代表機関である**国会が、衆議院と参議院という独立した2つの議院で構成**されることを**二院制**という。二院制は、立法機能を分割することで権力の集中を防ぎ、一院の突発的・衝動的な行動を抑制して慎重な審議を図ること、また、国民の多様な価値観をより広く反映させることができるという長所がある。

原則として、両院は対等であり、両院の議決が一致することで国会（議会）の議決が成立する。一方で、**両院は独立して活動**するものともされ、**議論や議決は別々に行う**（**両院独立活動の原則**）。もっとも、**両院独立活動の原則の例外**として、**両院協議会**が存在する（憲法59条～61条、67条2項、国会法83条の2等）。

POINT 7 衆議院

憲法45条は「衆議院議員の任期は、四年とする。但し、衆議院解散の場合には、その期間満了前に終了する」と規定している。**衆議院議員の任期は4年**であるが、衆議院には**「解散」**があり、任期の途中であっても「解散」が行われると議員の地位は失われる。衆議院が解散すると、その後の「総選挙」（憲法54条1項）により、一斉に議員が入れ替わるため、リアルタイムに国民の意思を反映しやすい。

POINT 8 参議院

憲法46条は「参議院議員の任期は、六年とし、三年ごとに議員の半数を改選する」と規定している。**参議院議員の任期は6年**であり、衆議院と違って解散がなく任期も長いため、短期的な視点にとらわれず、長期的な視野で議論を行いやすく、良識の府として衆議院の暴走を防ぐ役割を担っている。

なお、国会議員の任期は、憲法上明文で定められているが、**議員定数**や**被選挙**

権の年齢については、公職選挙法によって定められていることに注意しよう。

POINT 9 衆議院の優越

前述のとおり、**原則として、両院は対等**であり、**両院の議決が一致することで国会の議決が成立**する。しかし、両院で異なる議決となった場合には、国の重要事項に関する判断（議決）が滞ってしまう。そこで、両院で異なる議決をした場合※には、国民の意思を反映しやすい**衆議院の判断（議決）を優先**するため、**憲法うえで衆議院の優越**が定められている。

衆議院の優越が認められている事項には、**法律案**の議決、**予算**の議決、**条約締結承認**の議決、**内閣総理大臣の指名**があり、まとめると以下のようになる。

※休会中の期間を除いて、法律案について参議院が**60日**以内に議決しないことで、参議院が否決したとみなした場合、予算・条約締結承認について衆議院の議決を受けとった後、参議院が**30日**以内に議決しない場合、内閣総理大臣の指名について、参議院が**10日**以内に指名の議決をしない場合を含む。

◆衆議院の優越のまとめ

①**法律案**の議決（59条）

衆議院で出席議員の**3分の2以上での再議決**があれば、衆議院の議決が国会の議決となる。両院協議会の開催は**任意**である。

②**予算**の議決（60条2項）
③**条約締結承認**の議決（61条）
④**内閣総理大臣の指名**（67条2項）

必ず両院協議会を開き、それでも意見が一致しない場合は、**衆議院**の議決がそのまま国会の議決となる。

上記のとおり、**②予算の議決、③条約締結承認の議決、④内閣総理大臣の指名**といった国家の重要事項は、行政活動にも大きな影響を及ぼすため、**衆議院の優越がより強力**に規定されている。

その代わり、**両院協議会の開催が必須**となり、参議院の意見もできるだけ取り入れるよう配慮がなされている。なお、**内閣総理大臣の指名は、国会議員の中から**国会の議決で指名され、**この指名は他のすべての案件に優先**して行われる（憲法67条1項）。

でも、憲法改正の発議（憲法96条）には衆議院の優越はないんだ。また、「決算」（憲法90条）は、「予算」とは異なるので、衆議院の優越がないんだよ。

POINT 10 内閣不信任決議と衆議院の優越

憲法69条は「内閣は、衆議院で不信任の決議案を可決し、又は信任の決議案を否決したときは、十日以内に衆議院が解散されない限り、総辞職をしなければならない」と規定されている。これがいわゆる内閣不信任決議であり、**衆議院だけ**に認められている権限である。

内閣不信任決議は「今の政府は信頼できない！」とノーを突きつける権限だと考えてね。

この内閣不信任決議がなされると、**内閣は10日以内に、①内閣自身が総辞職**をする、②その内閣不信任決議に**対抗して衆議院を解散させる**、のどちらかの判断をしなければならない。

衆議院を解散させた場合は、その後に衆議院総選挙が行われ、新しい内閣総理大臣が指名されて新内閣が発足し、それまでの内閣は総辞職することになる。

なお、**参議院**は内閣に対して**問責決議案**を可決することができるが、これには**法的拘束力はなく**、可決されたとしても**内閣は総辞職をする必要がない**。

POINT 11 国会法における衆議院の優越

国会法13条は「前二条の場合において、両議院の議決が一致しないとき、又は参議院が議決しないときは、**衆議院**の議決したところによる」と規定されている。このように憲法上で規定されたものだけではなく、**国会法上で規定された衆議院の優越もある。**

そして、「前二条の場合」とは、臨時国会（臨時会）の**会期**、特別国会（特別会）の**会期**、常会（通常国会）の会期を含めた**会期延長**である。

POINT 12 予算先議権と衆議院の優越

憲法60条1項は「**予算は、さきに衆議院に提出**しなければならない」と規定され、**衆議院の予算先議権**が認められている。

法律案は、衆議院と参議院のどちらが先に審議をしてもよいが、**予算案は必ず衆議院が先に審議する必要**があるということである。これは、国家の重要事項である予算の議決は、まずは国民の意思を反映しやすい**衆議院**に審議してもらうためである。したがって、内閣は予算案を先に**衆議院**に提出し、**衆議院**で可決された後に参議院に予算案が提出される。

なお、「予算を伴う法律案」は「法律案」である以上、通常の法律案と同様に対応され、衆議院の先議権は**ない**。

STEP 2 一問一答で理解を確認！

1 国会中心立法の原則とは、国会だけが立法を行えるという原則であり、憲法の規定による例外として、地方自治特別法の住民投票がある。

× 国会中心立法の原則とは、**国会だけが立法を行える**という原則であり、憲法の規定による例外として、**両議院の規則制定権**（憲法58条2項）や**最高裁判所の規則制定権**（憲法77条1項）がある。地方自治特別法の住民投票については、次の問題2を参照。

2 国会単独立法の原則とは、国会が立法を行う際に国会以外の機関が関与しないという原則であり、憲法の規定による例外として、両議院の規則制定権や最高裁判所の規則制定権がある。

× 国会単独立法の原則とは、国会が立法を行う際に**国会以外の機関が関与しない**という原則であり、憲法の規定による例外として、**地方自治特別法の住民投票**（憲法95条）がある。

3 判例は、児童扶養手当法の委任を受けた政令である同法施行令が、父に認知された児童を支給対象から除外したことは、法の委任の趣旨に反しないとしている。

× 判例は、児童扶養手当法の委任を受けた政令である同法施行令が、父に認知された児童を支給対象から除外したことは、法の委任の趣旨に**反し**、法の委任の範囲を**逸脱した違法な処分**であるとしている（最判平14.1.31：児童扶養手当法施行令事件）。

4 憲法43条1項は「両議院は、全国民を代表する選挙された議員でこれを組織する」と規定されており、国会議員は基本的には選挙区の代表であるから、選挙区の住民の意思に拘束される。

× 憲法43条1項は「両議院は、**全国民を代表**する選挙された議員でこれを組織する」と規定されており、全国民の代表として自己の良心に従って、活動するという**自由委任**

の原則（表決の自由）を定めている。

5 衆議院で可決し、参議院でこれと異なった議決をした法律案は、衆議院で出席議員の4分の1以上の多数で再び可決したときは、法律となる。

× 「衆議院で可決し、参議院でこれと異なつた議決をした**法律案**は、衆議院で出席議員の**三分の二以上**の多数で再び可決したときは、法律となる」（憲法59条2項）と規定されている。

6 予算について、参議院が、衆議院の可決した予算を受け取った後、国会休会中の期間を除いて10日以内に、議決しないときは、衆議院の議決を国会の議決とする。

× **予算**について、「参議院が、衆議院の可決した予算を受け取つた後、国会休会中の期間を除いて**三十日以内**に、議決しないときは、衆議院の議決を国会の議決とする」（憲法60条2項）と規定されている。

7 内閣総理大臣は、衆議院議員の中から国会の議決で指名する。この指名は、予算決議に優先して行われる。

× **内閣総理大臣**は、**国会議員**の中から国会の議決で指名する。この指名は**他のすべての案件**に優先して行われる（憲法67条1項）。

8 内閣は、衆議院で不信任の決議案を可決したとき、又は信任の決議案を否決したときは、7日以内に衆議院が解散されない限り、総辞職をしなければならない。

× 「内閣は、衆議院で不信任の決議案を可決し、又は信任の決議案を否決したときは、**十日以内**に衆議院が解散されない限り、総辞職をしなければならない」（憲法69条）と規定されている。

STEP 3 過去問にチャレンジ！

問題 1 国家専門職（2016 年度）

国会に関する次の記述のうち、妥当なものはどれか。

1 法律案は、憲法に特別の定めのある場合を除いては、両議院で可決したとき法律となるが、法律案の議決について、参議院が、衆議院の可決した法律案を受け取った後、国会休会中の期間を除いて30日以内に、議決しないときは、衆議院は、参議院がその法律案を否決したものとみなすことができる。

2 条約の締結に際しては、事前に、時宜によっては事後に、国会の承認を経ることが必要であるが、この承認について、参議院が、衆議院の可決後、国会休会中の期間を除いて60日以内に、議決しないときは、衆議院の議決が国会の議決となる。

3 内閣総理大臣は、国会が国会議員の中から指名の議決を行うことによって決められ、この指名は、他の全ての案件に先立って行われるが、この指名の議決について、衆議院が指名の議決をした後、国会休会中の期間を除いて30日以内に、参議院が、指名の議決をしないときは、衆議院の議決が国会の議決となる。

4 両議院は、各々その議員の資格に関する争訟を裁判することができるが、この争訟の「裁判」は、憲法第76条の例外であって、司法裁判所の管轄外とされているため、議員の資格を失わせるには、特に厳格な手続が求められており、総議員の3分の2以上の多数による議決が必要である。

5 両議院は、各々その会議その他の手続及び内部の規律に関する規則を定め、また、院内の秩序を乱した議員を懲罰することができ、議員が国務大臣や大臣政務官などの公務員を兼務している場合であっても、懲罰の対象外とはならない。

➡解答・解説は別冊 P.100

問題 2 裁判所職員（2020 年度）

次の文章の空欄①～③に語句群から適切な語句を入れると、衆議院の優越に関する記述となる。空欄に入る語句の組み合わせとして妥当なもののみを挙げているものはどれか。ただし、番号の異なる空欄に同じ語句は入らない。

憲法は、内閣総理大臣の指名の議決、（　①　）の議決、（　②　）の議決などの点で、衆議院が参議院に優越する場合を定めている。衆議院と異なる内閣総理大臣の指名の議決を参議院がした場合、（　③　）を開催しても意見が一致しないとき、又は参議院が国会休会中の期間を除いて10日以内に議決をしないときには、衆議院の議決が国会の議決となると定められている。参議院が衆議院と異なる（　①　）の議決をした場合、（　③　）を開催しても意見が一致しないとき、又は参議院が国会休会中の期間を除いて30日以内に議決をしないときには、衆議院の議決が国会の議決となると定められている。（　②　）の議決についても、（　①　）と同様である。ただし、（　①　）は、先に衆議院に提出しなければならないと定められているのに対し、（　②　）は、そのような定めがないのが、両者の異なる点である。

【語句群】
ア：予算
イ：決算
ウ：条約の承認
エ：法律案
オ：緊急集会
カ：両院協議会

1　①－ア、②－ウ、③－オ
2　①－ア、②－ウ、③－カ
3　①－イ、②－エ、③－カ
4　①－ウ、②－ア、③－カ
5　①－ウ、②－エ、③－オ

➡解答・解説は別冊 P.101

問題3

裁判所職員（2014年度）

衆議院の優越に関する次のA～Dの記述の正誤の組み合わせとして最も適当なものはどれか。

A　衆議院で可決し、参議院でこれと異なった議決をした予算は、衆議院で出席議員の3分の2以上の多数で再び可決したときは、衆議院の議決が国会の議決となる。

B　内閣は、衆議院又は参議院で、不信任の決議案を可決し又は信任の決議案を否決したときは、総辞職をしなければならない。

C　条約の締結に必要な国会の承認については、先に衆議院で審議しなければならない。

D　内閣総理大臣の指名について、衆議院と参議院とが異なった指名の議決をした場合、衆議院で出席議員の3分の2以上の多数で再び可決したときは、衆議院の議決が国会の議決となる。

	A	B	C	D
1	正	正	正	正
2	正	誤	正	誤
3	誤	正	誤	誤
4	誤	誤	正	正
5	誤	誤	誤	誤

➡解答・解説は別冊P.101

問題 4 特別区Ⅰ類（2020年度）

日本国憲法に規定する衆議院の優越に関する記述として、妥当なものはどれか。

1 内閣総理大臣の指名について、衆議院と参議院とが異なった指名の議決をした場合は、衆議院で出席議員の3分の2以上の多数で再び指名の議決をしたときに限り、衆議院の議決を国会の議決とする。

2 条約の締結に必要な国会の承認について、参議院で衆議院と異なった議決をした場合に、法律の定めるところにより、両議院の協議会を開いても意見が一致しないときは、衆議院の議決を国会の議決とする。

3 内閣について、衆議院で不信任の決議案を可決し、参議院でその決議案を否決した場合に、衆議院で出席議員の3分の2以上の多数で不信任の決議案を再び可決したときは、内閣は総辞職しなければならない。

4 法律案について、衆議院で可決し参議院でこれと異なった議決をした場合は、法律の定めるところにより、両議院の協議会を開かなければならず、その協議会でも意見が一致しないときは、衆議院の可決した法律案が法律となる。

5 予算について、参議院が衆議院の可決した予算を受け取った後、国会休会中の期間を除いて30日以内に議決しないときは、衆議院は、参議院がその予算案を否決したものとみなし、出席議員の過半数で再びこれを決することができる。

➡解答・解説は別冊P.102

問題 5　特別区Ⅰ類（2016 年度）

日本国憲法に規定する国会に関する記述として、妥当なものはどれか。

1 予算は、先に衆議院に提出しなければならず、参議院が、衆議院の可決した予算を受け取った後、国会休会中の期間を除いて30日以内に議決しないときであっても、両院協議会を開かなければならず、直ちに衆議院の議決を国会の議決とすることはできない。

2 法律案は、両議院で可決したとき法律となるが、参議院が、衆議院の可決した法律案を受け取った後、国会休会中の期間を除いて60日以内に議決しないときは、直ちに衆議院の議決を国会の議決とする。

3 内閣総理大臣の指名について、衆議院と参議院の議決が一致しないときは、参議院は、両院協議会を求めなければならず、衆議院はこの求めを拒むことができない。

4 衆議院議員の任期満了による総選挙が行われたときは、その選挙の日から30日以内に国会の特別会を召集しなければならないが、特別会の会期は両議院一致の議決で定め、会期の延長は2回に限って行うことができる。

5 両議院の議事は、憲法に特別の定めのある場合を除いては、出席議員の過半数でこれを決し、可否同数のときは、議長の決するところにより、また、議長は、いずれかの議院の総議員の4分の1以上の要求があれば、国会の臨時会の召集を決定しなければならない。

➡解答・解説は別冊 P.103

問題 6　　特別区Ⅰ類（2014 年度）

日本国憲法に規定する国会に関する記述として、妥当なものはどれか。

1　衆議院が解散された場合、内閣は、国に緊急の必要があるときは参議院の緊急集会を求めることができるが、当該緊急集会において採られた措置は、次の国会開会の後10日以内に、衆議院の同意がない場合には、その効力を失う。

2　衆議院と参議院で予算について異なった議決をした場合は、衆議院の優越が認められているため、衆議院は両議院の協議会の開催を求める必要はなく、衆議院の議決が直ちに国会の議決となる。

3　内閣総理大臣の指名の議決について、衆議院が議決をした後、国会休会中の期間を除いて10日以内に参議院が議決しない場合、衆議院の総議員の3分の2以上の多数で再び可決したときは、衆議院の議決が国会の議決となる。

4　国の収入支出の決算は、先に衆議院に提出され、参議院で衆議院と異なった議決をした場合、両議院の協議会を開いても意見が一致しないときは、衆議院の議決が国会の議決となる。

5　参議院が、衆議院の可決した条約の締結に必要な国会の承認を受け取った後、国会休会中の期間を除いて30日以内に議決しない場合、衆議院で出席議員の3分の2以上の多数で再び可決したときは、衆議院の議決が国会の議決となる。

➡解答・解説は別冊 P.104

SECTION 2

国会の運営と権能

STEP 1 要点を覚えよう！

POINT 1 国会の種類と常会

国会の種類には、**常会、臨時会、特別会**があるので、以下、確認していく。

なお、**両議院は同時に開会**し、**同時に閉会**する（憲法54条2項本文）という**両院同時活動の原則**がある。

まず、憲法52条は「国会の**常会は、毎年一回**これを召集する」と規定しており、これが**常会（通常国会）**と呼ばれるものである。

常会は1月中に召集し（国会法2条）、**原則として、会期は150日**（国会法10条）となるが、**両議院一致の議決で会期は延長できる**（国会法12条1項）。**延長は1回まで**（国会法12条2項）となる。

POINT 2 臨時会

臨時会は、例えば、緊急を要する災害対策のための補正予算や法律案の審議を求める場合等、常会では想定できなかった事態に対応するためなどに開かれる。

憲法53条は「**内閣**は、国会の**臨時会の召集を決定することができる。いづれかの議院の総議員の四分の一以上の要求**があれば、**内閣は、その召集を決定しなければならない**」と規定し、①**内閣が自由な判断により必要**としたとき、②衆参いずれかの**議院の総議員の4分の1以上の要求**があったときに召集される。

さらに臨時会は、③**衆議院議員の任期満了による総選挙や参議院議員の通常選挙が行われた後**、その**任期が始まる日から30日以内に召集**しなければならない（国会法2条の3第1項、2項）。ちなみに、衆議院は、任期満了にせよ解散にせよ、全議員の選挙が行われるため「総」選挙、参議院は半数ずつなので「通常」選挙と呼ばれる。

臨時会の**会期は、両議院一致の議決でこれを定め**（国会法11条）、**両議院一致の議決で、延長できる**（国会法12条1項）。そして、**延長は2回まで**（国会法12条2項）となる。

上記③には衆議院の任期満了の総選挙、参議院の通常選挙後とあるけど、**もう一つ選挙が行われる場合**があって、それが**衆議院の解散**なんだ。この選挙後に召集されるのが、次の特別会だよ。

POINT 3 特別会

特別会について、憲法54条は次のとおり規定している。

1項「**衆議院が解散**されたときは、解散の日から**四十日**以内に、**衆議院議員の総選挙を行ひ、その選挙の日から三十日以内**に、国会を召集しなければならない」

2項「**衆議院が解散**されたときは、参議院は、同時に閉会となる。但し、**内閣は、国に緊急の必要があるときは**、参議院の緊急集会を求めることができる」

衆議院が解散されたときに召集される特別会において、主に取り扱われる議題は、**内閣総理大臣の指名**である。**会期は両議院一致の議決でこれを定め**（国会法11条）、**両議院一致の議決で延長できる**（国会法12条1項）。**延長は2回まで**（国会法12条2項）となる。

なお、特別会は、**衆議院解散総選挙後に必ず召集**しなければならないので、**常会と重なる場合は併せて開催**（国会法2条の2）することで合理化が図られている。

◆国会の召集と会期のまとめ

種類	召集	会期（延長回数）
常会	毎年1回、1月中	**150日間（1回まで）**
臨時会	1　**内閣の必要**に基づく場合 2　いずれかの**議院**の総議員の**4分の1**以上の要求 3　**衆議院議員の任期満了**による総選挙、参議院議員の**通常選挙後**	**両議院一致の議決**による（2回まで）※
特別会	衆議院の**解散総選挙後**	**両議院一致の議決**による（2回まで）※

※会期及びその延長については、両議院一致の議決により定めるが、一致しないときなどは、**衆議院の議決**が国会の議決となる。

POINT 4 会期不継続の原則

憲法で明文の規定はないが、国会法68条本文では「**会期中に議決に至らなかつた案件は、後会に継続しない**」と規定しており、これは**会期不継続の原則**と呼ばれる。会期中に議決されなかった案件は、次の国会では継続せず、廃案とすべきとするものである。

ただし例外として、委員会は、各議院の議決により継続審議の取扱いとして特に付託された案件については閉会中も審査することができ、閉会中審査した議案及び懲罰事犯の件は後会に継続する（国会法68条但書）。なお、委員会とは、議案を各議院でそれぞれ開かれる本会議にかける前に、詳細な議論を行う会議の場である。委員会には常設される常任委員会と、必要に応じて設置される特別委員会がある。

POINT 5 一事不再議の原則

一事不再議の原則とは、一度、議決した案件については、**同じ会期中に重ねて審議しない**とするものである。これは、既に決定した事項について、何度も審議、議決を繰り返すと非効率な会議となってしまうために、会期ごとに区切って審議すべきとするものである。

なお、憲法や国会法において、一事不再議の原則について直接定めた規定はない。また、会期が異なる場合はこの原則の適用は**ない**。そして、**一事不再議の原則の例外**として、衆議院の優越である**法律案の再議決**がある。

◆国会に関する原則と例外

原則	例外
両院同時活動の原則	**参議院の緊急集会**
両院独立活動の原則	**両院協議会**
会期不継続の原則	**継続審議の取扱い**
一事不再議の原則	**法律案の再議決（衆議院の優越）**

POINT 6 国会の議事①（定足数）

憲法56条1項は「**両議院は、各々その総議員の三分の一以上の出席がなければ、議事を開き議決することができない**」と規定している。合議体としての意思決定である**議決だけではなく**、合議体として**会議を開いて審議を行う**ためにも、各々その**総議員**の**3分の1**以上の出席が必要である。

なお、この**「総議員」の意味**については争いがあり、死亡や辞職などによって活動できない議員を含めるべきではないとの理由から、**現在の議員の数の総数とすべきという現在議員数説**がある一方、定足数*が変動することは妥当でなく、もともと3分の1という少ない数をさらに緩めるべきではないことから、**法律に定めた議員総数を指すべきという法定議員数説**がある。実務上は、**法定議員数**説をとると解されている。

POINT 7 国会の議事②（議決）

憲法56条2項は「両議院の**議事**は、この憲法に特別の定のある場合を除いては、**出席議員の過半数でこれを決し、可否同数のときは、議長の決するところ**による」と規定している。

例外としての**「憲法に特別の定のある場合」**とは、議員の資格争訟裁判（憲法55条）、秘密会の開催（憲法57条1項但書）、議員の除名決議（憲法58条2項）、法律案の再議決（憲法59条2項）の場合があり、これらは**出席議員の3分の2以上**の賛成によって決定される。また、**憲法改正の発議（憲法96条1項）は、さらに厳格に総議員の3分の2以上**の賛成によって決定される。

＊ **定足数(ていそくすう)**…複数の人物の合議(協議)によって物事を決定する合議制の機関が議事を開き、また議事を行うために必要な最小限度の出席者数のこと。

POINT 8 秘密会

国会は、主権者である国民（憲法前文1段、1条）の監視の下で立法活動を行わなければならないため、**会議は公開されることが原則**である。そして、通常の国会では、**傍聴の自由**や**報道の自由**が認められている。

しかし、外交機密や防衛機密を議論する場合、**出席議員の3分の2以上**の多数で議決したときは、**例外的に秘密会を開くことも認められている**（憲法57条1項但書）。現行憲法下において、本会議で秘密会を開催した例はない。

なお、憲法57条2項では、**両議院は**、各々その**会議の記録を保存**し、**秘密会の記録の中で特に秘密を要すると認められるもの以外は**、これを**公表し、かつ一般に頒布**しなければならないと規定しており、同条3項では、**出席議員の5分の1以上の要求**があれば、各議員の**表決は、これを会議録に記載**しなければならないとしている。

POINT 9 委員会と両院協議会の非公開

国会法の規定により、**委員会については原則、非公開**とされ、例外的に傍聴が**許されている**（国会法52条）。しかし、**両院協議会については、完全非公開**と規定されている（同法97条）。

POINT 10 弾劾裁判所

憲法64条1項は、**国会は、罷免の訴追を受けた裁判官を裁判**するため、**両議院の議員で組織する弾劾裁判所を設ける**と規定している。つまり、裁判官を辞めさせるかどうかを判断する裁判のことだ。これは**「両議院の議員で組織」とあるため、裁判員に両議院の議員「以外」の者を加えることはできない**。なお、同条2項では「弾劾に関する事項は、**法律**でこれを定める」としている。

POINT 11 国会の権能

上記の弾劾裁判など、憲法上「国会」には様々な権能が認められているので、まとめておく。なお、290ページのSECTION3で解説する「議院」の権能とは分けて考えること。

◆憲法で規定される国会の権能

①憲法改正の発議権（96条1項）
②法律の議決権（59条）
③内閣総理大臣の指名権（67条）
④弾劾裁判所の設置権（64条）
⑤財政監督権（83条、参 375ページ）
⑥予算の議決権（60条）
⑦条約承認権（61条・73条3号但書）

STEP 2 一問一答で理解を確認！

1 常会は、毎年において2回開かれ、会期は原則として100日である。	× 常会は、毎年において**1回**開かれ（憲法52条）、原則として会期は**150日**（国会法10条）である。
2 臨時会を召集できる場合の一つとして、内閣が自由な判断により必要としたときがある。	○ 臨時会を召集できる場合の一つとして、内閣が**自由な判断**により必要としたとき（憲法53条）がある。
3 特別会と常会との開催が重なる場合は、常会を優先して開催し、その後で続けて特別会を開催することで合理化が図られている。	× **特別会は**、衆議院の**解散総選挙後**に必ず召集しなければならないので、**常会と重なる場合は併せて開催**（国会法2条の2）することで合理化が図られている。
4 国会には、常会、臨時会、特別会があり、衆議院と参議院の両院は、同時に開会し、同時に閉会することはない。	× 国会には、常会、臨時会、特別会があるが、両院は同時に開会し、同時に閉会する（憲法54条2項本文）という**両院同時活動の原則**がある。
5 臨時会と特別会の会期は、両議院一致の議決で、これを延長することができるが、延長は1回までとなる。	× **臨時会と特別会の会期**は、**両議院一致の議決**で、これを**延長**することができる（国会法12条1項）が、**延長は2回まで**（国会法12条2項）となる。**1回までの延長は常会**である。

6 国会法の各規定において、委員会は原則として非公開とされ、例外的に傍聴が許されるとされている。

○ 国会法の各規定において、委員会については原則、**非公開**であり、例外的に傍聴が許されるとしている。

7 両院協議会は、完全非公開とされている。

○ 両院協議会は、**完全非公開**である（国会法97条）。

8 罷免の訴追を受けた裁判官を裁判するため、裁判員に両議院の議員以外の者を加えることもできる。

× 憲法64条1項は「国会は、罷免の訴追を受けた裁判官を裁判するため、**両議院の議員で組織**する弾劾裁判所を設ける」と規定されており、裁判員に両議院の議員以外の者を加えることは**できない**。

9 国会の両議院の議事は、この憲法に特別の定めのある場合を除いて、出席議員の過半数でこれを決し、可否同数のときは、衆議院の議決による。

× 憲法56条2項は「両議院の議事は、この憲法に特別の定のある場合を除いては、**出席議員**の**過半数**でこれを決し、可否同数のときは、**議長**の決するところによる」と規定している。

10 両議院は、各々その総議員の4分の1以上の出席がなければ、議事を開き議決することができない。

× 憲法56条1項は、両議院は、各々その**総議員**の**3分の1**以上の出席がなければ、議事を開き議決することができないと規定している。

STEP 3 過去問にチャレンジ！

問題 1 国家一般職（2019 年度）

国会に関する次の記述のうち、妥当なものはどれか。

1 常会、臨時会及び特別会の会期は、それぞれ召集の都度、両議院一致の議決で定めなければならない。

2 常会、臨時会及び特別会の会期は、両議院一致の議決で延長することができるが、いずれの場合も、会期の延長ができる回数についての制限はない。

3 特別会は、衆議院の解散による総選挙の日から30日以内に召集されるが、その召集の時期が常会の召集時期と重なる場合には、常会と併せて召集することができる。

4 国会の会期中に議決に至らなかった案件は、原則として後会に継続しない。これを会期不継続の原則といい、憲法上明文で規定されている。

5 国会は、会期が満了すれば閉会となり、会期中に期間を定めて一時その活動を休止することはあっても、会期の満了を待たずに閉会することはない。

➡解答・解説は別冊 P.105

問題 2 国家一般職（2016 年度）

国会に関するア～オの記述のうち、妥当なもののみをすべて挙げているのはどれか。

ア 両議院の召集、開会及び閉会が同時に行われるべきとする両議院の同時活動の原則については、憲法上、これに関連する規定はないが、憲法が二院制を採用していることを踏まえ、法律により明文で規定されている。

イ 両院協議会は、各議院が独立して議事を行い、議決することを内容とする両議院の独立活動の原則の例外とされている。

ウ 衆議院は予算先議権を有し、予算に関連した法律案は予算との関連が密接であることから、憲法上、当該法律案についても衆議院において先議しなければならないと規定されている。

エ 法律案について、衆議院で可決し、参議院でこれと異なった議決がなされた場合、衆議院において出席議員の3分の2以上の多数で再び可決すれば法律が成立するが、衆議院の可決のみで成立してしまうことから、両院協議会を開かなければならない。

オ 憲法上、予算先議権等、衆議院にのみ認められた事項がある一方で、参議院にのみ認められた事項はないことから、衆議院は参議院に優越しているといえる。

1 イ　**2** ウ
3 ア、エ　**4** イ、オ　**5** ウ、エ

➡解答・解説は別冊P.105

問題3　国家一般職（2012年度）

国会に関するア～オの記述のうち、妥当なもののみを全て挙げているのはどれか。

ア 常会は、法律案等の議決のために毎年1回召集される。常会の会期は、150日間と定められているが、両議院一致の議決により、何度でも会期を延長することができる。

イ 内閣は、臨時の必要により臨時会を召集することができる。この場合の召集は、内閣の自由な判断によるため、内閣は、国会の閉会中新たに生じた問題についてのみならず、前の国会で議決されなかった問題の処理のためにも臨時会を召集することができる。

ウ 特別会は、内閣総理大臣の指名のみを目的として、衆議院の解散による総選挙の日から30日以内に召集される国会であり、常会と併せて召集することができない。

エ 法律案の議決について、衆議院と参議院が異なった議決をした場合において、両院協議会を開いても意見が一致しないときは、衆議院が出席議員の4分の3以上の多数で再可決することによって、当該法律案は法律となる。

オ 内閣総理大臣の指名の議決について、衆議院と参議院が異なった議決をした場合には両院協議会が開かれることになるが、それでも意見が一致しないときは、衆議院の議決が国会の議決とされる。

1 ア、イ　**2** ア、ウ
3 イ、オ　**4** ウ、エ　**5** エ、オ

➡解答・解説は別冊P.106

問題 4　　国家一般職（2014 年度）

国会に関するア～オの記述のうち、妥当なもののみを全て挙げているのはどれか。

ア 合議体としての意思を決定するために必要な議決の定足数は、総議員の3分の1以上の出席と定められているが、合議体として会議を開いて審議を行うために必要な議事については、柔軟な運用を図る観点から、特に定足数は定められていない。

イ 国会議員は、少なくとも一個の常任委員会の委員となる。ただし、議長、副議長、内閣総理大臣その他の国務大臣等は、その割り当てられた常任委員を辞することができる。

ウ 衆議院と参議院との関係については、法律案や予算、条約締結の承認、内閣総理大臣の指名においては衆議院の議決の優越が認められている一方、決算については、両議院において別個に審査・議決した後、両議院の議決が異なった場合は、参議院の議決の優越が認められている。

エ 両議院の議員の資格に関する争訟は、まず当該議員が所属する議院において裁判することとされ、議員に資格がないとしてその議席を失わせるには、出席議員の3分の2以上の多数の議決を必要とする。また、これにより資格を失うとされた議員は、その結果に不服の場合には裁判所に救済を求めることができる。

オ 衆議院の解散による総選挙の日から30日以内に召集される特別会は、特別国会とも呼ばれ、常会と併せて召集することができる。

1　ア、ウ　　2　ア、エ
3　イ、エ　　4　イ、オ　　5　イ、ウ、オ

➡解答・解説は別冊 P.107

問題 5　　国家専門職（2019 年度）

国会に関する次の記述のうち、妥当なものはどれか。

1　予算及び条約の締結に必要な国会の承認は、先に衆議院で審議されなければならない。

2　両議院は、院内の秩序を乱した議員を懲罰することができるが、選挙によって選ばれた議員の身分を剥奪することは許されないため、懲罰として議員を除名することはできない。

3 参議院の緊急集会で採られた措置は、臨時のものであって、次の国会開会の後10日以内に衆議院の同意がない場合には、その効力を失う。

4 国会が罷免の訴追を受けた裁判官を裁判するために設置する弾劾裁判所は、両議院の議員で組織されるのが原則であるが、法律で定めれば、その裁判員に両議院の議員以外の者を加えることができる。

5 両議院の議員は、国会の会期中、院内若しくは院外における現行犯罪の場合又はその所属する議院の許諾がある場合を除き、逮捕されない。

➡解答・解説は別冊P.107

問題6 裁判所職員（2021年度）

国会に関する次のア～オの記述のうち、妥当なもののみを全て挙げているものはどれか。

ア 両議院の議決は、憲法に特別の定めのある場合を除いて、出席議員の過半数によるものとされるが、この特別の定めのある場合としては、憲法改正の発議や秘密会を開くための議決などがある。

イ 両議院の定足数（議事を開き議決するために必要な最小限の出席者の数）は、いずれも総議員の2分の1と定められている。

ウ 両議院は、会議の記録を保存しなければならないが、その記録を公表し、かつ一般に頒布することまでは求められない。

エ 憲法は、法律、予算、条約の承認、内閣総理大臣の指名及び憲法改正の発議について衆議院の優越を認めている。

オ 衆議院が解散されたときは、参議院は同時に閉会となるが、内閣は、国に緊急の必要があるときは、参議院の緊急集会を求めることができる。

1 ア、イ　2 ア、オ
3 イ、ウ　4 ウ、エ　5 エ、オ

➡解答・解説は別冊P.108

SECTION 3

議院の権能

STEP 1 要点を覚えよう！

POINT 1 議院規則制定権

憲法58条2項本文は「**両議院は**、各々その会議その他の**手続及び内部の規律に関する規則を定め**、又、院内の秩序をみだした**議員を懲罰することができる**」と規定している。この前段で認められている**議院規則制定権は、国会中心立法の原則の例外**として、衆参両議院は、議院の会議の手続や内部の規律について各議院が自ら定めることができるものである（**議院自律権の一つ**）。

なお、議院の規律については**国会法**によっても定められており、議院規則と法律（国会法）の優劣について、**法律（国会法）が優先**すると解されている。

POINT 2 議員懲罰権①

上記のとおり、憲法58条2項本文後段では、両議院は「院内の秩序をみだした議員を懲罰することができる」と定め、その但書において、「但し、**議員を除名するには、出席議員の三分の二以上の多数による議決**を必要とする」と規定している。

まず、本文後段で規定されている**議員懲罰権とは**、院内の秩序を乱したり、院の名誉を傷つけた議員に対して、**各議院が懲罰を課することのできる**ものである。具体的には、戒告*・陳謝・登院禁止・除名等の懲罰をすることができ、懲罰の中でも**「除名」は重い処分**であるため、**出席議員の3分の2以上の多数による議決**が必要である。なお、この**懲罰の取消しを裁判所に求めることはできない**。

そして、**「院内」とは、組織内部**という意味であり、場所としての**議場外であっても**、院内秩序の維持と関係のあるものであれば**懲罰の対象となる**。

POINT 3 議員懲罰権②（公務員の兼務）

議員が国務大臣や大臣政務官などの公務員を兼務している場合であっても、その議員を懲罰することが**できる**。これは行政府に属する者に事実上の影響を及ぼすものであるが、立法府の議員としての地位に変動が生じたとしても、行政府に属する大臣などの地位には変動を**生じない**からである。

POINT 4 議員資格争訟の裁判

憲法55条は「**両議院は**、各々その**議員の資格に関する争訟を裁判する**。但し、**議員の議席を失はせるには、出席議員の三分の二以上の多数による議決**を必要とする」と規定している。

このように両議院には、議員資格争訟の裁判が認められているが、議員の資格

* **戒告**…非行等を戒めるために文書や口頭で注意すること。懲戒処分の中では最も軽い処分。国会議員の場合は、公開議場で行われる（国会法122条）。

に問題があった場合に開かれる裁判であるから、**懲罰とは異なり、憲法の「第六章　司法」における裁判とも異なる**制度であることに注意が必要である。

そして、議員の資格に問題がある場合とは、被選挙権がなかった場合や兼職が禁止されている他の公職についていたこと等が挙げられる。この裁判も立法府に委ねられた**自律権の範囲**とされ、**この裁判の取消しを裁判所に求めることはできない**と解されており、すべて司法権は裁判所に属すると規定する**憲法76条1項の例外**であって、**司法裁判所の管轄外**となる。

POINT 5 参議院の緊急集会

280ページでも触れたように、憲法54条2項は「**衆議院が解散**されたときは、**参議院は、同時に閉会**となる。但し、**内閣は、国に緊急の必要**があるときは、**参議院の緊急集会を求めることができる**」と規定し、3項において、この緊急集会において採られた措置は「臨時のものであつて、**次の国会開会の後十日以内に、衆議院の同意がない場合には、その効力を失ふ**」と規定している。

これは、参議院は衆議院の解散と同時に閉会となるところ、この閉会中に国会の議決を要する緊急の問題が発生したときに、参議院が**「国会」の権能を暫定的に代行する制度が参議院のみに認められている**ものである。緊急集会は**戦後2回**のみ開催されたことがある。なお、**緊急集会を求める権限は、内閣のみに属し、参議院が自発的に緊急集会を行うことはできない**。

「国に緊急の必要があるとき」の例として、自衛隊の防衛出動、災害緊急措置、国会の活動の中には緊急事態のために新たに予算を確保して、行政府の活動を促進する暫定予算も予定されている。

POINT 6 参議院の緊急集会の権限

緊急集会の権限は、法律、予算など**国会の権限に関するすべてに及ぶ**が、あくまでも国会の権能を暫定的に代行する制度であるから、実際に審議、議決をするのは内閣が求めた案件に限られる。よって、両院での発議を必要とする**憲法改正**（憲法96条1項）手続や、特別会でなされることが想定されている**内閣総理大臣の指名**（憲法67条1項）**を行うことはできない**。

例外的に、内閣は求めていないものの、審議の結果として必要であると事後に判明した関連する案件については、議案の発議が認められている（国会法101条）。

POINT 7 参議院の緊急集会で採られた措置の効力

緊急集会で採られた措置は、あくまで臨時のものであるため、**次の国会開会後10日以内に衆議院の同意を得る必要**がある。そして、**衆議院の同意**が得られた場合は、国会で議決された場合と**同様の効力**を有するが、そうでない場合、緊急集会において採られた措置は**効力を失う**。ただし、効力を失うのは**将来に向かって**であり、過去に遡って無効となるわけではないと解されている。

STEP 2 一問一答で理解を確認！

1 議院規則制定権は、国会単独立法の原則の例外として、衆参両議院は、議院の会議の手続や内部の規律について各議院が自ら定めることができるものである。	× 議院規則制定権は、国会**中心**立法の原則の例外として、衆参両議院は、議院の会議の手続や内部の規律について各議院が自ら定めることができるものである。
2 両議院は、院内の秩序をみだした議員を懲罰することができるが、議員を除名するには、出席議員の2分の1以上の多数による議決を必要とする。	× 両議院は「院内の秩序をみだした議員を懲罰することができる」（憲法58条2項本文後段）と定め、その但書において、「但し、議員を除名するには、出席議員の**三分の二**以上の多数による議決を必要とする」と規定している。
3 両議院は、院内の秩序をみだした議員を懲罰することができると規定されているため、議場外の行為は懲罰の対象とならない。	× 「院内」とは、**組織内部**という意味であり、場所としての議場外であっても、院内秩序の維持と関係のあるものであれば懲罰の対象と**なる**。
4 議員が国務大臣や大臣政務官などの公務員を兼務している場合であっても、その議員を懲罰することができる。	○ **本問の記述のとおり**である。立法府の議員の地位に変動が生じたとしても、行政府に属する大臣などの地位には変動を**生じない**からである。
5 両議院は、各々その議員の資格に関する争訟を裁判することができるが、議員の議席を失わせるには、出席議員の3分の2以上の多数による議決を必要とする。	○ **本問の記述のとおり**である（憲法55条）。

6 両議院は、各々その議員の資格に関する争訟を裁判することができるが、この裁判に不服のある者は、その取消しを裁判所に求めることができる。

× **資格争訟裁判**は、立法府に委ねられた**自律権の範囲**とされているので、この裁判の**取消しを裁判所に求めることはできない**。

7 参議院の緊急集会を求める権限は、内閣のみに属し、参議院が自発的に緊急集会を行うことはできない。

○ **本問の記述のとおり**である（憲法54条2項但書）。

8 参議院の緊急集会においても、内閣総理大臣の指名を行うことができる。

× 緊急集会は、あくまでも国会の権能を暫定的に代行する制度であるから、実際に審議、議決をするのは**内閣が求めた案件**に限られる。よって、両院での発議を必要とする**憲法改正**（憲法96条1項）手続や、特別会でなされることが想定されている**内閣総理大臣の指名**（憲法67条1項）を行うことは**できない**。

9 緊急集会で採られた措置は、次の国会の開会後、10日以内に衆議院の同意を得る必要がある。

○ **本問の記述のとおり**である（憲法54条3項）。

10 緊急集会で採られた措置は、あくまで臨時のものであるため、次の国会開会後10日以内に衆議院の同意を得たとしても、その措置の効力は、国会で議決された場合と同様の効力までは有しない。

× **緊急集会で採られた措置について**、**衆議院の同意**が得られた場合は、国会で議決された場合と**同様の効力**を有する。

STEP 3 過去問にチャレンジ！

問題1 特別区Ⅰ類（2021年度）

日本国憲法に規定する参議院の緊急集会に関する記述として、通説に照らして、妥当なものはどれか。

1 衆議院が解散されたときは、参議院は同時に閉会となるが、国に緊急の必要があるときは、参議院は、自発的に緊急集会を行うことができる。

2 緊急集会の要件である、国に緊急の必要があるときとは、総選挙後の特別会の召集を待てないような切迫した場合をいい、その例として自衛隊の防衛出動や災害緊急措置があるが、暫定予算の議決はこれに含まれない。

3 緊急集会の期間中、参議院議員は、国会の通常の会期中とは異なり、不逮捕特権及び免責特権を認められていない。

4 緊急集会は、国会の代行機能を果たすものであり、その権限は法律や予算等、国会の権限全般に及ぶものであることから、議員による議案の発議は、内閣が示した案件に関連のあるものに限らず行うことができる。

5 緊急集会において採られた措置は、臨時のものであって、次の国会開会の後10日以内に、衆議院の同意がない場合には、その効力を失う。

➡解答・解説は別冊P.109

問題 2　　特別区 I 類（2018 年度）

日本国憲法に規定する参議院の緊急集会に関する記述として、通説に照らして、妥当なものはどれか。

1　参議院の緊急集会は、内閣総理大臣から示された案件を審議し、議決するが、議員は、当該案件に関連があるものに限らず、議案を発議することができる。

2　参議院の緊急集会の期間中、参議院議員は、国会の通常の会期中とは異なり、不逮捕特権や免責特権を認められていない。

3　参議院の緊急集会を求めることは、国会の召集とは異なり、天皇の国事行為を必要とせず、緊急集会を求める権限は、内閣のみに属し、参議院が自発的に緊急集会を行うことはできない。

4　参議院の緊急集会は、国会の権限を臨時に代行するものであるから、その権限は国会の権限全般に及び、憲法改正の発議や内閣総理大臣の指名を行うこともできる。

5　参議院の緊急集会において採られた措置は、臨時のものであり、次の国会において衆議院の同意がない場合には、当該措置は将来に向かって効力を失うばかりではなく、過去に遡及して効力を失う。

➡解答・解説は別冊 P.109

SECTION 4

国政調査権

STEP 1

要点を覚えよう！

POINT 1 国政調査権と委員会への委任

憲法62条では「両議院は、各々国政に関する調査を行ひ、これに関して、証人の出頭及び証言並びに記録の提出を要求することができる」と規定されており、**国政調査権**が認められている。

国政調査権とは、**各議院が、国政に関する重要な事柄について調査する権限**である。例えば、法律案や予算案を審議するために行政機関等に対して国政調査権を行使することで、審議のための情報を収集することができる。

国政調査権は、**各議院が自ら行うのではなく、各議院の授権**[*]に基づき、全国民を代表する選挙された議員（憲法43条1項）で組織される**各委員会に委任**して行うことが基本となっている。

POINT 2 国政調査権の性質と行使範囲

国政調査権の性質については、独立権能説と補助的権能説の争いがある。

学説	内容
独立権能説	憲法41条の「国権の最高機関」の意味を文言通りに捉えて、国会は**国政全般を統括**する権能をもつ機関であると考える統括機関説の立場をとり、国政調査権はその**統括**のための権能と考える（**独立権能説**）。この説では国政調査権の範囲が**広く**及ぶことになる（例えば、裁判官の訴訟指揮や判決内容の当否を国政調査権に基づいて調査することも許される）。
補助的権能説（通説）	憲法41条の「国権の最高機関」の意味には法的な意味がなく、国政の中心的地位を占める機関であることを強調した**政治的な美称**（敬意を示す言葉）にすぎないとする考えからは、**国政調査権は議院に与えられた権能を行使するための補助的なものにすぎないと考えることになる**（**補助的権能説**）。この説では、**国政調査権の範囲が狭く**なると批判されている。

ただし、**補助的権能説に立ったとしても**、議院に与えられた権能は広範な事項に及ぶため、国政調査権は**結果として広く国政全般に及ぶ**と解されている。

なお、最高裁判所は、昭和24年に開かれた裁判官会議において、国政に関する調査権は、国会又は各議院が憲法上与えられている立法権、予算審議権等の適法な権限を行使するにあたりその必要な資料を収集するための**補充的**権限に他ならないとしており、**補助的権能**説の立場である。とはいえ、住居への侵入、捜索、

＊ **授権（じゅけん）**…一定の権利や権限などを、特定の人や機関などに与えること。

押収、逮捕のような強制力を有する権限までは認められ**ない**と解されている。

POINT 3 国政調査権の及ぶ範囲①（私人・証人との関係）

国政調査権では、調査のために**証人の出頭**、**証言**や**記録の提出**を要求することができ、これらの拒否、また、宣誓・証言の拒否、偽証に対しては**罰則**がある（議院における証人の宣誓及び証言等に関する法律・国会法・議院規則等）。

なお、公務員が職務上知りえた事実について、本人又は公務所から職務上の秘密に関するものであることを申し立てたときは、公務所又はその監督庁の**承認**がなければ、証言又は書類の提出を求めることが**できない**（議院における証人の宣誓及び証言等に関する法律5条1項）。

また、**私人に対する住居への侵入、捜索及び押収等の強制力を有する権限**までは**認められない**。

POINT 4 国政調査権の及ぶ範囲②（司法権との関係）

補助的権能説を前提とした場合、**司法権に対する国政調査権の行使**については、三権分立の原則の下、**司法権の独立を侵害したり、裁判官の裁判活動に影響を与えるような調査は許されない**と解されている（裁判官の**訴訟指揮**を調査したり、**裁判内容の当否**を判断する調査をする等）。

もっとも、各議院が法律案を審議するための立法活動として、**裁判所と異なる目的で調査**することは、**司法権の独立を侵害しないため許される**。

下級審判例は、国政調査権に基づく調査によって、捜査機関の見解を表明した報告書ないし証言が委員会議事録等に公表されたからといって、直ちに裁判官に予断を抱かせる性質のものとすることは**できない**ことは、日常の新聞紙上に報道される犯罪記事や捜査当局の発表の場合と同様であり、これをもって裁判の公平を害することには**ならない**としている（二重煙突事件：東京地判昭31.7.23）。

POINT 5 国政調査権の及ぶ範囲③（行政権・検察権との関係）

補助的権能説を前提とした場合、**行政権に対する国政調査権の行使**については、国会は行政権を監督する必要があるため広く及ぶ。

下級審判例は、国政調査権に基づく調査について、行政作用に属する**検察権の行使との並行調査は、原則的に許される**が、例外として、**司法権の独立ないし刑事司法の公正に触れる危険性があると認められる場合に限り、国政調査権行使の自制が要請される**のであり、具体的には、①起訴・不起訴についての検察権の行使に**政治的圧力**を加えることが**目的**と考えられるような調査、②起訴事件に直接関連のある捜査及び公訴追行*の**内容**を対象とする調査、③捜査の続行に重大な支障を来たすような**方法**をもって行われる調査等であるとしている（日商岩井事件：東京地判昭55.7.24）。

* **公訴追行（こうそついこう）**…公訴とは、検察官が裁判所に対して、事件の被疑者（容疑者）を刑事裁判で裁判にかけることを求める申立てのことであり、追行とは、行うことである。

STEP 2 一問一答で理解を確認！

1 国政調査権は、各議院自ら行うのではなく、各議院の授権に基づき、全国民を代表する選挙された議員で組織される各委員会に委任して行うことが基本となっている。

○ **国政調査権は、各議院が自ら行うのではなく、各議院の授権**に基づき、全国民を代表する選挙された議員（憲法43条1項）で組織される**各委員会に委任**して行うことが基本となっている。

2 判例は、昭和24年に開かれた裁判官会議において、国政調査権の性質に関し独立権能説の立場を示している。

× 判例は、昭和24年に開かれた裁判官会議において、国政調査権の性質に関し**補助的権能**説の立場を示している。

3 国政調査権の行使としては、国政全般に及ぶから、私人に対する住居への侵入、捜索及び押収等の強制力を有する権限まで認められている。

× 国政調査権の行使としては、**私人に対する住居への侵入、捜索及び押収等の強制力を有する権限までは認められていない**。

4 国政調査権では、調査のために証人の出頭、証言や記録の提出を要求することができ、これらの拒否、また、宣誓・証言の拒否、偽証に対しては罰則がある。

○ **本問の記述のとおり**である。

5 国政調査権の行使として、裁判官の訴訟指揮を調査したり、裁判内容の当否を判断する調査をする等も許される。

× 国政調査権の行使として、各議院が法律案を審議するための立法活動として、**裁判所と異なる目的**で調査することは、司法権の独立を侵害しないため許されると解されている。**裁判官の訴訟指揮を調査したり、裁判内容の当否を判断する調査は、許されない**。

6 公務員が職務上知りえた事実について、本人又は公務所から職務上の秘密に関するものであることを申し立てたときは、公務所又はその監督庁の承認がなければ、証言又は書類の提出を求めることができない。

○ **本問の記述のとおり**である。

7 国政調査権に基づく調査について、行政作用に属する検察権の行使との並行調査は、それが行政作用に属するものであっても、原則的に許されない。

× 国政調査権に基づく調査について、行政作用に属する**検察権の行使との並行調査は、原則的に許される**。

8 行政作用に属する検察権の行使との並行調査は、原則的に許される以上、起訴事件に直接関連ある捜査及び公訴追行の内容を対象とする調査も許容されている。

× 判例は、行政作用に属する**検察権の行使との並行調査は、原則的に許される**が、例外として、国政調査権行使の**自制**が要請されるものとして、①起訴・不起訴についての検察権の行使に**政治的圧力**を加えることが**目的**と考えられるような調査、②起訴事件に直接関連ある捜査及び公訴追行の**内容**を対象とする調査、③捜査の続行に重大な支障を来たすような**方法**をもって行われる調査等であるとしている（日商岩井事件：東京地判昭55.7.24）。

STEP 3 過去問にチャレンジ！

問題 1　　裁判所職員（2013 年度）

学生Ａ、Ｂは、国政調査権に関して、次のとおり議論している。各学生の発言中の空欄①～⑥に語句群から適切な語句を入れた場合の組合せとして適当なもののみを挙げているのはどれか。

【発言】

学生Ａ：Ｂさんの考え方は憲法41条の「国権の最高機関」の意義を文言どおりに捉えるのだね。でも、「国権の最高機関」というのは、国会が主権者である国民に直接選挙されたものであり、立法権という重要な権能を与えられた点を強調する政治的美称に過ぎないのではないかな。

学生Ｂ：それでは、Ａさんは、国政調査権の性質についてはどのように考えるのかな。

学生Ａ：私は、「国権の最高機関」が政治的美称に過ぎないことに加えて、国政調査権の制度が欧米の諸外国における同様の制度を継受したという歴史的経緯を考慮したうえで国政調査権の性質を決めるべきだと考えるよ。

学生Ｂ：しかし、そのように考えると、私の立場よりも国政調査権の及ぶ範囲が（　①　）なってしまうことになるけど、それは妥当ではないと思うよ。

学生Ａ：いいえ、私の立場からでも、（　②　）と考えれば、Ｂさんの批判は当たらないよ。

学生Ｂ：なるほどね。では、具体的な問題の検討に入ろうか。例えば、ある裁判官の訴訟指揮や判決内容の当否を国政調査権に基づいて調査することについてはどのように考えればいいのかな。私の立場からすれば、国政調査権を及ぼすことは（　③　）という結論を導きやすいね。

学生Ａ：そのように考えるのは（　④　）の観点から問題があると思うな。私の立場からは、原則として、国政調査権を及ぼすことは（　⑤　）と考えるということになるけど、その場合でも（　⑥　）という結論を導くことは可能だと思うよ。

【語句群】

ア：狭く
イ：広く
ウ：議院が保持する権限は広範な事項に及ぶ
エ：三権分立の観点から一定の制約を受ける
オ：許される
カ：許されない
キ：裁判所に対する民主的コントロール
ク：司法権の独立
ケ：裁判所と異なる目的で裁判と並行して、裁判所で審理中の事件の事実につい

て調査することは許される
コ：国政調査権を行使した結果、裁判官の身分保障を侵害するのは許されない

1　①－ア、③－オ、⑤－カ
2　②－エ、④－ク、⑥－コ
3　①－ア、④－ク、⑤－オ
4　②－ウ、③－カ、⑥－コ
5　①－イ、④－キ、⑥－ケ

➡解答・解説は別冊P.111

問題2　特別区Ⅰ類（2021年度）

日本国憲法に規定する議院の国政調査権に関する記述として、判例、通説に照らして、妥当なものはどれか。

1　国政調査権の性質について、国権の最高機関性に基づく国権統括のための独立の権能であるとする説に対し、最高裁判所は、議院に与えられた権能を実効的に行使するために認められた補助的な権能であるとした。

2　両議院は、国政調査に関して、証人の出頭及び証言並びに記録の提出を要求することができ、調査手段として、強制力を有する住居侵入、捜索及び押収も認められている。

3　裁判所と異なる目的であっても、裁判所に係属中の事件について並行して調査することは、司法権の独立を侵すため許されず、二重煙突の代金請求を巡る公文書変造事件の判決において、調査は裁判の公平を害するとされた。

4　国政調査権は、国民により選挙された全国民の代表で組織される両議院に特に認められた権能であるため、特別委員会又は常任委員会に調査を委任することはできない。

5　日商岩井事件の判決において、検察権との並行調査は、検察権が行政作用に属するため原則として許容されるが、起訴、不起訴について検察権の行使に政治的圧力を加えることが目的と考えられる調査に限り自制が要請されるとした。

➡解答・解説は別冊P.112

問題 3 特別区Ⅰ類（2017 年度）

日本国憲法に規定する議院の国政調査権に関する記述として、通説に照らして、妥当なものはどれか。

1 国政調査権は、国会の国権の最高機関性に基づく、国権を統括するための独立の権能であるが、国政調査権の及ぶ範囲は立法に限られ、国政全般には及ばない。

2 国政調査権は、その行使に当たって、証人の出頭及び証言並びに記録の提出の要求のほか、住居侵入、捜索、押収も強制力を有する手段として認められている。

3 国政調査権は、議院の保持する権能を実効的に行使するためのものでなければならず、議院は、調査を特別委員会又は常任委員会に付託して行わせることはできない。

4 国政調査権は、公務員が職務上知りえた事実について、本人から職務上の秘密に関するものであることを申し立てたときは、当該公務所の承認がなければ、証言を求めることができないが、書類の提出を求めることはできる。

5 国政調査権は、裁判所で係属中の事件について、裁判官の訴訟指揮又は裁判内容の当否を批判する調査をすることは許されないが、議院が裁判所と異なる目的から、適正な方法で裁判と並行して調査をすることは可能である。

➡解答・解説は別冊 P.113

問題4　特別区Ⅰ類（2012年度）

日本国憲法に規定する議院の国政調査権に関する記述として、判例、通説に照らして、妥当なのはどれか。

1　国政調査権の行使に当たっては、議院は証人の出頭及び証言並びに記録の提出を要求することができるが、強制力を有する捜索、押収などの手段によることは認められない。

2　国政調査権は、議院が保持する権能を実効的に行使するためのものであり、その主体は議院であるから、議院は、調査を常任委員会に付託して行わせることはできない。

3　裁判所で審理中の事件について、議院が裁判と並行して調査することは、裁判所と異なる目的であっても、司法権の独立を侵すこととなるので許されないが、判決が確定した事件については、調査することができる。

4　検察事務は、行政権の作用に属するが、検察権が裁判と密接に関連する準司法作用の性質を有することから、司法権に類似した独立性が認められなくてはならないので、国政調査権の対象となることはない。

5　国政調査権は、国会が国権の最高機関であることに基づく、国権を統括するための補助的な権能であるが、立法、予算審議、行政監督など、国政調査権の及ぶ範囲は、国政のほぼ全般にわたる。

➡解答・解説は別冊P.114

SECTION 5

国会議員の権能

STEP 1 要点を覚えよう！

POINT 1 国会議員の特権①（歳費受領権）

憲法49条は「両議院の議員は、法律の定めるところにより、国庫から相当額の歳費を受ける」と規定し、**歳費受領権**を認めている。歳費受領権とは、国会議員が支給金を受ける権利のことで、一般的には**給与**のことだ。

なお憲法上、**裁判官の報酬は、減額できない**（憲法79条6項、80条2項）ことが明文で規定されているが、**国会議員の歳費にはこのような規定はない**ことから、**国会議員の場合、減額は可能**とされている。

POINT 2 国会議員の特権②（不逮捕特権）

憲法50条は「両議院の議員は、**法律の定める場合を除いては**、国会の**会期中逮捕されず、会期前に逮捕**された議員は、その**議院の要求**があれば、**会期中これを釈放**しなければならない」と規定し、**不逮捕特権**を認めている。不逮捕特権は、行政府が捜査権を濫用して、国会議員の活動が妨げられることを防止するためである。

そして、**「法律の定める場合を除いては」**とは、国会法33条によって規定されており、①**院外での現行犯逮捕**の場合と、②**議院の許諾**がある場合である。このような場合には、議員を逮捕することができる。もっとも、**「院内」での現行犯**の場合には、衆議院規則、参議院規則により、**議長の命令によって逮捕できる。**

なお、**参議院の緊急集会**（憲法54条2項但書）についても、院外における現行犯罪の場合を除いては、参議院の**許諾がなければ逮捕されない**（国会法100条1項）と規定されており、**不逮捕特権が認められている。**

POINT 3 国会議員の特権③（免責特権）

憲法51条は「両議院の議員は、**議院で行つた演説、討論又は表決**について、**院外で責任を問はれない**」と規定されており、**免責特権**を認めている。

これは、各議院での議員の自由な発言や表決を保障するためであり、**院内で行った国会議員の発言や演説**が、仮に刑法上の名誉毀損罪や侮辱罪、民事訴訟における不法行為責任を問われるようなものであっても、**院外で刑事上・民事上の法的責任を負わない**とする規定である。

ただし、院内・政党内等での**「政治的道義的責任」は免責されない**ことに注意しよう。例えば、所属政党等から懲罰・制裁・除名処分を受けることになる。

POINT 4 国会議員の特権④（免責特権：名誉信用を低下させる発言）

判例は、**国会議員が国会で行った質疑等**において、**個別の国民の名誉や信用を低下させる発言**があったとしても、これによって当然に国家賠償法1条1項の規定にいう違法な行為があったものとして**国の損害賠償責任が生ずるものではなく、この責任が肯定されるためには、当該国会議員が、その職務とはかかわりなく違法又は不当な目的をもって事実を摘示**し、あるいは、**虚偽であることを知りながらあえてその事実を摘示**するなど、国会議員がその付与された**権限の趣旨に明らかに背いてこれを行使したものと認めうるような特別の事情があることを必要**とするとしている（国会議員発言損害賠償事件：最判平9.9.9）。

POINT 5 地方議会議員の特権（免責特権）

判例は、国会と同様に**地方議会議員の発言**についても**免責特権を憲法上保障しているものとはいえない**としている（公務執行妨害事件：最大判昭42.5.24）。つまり、地方議会議員には免責特権が**認められない**ということだ。

POINT 6 国会議員の特権⑤（免責特権：「議院で行つた」）

「議院で行つた」（51条）とは、**議院内という場所を意味するのではなく**、国会議員が所属する委員会の地方公聴会での発言など、**国会議員が議員の活動として行ったもの**であればこれにあたる。

POINT 7 国会議員の特権⑥（免責特権：緊急集会）

参議院の緊急集会（憲法54条2項但書）は、閉会中に国会の議決を要する緊急の問題が発生したときに、参議院が国会の権能を暫定的に代行する制度であるから、緊急集会においても**免責特権が認められる**と解される。

POINT 8 比例代表制上の問題点

比例代表制では、国民は議員本人よりも**政党に委託する目的で投票**するものであるから、**自らが選出された選挙における他の名簿届出政党等に所属する者**となったときは、議員の退職者となり、**当選を失う**ものとされている（国会法109条の2）。他方、元の所属政党等を離れて無所属になった場合や、選挙時になかった新たな政党等に所属した場合、また、元の所属政党等が他の名簿届出政党等と合併した場合などは、退職者とならない。

POINT 9 常任委員

国会議員は、少なくとも一箇の常任委員となる（国会法42条2項本文）が、議長、副議長、内閣総理大臣その他の国務大臣、内閣官房副長官、内閣総理大臣補佐官、副大臣、大臣政務官及び大臣補佐官は、その割り当てられた常任委員を辞する**ことができる**（国会法42条2項但書）と規定されている。

STEP 2 一問一答で理解を確認！

1 憲法上、裁判官の報酬は減額できないと規定されているが、国会議員にはこのような規定はなく、歳費受領権が認められていない。	× 憲法上、国会議員にも歳費受領権が**認められている**（憲法49条）。
2 その在任中、裁判官の報酬は減額されないが、国会議員の歳費は減額することができる。	○ **「裁判官の報酬は、減額できない」**（憲法79条6項、80条2項）と明文で規定されているが、**国会議員の歳費にはこのような規定はない**ことから、**国会議員の場合、減額は可能**とされている。
3 国会議員の不逮捕特権を規定する憲法50条の「法律の定める場合」とは、院外での現行犯逮捕の場合と、議院の許諾がある場合である。	○ **本問の記述のとおり**である（国会法33条）。
4 判例は、国会議員が国会で行った質疑等において個人の名誉信用を低下させる発言をした場合は、直ちに国家賠償法1条1項の違法となるとしている。	× 判例は、国会議員が国会で行った質疑等において個人の名誉信用を低下させる発言をした場合、国家賠償法1条1項の違法となるには、**特別の事情**があることを必要とするとしている（国会議員発言損害賠償事件：最判平9.9.9）。
5 参議院の緊急集会は、特に緊急を要する場合に認められるものなので、不逮捕特権は認められていない。	× **参議院の緊急集会**（憲法54条2項但書）についても、院外における現行犯罪の場合を除いては、参議院の**許諾がなければ逮捕されない**（国会法100条1項）と規定されており、不逮捕特権が**認められている**。

6 憲法51条は、国会議員の免責特権を認めているが、院内で一切の責任を負わないとする規定である。	× 憲法51条は免責特権を認めているが、**院外**で**刑事上・民事上**の法的責任を負わないとする規定であるから、院内・政党内等での**政治的道義的責任**は免責されない。
7 判例は、国会と同様に地方議会議員の発言についても免責特権を憲法上保障しているとしている。	× 判例は、国会と同様に**地方議会議員**の発言についても免責特権を憲法上保障しているものとは**いえない**としている（公務執行妨害事件：最大判昭42.5.24）。
8 参議院の緊急集会において、国会議員の不逮捕特権は認められるが、免責特権は認められていない。	× **参議院の緊急集会**（憲法54条2項但書）は、閉会中に国会の議決を要する緊急の問題が発生したときに、参議院が国会の権能を暫定的に代行する制度であるから、緊急集会においても**免責特権が認められる**と解される。
9 比例代表制度では、国民は議員本人及び政党に投票するものであるから、議員が他の党に移った場合であっても、議員を退職したものとみなされたり、議員資格を喪失することはない。	× 比例代表制度では、国民は議員本人よりも**政党**に委託する目的で投票するものであり、自らが選出された選挙における他の名簿届出政党等に所属する者となった場合は、議員を退職したものとみなされて議員資格を**喪失する**（国会法109条の2）。
10 国会法において、国会議員は、少なくとも1箇の常任委員となるとされている。	○ **本問の記述のとおり**である（国会法42条2項本文）。

STEP 3

過去問にチャレンジ！

問題 1

国家一般職（2015 年度）

国会議員の不逮捕特権及び免責特権に関する次の記述のうち、妥当なものはどれか。

1 国会議員の不逮捕特権は、国会の会期中であっても、議院の許諾がある場合と、院内及び院外における現行犯罪の場合には、認められない。

2 国会議員に不逮捕特権が認められるのは国会の会期中に限られるが、参議院の緊急集会中は会期中と同様に取り扱われ、参議院の緊急集会が開催されている場合の参議院議員についても、不逮捕特権が認められる。

3 国会議員に免責特権が認められているのは、院内での言論の自由を確保し、国会の機能を十分に発揮させるためであるから、国会議員が所属する委員会の地方公聴会での発言など、国会議員が院外で行った発言には、免責特権は及ばない。

4 国会議員は、議院で行った演説、討論又は表決について、院外で責任を問われることはなく、院内においても、その責任を問われ、懲罰の対象とされることはない。

5 国会議員が国会の質疑、演説、討論等の中でした個別の国民の名誉又は信用を低下させる発言については、国会議員の裁量に属する正当な職務行為とはいえず、免責特権は及ばないことから、これによって当然に国家賠償法第1条第1項の規定にいう違法な行為があったものとして国の損害賠償責任が生ずるとするのが判例である。

➡解答・解説は別冊 P.115

問題 2

国家専門職（2021 年度）

国会に関する次の記述のうち、妥当なものはどれか。

1 衆議院は、参議院が衆議院の可決した法律案を受け取った後、国会休会中の期間を除いて60日以内に議決せず、その後さらに両院協議会を開いても意見が一致しない場合に限り、参議院がその法律案を否決したものとみなすことができる。

2 両議院の議員は、法律の定める場合を除き、国会の会期中は逮捕されないが、会期前に逮捕された場合には、その議院からの要求があっても、会期中に釈放されることはない。

3 条約の締結に必要な国会の承認について、参議院で衆議院と異なる議決をした場合、両院協議会を開いても意見が一致しないときは、衆議院で出席議員の3分の2以上の多数で再び可決すれば、衆議院の議決が国会の議決となる。

4 憲法上、国会議員は、議院で行った演説、討論又は表決について、院外で責任を問われることはないとされていることから、政党が党員たる議員の発言や表決について除名等の責任を問うことは許されないと一般に解されている。

5 衆議院が解散された場合、参議院は同時に閉会となるが、内閣は、国に緊急の必要があるときは、参議院の緊急集会を求めることができる。ただし、緊急集会において採られた措置は、臨時のものであって、次の国会開会後10日以内に衆議院の同意がない場合には、その効力を失う。

➡解答・解説は別冊P.116

問題3 裁判所職員（2012年度）

国会議員の地位に関する次のア～エの記述の正誤の組合せとして、最も適当なものはどれか。

ア 憲法50条は「両議院の議員は、国会の会期中逮捕されず、会期前に逮捕された議員は、その議院の要求があれば、会期中これを釈放しなければならない。」と規定して、国会議員の不逮捕特権を定めており、国会の会期中に現行犯逮捕されることはない。

イ 憲法51条は「両議院の議員は、議院で行つた演説、討論又は表決について、院外で責任を問はれない。」と規定して、国会議員の免責特権を定めていることから、ある国会議員の議院での発言を理由として法的責任を問われることがないのはもちろんのこと、所属する政党や団体等から制裁や除名処分を受けることもない。

ウ 最高裁判所の判例によれば、国会議員がその職務とはかかわりなく違法又は不当な目的をもって事実を摘示し、あるいは、虚偽であることを知りながらあえてその事実を摘示するなど、国会議員に付与された権限の趣旨に明らかに背いて行使したものと認め得るような特別の事情がある場合には、国が当該議員の発言によって名誉を毀損された者に対して損害賠償義務を負うとされる。

エ 憲法49条は「両議院の議員は、法律の定めるところにより、国庫から相当額の歳費を受ける。この歳費は、在任中、これを減額することができない。」と規定して、国会議員の歳費請求権を定めている。

	ア	イ	ウ	エ
1	正	正	誤	正
2	誤	正	正	正
3	誤	誤	誤	誤
4	誤	誤	正	誤
5	正	誤	正	誤

➡解答・解説は別冊P.116

問題4

特別区Ⅰ類（2019年度）

日本国憲法に規定する議員の特権に関する記述として、判例、通説に照らして、妥当なものはどれか。

1 国会議員は、議院で職務上行った演説、討論又は表決については、院外で民事上や刑事上の責任を問われず、その責任には所属政党による除名といった制裁や有権者に対する政治責任も含まれる。

2 国会議員の不逮捕特権は、国会の会期中にのみ認められるため、国会閉会中の委員会における継続審議や衆議院が解散されたときに開催される参議院の緊急集会には認められない。

3 国会の会期前に逮捕された国会議員は、罪を犯したことが明白で、政治的な不当な逮捕の危険性が極めて少ないため、当該議員の所属する議院の要求があったとしても、会期中釈放されることは一切ない。

4 最高裁判所の判例では、憲法上、国権の最高機関たる国会について、広範な議院自律権を認め、議員の発言について、いわゆる免責特権を与えており、その理をそのまま直ちに地方議会にあてはめ、地方議会議員の発言についても、国会と同様の免責特権を憲法上保障しているものと解すべきであるとした。

5 最高裁判所の判例では、国会議員が国会で行った質疑について、個別の国民の名誉や信用を低下させる発言があったとしても、当然に国の損害賠償責任が生ずるには、当該国会議員がその付与された権限の趣旨に明らかに背いてこれを行使したものと認め得るような特別の事情を必要とするとした。

➡解答・解説は別冊P.117

CHAPTER 7

内閣

この章で学ぶこと

内閣では、条文知識を網羅的にチェックする

CHAPTER7・内閣では、「内閣の構成」「内閣の権能と総辞職」「内閣総理大臣の権能」「議院内閣制と解散権」を扱います。

現代の国家では、行政が国民全体の福祉ニーズに応える活動を行うことが要請されており、その行政を全般的に統括する組織が内閣とされています。それゆえ、内閣は憲法上重要な地位と役割を与えられており、前章の国会と同様、公務員試験でも内閣に関する知識はよく出題されます。

内閣関連の学習にあたっては、内閣がどのように組織されているのか、内閣と内閣総理大臣の権能の違いは何か、という点や、内閣が総辞職する場合の流れ、解散権に関する学説などを押さえることを意識しておきましょう。

内閣でも、国会と同様、条文知識が非常に重要です。ただし、覚えるべき事項は国会ほど多くはないので、本章を何度も反復学習して記憶作業をしっかりと行い、得点源にしてしまえると心強いところです。

内閣と内閣総理大臣の権能の違いに注意

内閣の分野でよく間違えやすいのは、内閣それ自体と内閣総理大臣の権能の違いです。ここは少しややこしいので、本章を何度も読みこみ、過去問をくりかえし解いて、慣れていってください。

国会と同様、それなりの分量の知識を扱うので、自分が今何を学んでいるのかという点を意識しつつ、知識をきちんと整理しておきましょう。

学説をしっかり押さえよう

「議院内閣制と解散権」のパートでは、解散権の所在について複数の学説が存在し、それぞれの学説が問われることもあるので、それらの学説の違いなどもしっかりと押さえておいてください。

極める! 試験別対策

国家一般職

国会に比べると出題頻度は低く、内容もストレートなものが多いので、条文知識をある程度正確に押さえておけば対応可能。議院内閣制については、解散権に関する学説も押さえておこう。

国家専門職

内閣の構成や権能が若干問われやすい。まずは、内閣それ自体について学習していこう。内閣の権能は、内閣総理大臣の権能と混同しないように注意。

地方上級

国家専門職と同様、内閣の構成や権能がやや問われやすい。この部分の条文知識を正確に押さえておこう。

裁判所職員

国会と同様、まんべんなく問われることが多い。他の試験種よりも若干難易度が上がるので、内閣全般について学習していく必要がある。本章を何度も読んで、過去問をしっかり解いておけば問題ないはず。

特別区Ⅰ類

内閣の構成や権能の出題頻度が高いが、内閣総理大臣についても問われやすい。まずはこの２分野の条文知識をしっかりと押さえていこう。

市役所

地方上級と同様、内閣の構成や権能がやや問われやすい。条文知識をしっかりと整理して押さえておこう。

SECTION 1

内閣の構成

STEP 1 要点を覚えよう！

POINT 1 行政権

憲法65条で「行政権は、内閣に属する」と規定されており、**「行政権」とは、**すべての国家作用から**立法作用と司法作用を除いた残りの国家の作用**をいうと解されている（**控除説**）。

「行政権」を定義しようとしても、行政の内容は多岐にわたるので難しいんだ。だから、**立法と司法の作用を**除いた、残りすべてと考えるんだよ。

POINT 2 独立行政委員会

人事院や公正取引委員会等の独立行政委員会は、準司法的作用・準立法的作用を有している。例えば、公正取引委員会は独占禁止法*の運営を行う機関であるが、独占禁止法に抵触する企業に対して課徴金納付命令を出せるといった権限があり、こういった命令等に不服のある企業は公正取引委員会に申し立て、行政審判（行政機関による争訟の審理・裁定などの手続）を行うことができる。

そこで、このような**準司法作用等を有する行政機関**については、その政治中立性に鑑み、**内閣から独立して行政活動**を行っており、**独立行政委員会**と呼ばれているところ、この**行政機関でありながら、独立性を有している点で憲法65条に反しないかが問題**となる。

この点、行政権は**「すべて」「唯一」**内閣に属すると**規定されていない**ことから、独立行政委員会は、憲法65条に**反しない**と解されている。

憲法76条の「**すべて**司法権は…裁判所に属する」のように、行政権も規定されていれば、「内閣」以外の機関に行政権が属するのは違憲の疑いが出てくるんだけど、現状はそうなっていないということだね。

POINT 3 内閣の組織

憲法66条1項は「**内閣は、**法律の定めるところにより、その**首長たる内閣総理大臣及びその他の国務大臣**でこれを組織する」と規定しており、**内閣は、内閣総理大臣と国務大臣によって構成**される。

---

* **独占禁止法**…正式名称は「私的独占の禁止及び公正取引の確保に関する法律」といい、自由経済社会で企業が守るべきルールを定め、公正·自由な競争を妨げる行為を規制している。

内閣総理大臣は、内閣の首長（リーダー）であり、内閣全体を統率する。**国務大臣は、主任の大臣**として、**行政事務を分担管理**する（内閣法3条1項）が、**行政事務を分担管理しない大臣（無所属の大臣）が存在することも認められる**（内閣法3条2項）。

また、憲法66条2項は「内閣総理大臣その他の国務大臣は、文民でなければならない」と規定し、戦前の反省から軍の政治関与を防止するため、**内閣総理大臣と国務大臣は、現在、職業軍人でない「文民」**でなければならない。

POINT 4 内閣総理大臣の指名

憲法67条1項は「**内閣総理大臣は、国会議員**の中から**国会の議決で**、これを**指名**する。この指名は、**他のすべての案件に先だつて**、これを行ふ」と規定されている（詳細は270ページ参照）。なお、**内閣総理大臣を任命するのは、天皇**である（憲法6条1項）。

POINT 5 議院への出席・発言

憲法63条は「**内閣総理大臣その他の国務大臣は**、両議院の一に議席を有すると有しないとにかかはらず、何時でも議案について発言するため**議院に出席することができる**。又、答弁又は説明のため**出席を求められたときは、出席しなければならない**」と規定されている。

POINT 6 内閣の成立時期

内閣の成立時期に関する憲法の規定はなく、内閣総理大臣が国務大臣を任命（憲法68条1項）した時点で、内閣は成立すると解されている。

POINT 7 閣議

閣議とは、内閣が職権を行うに際して、その意思を決定するために開く**会議**である。この**閣議について憲法に規定はなく、内閣法で内閣がその職権を行うのは閣議による**（同法4条）と規定され、内閣の一体性と連帯責任に鑑み、**その意思決定は全員一致**が必要と解されている。

もっとも、**特定の国務大臣が閣議決定に反対する場合**には、その**国務大臣が辞職**するか、**内閣総理大臣による罷免**（憲法68条2項）により、**全員一致**とすると解されている。

> 罷免とは、いわゆるクビにすること。内閣総理大臣は内閣の意思を統一するために、反対意見を有する者をクビにすることができるんだ。

なお、内閣法においては、基本方針発議権（同法4条2項）、内閣総理大臣による臨時職務執行（同法10条）の規定があることから、**内閣総理大臣自ら案件を発議することもできる**。

STEP 2 一問一答で理解を確認！

1 「行政権」とは、すべての国家作用から立法作用と司法作用を除いた残りの国家の作用をいうと解されている。	○ **本問の記述のとおり**である（**控除説**）。
2 憲法は行政権について、行政権は、唯一内閣に属すると規定している。	× 憲法65条で「行政権は、**内閣に属する**」と規定するのみで、**「唯一」とは規定していない**。
3 独立行政委員会は、準司法的作用・準立法的作用があるため、政治中立性に鑑み、憲法65条に反し、許されないと解されている。	× 独立行政委員会は、準司法的作用・準立法的作用があるため、政治中立性に鑑み、内閣から独立して行政活動を行っているが、憲法65条において行政権は**「すべて」「唯一」**内閣に属すると**規定されていない**ことから、独立行政委員会は、憲法65条に**反しない**と解されている。
4 内閣は、内閣総理大臣と国務大臣によって構成される。	○ **本問の記述のとおり**である（憲法66条1項）。
5 内閣の首長となり、内閣全体を統率するのは国務大臣である。	× **内閣の首長**（つまりリーダー）となり、内閣全体を統率するのは**内閣総理大臣**である（憲法66条1項）。
6 国務大臣は、主任の大臣として、行政事務を分担管理するため、行政事務を分担管理しない大臣（無所属の大臣）は認められない。	× 国務大臣は、主任の大臣として、行政事務を分担管理する（内閣法3条1項）が、**行政事務を分担管理しない大臣**

（無所属の大臣）も認められている（内閣法3条2項）。

7 内閣総理大臣は文民でなければならないが、国務大臣についてそのような制約はない。

× **内閣総理大臣と国務大臣は、現在、職業軍人でない「文民」**でなければならない（憲法66条2項）。

8 内閣総理大臣は、衆議院議員の中から国会の議決で、これを指名する。

× 内閣総理大臣は、**国会議員**の中から**国会**の議決で、これを指名する（憲法67条1項）。「衆議院議員」の中から**ではない**。

9 閣議に関する規定は憲法・内閣法にもないため、内閣の団体性に鑑み、閣議は多数決で運営される。

× 閣議に関する規定は憲法には**ない**が、**内閣法**にはある。また、**内閣法**4条は、内閣の職務は閣議によると規定し、内閣の一体性と連帯責任に鑑み、**全員一致**としていると解されている。

10 国務大臣は、各議院より答弁又は説明のため出席を求められたときは、出席しなければならないが、国会議員でない限り、自ら各議院に出席することができない。

× 憲法63条は「**内閣総理大臣その他の国務大臣は**、両議院の一に議席を有すると有しないとにかかはらず、**何時でも議案について発言**するため**議院に出席することができる**。又、答弁又は説明のため**出席を求められたときは、出席しなければならない**」と規定しているため、自ら各議院に出席することが**できる**。

過去問にチャレンジ！

問題 1　　国家専門職（2020 年度）

内閣に関するア～オの記述のうち、妥当なもののみを全て挙げているのはどれか。

ア　内閣総理大臣及びその他の国務大臣は、合議体としての内閣の構成員である。また、行政事務を分担管理しない無任所の大臣が存在することは想定されていない。

イ　内閣は、衆議院が内閣不信任の決議案を可決した場合、10日以内に衆議院が解散されない限り、総辞職をしなければならないが、衆議院が内閣信任の決議案を否決した場合については、この限りでない。

ウ　内閣が実質的な衆議院の解散決定権を有しているわけではないため、衆議院の解散は、憲法第7条のみならず憲法第69条にも基づく場合でなければ行うことができないと一般に解されており、実際に憲法第69条に基づかない衆議院の解散は行われていない。

エ　明治憲法においては、内閣総理大臣は、同輩中の首席であって、他の国務大臣と対等の地位にあるにすぎず、国務大臣を罷免する権限は有していなかった。

オ　内閣は行政全般に直接の指揮監督権を有しているため、内閣の指揮監督から独立している機関が行政作用を担当することは、その機関に国会のコントロールが直接に及ぶとしても、憲法第65条に違反すると一般に解されている。

1　エ
2　ア、オ
3　イ、エ
4　イ、オ
5　ア、ウ、エ

➡解答・解説は別冊 P.118

問題 2 特別区Ⅰ類（2018 年度）

日本国憲法に規定する内閣又は内閣総理大臣に関する記述として、通説に照らして、妥当なものはどれか。

1 内閣は、法律の定めるところにより、その首長たる内閣総理大臣及びその他の国務大臣で組織され、内閣総理大臣は文民でなければならないが、その他の国務大臣は文民である必要はない。

2 内閣は、内閣総理大臣が欠けたとき、又は衆議院議員総選挙の後に初めて国会の召集があったときは、総辞職をしなければならず、あらたに内閣総理大臣が任命されるまで引き続きその職務を行うことは許されない。

3 内閣は、日本国憲法及び法律の規定を実施するために、政令を制定することができ、特にその法律の委任がない場合においても、政令に罰則を設けることができる。

4 内閣総理大臣は、内閣がその職権を行うにあたり、国務大臣全体の会議である閣議を主宰し、その閣議の議決方式は、明治憲法下の慣例とは異なり、多数決で足り、全員一致である必要はない。

5 内閣総理大臣は、内閣の首長として、国務大臣の任免権のほか、内閣を代表して議案を国会に提出し、一般国務及び外交関係について国会に報告し、並びに行政各部を指揮監督する権限を有する。

➡解答・解説は別冊 P.119

SECTION 2 内閣の権能と総辞職

STEP 1 要点を覚えよう！

POINT 1 憲法73条①（1号）

憲法73条柱書は「**内閣は、他の一般行政事務の外、左の事務を行ふ**」と規定し、内閣の権能を規定している。以下、同条各号の内容を個別に確認していく。

一般行政事務には、税務に関するもの、福祉に関するものなど、いろいろな内容があるけど、憲法73条等で規定されている行政事務以外のものだよ。

まず、1号は「**法律を誠実に執行**し、国務を総理すること」と規定している。この点、**内閣が自ら法律を違憲と判断**した場合、法律の執行を拒否・停止することができるかについては、内閣を組織する国務大臣・国会議員等は、**憲法尊重擁護義務**を負うため（憲法99条）、**最高裁判所の違憲判決等の特別な事情がない限り、原則として、法律の執行を拒否・停止することはできない**と解されている。

POINT 2 憲法73条②（2号）

2号では「**外交関係を処理**すること」と規定しており、外交交渉、外交使節の任免等、内閣は重要な外交事務を行う。

POINT 3 憲法73条③（3号）

3号は「条約を締結すること。但し、事前に、時宜によつては事後に、国会の承認を経ることを必要とする」と規定している。

条約を「締結」するのは「内閣」の権限であり、その**条約の内容を審議して「承認」するのは「国会」の権限**である。この**条約の承認は、事前の承認が原則**であるが、**例外的に事後の承認も認められている**。

POINT 4 憲法73条④（4号・5号）

4号は「法律の定める基準に従ひ、官吏に関する事務を掌理すること」と規定しており、**内閣は、国家公務員法で定める基準に従って、官吏（国家公務員）をとりまとめる**。

また、5号は「**予算を作成**して**国会に提出**すること」と規定されており、**予算案を「作成」するのは「内閣」の権限**であり、その**予算案の内容を審議して「決議」するのは「国会」の権限**である（憲法60条）。

POINT 5 憲法73条⑤（6号）

6号は「この憲法及び法律の規定を実施するために、**政令を制定**すること。但し、政令には、**特にその法律の委任がある場合を除いては、罰則を設けることができない**」と規定している。

「政令」とは、内閣の制定する法規であり、国会によって規定された「法律」を執行するために、より細かい事項について規定する。もっとも、**政令で罰則を設けるには、法律の委任が必要**となる。

POINT 6 憲法73条⑥（7号）

7号は「大赦、特赦、減刑、刑の執行の免除及び復権を**決定**すること」と規定している。これらは総じて、**国家の刑罰権の全部又は一部を消滅・軽減**させる**恩赦**と呼ばれ（恩赦法1条）、**内閣が決定し、天皇の認証を必要**とする（憲法7条6号）。

大赦も特赦も、一定の者の有罪判決の言渡しの効力を失わせたりすることだよ。これらはつまり「恩赦」ということだね。

POINT 7 署名・連署

憲法74条は「**法律及び政令**には、**すべて主任の国務大臣が署名**し、**内閣総理大臣が連署**することを必要とする」と規定している。

もっとも、これらの**署名と連署**は、その執行責任を明らかにするための**形式上の行為**であるから、**署名・連署を欠いたとしても、法律や政令の効力に影響はない**と解されている。

POINT 8 予備費

憲法87条2項は「**すべて予備費の支出**については、内閣は、**事後に国会の承諾**を得なければならない」と規定しており、内閣は「予算を作成」（憲法73条5号）する以外にも、**予備費の支出**も行っている。

予備費というのは、当初に決めていた「予算」を超えた支出が必要となった場合のため、あらかじめ準備しておく費用のことだからね。

POINT 9 その他の内閣の権能

以上のほか、内閣は次の322ページの権能も有している。内閣の権能は多いが、知っていれば解ける問題も出るので、できる限り覚えておきたい。

◆その他の内閣の権能

①最高裁判所の**長たる裁判官**の**指名**（憲法6条2項）
☞ここは「**指名**」であることに注意。「**任命**」するのは天皇だ。
②最高裁判所の長たる裁判官**以外の裁判官**及び**下級裁判所の裁判官**の**任命**（憲法79条1項、80条1項本文）
☞上の①と異なり、ここは「**任命**」である。
③国会の**臨時会**の召集の決定（憲法53条）
④議案の国会への提出（憲法72条）
⑤参議院の**緊急集会**の請求（憲法54条2項但書）
⑥決算の国会への提出（憲法90条1項）
⑦財政状況の国会及び国民への報告（憲法91条）

POINT 10 内閣の総辞職

憲法69条は「**内閣は、衆議院で不信任の決議案を可決**し、又は**信任の決議案を否決**したときは、**十日以内に衆議院が解散されない限り、総辞職**をしなければならない」と規定している。

不信任とは「信用できない」ということ、信任とは「信用している」ということだよね。「信任」の決議案を「否決」した場合も含まれることに注意しよう。

例えば、衆議院が内閣不信任を決議した場合において、内閣がこれに対抗して衆議院の解散に踏み切り、その後の総選挙で内閣を組織する与党が過半数の議席を獲得した場合でも、内閣は総辞職しなければならない。

また、憲法に規定はないが、不信任決議等がなかった場合において、**内閣は自ら政治的責任をとる趣旨で自発的に総辞職することができる**と解されている。

なお、衆議院において**「個別の国務大臣」に対する不信任決議は可能**であるが、**国務大臣を罷免できるのは内閣総理大臣**だけである（憲法68条2項）から、内閣に対する不信任決議案（憲法69条）とは異なり、その不信任決議に**法的拘束力はなく**、不信任決議があったとしても**国務大臣はその地位を失わない**。

POINT 11 参議院による問責決議案など

衆議院ではなく、**参議院は内閣に対して問責決議案を可決することができるが**、これには**法的拘束力はなく**、内閣はこれが可決されたとしても**総辞職をする必要がない**。

また、**「個別の国務大臣」**に対して、**問責決議案を提出することも認められているが**、同様に**法的拘束力はなく**、国務大臣はその**地位を失わない**。

問責決議というのは、特定の対象に対して責任を問うことを目的として行われる決議のこと。要するに、責任をとれ！…とせまることだね。

ここで固める！ **不信任・信任決議等のまとめ！**

- 衆議院による不信任決議の可決　☞**衆議院を解散するか、内閣総辞職。**
- 衆議院による信任決議の否決　☞**衆議院を解散するか、内閣総辞職。**
- 衆議院による個別の国務大臣への不信任決議の可決　☞**可能だが、法的拘束力はない。**

- 参議院による不信任決議の可決　☞**できない。**
- 参議院による問責決議案の可決　☞**可能だが、法的拘束力はない。**
- 参議院による個別の国務大臣への不信任決議の可決　☞**可能だが、法的拘束力はない。**

POINT 12　内閣総理大臣が欠けたときなどの総辞職

憲法70条は「**内閣総理大臣が欠けた**とき、又は**衆議院議員総選挙の後に初めて国会の召集**があつたときは、**内閣は、総辞職**をしなければならない」と規定している。「内閣総理大臣が欠けたとき」とは、内閣総理大臣が死亡、辞職、失踪、亡命してしまった場合のことである。

また、**内閣総理大臣は、国会議員の中から指名**される以上（憲法67条1項）、何らかの理由で**国会議員の地位を失えば、その後は内閣総理大臣としての資格を失う**。よって、この場合も「欠けたとき」に含まれる。

POINT 13　内閣の職務継続

憲法71条は、衆議院の解散、衆議院議員の任期満了、内閣の総辞職、内閣総理大臣が欠けた場合等には、**内閣は、あらたに内閣総理大臣が任命されるまで、引き続きその職務を行う**と規定されている。要するに、何らかの事由で現在の内閣が終了し、新たな内閣が組織（組閣）される場合には、それまで現内閣が職務を続けるということだ。

なお、衆議院議員総選挙を経て、**初めて国会が召集されるまでの期間**において**内閣総理大臣が欠けてしまった場合**、内閣は、衆議院議員総選挙の後に初めて国会の召集があったときではなく、**直ちに総辞職**するのが先例である。この先例では、初めての国会の召集前に内閣が既に総辞職していたので、初めて国会が召集された際、改めての総辞職は行われなかった。なお、内閣が総辞職したとしても、同条により職務は引き続き執行できるから問題はない。

STEP 2 一問一答で理解を確認！

1 内閣は、法律を違憲と判断した場合、法律の執行を拒否・停止することができると解されている。

× 憲法73条1号は「**法律を誠実に執行**し、国務を総理すること」と規定されているが、内閣を組織する国務大臣・国会議員等は**憲法尊重擁護義務**を負う（憲法99条）ところ、内閣が法律を違憲と判断しても、最高裁判所の違憲判決等の特別事情がない限り、原則として、法律の執行を拒否・停止することは**できない**と解されている。

2 内閣は条約を締結することができるが、事前に国会の承認を経ることが必要であり、例外はない。

× 内閣は条約を締結することができるが、**事前**に、時宜によっては**事後**に、国会の承認を経ることを必要とする（憲法73条3号）。

3 内閣は、憲法及び法律の規定を実施するために、政令を制定できるから、法律の委任がなくても罰則を設けることができる。

× **政令で罰則を設けるには、法律の委任**が必要となる（憲法73条6号但書）。

4 衆議院における個別の国務大臣に対する不信任決議には、法的拘束力が認められている以上、国務大臣はその地位を失うとされている。

× 衆議院において個別の国務大臣に対する不信任決議は可能だが、**国務大臣を罷免できるのは内閣総理大臣だけ**である（憲法68条2項）から、法的拘束力は**なく**、国務大臣はその地位を**失わない**。

5 内閣は、大赦、特赦、減刑、刑の執行の免除及び復権を決定することができ、これには天皇の認証を必要とする。	○　**本問の記述のとおり**である（憲法73条7号、7条6号）。
6 衆議院の解散、衆議院議員の任期満了、内閣の総辞職、内閣総理大臣が欠けた場合等には、内閣は、あらたに内閣総理大臣が任命されるまで引き続きその職務を行うとされている。	○　憲法71条は、衆議院の解散、衆議院議員の任期満了、内閣の総辞職、内閣総理大臣が欠けた等の場合には、内閣は、**あらたに内閣総理大臣が任命されるまで**引き続きその**職務を行う**と規定している。
7 法律及び政令には、すべて主任の国務大臣が署名し、内閣総理大臣が連署することが必要とされ、これらがない法律等は無効となる。	×　法律及び政令に対する**署名と連署は**、その執行責任を明らかにするための**形式上の行為**であるから、**署名・連署を欠いたとしても、法律や政令の効力に影響はない**と解されている。
8 最高裁判所の長たる裁判官を任命するのは、内閣である。	×　内閣は、最高裁判所の長たる裁判官の**指名**を行う。「**任命**」するのは**天皇**である（憲法6条2項）。
9 内閣は政治的責任をとる趣旨で、自発的に総辞職することができると解されている。	○　**本問の記述のとおり**である。
10 内閣総理大臣が欠けたとき、内閣は、総辞職をしなければならないが、これには内閣総理大臣が国会議員の地位を失った場合も含まれる。	○　**本問の記述のとおり**である。

過去問にチャレンジ！

問題 1　　国家一般職（2018 年度）

次のア～カの記述のうち、憲法上、内閣の権限又は事務とされているもののみを全て挙げているのはどれか。

ア　最高裁判所の長たる裁判官を任命すること。
イ　下級裁判所の裁判官を任命すること。
ウ　法律を誠実に執行し、国務を総理すること。
エ　国会の臨時会の召集を決定すること。
オ　参議院の緊急集会を求めること。
カ　国務大臣の訴追について同意すること。

1　ア、エ、カ　　2　イ、ウ、オ
3　ア、イ、エ、オ　　4　ア、ウ、オ、カ　　5　イ、ウ、エ、オ

➡解答・解説は別冊 P.120

問題 2　　国家一般職（2015 年度）

内閣に関するア～オの記述のうち、妥当なもののみを全て挙げているのはどれか。

ア　衆議院の解散又は衆議院議員の任期満了のときから、衆議院議員総選挙を経て初めて国会が召集されるまでの期間において内閣総理大臣が欠けた場合、内閣は、衆議院議員総選挙の後に初めて国会の召集があったときではなく、直ちに総辞職するのが先例である。

イ　内閣は、法律を誠実に執行し、また、憲法を尊重し擁護すべき義務を負っていることから、最高裁判所が違憲と判断しなくとも、憲法上の疑義を理由に法律の執行を拒否することができると一般に解されている。

ウ　国務大臣は、その在任中に、内閣の同意がなければ訴追されず、当該同意に基づかない逮捕、勾留は違法であり、当該訴追は無効となる。ただし、訴追の権利は害されないとされていることから、訴追に内閣の同意がない場合には公訴時効の進行は停止し、国務大臣を退職するとともに訴追が可能となると一般に解されている。

エ　内閣は、国会に対し責任を負うとされているが、各議院が個別的に内閣に対して責任を追及することを排除する趣旨ではなく、例えば、内閣に対して、総辞

職か議院の解散かの二者択一を迫る決議案は、衆議院及び参議院のいずれにおいても提出することができる。

オ 内閣は、閣議によりその職権を行使するものとされている。内閣総理大臣は内閣の首長であるとされているものの、閣議は全員一致によるものと法定されており、ある国務大臣が閣議決定に反対した場合は、当該国務大臣を罷免しない限り、内閣は職権を行使することができないため、総辞職することになる。

1 ア　**2** ウ　**3** イ、エ
4 ア、ウ、オ　**5** イ、エ、オ

➡解答・解説は別冊P.120

問題 3　国家専門職（2017 年度）

内閣に関するア～オの記述のうち、妥当なもののみを全て挙げているのはどれか。

ア 内閣総理大臣の指名について、衆議院と参議院とが異なった指名の議決をした場合に、法律の定めるところにより、両議院の協議会を開いても意見が一致しないとき、又は衆議院が指名の議決をした後、国会の休会期間中を除いて10日以内に、参議院が指名の議決をしないときは、衆議院で再びされた指名の議決が国会の議決となる。

イ 内閣は、衆議院で内閣不信任の決議案が可決され、又は信任の決議案が否決されたときには10日以内に衆議院が解散されない限り、総辞職しなければならない。

ウ 内閣総理大臣が欠けたときや、衆議院議員総選挙又は参議院議員通常選挙の後に初めて国会の召集があったときは、内閣は、総辞職しなければならない。

エ 閣議にかけて決定した方針が存在しない場合においても、内閣総理大臣は、少なくとも内閣の明示の意思に反しない限り、行政各部に対し、随時、その所掌事務について一定の方向で処理するよう指導、助言等の指示を与える権限を有するとするのが判例である。

オ 法律の誠実な執行や国務の総理については、内閣総理大臣の職務として憲法上規定されている。

1 ア、イ　**2** ア、ウ
3 イ、エ　**4** ウ、オ　**5** エ、オ

➡解答・解説は別冊P.121

問題 4 裁判所職員（2019 年度）

内閣に関する記述として最も妥当なものはどれか。

1 内閣総理大臣は、必ず国会議員の中から指名されなければならないが、国務大臣については、国会議員以外の者を任命することができ、全ての国務大臣を国会議員以外の者から任命することも可能である。

2 衆議院が内閣不信任を決議した場合において、内閣がこれに対抗して衆議院の解散に踏み切り、その後の総選挙で内閣を支持する与党が過半数の議席を獲得した場合には、内閣は総辞職する必要はない。

3 衆議院において個別の国務大臣に対する不信任決議がされた場合、当該国務大臣はその地位を失う。

4 憲法第65条が「行政権は、内閣に属する。」と定め、内閣において行政全般に統括権を持つことを要求していることからすれば、全ての行政は、内閣による直接の指揮監督を受けなければならない。

5 内閣総理大臣は、閣議にかけることなく、国務大臣を罷免することができる。

➡解答・解説は別冊 P.122

問題 5 裁判所職員（2013 年度）

内閣及び内閣総理大臣に関する次のＡ～Ｃの記述の正誤の組み合わせとして、最も適当なものはどれか。

A 内閣は、憲法73条1号により法律を誠実に執行する義務を負うが、他方、憲法99条により憲法尊重擁護義務をも負うので、内閣が違憲と解する法律が国会で成立した場合には、一時的であれば、その執行を停止することができる。

B 憲法66条3項は、内閣は行政権の行使について国会に対して連帯して責任を負う旨規定しているが、個々の国務大臣がその所管事項について単独で責任を負うことが否定されているわけではない。

C 憲法70条は、内閣総理大臣が欠けたときは内閣は総辞職しなければならないと規定しているところ、「内閣総理大臣が欠けたとき」とは、死亡、失踪、亡命などがこれに含まれるが、国会議員の地位を失った場合は含まれない。

	A	B	C
1	正	正	正
2	正	誤	正
3	誤	誤	正
4	誤	正	誤
5	誤	誤	誤

➡解答・解説は別冊P.123

問題6　特別区Ⅰ類（2016年度）

日本国憲法に規定する内閣又は内閣総理大臣に関する記述として、通説に照らして、妥当なものはどれか。

1 内閣は、内閣総理大臣及びその他の国務大臣で組織される合議体であり、国務大臣は内閣の構成員であると同時に、各省の長として行政事務を分担管理する主任の大臣でなければならず、無任所の大臣を置くことは認められていない。

2 内閣は、行政権の行使について、国会に対し連帯して責任を負うため、内閣を組織する国務大臣は一体となって行動しなければならず、特定の国務大臣が、個人的理由に基づき、個別責任を負うことは憲法上否定されている。

3 内閣は、衆議院で不信任の決議案を可決したときは、10日以内に衆議院が解散されない限り、総辞職をしなければならないが、死亡により内閣総理大臣が欠けたときは、総辞職をする必要はない。

4 内閣総理大臣は、国務大臣を任命するとともに、また、任意に国務大臣を罷免することができ、国務大臣の任免権は内閣総理大臣の専権に属するが、この国務大臣の任免には天皇の認証を必要とする。

5 内閣総理大臣は、法律及び政令に主任の国務大臣の署名とともに連署することが必要であるため、内閣総理大臣の連署を欠いた法律及び政令については、その効力が否定される。

➡解答・解説は別冊P.123

SECTION 3

内閣総理大臣の権能

STEP 1 要点を覚えよう！

POINT 1 内閣総理大臣の地位

明治憲法において、内閣総理大臣は、同輩中の首席であって、他の国務大臣と対等の地位にあるにすぎず、国務大臣を罷免する権限は有していなかった。

「同輩中の首席」とは、要するに「同輩」なので、対等な地位だったと覚えておこう。

しかし、**現行憲法は、内閣総理大臣に、国務大臣を任命**（憲法68条1項）し、また、**罷免**（憲法68条2項）**することができる権限を規定**する等、強力な権限をもつ**首長**（憲法66条1項）としての地位を認めている。

なお、**内閣総理大臣は、必ず国会議員の中から指名**（憲法67条1項）される必要がある。

POINT 2 内閣総理大臣の権能①（国務大臣の任免権）

内閣総理大臣の権能について、憲法68条は次のとおり規定している。

> 1項：内閣総理大臣は、国務大臣を任命する。但し、その**過半数**は、**国会議員**の中から選ばれなければならない。
> 2項：内閣総理大臣は、**任意**に国務大臣を罷免することができる。

以上のように**内閣総理大臣は、自己の意思で任意（自由）に国務大臣の任命・罷免ができ、それについての閣議は不要**である。

ただし、**国務大臣の過半数**は**国会議員**から選ばれ（衆議院議員のみ**ではない**）、**天皇**は、**国務大臣の任免を認証**する（憲法7条5号）。**認証**とは、それを認めることと考えておこう。

なお、**主任の大臣の間における権限についての疑義（疑問のある点）は、内閣総理大臣が閣議にかけてこれを裁定**する（内閣法7条）と規定されている。

内閣総理大臣は自由に国務大臣を任命し、罷免することができる点はよく出題されるんだ。それだけ強力な権限が与えられているということだね。

POINT 3 内閣総理大臣の権能②（国務大臣の訴追の同意）

憲法75条は「**国務大臣は、その在任中、内閣総理大臣の同意がなければ、訴追されない**。但し、これがため、**訴追の権利は、害されない**」と規定している。訴追とは、刑事事件について公訴（刑事裁判）を提起することだ。

なお、「訴追」には、逮捕・勾留といった身体拘束も含む見解が有力である。

ただし、**訴追の権利は害されない**のであるから、内閣総理大臣の同意がない場合、**公訴時効の進行は停止**し、**国務大臣を退職するとともに訴追が可能**となると解されている。

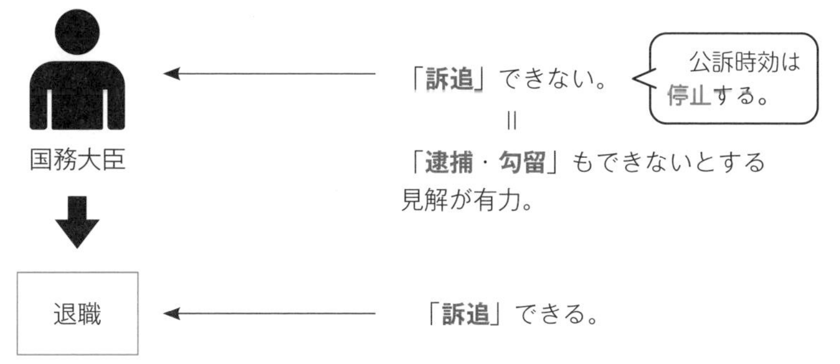

POINT 4 内閣総理大臣の権能③（議案提出・国会報告）

憲法72条は「**内閣総理大臣は、内閣を代表して議案を国会に提出**し、一般国務及び外交関係について**国会に報告し、並びに行政各部を指揮監督**する」と規定している。

「議案」とは、国会で審議するために内閣より発案されるすべての案件の総称である。また、一般国務及び外交関係についても国会に報告する。

この点、「行政各部を指揮監督」する権限について判例は、**内閣総理大臣が行政各部に対し指揮監督権を行使**するためには、**閣議にかけて決定した方針が存在することを要する**が、**閣議にかけて決定した方針が存在しない場合**においても、憲法72条に基づき内閣の方針を決定し、閣内の意思の統一を図り、流動的で多様な行政需要に遅滞なく対応するため、内閣総理大臣は、**少なくとも、内閣の明示の意思に反しない限り、行政各部に対し、随時、その所掌事務について一定の方向で処理するよう指導、助言等の指示を与える権限を有する**としている（ロッキード事件：最大判平7.2.22）。

行政各部に対する指揮監督権について、本当は閣議に基づく方針が必要だけれど、それがなかったとしても、明らかに内閣の意思に反していないような場合であれば、有効な権限行使であるということなの。

STEP 2 一問一答で理解を確認！

1 明治憲法でも、現行憲法と同様に、内閣総理大臣は、国務大臣を任命し、罷免することができる権限が規定されており、強力な権限をもっていた。	× **明治憲法**では、内閣総理大臣は、**同輩中の首席**であって、**他の国務大臣と対等**の地位にあるにすぎなかった。また、国務大臣を罷免する権限は**有していなかった**。
2 憲法は、内閣総理大臣に、国務大臣を任命し、罷免することができる権限を規定するなど、強力な権限をもつ首長としての地位を認めている。	○ **本問の記述のとおり**である（憲法68条1項、2項、66条1項）。
3 内閣総理大臣は、必ずしも国会議員の中から指名される必要はない。	× **内閣総理大臣は、必ず国会議員の中から指名**（憲法67条1項）される必要がある。
4 内閣総理大臣は、任意に国務大臣の任命と罷免をすることができるが、それについての閣議を経ることが必要である。	× **内閣総理大臣は、自己の意思で任意（自由）に国務大臣の任命・罷免ができ、それについての閣議は不要**である。
5 国務大臣の過半数は衆議院議員から選ばれることを要し、天皇は、国務大臣を認証する。	× **国務大臣の過半数は国会議員**から選ばれ（衆議院議員のみ**ではない**）、**天皇は、国務大臣の任免を認証**する（憲法7条5号）。

6 国務大臣は、その在任中、内閣総理大臣の同意がなければ訴追されないが、訴追の権利は害されない。	○ **本問の記述のとおり**である(憲法75条)。なお、訴追の権利が害されない以上、国務大臣の在任中は訴追されないのみで、退職後は訴追が可能となる。
7 国務大臣は、その在任中、内閣総理大臣の同意がなければ、訴追されないが、逮捕・勾留することは許される。	○ **本問の記述のとおり**である。
8 国務大臣は、その在任中、内閣総理大臣の同意がなければ、訴追されないが、内閣総理大臣の同意がない場合、公訴時効の進行は停止し、国務大臣を退職するとともに訴追が可能となると解されている。	○ **本問の記述のとおり**である。
9 判例は、内閣総理大臣は、内閣の首長であるから、内閣の明示の意思に反しても行政各部に対し、随時、その所掌事務について一定の方向で処理するよう指導、助言等の指示を与える権限を有するとしている。	× 判例は、内閣総理大臣は、少なくとも、**内閣の明示の意思に反しない限り**、行政各部に対し、随時、その所掌事務について一定の方向で処理するよう指導、助言等の指示を与える権限を有するとしている(ロッキード事件:最大判平7.2.22)。
10 各国務大臣は、各自が内閣を代表して議案を国会に提出し、一般国務及び外交関係について国会に報告し、並びに行政各部を指揮監督する。	× 憲法72条は「**内閣総理大臣**は、内閣を代表して議案を国会に提出し、一般国務及び外交関係について国会に報告し、並びに行政各部を指揮監督する」と規定しており、国務大臣**ではない**。

STEP 3 過去問にチャレンジ！

問題 1 国家一般職（2016 年度）

内閣に関するア～オの記述のうち、妥当なもののみを全て挙げているのはどれか。

ア 国務大臣の任命は内閣総理大臣が行うが、これを天皇が認証することにより初めて合議体としての内閣が成立する。

イ 内閣総理大臣は、行政権の属する内閣の首長であることから、国会議員であるだけでなく文民であることが求められるが、国務大臣は、内閣の首長ではないことから、その過半数は国会議員でなければならないが、文民であることは求められていない。

ウ 内閣は国会に対して連帯して責任を負うこととされているが、各国務大臣が所管事項について単独で責任を負うことも憲法上否定されていない。

エ 内閣総理大臣は、国務大臣を罷免する場合には、これを閣議にかけなければならない。

オ 国務大臣は、各議院から答弁又は説明のため出席を求められたときは、議院に出席する義務があることから、国会の会期中に限り、内閣総理大臣の同意がなければ訴追されない。

1 ア
2 ウ
3 ア、イ
4 ウ、オ
5 エ、オ

➡解答・解説は別冊 P.125

問題 2 国家一般職（2013 年度）

内閣総理大臣の権限に関する次の記述のうち、妥当なものはどれか。

1 内閣総理大臣は、恩赦を決定し、天皇がこれを認証する。

2 各大臣は、案件を内閣総理大臣に提出して、閣議を求めることができる。他方、内閣総理大臣は、閣議を主宰するが、自ら案件を発議することはできない。

3　主任の大臣の間における権限について疑義があり、内閣総理大臣がこれを裁定する場合、閣議にかけることが必要である。

4　内閣総理大臣が行政各部に対し指揮監督権を行使するためには、閣議にかけて決定した方針が存在することが必要であるから、これが存在しない場合に、内閣の明示の意思に反しない範囲で、内閣総理大臣が行政各部に対して一定の方向で処理するよう指導、助言等の指示をすることはあり得るが、それは内閣総理大臣としての権限に属するものではないとするのが判例である。

5　予算に予備費を計上し、内閣総理大臣の責任でこれを支出することができるが、その支出については、事後に国会の承諾を得なければならない。

➡解答・解説は別冊P.125

問題3　国家専門職（2014年度）

国会及び内閣に関する次の記述のうち、妥当なものはどれか。

1　両議院の議員には会期中の不逮捕特権が認められているが、院内外における現行犯逮捕若しくは所属する議院の許諾がある場合は不逮捕特権の例外とされる。

2　両議院の議員は、議院で行った演説、討論又は表決について、院外で責任を問われない。

3　衆議院が解散されたときは、参議院は、同時に閉会となる。ただし、国に緊急の必要があるときは、内閣総理大臣は、単独で、参議院の緊急集会を求めることができる。

4　両議院の会議及び委員会は公開とされるが、総議員の3分の1以上の多数で議決したときは、秘密会を開くことができる。

5　国務大臣の任免権は内閣に属する。

➡解答・解説は別冊P.126

SECTION 4

議院内閣制と解散権

STEP 1 要点を覚えよう！

POINT 1 議院内閣制

議院内閣制とは、内閣が国会の信任のもとに成立し、国会に対し責任を負う制度である。**憲法に議院内閣制を採用している旨の明文はない**ものの、次の①～④の規定によって制度的に明確にしている。

内閣（政府）は、国会から信頼をもとに運営を任され、逆に、内閣はその行為について、国会に対して（政治的）責任を負う制度ということだね。

◆議院内閣制を表している規定

内閣	国会
①内閣総理大臣は、国会議員の中から国会の議決で指名される（憲法67条1項） ②国務大臣の過半数は、国会議員の中から選ばれる（憲法68条1項但書） ③内閣は、行政権の行使について国会に対し連帯責任を負う（憲法66条3項）	④衆議院には内閣不信任決議権がある（憲法69条） なお、国務大臣個人が所管事項について単独で責任を負うことも否定されていない。

POINT 2 衆議院の解散と解散権の所在

解散とは、衆議院議員の任期満了前に、その**全員の資格を失わせる**ことをいう。そして、解散後に行われる総選挙によって、国民の信を問うことができる。

衆議院の解散を決定する権限（解散権）の所在や根拠について、**憲法上は明文で規定されていない**。憲法の規定としては、衆議院で内閣不信任決議がされた場合は「衆議院が解散されない限り」（憲法69条）、内閣は総辞職をしなければならないと規定され、また、天皇の国事行為として「衆議院を解散すること」（憲法7条3号）と規定されているにとどまる。

そこで、**解散権について、何を根拠**として、**どのような場合に解散をすることができるのかが問題**となり、次に述べる学説が対立している。

POINT 3 解散権の根拠に関する学説

学説	内容	結論又は批判
69条限定説	憲法69条で規定される**衆議院が内閣不信任の決議案を可決（信任決議案を否決）した場合に限り**、内閣は解散権を行使できる。	解散が憲法69条の場合に限られ、解散の有する民主主義的機能を十分に生かすことができないと批判される。
65条説	憲法65条の「行政権」の意味について**控除説**を前提に、**解散**は、立法作用・司法作用のどちらでもなく、**行政作用**であると考える。	**憲法65条を根拠に、内閣は自由に解散権を行使できるという考え方である。**
制度説	議院内閣制や三権分立という**制度を根拠として、内閣は自由に解散権を行使できるという考え方。**	議院内閣制の性質は解釈が様々であり、一義的に決まっていないので根拠とすべきではないとの批判がある。
7条説（通説）	**「内閣の助言と承認」**（憲法7条3号）に基づき天皇は衆議院を解散できる以上、これを根拠に、**内閣は自由に解散権を行使できるという考え方。**	実際に、憲法69条に基づかない場合として、「内閣の助言と承認」（憲法7条3号）に基づき消費税率引上げの延期等に対する国民の信を問うための衆議院の解散が行われた。

上記4つの学説について、69条限定説「以外」は、69条の場合（不信任決議等）に解散が限定されないこととなる。

なお、**衆議院が自らの意思で、自律的に解散することは認められない**と解されている。理由としては、①解散の根拠規定は憲法69条と憲法7条3号にしか明文がない。②多数派によって、都合のよいタイミングで衆議院が解散されることにより少数派の議席を奪うことを防ぐ必要がある。

衆議院が自らの意思で解散できちゃうと、そのときの多数派に都合のよいタイミングでの解散が可能となってしまうわけね。

POINT 4 衆議院の解散に関する司法審査

判例は、衆議院の解散は、衆議院議員をしてその意に反して資格を喪失せしめ、国家最高の機関たる国会の主要な一翼をなす衆議院の機能を一時的とはいえ閉止するものであり、これにつづく総選挙を通じて、新たな衆議院、さらに新たな内閣成立の機縁をなすものであって、**極めて政治性の高い国家統治の基本に関する行為**であることからすれば、衆議院の解散について法律上の有効無効を審査することは**司法裁判所の権限の外**であるとしている（苫米地事件：最大判昭35.6.8）。

STEP 2 一問一答で理解を確認！

1 議院内閣制とは、内閣が国会の信任のもとに成立し、国会に対し責任を負う制度であり、憲法上、議院内閣制を採用する旨の明文規定がある。

× **議院内閣制とは、内閣が国会の信任のもとに成立し、国会に対し責任を負う制度**である。**憲法に議院内閣制を採用している旨の明文はない**。

2 衆議院の解散とは、衆議院議員の任期満了前に、その全員の資格を失わせることをいう。

○ **本問の記述のとおり**である。

3 衆議院の解散を決定する権限（解散権）の所在や根拠について、憲法上は明文で規定されていない。

○ **本問の記述のとおり**である。

4 憲法69条や憲法7条3号では、衆議院の解散について規定しているため、衆議院の解散を決定する権限（解散権）の所在や根拠について、憲法上は明文で規定されているといえる。

× 憲法では、衆議院で内閣不信任決議案が可決された場合は「衆議院が解散されない限り」（憲法69条）、内閣は総辞職をしなければならないと規定し、また、天皇の国事行為として「衆議院を解散すること」（憲法7条3号）と規定しているが、**衆議院の解散を決定する権限（解散権）の所在や根拠について、憲法上は明文で規定されているとまではいえない**。

5 全国民の代表としての国会議員で構成される衆議院には、自律的解散が認められると解されている。

× 衆議院の解散決定権は、内閣に限定され、**衆議院の自律的解散は認められない**と解されている。

6 判例は、衆議院の解散は、政治性の高い国家統治の基本に関する行為とまではいえないため、法律上の有効無効を司法裁判所の権限として審査できるとしている。

× 判例は、**衆議院の解散は、極めて政治性の高い国家統治の基本に関する行為**であることからすれば、法律上の有効無効を審査することは**司法裁判所の権限の外**であるとしている（苫米地事件：最大判昭35.6.8）。

7 衆議院の解散に関して、7条説（通説）は、「内閣の助言と承認」（憲法7条3号）に基づき天皇は衆議院を解散することができるのであるから、天皇の認証がなければ内閣は解散権を行使できないという考え方である。

× 衆議院の解散に関して、7条説（通説）は、**「内閣の助言と承認」（憲法7条3号）**に基づき天皇は衆議院を解散することができるのであるから、内閣の「助言と承認」を根拠に**内閣は自由に解散権を行使できる**という考え方である。

8 憲法上、議院内閣制を採用している旨の明文の規定はないものの、内閣総理大臣による行政各部の指揮監督権（憲法72条）は、憲法が議院内閣制を採用している根拠であると一般に解されている。

× **憲法上、議院内閣制を採用している旨の明文の規定はない**ものの、**内閣の連帯責任の原則（憲法66条3項）などの規定が根拠**とされている。しかし、内閣総理大臣による行政各部の指揮監督権（憲法72条）の規定は、憲法が議院内閣制を採用している根拠とは一般に**解されていない**。

9 衆議院の解散に関して、69条限定説では、解散の有する民主主義的機能を十分に生かすことができないことになる。

○ 衆議院の解散に関して、69条限定説は、解散権を行使できる場合は憲法69条の所定の場合に限られるため、本問のような批判が**ある**。

過去問にチャレンジ！

問題 1

国家一般職（2017 年度）

衆議院の解散に関するア～オの記述のうち、妥当なもののみを全て挙げているのはどれか。

ア 衆議院解散の実質的決定権者及びその根拠について、最高裁判所は、天皇の国事行為の一つとして衆議院の解散を規定する憲法第7条第3号により、内閣に実質的な解散決定権が存すると解すべきであるとしている。

イ 憲法第69条の場合を除き、衆議院が解散される場合を明示した規定はなく、内閣が衆議院を解散することができるのは、衆議院と参議院とで与野党の議席数が逆転した場合及び議員の任期満了時期が近づいている場合に限られると一般に解されている。

ウ 衆議院の自律的解散については、憲法上これを認める明文の規定はないが、国会は国権の最高機関であり、自ら国民の意思を問うのが民主制にかなうと考えられることから、衆議院は自らの解散決議により解散することができると一般に解されている。

エ 内閣は、衆議院で内閣不信任決議案が可決された場合において、10日以内に衆議院が解散されたときは、総辞職をする必要はないが、衆議院議員総選挙が行われた後、初めて国会の召集があったときは、総辞職をしなければならない。

オ 衆議院が解散されたときは、参議院は同時に閉会となる。ただし、国に緊急の必要があるときは、参議院は、内閣又は一定数以上の参議院議員からの求めにより、緊急集会を開くことができる。

1 ア
2 エ
3 ア、エ
4 イ、ウ
5 エ、オ

➡解答・解説は別冊 P.128

問題 2　　国家専門職（2015 年度）

内閣に関するア～オの記述のうち、妥当なもののみを全て挙げているのはどれか。

ア 明治憲法においては、内閣についての規定がなく、また内閣総理大臣は同輩中の首席にすぎなかった。一方、日本国憲法においては、内閣に行政権の主体としての地位を認めており、また内閣総理大臣に首長としての地位と権能を与え、内閣総理大臣は任意に国務大臣を罷免することができる。

イ 内閣は、行政権の行使について、国会に対し連帯して責任を負うが、特定の国務大臣が個別に責任を負うことは憲法上否定されていない。

ウ 内閣は、自発的に総辞職することは許されないが、衆議院で不信任の決議案を可決し、又は信任の決議案を否決し、10日以内に衆議院が解散されない場合、内閣総理大臣が欠けた場合及び衆議院議員総選挙の後に初めて国会の召集があった場合には、必ず総辞職しなければならない。

エ 日本国憲法においては、議院内閣制を採用している旨の明文はないものの、内閣の連帯責任の原則（第66条第3項）、内閣不信任決議権（第69条）及び内閣総理大臣による行政各部の指揮監督権（第72条）の規定はいずれも、日本国憲法が議院内閣制を採用している根拠であると一般に解されている。

オ 内閣総理大臣その他の国務大臣は、国会議員の中から選ばれなければならず、かつ、その過半数は衆議院議員でなければならない。

1 ア、イ
2 ア、ウ
3 イ、エ
4 ウ、エ
5 エ、オ

➡解答・解説は別冊 P.129

問題 3 裁判所職員（2012 年度）

衆議院の解散権の所在に関する次のア～エの記述の正誤の組合せとして、最も適当なのはどれか。

ア 憲法７条に根拠を求める見解は、７条の内閣の「助言と承認」は実質的決定を含む場合もあることを前提とする。

イ 憲法65条に根拠を求める見解は、解散権を行使できる場合が著しく限定されてしまうという批判がある。

ウ 憲法69条に根拠を求める見解は、解散の有する民主主義的機能を十分に生かすことができないという批判がある。

エ 権力分立制・議院内閣制を採用している憲法の全体的な構造に根拠を求める見解は、その根拠とする概念が一義的な原則ではないという批判がある。

	ア	イ	ウ	エ
1	正	正	誤	正
2	正	誤	正	誤
3	正	誤	正	正
4	誤	誤	正	正
5	誤	正	誤	正

➡解答・解説は別冊 P.130

CHAPTER 8

司法権

SECTION1　司法権の範囲と限界
SECTION2　司法権の組織と権能
SECTION3　司法権の独立・違憲審査権

この章で学ぶこと

司法権は条文と判例をバランスよく学習する

CHAPTER8・司法権では、「司法権の範囲と限界」「司法権の組織と権能」「司法権の独立」「違憲審査権」を扱います。

裁判所は、独立した機関として司法権を行使し、公平・中立な立場から紛争を解決するとともに、多数決による民主主義政治からこぼれ落ちた少数者を救済することも期待されています。そのため、司法権の担い手たる裁判所は、自由で民主的な社会を創るうえで、人権の砦としての役割を求められる存在といえ、公務員試験でも司法権に関する知識はよく出題されています。

司法権の学習にあたっては、司法権が行使できる事案とできない事案の違い、裁判官の任命や身分保障に関する条文知識、違憲審査権の性質などをしっかり押さえておくとよいでしょう。

また、重要判例もそれなりに分量があり、1つずつていねいに学習していく必要があります。

重要判例を抜かりなく

司法権では、国会・内閣と異なって、重要判例が複数登場します。そもそもその事件を裁判所で争ってよいかどうかが問題になったケースが複数あり、それゆえに重要判例がいくつも存在しているのです。

とはいうものの、それほど数は多くないため、その判例の事案と結論をセットで押さえておけば問題ありません。

裁判所・裁判官に関する条文をしっかりと確認

裁判所の組織や裁判官の身分保障に関する条文は、つい後回しにしやすいところでしょうが、ここはきっちりと確認しておきましょう。無味乾燥に見えますが、覚えてしまえば得点に直結します。ぜひ、しっかり見ておいてください。

極める! 試験別対策

国家一般職

国会に比べると出題頻度は下がる。重要判例をストレートに問う問題が多いので、司法権に関する重要判例をしっかりと確認しておこう。

国家専門職

国家一般職よりも出題頻度が下がる。まずは、司法権の範囲と限界・組織と権能に関する条文と判例をしっかり押さえておこう。

地方上級

国家一般職・専門職に比べ、出題頻度が高い。違憲審査権についてやや問われやすいが、他分野からもバランスよく出題されるので、全範囲を網羅的に学習しておこう。

裁判所職員

国会・内閣と同様、まんべんなく問われることが多い。他の試験種よりもやや手強い問題が増えるので、穴をつくらない学習が求められる。司法権の独立や、裁判官の身分保障に関する知識も問われやすいので、そのあたりも抜かりなく。

特別区Ⅰ類

地方上級と同様、全範囲からバランスよく問われ、違憲審査権の出題がわずかに多い。全範囲を学習し、過去問をしっかりと解いておこう。

市役所

司法権の範囲と限界、司法権の独立がやや問われやすい。まずはこの２分野を学習してから、他の分野を見ておくといいだろう。

SECTION 1

司法権の範囲と限界

STEP 1 要点を覚えよう！

POINT 1 司法権の意義

「司法権」(憲法76条1項)とは、**具体的な争訟**について、**法を適用し、宣言**することによって、これを**裁定する国家の作用**をいう。この「具体的な争訟」は、裁判所法3条1項において「法律上の争訟」と規定されている。

判例は「**法律上の争訟**」について、**当事者間の具体的な権利義務ないし法律関係の存否に関する紛争**であって、かつ、それが**法令の適用により終局的に解決することができるものに限られる**としている(板まんだら事件：最判昭56.4.7)。

そこで、具体的な事案について司法権の範囲に含まれるか(＝「法律上の争訟」にあたるか)が問題となった重要判例を確認していく。

そもそも法律を適用することで解決できない問題は、裁判を行っても無駄になるので、司法権の範囲外として裁判を行わない、ということだよ。

POINT 2 司法権の範囲①(抽象的判断)

まず、自衛隊の前身である**警察予備隊が設置**されていたこと等について、警察予備隊の設置及び維持は憲法9条に反するとして、**具体的な事件が発生したわけではなく争われた**事案がある。

この事案において判例は、特定の者の**具体的な法律関係につき紛争の存する場合においてのみ裁判所にその判断を求めることができる**のであり、裁判所がかような具体的事件を離れて、**抽象的に法律命令等の合憲性を判断する権限を有するとの見解には、憲法上及び法令上何等の根拠も存しない**とした(警察予備隊事件：最大判昭27.10.8)。つまり、司法権行使の対象は、**当事者間の具体的な権利義務ないし法律関係の存否に関する紛争**でなければならないため、制度の是非といった抽象的なことは判断しないということだ。

ただし、「憲法上及び法令上何等の根拠も**存しない**」という言い回しは、**根拠があれば可能である**ともいえる点に注意しよう。

POINT 3 司法権の範囲②(国家試験の合否判定)

国家試験の合否判定の適否について、当時の技術士法に基づく技術士国家試験に不合格となった者が、科学技術庁長官を相手どって、不合格判定は誤りであるため、当該判定を合格に変更するか、誤りの判定により被った損害の賠償を求めた事案がある。

この点について判例は、国家試験における合格、不合格の判定は、その**試験実施機関の最終判断に委せられるべきもの**であって、**その判断の当否を審査し具体的に法令を適用して、その争いを解決調整できるものとはいえず、裁判の対象にならない**とした（技術士試験事件：最判昭41.2.8）。

なお、判例は、**大学における授業科目の単位の授与（認定）という行為**についても、卒業の要件をなすものではあるが、当然に**一般市民法秩序と直接の関係を有するものでなく**、特段の事情のない限り、**純然たる大学内部の問題として大学の自主的、自律的な判断に委ねられる**べきものであって、**裁判所の司法審査の対象にはならない**としている（富山大学単位不認定事件：最判昭52.3.15）。もっとも、**学生が専攻科修了の要件を充足したにもかかわらず、大学が専攻科修了の認定をしない**ときは、実質的にみて、一般市民としての学生の国公立大学の利用を拒否することにほかならないものといえ、学生が一般市民として有する公の施設を利用する権利を侵害するものであり、**専攻科修了の認定、不認定に関する争いは司法審査の対象になる**としている（専攻科修了不認定事件：最判昭52.3.15）。

POINT 4 司法権の範囲③（宗教上の教義等）

次に、宗教団体内部における法的地位の確認訴訟を解決する前提として、その宗教の教義等についての判断が必要となった事案がある。

血脈相承事件（最判平5.9.7）

判例（事案と判旨） 日蓮正宗の宗制・宗規によれば、最高権威たる法主は、教団の統率者たる管長及び宗教法人の代表役員に就くことになっており、Xが法主に就任したのち、Xに対立する僧侶Yらが「Xは法主就任に必要な血脈相承の儀式を受けていないため、代表役員の地位も有していない」と主張し、地位の不存在確認の訴えを提起した。

☞**宗教上の教義ないし信仰の内容にかかわる事項**についてまで**裁判所の審判権は及ばない**ことから、**特定の者の宗教法人の代表役員の地位の存否の確認を求める訴え**において、特定の者の宗教活動上の地位の存否を審理、判断するにつき、**当該宗教団体の教義ないし信仰の内容に立ち入って審理、判断することが必要不可欠**である場合には、裁判所が法令の適用によって終局的な解決を図ることができない訴訟として、**裁判所法3条にいう「法律上の争訟」にあたらない**とした。

POINT 5 司法権の限界①（両院の自主性）

次に、**国会の衆議院及び参議院における法律の議事手続の有効性**が争われた事案において、判例は、特定の者の具体的な法律関係につき紛争の存する場合においてのみ裁判所にその判断を求めることができるところ、両院において議決を経たものとされ適法な手続によって公布されている以上、**裁判所は両院の自主性を尊重**すべく、**法制定の議事手続に関する事実を審理してその有効無効を判断すべきでない**としている（警察法改正無効事件：最大判昭37.3.7）。

POINT 6 司法権の限界②（統治行為：衆議院の解散）

次に、**「衆議院の解散」の有効性**が争われた事案がある。

苫米地事件（最大判昭35.6.8）

判例（事案と判旨） 当時の内閣が衆議院を解散したところ、これにより任期満了前に衆議院議員資格を失った原告が、この**衆議院の解散は違憲であるとして任期満了までの歳費を請求**した。

☞**衆議院の解散は、極めて政治性の高い国家統治の基本に関する行為**であり、**その法律上の有効無効を審査することは司法裁判所の権限の外にある。衆議院の解散が訴訟の前提問題として主張されたとしても**同様にひとしく**裁判所の審査権の外**にあり、その判断は、主権者たる国民に対して政治的責任を負うところの政府・国会等の政治部門の判断に委され、三権分立の原理により裁判所の司法機関としての性格・裁判に必然的に随伴する手続上の制約等に鑑み、司法権の憲法上の本質に内在する制約である。

国会の議院の「議事手続」については、両院の**自律性を尊重**する点から司法審査の対象外としているが、**「衆議院の解散」については、高度に政治性のある国家行為であることを理由**に司法審査の対象外としている。このような理論を**統治行為論**という。

POINT 7 司法権の限界③（統治行為：条約の有効性）

次に、**条約の有効性**が争われた事案において判例は、**安全保障条約**について、主権国としての我が国の存立の基礎に極めて重大な関係をもつ**高度の政治性を有するもの**であり、**その内容が違憲か否かの法的判断は**、条約を締結した内閣及びこれを承認した国会の高度の政治的ないし自由裁量的判断と表裏をなすため、**司法裁判所の審査には、原則としてなじまない性質**のものであり、**一見極めて明白に違憲無効**であると認められない**限りは、裁判所の司法審査権の範囲外**のものとしている（砂川事件：最大判昭34.12.16）。

「条約」については、「一見極めて明白に違憲無効」と認められる場合は、司法審査の対象となりうる余地を残している点に注意してね。

POINT 8 司法権の限界④（地方議員に対する除名処分）

「地方議会」の「議員に対する除名処分」の有効性が争われた事案において判例は、地方公共団体の議会のような自律的な法規範をもつ社会ないしは団体は、当該規範の実現を内部規律の問題として自治的措置に任せ、必ずしも、裁判にまつを適当としないものがあるが、**地方公共団体の議会の議員に対する除名処分は、**議員の身分の喪失に関する重大事項で、**単なる内部規律の問題にとどまらないから、司法裁判の権限内の事項とした**（地方議会議員懲罰事件：最大判昭35.10.19）。

POINT 9 司法権の限界⑤（政党の党員に対する処分）

次に、**「政党」の「党員に対する除名処分」の有効性**が争われた事案がある。

共産党袴田事件②（最判昭63.12.20）

判例(事案と判旨) 政党Xの幹部であったYは、政党X所有の家屋に居住していたところ、政党Xは、除名処分を受けたYに対し、当該家屋明渡等の請求を提訴した。

☞**政党は、議会制民主主義を支える上においてきわめて重要な存在**であり、**高度の自主性と自律性を与えて自主的に組織運営をなしうる自由を保障しなければならない。**

☞**政党が党員に対してした処分が一般市民法秩序と直接の関係を有しない内部的な問題にとどまる限り、裁判所の審判権は及ばない**というべき。

☞**処分が一般市民としての権利利益を侵害する場合**でも、処分の当否は、**当該政党の自律的に定めた規範が公序良俗に反するなどの特段の事情のない限り規範に照らして判断すべき。**

☞**規範を有しないときは、条理に基づき、適正な手続に則ってされたか否かによって決すべき**であり、その審理もこの点に限られるとした。

POINT 10 国民審査

最高裁判所裁判官の国民審査（憲法79条2項）の実施方法は、罷免を可とする裁判官については、投票用紙の当該裁判官に対する記載欄に×の記号を記載し、罷免を可としない裁判官については、投票用紙の当該裁判官に対する記載欄に何らの記載をしない方法により行われる（最高裁判所裁判官国民審査法15条1項）。

この**実施方法が思想・良心の自由に反するとして争われた事案**において判例は、**国民審査は解職の制度**としたうえで、罷免する方がよいか悪いかわからない場合は、積極的に罷免を可とする意思を持たないことから、この方法でも**思想・良心の自由に反しない**としている（最高裁判所裁判官国民審査法事件：最大判昭27.2.20）。なお、国民審査は、各最高裁判所裁判官につき、その任命後初めて行われる衆議院議員総選挙の期日に行われ、最初の国民審査の期日から10年を経過した後初めて行われる衆議院議員総選挙の期日にもさらに行われる（その後も同様）。

STEP 2 一問一答で理解を確認！

1 司法権とは、具体的な争訟について、法を適用し、宣言することによって、これを裁定する国家の作用をいう。	○ **本問の記述のとおり**である。
2 司法権における「具体的な争訟」とは、裁判所法3条1項において「法律上の争訟」と規定されている。	○ **本問の記述のとおり**である。
3 判例は、裁判所が具体的事件を離れて抽象的に法律命令等の合憲性を判断する権限を有するとの見解は、憲法を根拠とする限り認められるとしている。	× **判例は、警察予備隊の設置**及び維持が憲法9条に反するとして争われた事案において、特定の者の具体的な法律関係につき紛争の存する場合においてのみ裁判所にその判断を求めることができるのであり、裁判所がかような具体的事件を離れて、抽象的に法律命令等の合憲性を判断する権限を有するとの見解には、**憲法上及び法令上**何等の根拠も**存しない**とした（警察予備隊事件：最大判昭27.10.8）。つまり、「法令上」の根拠があれば、**認められうる**。
4 判例は、衆議院の解散は、極めて政治性の高い国家統治の基本に関する行為であるが、訴訟の前提問題として主張されている場合は、司法審査が及ぶとしている。	× 判例は、衆議院の解散は、極めて政治性の高い国家統治の基本に関する行為であり、その法律上の有効無効を審査することは司法裁判所の権限の外にあることから、それが訴訟の前提問題として主張されている場合にもひとしく裁判所の審査権の**外**にあるとし

ている（苫米地事件：最大判昭35.6.8）。

5 判例は、両院において議決を経たものとされ適法な手続によって公布されている法については、裁判所は両院の自主性を尊重すべく法制定の議事手続に関する事実を審理してその有効無効を判断すべきでないとしている。

○ **本問の記述のとおり**である（警察法改正無効事件：最大判昭37.3.7）。

6 判例は、地方公共団体の議会の議員に対する除名処分は、議員の身分の喪失に関する重大事項であり、単なる内部規律の問題にとどまらないから司法裁判の権限内の事項としている。

○ **本問の記述のとおり**である（地方議会議員懲罰事件：最大判昭35.10.19）。

7 判例は、大学における授業科目の単位の授与（認定）という行為について、純然たる大学内部の問題として大学の自主的、自律的な判断に委ねられるべきものであって、裁判所の司法審査の対象にはならないとしている。

○ **本問の記述のとおり**である（富山大学単位不認定事件：最判昭52.3.15）。

8 判例は、学生が専攻科修了の要件を充足したにもかかわらず、大学が専攻科修了の認定をしないときであっても、専攻科修了の認定、不認定に関する争いは純然たる大学内部の問題として大学の自主的、自律的な判断に委ねられるべきものであって、裁判所の司法審査の対象にはならないとしている。

× 判例は、学生が専攻科修了の要件を充足したにもかかわらず、大学が専攻科修了の認定をしないときは、実質的にみて、一般市民としての学生の国公立大学の利用を拒否することにほかならず、学生が一般市民として有する公の施設を利用する権利を侵害するものであり、専攻科修了の認定、不認定に関する争いは司法審査の**対象になる**としている（専攻科修了不認定事件：最判昭52.3.15）。

STEP 3 過去問にチャレンジ！

問題 1 特別区Ⅰ類（2012 年度）

司法権の限界に関する記述として、最高裁判所の判例に照らして、妥当なものはどれか。

1 裁判所は、法令の形式的審査権をもつので、両院において議決を経たものとされ適法な手続によって公布されている法について、法制定の議事手続に関する事実を審理して、その有効無効を判断することができる。

2 衆議院の解散は、極めて政治性の高い国家統治の基本に関する行為であって、その法律上の有効無効を審査することは、衆議院の解散が訴訟の前提問題として主張されている場合においても、裁判所の審査権の外にある。

3 大学における授業科目の単位授与行為は、一般市民法秩序と直接の関係を有するので、大学が特殊な部分社会を形成しているとしても、当該行為は、大学内部の問題として大学の自主的、自律的な判断に委ねられるべきではなく、裁判所の司法審査の対象になる。

4 自律的な法規範をもつ社会ないしは団体にあっては、当該規範の実現を内部規律の問題として自治的措置に任せ、必ずしも、裁判にまつを適当としないものがあり、地方公共団体の議会の議員に対する除名処分はそれに該当し、その懲罰議決の適否は裁判権の外にある。

5 政党は、議会制民主主義を支える上で重要な存在であり、高度の自主性と自律性を与えて自主的に組織運営をなしうる自由を保障しなければならないので、政党が党員に対してした処分には、一般市民法秩序と直接の関係を有するか否かにかかわらず、裁判所の審査権が及ばない。

➡解答・解説は別冊 P.131

問題 2 国家一般職（2020 年度）

司法権に関するア～オの記述のうち、妥当なもののみを全て挙げているのはどれか。

ア 法律上の争訟は、当事者間の具体的な権利義務ないし法律関係の存否に関する紛争であって、かつ、それが法律を適用することにより終局的に解決することができるものに限られるため、具体的事件性を前提とせずに出訴できる制度を法律で設けることはできない。

イ 特定の者の宗教法人の代表役員たる地位の存否の確認を求める訴えは、その者の宗教活動上の地位の存否を審理、判断するにつき、当該宗教団体の教義ないし信仰の内容に立ち入って審理、判断することが必要不可欠である場合であっても、法律上の争訟に当たるとするのが判例である。

ウ 法律が両院において議決を経たものとされ適法な手続により公布されている場合、裁判所は両院の自主性を尊重すべきであり、同法制定の議事手続に関する事実を審理してその有効無効を判断すべきではないとするのが判例である。

エ 衆議院の解散は、極めて政治性の高い国家統治の基本に関する行為であり、その法律上の有効無効を審査することは、当該解散が訴訟の前提問題として主張されている場合においても、司法裁判所の権限の外にあるとするのが判例である。

オ 自律的な法規範を持つ社会ないし団体にあっては、当該規範の実現を内部規律の問題として自主的措置に任せるのが適当であるから、地方公共団体の議会の議員に対する懲罰議決の適否については、それが除名処分である場合も含めて、裁判所の審査権の外にあるとするのが判例である。

1 ア、イ
2 ア、オ
3 イ、ウ
4 ウ、エ
5 エ、オ

➡解答・解説は別冊 P.132

問題 3　　国家専門職（2011 年度）

司法権及び違憲審査権に関するア～オの記述のうち、妥当なもののみをすべて挙げているのはどれか。

ア 国家試験における合格・不合格の判定は、学問又は技術上の知識、能力、意見等の優劣、当否の判断を内容とする行為であるから、その試験実施機関の最終判断に委せられるべきものであって、その判断の当否を審査し具体的に法令を適用して、争いを解決調整できるものとはいえず、裁判の対象にならないとするのが判例である。

イ 裁判の公正を確保するため、裁判の対審及び判決については、いかなる場合においても公開の法廷で行われなければならない。また、傍聴人がメモを取ることについては、裁判の公開が制度として保障されていることに伴い、傍聴人の権利として憲法上、当然保障されているとするのが判例である。

ウ 裁判所における違憲審査は、具体的な訴訟事件を裁判する際に、その前提として事件の解決に必要な限度で行うものであるから、法令そのものを違憲とする判決をすることはできず、法令自体が当事者に適用される限度において違憲とする判決をすることができるにとどまるとするのが判例である。

エ 最高裁判所裁判官は、衆議院議員総選挙のたびごと、15人の裁判官全員について、国民審査に付される。国民審査は、罷免を可とすべき裁判官に×印を付し、罷免をすべきでない裁判官及び可否を保留する裁判官には何も記入しない方法により行われる。

オ 政党は議会制民主主義を支える重要な存在であり、高度の自主性と自律性を与えて自主的に組織運営をなし得る自由を保障しなければならないが、政党の党員の除名処分については、政党が公的ないし国家的性質を有することにかんがみ、原則として司法審査の対象となるとするのが判例である。

1　ア
2　ア、イ
3　イ、ウ
4　ウ、エ
5　エ、オ

➡解答・解説は別冊 P.133

問題4　特別区Ⅰ類（2007年度）

日本国憲法に規定する司法権の限界に関する記述として、最高裁判所の判例に照らして、妥当なのはどれか。

1　衆議院の解散は、極めて政治性の高い国家統治の基本に関する行為であるが、それが法律上の争訟となり、これに対する有効無効の判断が法律上可能である場合には、裁判所の審査権に服するとした。

2　裁判所は、法令の形式的審査権を認められており、両議院において議決を経たものとされ、適法な手続によって公布された法律であっても、その制定の議事手続に関する事実を審理して、有効無効を判断すべきであるとした。

3　自律的な法規範を持つ団体では、当該規範の実現を内部規律の問題として自治的措置に任せ、必ずしも裁判所の判断をまつことを適当としないものがあり、地方公共団体の議会のする議員の除名処分がそれに該当するため、裁判権が及ばないとした。

4　国公立大学の学生の専攻科修了認定は、大学内部の問題としてその自主性、自律的判断にゆだねられるべきものであり、それが、学生が公の施設である大学を一般市民として利用する権利に関係するものであっても、司法審査の対象とならないとした。

5　具体的な権利義務ないし法律関係に関する紛争の形式をとる訴訟であっても、信仰対象の価値または宗教上の教義に関する判断が、その場の帰すうを左右する必要不可欠なもので、訴訟の争点および当事者の主張立証の核心であると認められるときは、裁判所法にいう法律上の争訟に当たらないとした。

➡解答・解説は別冊P.134

SECTION 2

司法権の組織と権能

STEP 1 要点を覚えよう！

POINT 1 最高裁判所の裁判官の任期

憲法79条5項は「**最高裁判所の裁判官は、法律の定める年齢に達した時に退官する**」と規定し、これを受けて、裁判所法50条は**「年齢七十年」で退官**する旨を規定している。なお、**最高裁判所裁判官の任期・再任に関する裁判所法の規定は存在しない**。

また、**下級裁判所の裁判官**も法律（裁判所法50条）の定める年齢（65歳、簡易裁判所は70歳）に達した時に退官する（憲法80条1項但書）。

POINT 2 裁判官の任命

裁判官の「指名」と「任命」との違いについてまとめると、次のようになる。

◆裁判官の任命

- **最高裁判所の長たる裁判官**
  ☞**内閣の指名**に基づいて、**天皇**が任命する（憲法6条2項）。
- **最高裁判所の長たる裁判官以外の裁判官**
  ☞**内閣**が任命する（憲法79条1項）。
- **下級裁判所の裁判官**
  ☞**最高裁判所の指名**した者の名簿により、**内閣**が任命する（憲法80条1項）。

POINT 3 下級裁判所の設置等

下級裁判所は「**法律の定めるところにより設置**する」（憲法76条1項）と規定されている。しかし、**下級裁判所の種類、機構等について憲法の明文がない**ことから、統一的な法令解釈の運用が図られる限り、**これらの事項については法律に委ねられている**ものと一般に解されている。

POINT 4 上級裁判所による下級裁判所の裁判の変更

下級裁判所における審理（下級審）の裁判については、訴訟手続に関する規定に基づき、①**不服のある訴訟当事者は上級裁判所に不服を申し立てる**ことができ、②上級裁判所が理由ありと認めるときは、**下級裁判所の裁判を取り消したり、変更したり**する裁判ができる。

POINT 5 憲法上の司法権の例外

憲法76条は「**すべて司法権は、最高裁判所**及び法律の定めるところにより設置する**下級裁判所に属する**」と規定する。

しかし、国民は必ずしも裁判を利用できるとは限らず、場合によっては司法権の範囲外となる。これは司法権の限界と呼ばれ、346ページのSECTION 1で述べた事柄の性質上の限界だけではなく、**憲法の明文で定められた司法権の例外**もあり、①**弾劾裁判**（憲法64条）、②**議員資格争訟**の裁判（憲法55条）がこれにあたる。これらの裁判は裁判所の司法審査の対象ではない以上、**これらの裁判に不服**があった場合であっても、**さらに司法裁判所へ不服申立てをすることはできない**。

POINT 6 行政機関による裁判

憲法76条2項後段は「**行政機関は、終審として裁判を行ふことができない**」と規定している。よって、**前審であれば、行政機関による裁判も認められる**。なお、**行政機関は、裁判官の懲戒処分を行うことはできない（憲法78条後段）**。

POINT 7 最高裁判所規則制定権

憲法77条1項は「**最高裁判所は、訴訟に関する手続、弁護士、裁判所の内部規律及び司法事務処理に関する事項**について、規則を定める権限を有する」と規定し、この規則が**最高裁判所規則**である。この**最高裁判所規則の内容**については、「国の唯一の立法機関」（憲法41条）である**国会によって、法律によっても定めることができる**と解されている。

POINT 8 裁判の公開

憲法82条1項は「**裁判の対審及び判決は、公開法廷でこれを行ふ**」と規定し、裁判の公開を制度として保障している。

この点、判例は、**傍聴人が法廷でメモを取ることは権利として保障されてはいない**としている（レペタ法廷メモ事件：最大判平元.3.8、参 110ページ）。

また、同条2項本文では「裁判所が、**裁判官の全員一致で、公の秩序又は善良の風俗を害する虞があると決した場合**には、**対審は、公開しないでこれを行ふことができる**」と規定し、**対審については公開しないことを認める**。

ただし、「**政治犯罪、出版に関する犯罪又はこの憲法第三章で保障する国民の権利が問題となつてゐる事件の対審は、常にこれを公開**しなければならない」と規定しているため、これらの訴訟については、非公開とすることはできない。

対審は、訴訟において対立する当事者が、裁判官の前で主張を闘わせながら進められる審理方式のことだよ。民事訴訟では口頭弁論、刑事訴訟では公判期日の手続がこれにあたるんだ。

STEP 2 一問一答で理解を確認！

1 憲法は、最高裁判所の裁判官について、法律の定める年齢に達した時に退官することを規定していない。

× 憲法79条5項は「最高裁判所の裁判官は、法律の定める年齢に達した時に**退官する**」と規定している。

2 憲法は、下級裁判所の裁判官について、法律の定める年齢に達した時に退官することを規定していない。

× 憲法80条1項但書は、下級裁判所の裁判官も、法律の定める年齢に達した時に**退官する**と規定している。

3 最高裁判所の長たる裁判官は、国会の指名に基づいて内閣総理大臣が任命する。

× 最高裁判所の長たる裁判官は、**内閣の指名**に基づいて、**天皇が任命**する（憲法6条2項）。

4 最高裁判所の長たる裁判官以外の裁判官は、内閣が任命する。

○ **本問の記述のとおり**である（憲法79条1項）。

5 下級裁判所の裁判官は、内閣の指名した者の名簿により、最高裁判所が任命する。

× 下級裁判所の裁判官は、**最高裁判所の指名**した者の名簿により、**内閣**が任命する（憲法80条1項）。

6 下級裁判所の種類、機構等については、憲法の明文で規定されていることから、統一的な法令解釈の運用が図られており、これらの事項については法律で定めることは許されないものと一般に解されている。

× 下級裁判所に関して「法律の定めるところにより設置する」（憲法76条1項）と規定されているが、下級裁判所の種類、機構等について憲法の**明文がない**ことから、統一的な法令解釈の運用が図られる限り、これらの事項については**法律に委ねられている**ものと一般に解されている。

7 司法権の憲法上明文で定められた例外は、弾劾裁判と議員の資格争訟裁判である。	○ **本問の記述のとおり**である（憲法64条、55条）。
8 裁判官の身分保障を手厚くするため、弾劾裁判と議員の資格争訟裁判について不服がある場合、司法裁判所へ不服申立てが認められる。	× これらの裁判は裁判所の司法審査の対象ではない以上、**これらの裁判に不服**があった場合であっても、**さらに司法裁判所へ不服申立てをすることは****できない**。
9 最高裁判所規則の内容については、裁判所の自律性を確保するため、国会によって法律で定めることはできない。	× **最高裁判所規則**（憲法77条1項）の内容は、**国会によって法律で定めることが****できる**と解されている。
10 憲法は「すべて司法権」は裁判所に属すると規定しているため、行政機関は、一切の裁判を行うことができない。	× 憲法76条2項後段は「**行政機関は、終審として裁判を行ふことができない**」と規定しているため、**前審****であれば、行政機関による裁判も認められる**。
11 行政機関は、前審であれば裁判を行うことができるため、裁判官の懲戒処分を行うこともできる。	× **行政機関は、****裁判官の懲戒処分****を行うことはできない**（憲法78条後段）。
12 憲法82条1項は、裁判の対審及び判決は公開法廷で行うと規定しているが、これらには非公開にできる例外も定められている。	× 「対審」については例外が**定められている**が（憲法82条2項）、「判決」については例外が定められて**いない**ため、**常に公開**しなければならない。

STEP 3 過去問にチャレンジ！

問題1

国家一般職（2015年度）

裁判所及び裁判官に関するア～オの記述のうち、妥当なもののみを全て挙げているのはどれか。

ア 憲法第76条の例外として、裁判官の弾劾裁判を国会の設ける裁判官弾劾裁判所で行うことや、国会議員の資格争訟についての裁判を各議院で行うことが認められており、これらの裁判に対して、更に司法裁判所へ出訴することは認められない。

イ 憲法においては、最高裁判所の設置について明示がある一方、下級裁判所の種類、機構等については直接明示するところがないことから、統一的な法令解釈の運用が図られる限り、これらの事項については法律に委ねられているものと一般に解されている。

ウ 行政機関の命令と同様に、下級審の裁判所は、上級審の裁判所の一般的な指揮命令に服することから、下級審の裁判に不服のある訴訟当事者が上級審に不服申立てをした場合に、上級審は、理由ありと認めるときは、下級審の裁判を取り消したり、変更したりする裁判ができる。

エ 憲法第3章で保障する国民の権利が問題となっている事件の対審は、原則として公開して行う必要があるが、裁判官の全員一致で、公の秩序又は善良な風俗を害するおそれがあると決した場合には、公開しないで行うことができ、これに係る判決についても公開しないで行うことができる。

オ 最高裁判所の裁判官は、70歳に達したときに退官するものとされており、その任命は10年の任期付きで行われ、再任されることができるものとされている。また、最高裁判所の裁判官は、弾劾裁判の対象とされ、国民審査に服することとされている。

1 オ
2 ア、イ
3 イ、エ
4 ウ、オ
5 ア、ウ、エ

➡解答・解説は別冊P.136

問題 2 国家一般職（2013 年度）

司法権に関するア～オの記述のうち、妥当なもののみを全て挙げているものはどれか。

ア すべて司法権は、最高裁判所及び法律の定めるところにより設置する下級裁判所に属するとされているが、国会議員の資格争訟の裁判は各々の議院が行うものとされ、罷免の訴追を受けた裁判官の弾劾裁判は国会の設ける弾劾裁判所が行うものとされている。

イ 最高裁判所の長たる裁判官以外の最高裁判所の裁判官の任命権は内閣にあるが、下級裁判所の裁判官の任命権は最高裁判所にあり、下級裁判所の裁判官の任命権を通じて裁判官の人事に関する司法権の自主性が認められている。

ウ 裁判官の職権の独立を実効性のあるものにするため、裁判官の身分は保障されており、裁判官の罷免は、弾劾裁判所の裁判によるものに限られる。

エ 裁判の公開を定める憲法82条は、裁判の公開を制度として保障しているのみならず、裁判所に対して裁判を傍聴することを権利として要求できることを各人に保障したものであるとするのが判例である。

オ 憲法は、行政機関による終審裁判を禁止しているが、終審としてではなく前審としてならば、行政機関による裁判も認められる。

1 ア
2 ウ
3 ア、オ
4 イ、ウ
5 エ、オ

➡解答・解説は別冊P.137

問題3

特別区Ⅰ類（2017年度）

日本国憲法に規定する裁判官に関する記述として、通説に照らして、妥当なのはどれか。

1 最高裁判所の長たる裁判官以外の裁判官は、内閣が任命し、天皇がこれを認証するが、下級裁判所の裁判官は、最高裁判所の指名した者の名簿によって、天皇が任命する。

2 最高裁判所の裁判官の任命は、任命後に初めて行われる衆議院議員総選挙又は参議院議員通常選挙の際、国民の審査に付し、その後10年を経過後に初めて行われる衆議院議員総選挙又は参議院議員通常選挙の際、更に審査に付する。

3 最高裁判所の裁判官は、任期は定められていないが、法律の定める年齢に達した時に退官し、下級裁判所の裁判官は、任期を10年とし、再任されることができるが、法律の定める年齢に達した時には退官する。

4 裁判官に、職務上の義務に違反し、若しくは職務を怠り、又は品位を辱める行状があったとき、行政機関が懲戒処分を行うことはできないが、立法機関である国会は懲戒処分を行うことができる。

5 裁判官は、国会の両議院の議員で組織する弾劾裁判所による裁判により、回復の困難な心身の故障のために職務を執ることができないと決定された場合には、罷免される。

➡解答・解説は別冊P.137

問題4 特別区Ⅰ類（2013年度）

日本国憲法に規定する裁判官に関する記述として、通説に照らして、妥当なのはどれか。

1 最高裁判所の長たる裁判官は、内閣の指名に基づいて天皇が任命し、下級裁判所の裁判官は、内閣の指名した者の名簿によって、最高裁判所が任命する。

2 裁判官は、分限裁判により、回復の困難な心身の故障のために職務を執ることができないと決定された場合は、罷免される。

3 裁判官は、定期に相当額の報酬を受けると定められているが、行政機関は、懲戒処分として、その報酬を減額することができる。

4 憲法は、すべて裁判官はその良心に従い独立してその職権を行うことを定めているが、ここでいう裁判官の良心とは、裁判官としての客観的な良心をいうのではなく、裁判官個人の主観的な良心をいう。

5 憲法は、下級裁判所の裁判官については、法律の定める年齢に達した時に退官することを規定しているが、最高裁判所の裁判官については、国民の審査に付されるため、法律の定める年齢に達した時に退官することを規定していない。

➡解答・解説は別冊P.138

SECTION 3

司法権の独立・違憲審査権

STEP 1 要点を覚えよう！

POINT 1 裁判官の独立

司法権の独立とは、**司法権以外の権力である行政府や立法府などからの干渉を受けず、裁判所が独自に判断**できることを意味する。これは①**裁判所の独立**と、②**裁判官の独立**、の2つに分けることができる。

①**裁判所の独立**の例としては、SECTION 2で述べた、裁判所が内部規律を自主的に定めることができる**規則制定権**（憲法77条1項）を有すること、また、下級裁判所の裁判官は、**最高裁判所の指名**した者の名簿に基づいて内閣が任命すること（憲法80条1項本文）が挙げられる。

また、②**裁判官の独立**の例としては、**行政機関による裁判官の懲戒処分の禁止**や、**相当額の報酬の保障**など、裁判官としての身分を保障する規定がなされている。

さらに、憲法76条3項は「**すべて裁判官は、その良心に従ひ独立してその職権を行ひ、この憲法及び法律にのみ拘束される**」と規定し、裁判に対する干渉を防いでいる。この規定から、憲法及び法律に定められていない事由については、一般的な指揮命令であったとしても、**上級裁判所は、監督権により下級裁判所の裁判官の裁判権に影響を及ぼすことができない。**

憲法76条3項でいう「良心」**は、裁判官としての**客観的な良心**を意味しているけど、主観的な良心までは保障していないんだよね。**

POINT 2 裁判官の罷免事由

裁判官の独立に関するものとして、**裁判官の罷免事由は、①心身の故障のために職務を執ることができない**場合と、②**弾劾裁判所の裁判**（憲法64条）による場合に限定されている（憲法78条前段）。以下これらを確認していく。

POINT 3 弾劾裁判による罷免

公の弾劾（**弾劾裁判所の裁判**：憲法64条）による**裁判官の罷免事由は**、裁判官弾劾法2条によって。**次の①②と規定**されている。

①**職務上の義務に著しく違反し**、又は**職務を甚だしく怠った**とき。
②その他**職務の内外を問わず、裁判官としての威信を著しく失うべき非行**があったとき。

POINT 4 心身の故障による罷免

裁判官が心身の故障のために職務を執ることができないとして罷免される場合は、**憲法78条前段によって裁判により決定**されると規定されている。この裁判を**分限裁判**といい、裁判官分限法1条1項でも、分限裁判によることが規定されている。

POINT 5 違憲審査の対象①（判決と立法行為）

違憲審査権とは、裁判所が有する法令や処分等が憲法に違反していないかを審査する権限のことをいう。憲法81条は「**最高裁判所**は、一切の法律、命令、規則又は処分が**憲法に適合するかしないかを決定する権限を有する終審裁判所**である」と規定し、**最高裁判所の違憲審査権**を規定している。

そして、この違憲審査の対象について、判例は**「裁判所の判決」についても「処分」にあたる**ため、**違憲審査の対象となる**としている（最大判昭23.7.7）。

また、**国会議員の立法行為（立法不作為を含む）は、憲法の一義的な文言に違反**しているような**例外的な場合に限り**、**国家賠償請求が許される**としている（在宅投票制度廃止事件：最判昭60.11.21）。

要するに、法律に限らず、裁判所の「判決」や国会の「立法行為」であっても、裁判所から違憲無効と判断される可能性があるんだね。

POINT 6 違憲審査の対象②（国と私人との契約）

私人と対等の立場で行う国の行為が違憲審査の対象となるかについて、判例は、このような行為は**法規範の定立を伴わない**から、**憲法が直接には適用されない**としている（百里基地事件：最判平元.6.20）。そのため、国が私人と対等の立場で締結する私法上の契約は、**違憲審査の対象にはならない**。

POINT 7 違憲審査の主体

憲法81条は、違憲審査権の主体について「最高裁判所」と規定しているが、この規定について判例は、違憲審査権を有する**終審**裁判所であることを明らかにした規定であって、**下級裁判所が違憲審査権を有することを否定していない**としている（最大判昭25.2.1）。

つまり、最高裁判所が「最後の砦」という点を明らかにするのが趣旨であって、下級裁判所にも違憲審査権が認められているということだね。地方裁判所や高等裁判所による違憲判断が出ていることも押さえておこう。

STEP 2 一問一答で理解を確認！

1 司法権の独立とは、司法権以外の権力である行政府や立法府などからの干渉を受けず、裁判所が独自に判断できることを意味し、裁判所の独立と裁判官の独立に分けることができる。

○ **本問の記述のとおり**である。

2 憲法76条3項でいう「良心」とは、裁判官としての主観的な良心を意味するものと解されている。

× 憲法76条3項でいう「良心」とは、裁判官としての**客観的**な良心を意味するものと解されている。

3 一般的な指揮命令として、上級裁判所は、その監督権により、下級裁判所の裁判官の裁判権に影響を及ぼすことができる。

× すべて裁判官は、その良心に従い独立してその職権を行い、この憲法及び法律にのみ拘束される（憲法76条3項）。よって、憲法及び法律に定められていない事由については、一般的な指揮命令であったとしても、上級裁判所は、監督権により下級裁判所の裁判官の裁判権に影響を及ぼすことが**できない**。

4 弾劾裁判により裁判官が罷免される事由は、職務上の義務に著しく違反し、又は職務を甚だしく怠ったときと、その他職務の内外を問わず、裁判官としての威信を著しく失うべき非行があったときである。

○ **本問の記述のとおり**である（憲法64条、裁判官弾劾法2条）。

5 憲法81条は、最高裁判所が違憲審査権を有することを規定している以上、下級裁判所は違憲審査権を有していない。

× 判例は、憲法81条は、最高裁判所が違憲審査権を有する**終審**裁判所であることを明らかにした規定であって、下級裁判所が違憲審査権を有することを**否定していない**としている（最大判昭25.2.1）。

---

6 公の弾劾による裁判官の罷免の事由としては、職務の執行に関する者に限られ、裁判官の私的な行為に関するものは含まれない。

× 弾劾裁判による裁判官の罷免事由は、①職務上の義務に**著しく違反**し、又は職務を**甚だしく怠った**とき、②その他職務の内外を問わず、裁判官としての威信を**著しく失うべき非行**があったとき、と規定されている。②には裁判官の私的な行為に関するものも含まれる。

---

7 裁判官が心身の故障のために職務を執ることができないと判断される場合、公の弾劾（弾劾裁判所の裁判）によっても罷免されうる。

× 裁判官が心身の故障のために職務を執ることができないと判断される場合、**分限裁判**によって罷免されうる。「弾劾裁判」**ではない**。

---

8 違憲審査の対象について、国会議員の立法行為は、高度な政治性を有する行為であるため、司法審査の対象となることはない。

× 国会議員の立法行為（立法不作為を含む）は、**憲法の一義的な文言に違反**しているような**例外的な場合に限り**、国家賠償請求が許されるとしている（在宅投票制度廃止事件：最判昭60.11.21）。司法審査の対象となることは**ある**。

---

9 私人と対等の立場で行う国の行為が違憲審査の対象となるかについて、判例は、このような行為は法規範の定立と似通う部分があることなどから、違憲審査の対象になりうるとした。

× 私人と対等の立場で行う国の行為は、法規範の定立を**伴わない**から、憲法が直接には適用**されない**としている（百里基地事件：最判平元.6.20）。そのため、違憲審査の対象には**ならない**。

STEP 3 過去問にチャレンジ！

問題 1 裁判所職員（2019 年度）

裁判所に関する次のア～エの記述のうち、妥当なもののみを全て挙げているものはどれか（争いのあるときは、判例の見解による。）。

ア 憲法第77条第1項において、最高裁判所は、訴訟に関する手続、弁護士、裁判所の内部規律及び司法事務処理に関する事項について規則を定める権限を有するものと定められているから、これらの事項について法律で定めることはできない。

イ 最高裁判所の長たる裁判官は、国会の指名に基づいて天皇が任命し、長たる裁判官以外の裁判官は、国会でこれを任命する。

ウ 最高裁判所裁判官の国民審査制度の実質はいわゆる解職の制度とみることができるから、白票を罷免を可としない票に数えても思想良心の自由に反しない。

エ 裁判官は、回復の困難な心身の故障のために職務を執ることができないと裁判された場合には、公の弾劾によらずに罷免することができる。

1 ア、イ
2 ア、エ
3 イ、ウ
4 イ、エ
5 ウ、エ

➡解答・解説は別冊P.139

問題 2 特別区Ⅰ類（2022 年度）

日本国憲法に規定する裁判官に関する記述として、妥当なのはどれか。

1 最高裁判所の裁判官の任命は、任命後10年を経過した後初めて行われる衆議院議員総選挙の際に、最初の国民審査に付し、その後10年を経過した後初めて行われる衆議院議員総選挙の際、更に審査に付し、その後も同様とする。

2 公の弾劾により裁判官を罷免するのは、職務上の義務に著しく違反し、若しくは職務を甚だしく怠ったとき又は職務の内外を問わず、裁判官としての威信を著しく失うべき非行があったときに限られる。

3　すべて裁判官は、独立してその職権を行うこととされているが、上級裁判所は、監督権により下級裁判所の裁判官の裁判権に影響を及ぼすことができる。

4　最高裁判所の長たる裁判官は、国会の指名に基づいて、天皇が任命し、最高裁判所の長たる裁判官以外の裁判官は、内閣が任命する。

5　裁判官は、監督権を行う裁判所の長たる裁判官により、心身の故障のために職務を執ることができないと決定されたときは、分限裁判によらず罷免される。

➡解答・解説は別冊P.139

問題 3　特別区Ⅰ類（2003 年度）

日本国憲法に規定する違憲審査権に関する記述として，最高裁判所の判例に照らして、妥当なのはどれか。

1　裁判の効力は審級制により上級裁判所によって審査されるので、裁判所の判決は違憲審査の対象とならないとした。

2　違憲審査権は、国民の権利の保障及び憲法規範の一般的保障を行おうとするもので、裁判所は、いかなる場合であっても法律命令等の解釈に対し抽象的な判断を下すことができるとした。

3　立法の不作為に対する国家賠償請求が許されるのは、立法府が憲法の一義的な文言に違反して立法を怠ったような例外的な場合に限られないとした。

4　国が私人と対等の立場で締結する私法上の契約であっても、憲法は国の行為に対する規範的枠組みの設定であるので、その行為は直接的に違憲審査の対象となるとした。

5　最高裁判所は違憲審査権を有する終審裁判所であって、下級裁判所も違憲審査権を有するとした。

➡解答・解説は別冊P.140

問題4 裁判所職員（2018年度）

違憲審査権に関する次のア～ウの記述の正誤の組合せとして最も妥当なものはどれか（争いのあるときは、判例の見解による。）。

ア 違憲審査権は、憲法第81条の規定をみると、最高裁判所のみに与えられているようにみえるが、下級裁判所もまた、違憲審査権を有する。

イ 条約一般が違憲審査の対象になるか否かについて、判例は、憲法が条約に優位するという前提をとりつつ、①条約は特に憲法第81条の列挙から除外されていること、②条約は国家間の合意という性質をもち、一国の意思だけで効力を失わせることはできないこと、③条約はきわめて政治的な内容をもつものが多いことを理由に、これを否定する立場をとる。

ウ 司法権が民主的基盤に乏しいことは、国の統治の基本に関する高度に政治性のある国家行為を「統治行為」と観念し、それについては法的判断が可能であっても司法審査をすべきでないという見解の根拠になる。

	ア	イ	ウ
1	正	正	正
2	正	誤	正
3	正	正	誤
4	誤	誤	正
5	誤	正	誤

➡解答・解説は別冊P.141

CHAPTER 9
財政・地方自治 その他

この章で学ぶこと

財政・地方自治その他は最後にしっかり学習しよう

CHAPTER9・財政・地方自治では、国家のお金や地方政治に関する条文知識と重要判例を扱います。

国家が活動するためにはお金が必要であり、財政を適正に運営することは自由で民主的な社会を維持していくうえでも重要といえます。また、地方自治は民主主義の学校ともいわれ、地方の政治を地域住民に任せること自体が、民主主義の維持につながります。

そのため、憲法は財政・地方自治の項目を設けており、これらに関する条文知識や重要判例は公務員試験でも出題されています。とはいうものの、出題頻度は憲法全体で最も低いので、他の分野をひと通り終えてから学習してもいいかもしれません。

また、その他の分野では、条約と憲法の最高法規性を扱います。

現代のような国際協調の時代においては、日本は条約を締結することで諸外国とさまざまな協力を行っています。そして、近代憲法は個人の尊重を目的とする自由の基礎法であり、最高法規性を有しています。

そのため公務員試験では、国際協調の時代であることや、憲法が自由の基礎法であることをふまえつつ、条約や憲法の最高法規性について問われることがあるのです。こちらもまた、出題頻度は憲法全体で最も低いので、やはり最後に学習するのがおすすめです。

手の回りにくい分野だが一読はしておくべき

本章の分野は、憲法全体のなかで最も出題頻度が低いので、極端なことをいえば、この分野を捨てても合格することは可能だと思われます。しかし、もし余裕があれば本章も一読くらいはしておいたほうが、試験対策としても精神安定剤としても望ましいので、他の分野の学習をひと通り終えた段階で、ざっとでも見ておくとよいでしょう。

試験別対策

国家一般職

財政・地方自治の２分野からしばしば出題されている。後手に回りやすい分野だが、この２分野についても知識のインプットと過去問演習は行っておこう。

国家専門職

出題頻度はかなり低く、合否には影響しない場合が多い。余裕があれば、財政と地方自治を見ておくくらいで足りるだろう。

地方上級

財政からの出題頻度がやや高く、次いで条約について問われることもある。財政と条約について優先的に見ておこう。

裁判所職員

財政がやや問われやすく、条約や憲法改正については他の試験種よりも出題頻度がやや高い。ここでも、穴をつくらないような学習をしてほしい。余裕がなければ、まずは財政から見るのがおすすめ。

特別区Ⅰ類

財政と地方自治の両方からバランスよく問われる。可能であれば、両方の分野を見ておこう。

市役所

出題頻度はかなり低いが、全範囲からまばらに問われるので、対策が立てにくい。財政を学習してから地方自治に進むのが一手。

SECTION 1

財政

STEP 1 要点を覚えよう！

POINT 1 租税法律主義

憲法84条は「**あらたに租税を課し、又は現行の租税を変更**するには、**法律**又は**法律の定める条件**によることを必要とする」（租税法律主義）と規定している。

そして判例は、租税法律主義を規定する憲法84条は、**課税要件及び租税の賦課徴収の手続が法律で明確に定められるべきことを規定するもの**としている（旭川市国民健康保険条例事件：最大判平18.3.1）。

そして、租税に関する細目（細かい事項）については、法律の委任に基づいて、命令で定めることができるんだ。

POINT 2 永久税主義

旧憲法である明治憲法（大日本帝国憲法）63条においては、一度その税を徴収する旨の法律が制定されれば、内容を変更する場合を除いて、毎年国会による審議や可決をしなくても、継続して税金を徴収できるという永久税主義が明文で規定されていた。

この点、租税法律主義を採用する**現行憲法においても、永久税主義に関する明文規定はないが、永久税主義を採用している**と解されている。

POINT 3 会計年度独立の原則

予算は、会計年度ごとに作成されるとされている（会計年度独立の原則、財政法12条）。なお、会計年度とは、国の歳入・歳出を整理区分して、その関係を明確にするために設けられた期間のことであり、要するに、お金の出入りを管理するために設ける期間の区切りである。

POINT 4 継続費

完成に数年度を要するものについて**特に必要**がある場合においては、**予め国会の議決を経て**、**数年度にわたって支出することができる継続費**が認められている（財政法14条の2第1項、3項）。

この継続費を設ける可否については、否定する憲法上の規定は存在していないことから、年度をまたがる継続費は**認められる**。

POINT 5　財政民主主義

憲法83条は、「**国の財政を処理する権限**は、**国会の議決**に基いて、これを**行使しなければならない**」（財政民主主義）と規定している。国が支出や課税といった財政活動を行う場合、国民の生活に影響が大きいため、国民の代表者で構成される**国会の議決**を必要としたのである。

POINT 6　予算の作成・提出

憲法86条は、「**内閣**は、**毎会計年度の予算を作成**し、**国会に提出**して、その**審議を受け議決を経なければならない**」と規定されている。つまり、憲法は予算の作成・提出権を内閣に与えている（憲法73条5号、86条）。

なお、前述のように憲法では財政民主主義が定められているが（憲法83条）、**予算の作成・提出権を国会に認める憲法の規定はない**ことから、**国会が予算を作成・提出することは認められない**。

POINT 7　予算の減額・増額

上記のとおり、内閣が作成した予算は国会に提出し、国会の審議を受け**議決**を経なければならない（憲法73条5号、憲法86条）。

また、**国の財政を処理する権限は国会の議決に基づいて行使**しなければならないことから（憲法83条、財政民主主義）、**国会が予算を作成・提出することは認められない**ものの、予算の議決に際して、**原案の減額修正、原案に新たな項を設けること、原案の増額修正はできる**と解されている。

POINT 8　暫定予算

そもそも**予算とは、一会計年度における国の財政行為の準則**（準拠すべき規則）である。そして、**会計年度が開始するまでに当該年度の予算が成立しない場合**、**内閣は、必要に応じて**、一会計年度のうちの**一定期間に係る暫定予算を作成し、これを国会に提出することができる**（財政法30条1項）。

また、同条2項前段において、「**暫定予算は、当該年度の予算が成立**したときは、**失効**する」と規定されている。なお、**当該「暫定予算」が成立しない場合**に、**前年度の予算を施行することはできない**。

POINT 9　補正予算

内閣は、**予算作成後に生じた事由**に基づき、**特に緊要となった経費の支出**（当該年度において国庫内の移し換えにとどまるものを含む）又は**債務の負担**を行うため必要な予算の追加を行う場合などにおいて、**予算作成の手続に準じ、補正予算を作成**し、これを**国会に提出することができる**（財政法29条）。

上記のとおり、「予算作成の手続に準じ」るため、補正予算についても、**国会に提出**して、その**審議を受け議決を経なければならない**。

POINT 10 予備費

憲法87条1項は、「**予見し難い予算の不足に充てるため、国会の議決に基いて予備費を設け、内閣の責任でこれを支出することができる**」と規定している。

また、同条2項において、「**すべて予備費の支出**については、**内閣は、事後に国会の承諾を得なければならない**」と規定されている。

いざというときのためにプールしておく予算（予備費）を設けることができるということだね。

POINT 11 通達課税

通達とは、主に行政機関内部において、上級機関が下級機関に対して所掌事務について示達するために発出する定めのことをいい、簡単に言えば、行政内部の取扱いを統一するための内部規定である。

このように通達は行政内部の規定ではあるが、法令の解釈指針となり、税務の現場では重視されている。そして、判例は、**従来非課税とされていた物品が通達によって課税対象となった**ことは、**通達の内容が法の正しい解釈に合致**するものである以上、**法の根拠に基づく処分であり、違憲ではない**とした（パチンコ球遊器事件：最判昭33.3.28）。

POINT 12 租税以外の公課①

「市町村」が行う国民健康保険の保険料の徴収について租税法律主義に反するのではないかが問題となった事案において判例は、**国又は地方公共団体が**課税権に基づき特別の給付に対する**反対給付としてでなく課する金銭給付は、**その形式のいかんにかかわらず憲法84条（租税法律主義）の**「租税」にあたる**が、**租税「以外」の公課**であっても、賦課徴収の強制の度合い等の点において**租税に類似する性質を有するもの**については**租税法律主義の趣旨が及ぶ**としている（旭川市国民健康保険料条例事件：最大判平18.3.1）。

保険料の徴収は、保険という反対給付が発生しうるものへの対価のようなものなので、原則としては「租税」にあたらないけど、強制的なものならば「趣旨が及ぶ」としたんだ。直接的に適用されるわけではない点に注意しよう。

POINT 13 租税以外の公課②

租税「以外」の公課である負担金、手数料、国の独占事業の料金については、判例（旭川市国民健康保険条例事件：最大判平18.3.1）からすると、**国又は地方**

公共団体からの給付に対するものであるから「租税」にはあたらない。

もっとも、負担金、手数料、国の独占事業の料金が、国又は地方公共団体からの給付を受けるために、**強制的に賦課徴収される場合**には、**租税法律主義の趣旨が及ぶ**ことになる。

POINT 14 地方税①

地方税とは、「国」ではなく、「地方」における行政府（地方公共団体）が課税し、地方における行政府に対して納付する税金のことである。住民税などがその例だ。

地方税は条例によって課すことができるが、判例は、**条例は**、公選の議員により組織される**地方公共団体の議会の議決を経て制定される自治立法**であり、国会の議決を経て制定される**法律に類する**ものとしている（最大判昭37.5.30）。

つまり、「条例」は「法律」と同じようなものなので、租税法律主義には反しないということだね。

POINT 15 地方税②

POINT14の判例（最大判昭37.5.30）からすると、**租税法律主義（憲法84条）にいう法律には条例が含まれる**と解されることから、**地方公共団体が、条例によって地方税を賦課・徴収することは認められることになり、違憲とはならない。**

また、**普通地方公共団体は**、地方自治の不可欠の要素として、**国とは別途に課税権の主体となることが憲法上予定**されており、法律の範囲内で条例を制定することができることから、普通地方公共団体の課税権は、法律の範囲内で行使されなければならないとする判例もある（神奈川県臨時特例企業税事件：最判平25.3.21）。

なお、実際に地方税法3条において、「地方団体は、その地方税の税目、課税客体、課税標準、税率その他賦課徴収について定をするには、当該地方団体の**条例**によらなければならない」と規定されている。

POINT 16 決算

そもそも決算とは、一定の時期を画して収益と費用を算定し、その**財産状況を明らかにすること**である。

そして、憲法90条1項は、「**国の収入支出の決算は、すべて毎年会計検査院がこれを検査**し、**内閣**は、**次の年度に、その検査報告とともに、これを国会に提出しなければならない**」と規定している。この規定は、決算の内容について、**国会**が**内閣の責任を追及**することを目的としている。

なお、提出された決算が**国会によって否決**された場合でも、**既に支出されたものの効力に影響はない。**

STEP 2 一問一答で理解を確認！

1 判例は、租税法律主義を規定する憲法84条は、課税要件及び租税の賦課徴収の手続が法律で明確に定められるべきことを規定するものとしている。	○　**本問の記述のとおり**である（旭川市国民健康保険条例事件：最大判平18.3.1)。「**要件**」だけではなく、「**手続**」も定めるべき点に注意しよう。
2 現行憲法においては、明文規定がない以上、永久税主義は採用されていない。	×　**永久税主義に関する明文規定はないが、現行憲法においても、永久税主義を採用している**と解されている。
3 完成に数年度を要するものについて特に必要がある場合においては、あらかじめ国会の議決を経て、数年度にわたって支出することができる継続費が認められている。	○　**本問の記述のとおり**である(財政法14条の2第1項、3項)。
4 憲法83条は、国の財政を処理する権限は、国会の議決に基づいて、これを行使しなければならないとして、財政民主主義を規定している。	○　**本問の記述のとおり**である。
5 内閣は、予算について作成・提出権限を唯一憲法上で保障されている以上、国会は、予算原案の減額修正や新たな項を設けること、また、増額修正もできないと解されている。	×　内閣が作成・提出した予算について、国会は予算の議決に際して、原案の**減額修正、原案に新たな項を設けること、**原案の**増額修正**もできると解されている。
6 判例は、従来非課税とされていた物品が通達によって課税対象となったことは、通達によって課税することになるため、憲法84条（租税法律主義）に反し違憲であるとし	×　判例は、従来非課税とされていた物品が通達によって課税対象となったことは、**通達の内容が法の正しい解釈に**

ている。	**合致するものである以上、法の根拠に基づく処分であり、違憲ではない**としている（パチンコ球遊器事件：最判昭33.3.28）。
7 判例は、租税以外の公課は、賦課徴収の強制の度合い等の点において租税に類似する性質を有するものであっても、租税法律主義の趣旨は及ばないとしている。	× 判例は、**租税以外の公課**であっても、**賦課徴収の強制の度合い等の点において租税に類似する性質**を有するものについては**租税法律主義の趣旨が及ぶ**としている（旭川市国民健康保険条例事件：最大判平18.3.1）。
8 会計年度が開始するまでに当該年度の予算が成立しない場合、内閣は、必要に応じて、一会計年度のうちの一定期間に係る暫定予算を作成し、これを国会に提出できる。	○ **本問の記述のとおり**である（財政法30条1項）。
9 内閣は、予算作成後に生じた事由に基づき、特に緊要となった経費の支出を行うため、補正予算を作成し、これを国会に提出することができるが、急を要する場合であるため、国会の議決は要しない。	× 内閣は**予算作成の手続に準じ、補正予算を作成**し、これを**国会に提出することができる**（財政法29条）。**予算作成の手続に準じる**以上、国会の議決を**要する**。
10 地方公共団体が、条例によって地方税を賦課・徴収することは、租税法律主義から違憲の疑いが強い。	× 判例は、条例は、公選の議員により組織される地方公共団体の議会の議決を経て制定される自治立法であり、**法律に類する**ものとする以上（最大判昭37.5.30）、地方公共団体が条例によって地方税を賦課・徴収することは**認められ**、違憲とは**ならない**。

STEP 3 過去問にチャレンジ！

問題 1 地方上級（2016 年度）

予算及び決算に関する次の記述のうち、妥当なのはどれか。

1 憲法は、予算の作成・提出権を内閣に与えているものの、財政の基本原理として、財政民主主義を明記しているので、国会が予算を作成・提出することも認められる。

2 憲法は、予算に関する議決権を国会に与えているので、予算の作成・提出権が内閣に属していても、国会が予算を修正し、減額又は増額することは認められる。

3 憲法は、予算は会計年度ごとに作成されるものとしているので、長期的な事業の遂行のためであっても、年度をまたがる継続費を認めることはできない。

4 憲法は、予見し難い予算の不足を補うため、あらかじめ国会の議決に基づいて予備費を計上することを認めているので、予備費の支出について事後に国会の承諾を得る必要はない。

5 憲法は、決算が会計検査院による検査を経て、内閣により国会に提出されるものとしているので、決算の内容について国会が内閣の責任を追及することはできない。

➡解答・解説は別冊 P.142

問題 2　　東京都Ⅱ類（2002 年度）

憲法に定める租税法律主義に関する記述として、妥当なのはどれか。

1 租税法律主義は、納税義務者、課税物件、課税標準、税率などの課税要件を法律で定めなければならないことを意味し、租税の賦課・徴収の手続を法律で定めることを含まない。

2 租税法律主義は、一旦法律で定めた後は変更がない限り、毎年引き続いて租税を徴収しうるとする永久税主義を否定し、毎年議会の議決を要するとする一年税主義を定めたものである。

3 パチンコ球遊器事件で最高裁判所は、従来非課税とされていた物件が通達によって課税対象となったことは、通達の内容が法の正しい解釈に合致するものである以上、法の根拠に基づく処分であり、違憲ではないとした。

4 税制の全国的な統一性を確保する見地から、租税法律主義にいう法律には条例が含まれないとされており、地方公共団体が条例によって地方税を賦課・徴収することは違憲である。

5 租税法律主義でいう租税には、負担金、手数料、国の独占事業の料金が含まれるため、すべての負担金、手数料、国の独占事業の料金は、法律の定め又は国会の議決を経て決定・改定されている。

➡解答・解説は別冊 P.143

問題 3 国家専門職（2019 年度）

財政に関するア～オの記述のうち、妥当なもののみを全て挙げているのはどれか。

ア 行政権を担う内閣は、社会経済情勢の変化に対して迅速に対応することが求められることから、予見し難い予算の不足に充てるため、予備費を設けることができる。その場合、内閣は、予備費を支出するに当たり、事前に国会の承諾を得ることが憲法上義務付けられている。

イ 予算は内閣によって作成され、内閣のみが国会への予算提出権を有するため、国会は、予算の議決に際して、原案の減額修正はできるが、原案に新たな項を設けたり原案の増額修正を行ったりすることはできないと一般に解されている。

ウ 形式的には租税ではないとしても、一般国民に対して一方的・強制的に賦課徴収する金銭は、実質的には租税と同視できることから、市町村が行う国民健康保険の保険料には、その形式にかかわらず、租税法律主義について定めた憲法第84条の規定が直接適用されるとするのが判例である。

エ 法律上は課税できる物品であるにもかかわらず、実際上は非課税として取り扱われてきた物品に対する課税が、たまたま通達を機縁として行われたものであっても、通達の内容が法の正しい解釈に合致するものである以上、当該課税処分は法の根拠に基づく処分であるとするのが判例である。

オ 予算は一会計年度における国の財政行為の準則であり、会計年度が開始するまでに当該年度の予算が成立しない場合は、内閣は、一会計年度のうちの一定期間に係る暫定予算を作成し、国会に提出することができるが、暫定予算は当該年度の本予算が成立したときに失効する。

1　ア、イ
2　ア、オ
3　イ、ウ
4　ウ、エ
5　エ、オ

➡解答・解説は別冊 P.144

問題 4　　特別区Ⅰ類（2019 年度）

日本国憲法に規定する財政に関する記述として、通説に照らして、妥当なのはどれか。

1　あらたに租税を課し、又は現行の租税を変更するには、法律又は法律の定める条件によることを必要とし、租税に関する事項の細目については、明示的・個別的・具体的な法律の委任に基づき、命令で定めることができる。

2　内閣は、毎会計年度の予算を作成し、国会に提出して、その審議を受け議決を経なければならないが、災害復旧その他緊急の必要がある場合においては、補正予算を作成し、国会の議決を経ることなくこれを支出することができる。

3　内閣は、予見し難い予算の不足に充てるため、国会の議決に基づいて予備費を設けることができるが、すべて予備費の支出については、内閣の責任でこれを支出することができ、事後に国会の承諾を得る必要はない。

4　内閣は、会計年度が開始するときまでに当該年度の予算が成立しない場合、暫定予算を作成し、これを国会に提出することができるが、当該暫定予算が成立しない場合には、前年度の予算を施行することができる。

5　国の収入支出の決算は、すべて毎年会計検査院がこれを検査し、当該会計検査院は、その検査報告とともに、これを国会に提出しなければならないが、決算が否決された場合でも、既になされた支出の効力に影響はない。

➡解答・解説は別冊 P.145

SECTION 2

地方自治

STEP 1 要点を覚えよう！

POINT 1 条例の制定

条例とは、地方公共団体が、その議会の議決によって制定する自治立法であり、要するに、その地方公共団体の区域内でのみ適用されるルールのことである。

憲法94条は、「**地方公共団体は**、その財産を管理し、事務を処理し、及び行政を執行する権能を有し、**法律の範囲内で条例を制定することができる**」と規定し、地方公共団体に条例制定権を保障している。

POINT 2 条例による財産権の規制（法律の委任の有無）

憲法29条2項は、財産権の内容は**「法律」**でこれを定めると規定しているところ、**「条例」で財産権の規制**を行うことができるのかが問題となる。

この点、ため池の堤とうに農作物を植えることを禁止する**条例が、憲法29条2項に違反するのではないか**等について争われた事例において、判例は、**ため池の破損、決かいの原因となるため池の堤とうの使用行為は**、憲法でも、民法でも適法な財産権の行使として保障されていないものであって、財産権の行使の埒(らち)外にあり、**これらの行為を条例で禁止、処罰しても憲法及び法律に牴触・逸脱しない**とした（奈良県ため池条例事件：最大判昭38.6.26）。

この判例から、**条例による財産権の規制が許される**こと、また、**法律の個別具体的な委任がなくても許される**と解されている。

POINT 3 条例による処罰（法律の委任の程度）

憲法31条は、何人も**「法律」**の定める手続によらなければ、その生命若しくは自由を奪われ、又はその他の**刑罰を科せられない**と規定し、憲法94条は「**法律の範囲内で条例を制定**することができる」と規定しているところ、**条例によって刑罰を定めることができるか、また、できるとした場合**は、**法律の委任はどの程度、具体的**でなければならないのかが問題となる。

この点、判例は、**条例は**、公選の議員により組織される地方公共団体の議会の議決を経て制定される**自治立法であり**、行政府の制定する命令等とは性質を異にし、むしろ国会の議決を経て制定される**法律に類するものであるから、条例によって刑罰を定める場合には、法律の授権が相当な程度に具体的**であり、**限定されていれば足りる**としている（最大判昭37.5.30）。

この判例からすると、**条例によって刑罰を定めることはでき、その場合の法律の委任の程度は、個別具体的である必要はない。**

POINT 4 条例①（地方における差異）

各地方自治体で条例を定める場合、その地方ごとで規制の程度に差が出ることがある。このような**規制の差が平等権（憲法14条1項）に違反するのか**についての判例は、**憲法が各地方公共団体の条例制定権を認める以上、地域によって差別を生ずることは当然に予期**されることであるから、**かかる差別は憲法自ら容認するところ**であり、地方公共団体が売春の取締りについて各別に条例を制定する結果、その**取扱いに差別を生ずることがあっても、違憲ということはできない**としている（東京都売春等取締条例事件：最大判昭33.10.15）。

POINT 5 条例②（法律の範囲内）

憲法94条は「**法律の範囲内で条例を制定**することができる」と規定しているところ、**条例において、法律で定める規制よりも厳しい規制**を定めることができるのかが問題となる。

この点について判例は、条例と法律とが**別々の目的**で、条例が**法律の目的と効果を阻害することがない**場合や、条例と法律とが**同一の目的**でも、法律が必ずしも**全国的に一律に同一内容の規制**を施す趣旨**ではなく**、各普通地方公共団体の地方の実情に応じて別段の規制を施すことを**容認する趣旨**であると解される場合は、**条例が法律に違反する問題は生じえない**としている（徳島市公安条例事件：最大判昭50.9.10）。

この判例からすると、上記の場合は、憲法94条の「法律の範囲内」であり、法律の定める規制よりも厳しい規制を条例で定めることが**できる**。

ここで覚きめる！ 条例による、法律より厳しい規制が許される場合

①条例と法律とが**別々の目的**である場合。
☞条例が、**法律の目的と効果を阻害しない場合**。

②条例と法律とが**同一の目的**である場合。
☞法律が**全国的に一律に同一内容の規制**を施す趣旨**ではなく**、地方の実情に応じて別段の規制を施すことを**容認する趣旨**である場合。

POINT 6 課税権の主体

判例は、**普通地方公共団体は、地方自治の不可欠の要素**として、その区域内における当該普通地方公共団体の役務の提供等を受ける個人又は法人に対して、**国とは別途に課税権の主体となることが憲法上予定**されており、法律の範囲内で条例を制定することができることから、**普通地方公共団体の課税権は、法律の範囲内で行使されなければならない**としている（神奈川県臨時特例企業税事件：最判平25.3.21）。

STEP 2 一問一答で理解を確認！

1 地方公共団体は、その財産を管理し、事務を処理し、及び行政を執行する権能を有し、法律の範囲内で条例を制定することができる。

○ **本問の記述のとおり**である（憲法94条）。なお、「法律の範囲内」という限定があるため、法律より厳しい規制を行えるのかといった論点が出てくる。

---

2 憲法29条2項は、財産権の内容は法律でこれを定めると規定しているところ、条例で財産権の規制を行うことはできない。

× 判例は、奈良県ため池条例事件（最大判昭38.6.26）において、**条例による財産権の規制ができる**ことを前提としている。

---

3 判例は、条例による財産権の規制は、法律による個別具体的な委任がなければ許されないとしている。

× 判例は、問題となった行為を**条例で禁止、処罰しても憲法及び法律に牴触・逸脱しない**としている（奈良県ため池条例事件：最大判昭38.6.26）。この判例から、**条例による財産権の規制は、法律の個別具体的な委任がなくても許される**と解される。

---

4 憲法31条が、何人も法律の定める手続によらなければ、その生命若しくは自由を奪われ、又はその他の刑罰を科せられないと規定している以上、条例によって刑罰を定めることはできない。

× 判例は、**条例によって刑罰を科すことができる**ことを前提にしている（最大判昭37.5.30）。

---

5 条例によって刑罰を定める場合には、法律の授権が相当な程度に具体的であり、限定されていれば足りるとしている。

○ **本問の記述のとおり**である（最大判昭37.5.30）。

---

6 判例は、各地方公共団体が条例を制定するにあたり、地域によって差別を生ずることは、その取扱いに差別を生ずることであり憲法14条1項に違反するとしている。

× 判例は、憲法が各地方公共団体の条例制定権を認める以上、**地域によって差別を生ずることは当然に予期**されることであるから、**かかる差別は憲法自ら容認するところ**であり、**その取扱いに差別を生ずることがあっても、違憲ということはできない**としている（東京都売春等取締条例事件：最大判昭33.10.15）。

7 憲法94条は、法律の範囲内で条例を制定することができると規定している以上、条例において、法律で定める規制よりも厳しい規制を定めることはできない。

× 判例は、①条例と法律とが**別々の目的**で、条例が**法律の目的と効果を阻害することがない**場合、②条例と法律とが**同一の目的**でも、法律が必ずしも**全国的に一律に同一内容の規制**を施す趣旨で**はなく**、各普通地方公共団体の地方の実情に応じて別段の規制を施すことを**容認する趣旨**であると解される場合は、**条例が法律に違反する問題は生じえない**としている（徳島市公安条例事件：最大判昭50.9.10）。

8 判例は憲法上、普通地方公共団体は、地方自治の不可欠の要素として、その区域内における当該普通地方公共団体の役務の提供等を受ける個人又は法人に対して、国とは別途に課税権の主体となることまでは予定されていないが、法律の範囲内で条例を制定することができる以上、普通地方公共団体には、法律の範囲内で課税権を行使できるとしている。

× 判例は、**普通地方公共団体は、地方自治の不可欠の要素**として、**国とは別途に課税権の主体となることが憲法上予定**されているとしている（神奈川県臨時特例企業税事件：最判平25.3.21）。

過去問にチャレンジ！

問題 1 国家一般職（2018 年度）

条例に関する次の記述のうち、妥当なのはどれか。

1 地方公共団体は、その区域内における当該地方公共団体の役務の提供等を受ける個人又は法人に対して国とは別途に課税権の主体となることまで憲法上予定されているものではないが、法律の範囲内で条例を制定することができるものとされていることなどに照らすと、地方公共団体が法律の範囲内で課税権を行使することは妨げられないとするのが判例である。

2 財産権の内容については、法律により統一的に規制しようとするのが憲法第29条第2項の趣旨であるから、条例による財産権の規制は、法律の個別具体的な委任がある場合を除き、許されないと一般に解されている。

3 憲法第31条は、必ずしも刑罰が全て法律そのもので定められなければならないとするものではなく、法律の委任によってそれ以下の法令で定めることもできるが、条例によって刑罰を定める場合には、その委任は、政令への罰則の委任の場合と同程度に個別具体的なものでなければならないとするのが判例である。

4 憲法が各地方公共団体の条例制定権を認める以上、地域によって差別を生ずることは当然に予期されることであるから、かかる差別は憲法が自ら容認するところであり、したがって、地方公共団体が売春の取締りについて各別に条例を制定する結果、その取扱いに差別を生ずることがあっても、憲法第14条に違反しないとするのが判例である。

5 ある事項について規律する国の法令が既にある場合、法令とは別の目的に基づいて、法令の定める規制よりも厳しい規制を条例で定めることができるが、法令と同一の目的に基づいて、法令の定める規制よりも厳しい規制を条例で定めることは、国の法令の趣旨にかかわらず、許されないとするのが判例である。

➡解答・解説は別冊 P.146

問題2 国家専門職（2016年度）

条例に関するア～オの記述のうち、妥当なもののみを全て挙げているのはどれか。

ア 憲法第31条は必ずしも刑罰が全て法律そのもので定められなければならないとするものでなく、法律の授権によってそれ以下の法令によって定めることもできると解すべきであるところ、条例によって刑罰を定める場合には、法律の授権が相当な程度に具体的であり、限定されていれば足りるとするのが判例である。

イ 憲法第29条第2項は、「財産権の内容は、公共の福祉に適合するやうに、法律でこれを定める」と規定しているところ、この「法律」には条例は含まれないため、法律の個別的な委任がある場合を除いて、条例で財産権を規制することはできないと一般に解されている。

ウ 特定事項についてこれを規律する国の法令と条例とが併存する場合において、両者が同一の目的に出たものであっても、国の法令が必ずしもその規定によって全国的に一律に同一内容の規制を施す趣旨ではなく、それぞれの普通地方公共団体において、その地方の実情に応じて、別段の規制を施すことを容認する趣旨であると解されるときは、条例が国の法令に違反する問題は生じ得ないとするのが判例である。

エ 憲法が各地方公共団体の条例制定権を認める以上、地域によって差別を生ずることは当然に予期されることであるから、かかる差別は憲法自ら容認するところであると解すべきであり、地方公共団体が各別に条例を制定する結果、その取扱いに差別を生ずることがあっても、地域差を理由に違憲ということはできないとするのが判例である。

オ 憲法第84条は、「あらたに租税を課し、又は現行の租税を変更するには、法律又は法律の定める条件によることを必要とする。」と規定しているところ、この「法律」には条例が含まれないため、条例によって地方税を定めることはできないと一般に解されている。

1 ア、ウ
2 イ、エ
3 ア、イ、オ
4 ア、ウ、エ
5 イ、ウ、オ

➡解答・解説は別冊P.147

SECTION 3

憲法改正・最高法規性など

STEP 1 要点を覚えよう！

POINT 1 憲法改正①（憲法の規定）

憲法の改正は、各議院の総議員の３分の2以上の賛成で、**国会が、これを発議**し、**国民に提案してその承認を経なければならない**。この承認には、**特別の国民投票**又は**国会の定める選挙の際行われる投票**において、その**過半数の賛成**を必要とする（憲法96条1項）と規定している。

この憲法改正手続における**「過半数の賛成」とは**、憲法改正案に対する**賛成の投票数が**、**投票総数の2分の1を超えた場合**（日本国憲法の改正手続に関する法律126条1項）と規定されている。なお、投票総数とは、「憲法改正案に対する賛成の投票の数及び反対の投票の数を合計した数」である。

ここでいう「発議」とは、国会議員が議案を提出して審議を求めることだよ。そして、「日本国憲法の改正手続に関する法律」は、国民投票法とも呼ばれているんだ。

◆憲法改正の流れ

①**各議院の総議員の３分の2以上の賛成**により、

②**国会が、これを発議**する。

③国会が、**国民に提案してその承認を経る。**

☞この承認は、特別の国民投票又は国会の定める選挙の際行われる投票において、その**過半数の賛成**を必要とする。

POINT 2 憲法改正②（法律の規定）

憲法改正についての**「国民の承認」に係る投票の手続は、「日本国憲法の改正手続に関する法律」で規定**されている。

また、**憲法改正の「発議」に係る手続**は、**国会法**（第6章の2　日本国憲法の改正の発議）**で規定**されている。

POINT 3　憲法の最高法規性

憲法98条1項は、「この**憲法は、国の最高法規**であつて、その条規に**反する**法律、命令、詔勅及び国務に関するその他の行為の全部又は一部は、その**効力を有しない**」と規定している。これは**憲法の最高法規性**とも呼ばれる。

なお、同条項には「条約」が含まれていないが、**「条約」と「憲法」はどちらが優位するか**についての**通説は、憲法優位説**となっている。

POINT 4　条約・国際法規の遵守

憲法98条2項は、「日本国が締結した**条約及び確立された国際法規は**、これを**誠実に遵守することを必要**とする」と規定されている。

POINT 5　憲法尊重擁護義務

天皇又は摂政及び国務大臣、国会議員、裁判官その他の**公務員は、この憲法を尊重し擁護する義務を負う**（憲法99条）。

POINT 6　主権の意味①（国家の統治権）

「主権」という言葉は各規定等で出てくるが、**ポツダム宣言8項における「主権」、と憲法9条、憲法41条における「国権」とは同じ意味**であり、**国家権力そのものである国家の統治権**を意味する。

- ポツダム宣言8項：「日本国ノ**主権**ハ本州、北海道、九州及四国並ニ吾等ノ決定スル諸小島ニ局限セラルヘシ」
- 憲法9条1項：「日本国民は、正義と秩序を基調とする国際平和を誠実に希求し、**国権**の発動たる戦争と、武力による威嚇又は武力の行使は、国際紛争を解決する手段としては、永久にこれを放棄する」
- 憲法41条：「国会は、**国権**の最高機関であつて、国の唯一の立法機関である」

POINT 7　主権の意味②（最高決定権）

憲法前文1段は、「日本国民は、正当に選挙された国会における代表者を通じて行動し……**ここに主権が国民に存する**ことを宣言し、この憲法を確定する」と規定するが、**ここでの「主権」は、国政についての最高決定権**を意味する。

POINT 8　主権の意味③（最高独立性）

憲法前文3段は、「われらは、いづれの国家も、自国のことのみに専念して他国を無視してはならないのであつて、政治道徳の法則は、普遍的なものであり、この法則に従ふことは、**自国の主権を維持**し、他国と対等関係に立たうとする各国の責務であると信ずる」と規定するが、**ここでの「主権」は、国家権力の属性としての最高独立性**を意味する。

STEP 2 一問一答で理解を確認！

1 憲法の改正は、各議院の出席議員の３分の2以上の賛成で、国会が、これを発議し、国民に提案してその承認を経なければならない。

× **憲法の改正は、各議院の総議員の３分の2以上の賛成で、国会が、これを発議し、国民に提案してその承認を経なければならない**（憲法96条1項）。「出席議員」の3分の2以上ではない。

---

2 憲法改正手続の国民の「過半数の賛成」とは、憲法改正案に対する賛成の投票の数が、投票総数の2分の1を超えた場合である。

○ **本問の記述のとおり**である（日本国憲法の改正手続に関する法律126条1項）。

---

3 憲法改正についての「国民の承認」に係る投票の手続は、公職選挙法で規定されている。

× 憲法改正についての「国**民の承認」に係る投票の手続は、「日本国憲法の改正手続に関する法律」（国民投票法）で規定**されている。

---

4 憲法改正の「発議」に係る手続は、日本国憲法の改正手続に関する法律で規定されている。

× **憲法改正の「発議」に係る手続は、国会法**（第6章の2日本国憲法の改正の発議）で規定されている。

---

5 憲法98条1項は、「この憲法は、国の最高法規であつて、その条規に反する法律、命令、詔勅及び国務に関するその他の行為の全部又は一部は、その効力を有しない」と規定するが、条約が含まれていないため、条約と憲法では、条約が優位する。

× **「条約」と「憲法」はどちらが優位するか**についての**通説は、憲法優位説**である。その理由としては、そもそも条約締結権（憲法73条3号）が、憲法によって付与されていることなどがある。

---

6 日本国が締結した条約及び確立された国際法規は、これを誠実に遵守することを必要とする。	○ **本問の記述のとおり**である（憲法98条2項）。
7 国務大臣、国会議員、裁判官その他の公務員は、この憲法を尊重し擁護する義務を負うが、この義務について天皇と摂政は、その象徴たる地位から負わない。	× 憲法99条は、**天皇又は摂政**及び国務大臣、国会議員、裁判官その他の**公務員は、この憲法を尊重し擁護する義務を負う**と規定している。なお、「摂政」とは、天皇の職務の補佐を行う地位にある者のことである。
8 憲法41条の「国会は、国権の最高機関であつて、国の唯一の立法機関である」という場合の「国権」は、国政についての最高決定権を意味する。	× 同条の「国権」は、**国家の統治権**を意味する。
9 憲法前文3項は、「自国の主権を維持し、他国と対等関係に立たうとする各国の責務であると信ずる」と規定するが、ここでの「主権」は、国家の統治権を意味する。	× **ここでの「主権」は、国家権力の属性としての最高独立性**を意味する。
10 ポツダム宣言8項における「日本国ノ主権ハ本州、北海道、九州及四国並ニ吾等ノ決定スル諸小島ニ局限セラルヘシ」という場合の主権は、国家権力そのものである国家の統治権を意味する。	○ **本問の記述のとおり**である。なお、憲法9条、憲法41条における「国権」も同じ意味である。

過去問にチャレンジ！

問題 1 国家専門職（2018 年度）

憲法の改正や最高法規性に関する次の記述のうち、妥当なのはどれか。

1 憲法の改正は、各議院の出席議員の3分の2以上の賛成で、国会が発議する。

2 憲法改正についての国民の承認には、特別の国民投票又は国会の定める選挙の際に行われる投票において、有権者総数の過半数の賛成が必要とされている。

3 憲法改正についての国民の承認に係る投票の手続は、憲法改正の発議に係る手続とともに、公職選挙法で規定されている。

4 憲法は、国の最高法規であって、その条規に反する法律、命令、詔勅及び国務に関するその他の行為の全部又は一部は、その効力を有しない。また、我が国が締結した条約及び確立された国際法規は、これを誠実に遵守することを必要とする。

5 国務大臣、国会議員、裁判官その他の公務員は、憲法を尊重し擁護する義務を負う。天皇又は摂政は、内閣の助言と承認に基づく国事行為のみを行うことから、この義務は負わない。

➡解答・解説は別冊P.148

問題 2 国家専門職（2015 年度）

主権に関する次のア～ウの記述の正誤の組合せとして最も適当なものはどれか。

ア ポツダム宣言8項における「日本国ノ主権ハ、本州、北海道、九州及四国並ニ吾等ノ決定スル諸小島ニ局限セラルベシ」という場合の主権は、憲法41条における「国権」と同じ意味であり、国家権力の最高独立性を意味する。

イ 憲法前文1項における「ここに主権が国民に存することを宣言し」という場合の主権は、国政についての最高の決定権を意味する。

ウ 憲法前文3項における「自国の主権を維持し」という場合の主権は、国家権力そのものを意味する。

	ア	イ	ウ
1	誤	正	正
2	正	正	誤
3	正	誤	誤
4	誤	正	誤
5	誤	誤	正

➡解答・解説は別冊P.148

決める！
KIMERU SERIES

索　引

さ

し

せ

そ

た

主要な参考文献

●芦部信喜『憲法〔第７版〕』（岩波書店・2019年）
●木下智史＝伊藤建『基本憲法Ⅰ 基本的人権』（日本評論社・2017年）
●新井誠 他３名『憲法Ⅰ 総論・統治〔第２版〕』（日本評論社・2021年）
●新井誠 他３名『憲法Ⅱ 人権〔第２版〕』（日本評論社・2021年）
●渡辺康行 他３名『憲法Ⅰ 基本権〔第2版〕』（日本評論社・2023年）
●渡辺康行 他３名『憲法Ⅱ 総論・統治』（日本評論社・2020年）
●毛利透 他３名『LEGAL QUEST 憲法Ⅰ 総論・統治〔第３版〕』（有斐閣・2022年）
●毛利透 他３名『LEGAL QUEST 憲法Ⅱ 人権〔第３版〕』（有斐閣・2022年）
●長谷部恭男 他２名編集『憲法判例百選Ⅰ〔第７版〕』（有斐閣・2019年）
●長谷部恭男 他２名編集『憲法判例百選Ⅱ〔第７版〕』（有斐閣・2019年）
●宍戸常寿＝曽我部真裕 編集『判例プラクティス憲法〔第３版〕』（信山社・2022年）
●上田健介 他２名『START UP憲法判例50！〔第３版〕』（有斐閣・2023年）
など

きめる！公務員試験　憲法

カバーデザイン　野条友史（BALCOLONY.）
本文デザイン　宮嶋章文
本文イラスト　ハザマチヒロ
編集協力　コンデックス株式会社
校正　こはん商会、松本尚士
データ作成　コンデックス株式会社
印刷所　大日本印刷株式会社
編集担当　増田秀光

読者アンケートご協力のお願い
※アンケートは予告なく終了する場合がございます。

この度は弊社商品をお買い上げいただき、誠にありがとうございます。本書に関するアンケートにご協力ください。右のQR コードから、アンケートフォームにアクセスすることができます。ご協力いただいた方のなかから抽選でギフト券（500 円分）をプレゼントさせていただきます。

アンケート番号：802030

※QRコードは株式会社デンソーウェーブの登録商標です。

CL

Gakken

きめる! KIMERU SERIES

［別冊］

憲法

Constitutional Law

解答解説集

この別冊は取り外せます。矢印の方向にゆっくり引っぱってください。→

きめる! 公務員試験

憲法

解答解説

1 1 人権享有主体性①（法人その他）

問題1 国家専門職（2015年度）……………………………………………………本冊P.026

正解：2

ア × 通説では、天皇も日本の国籍を有する日本国民であるが、**天皇には特別の制約があると**解されている。

イ ○ 判例は、憲法第3章に定める国民の権利及び義務の各条項は、**性質上可能な限り、内国の法人にも適用される**としており、**会社は、**自然人たる国民と同様、国や政党の特定の政策を支持、推進し又は反対するなどの**政治的行為をなす自由を有する**としている（八幡製鉄政治献金事件：最大判昭45.6.24）。

ウ × 未成年者も国民であるから、当然に人権享有主体として人権が保障されるが、**未成年者が「肉体的」にも「精神的」にも未熟**であるため、**一定の権利が制限される。**もっとも、未成年者の権利を制限する規定は、その多くが民法、公職選挙法、条例など憲法以外で定められており、**憲法上の明文として未成年者の権利を制限しているのは、選挙権に関する憲法15条3項のみ**である。よって、「憲法上、未成年者に対する権利の制限規定は置かれていない」の部分が**誤り**である。

エ ○ **外国人の人権享有主体性**について判例は、我が国の**政治的意思決定に影響を及ぼす活動など、**外国人の地位にかんがみこれを**認めることが相当でないと解されるものを除き、政治活動の自由は外国人に保障される**としている（マクリーン事件：最大判昭53.10.4、参30ページ）。

オ × **外国人の人権享有主体性**についての判例は、**出国の自由については、外国人にも保障される**としている（最大判昭32.12.25）。しかし、**一時旅行する自由・再入国の自由**について、日本に在留する**外国人は憲法上、外国へ一時旅行する自由が保障されていない**ので、**再入国の自由**は、**日本人だけ**に保障される権利であり、**外国人には保障されていない**としている（森川キャサリーン事件：最判平4.11.16、参33ページ）。

以上により、妥当なものは**イ・エ**であり、正解は**2**である。

問題2 国家専門職（2014年度）…………本冊P.027

正解：3

ア × **未成年者も国民**であるから人権享有主体として**人権が保障される**が、**未成年者が「肉体的」にも「精神的」にも未熟であるため権利が制限される**。もっとも、未成年者の権利を制限する規定は、その多くが民法、公職選挙法、条例など憲法以外で定められており、**憲法上の明文として未成年者の権利を制限しているのは、選挙権に関する憲法15条3項だけ**である。したがって、「職業選択の自由、婚姻の自由」の部分が**誤り**である。

イ ○ **外国人の人権享有主体性**について判例は、憲法の基本的人権の保障は、**権利の性質上日本国民のみを対象と解されるものを除き、日本に在留する外国人にも等しく及ぶ**としているが（マクリーン事件：最大判昭53.10.4）、**公務員を選定罷免する権利を保障した憲法15条1項の規定は、権利の性質上日本国民のみをその対象**とし、憲法15条1項による権利の保障は、我が国に在留する**外国人には及ばない**としている（外国人の地方選挙権事件：最判平7.2.28、参31ページ）。

ウ × 判例は、憲法第3章に定める国民の権利及び義務の各条項は、**性質上可能な限り、内国の法人にも適用される**としている（八幡製鉄政治献金事件：最大判昭45.6.24）。そして、経済的自由権としての**営業の自由**（憲法22条1項）や**財産権**（憲法29条）、精神的自由権のうち**表現の自由**（憲法21条1項）や**信教の自由**（憲法20条1項前段）は、**権利性質上、法人にも保障される**。

エ ○ 判例は、**公務員も国民**である以上、表現の自由（憲法21条1項）としての**政治活動の自由を保障されており**、この精神的自由は立憲民主政の政治過程にとって不可欠の基本的人権であって、民主主義社会を基礎付ける重要な権利であることに鑑みると、**法令による公務員に対する政治的行為の禁止は、**国民としての**政治活動の自由に対する必要やむをえない限度にその範囲が画される**べきものであるとしている（堀越事件：最判平24.12.7）。

オ × 判例は、**未決拘禁者の新聞紙、図書等の閲読の自由**について、一定の制限を加えられることはやむをえないが、その制限が許されるためには、規律及び秩序が害される**一般的、抽象的なおそれがあるというだけでは足りず**、その閲読を許すことにより**刑事施設内の規律及び秩序の維持上放置することのできない程度の障害が生ずる相当の蓋然性が必要**であるとしている（よど号ハイジャック新聞記事抹消事件：最大判昭58.6.22）。

以上により、妥当なものは**イ・エ**であり、正解は**3**となる。

問題3　国家一般職（2013年度）……………………………………………… 本冊P.028

正解：2

ア ○　法人の人権享有主体性について判例は、**憲法第3章に定める国民の権利及び義務の各条項は、性質上可能な限り、内国の法人にも適用される**としている（八幡製鉄政治献金事件：最大判昭45.6.24）。また、外国人の人権享有主体性について判例は、**憲法の基本的人権の保障は、権利の性質上日本国民のみを対象と解されるものを除き、日本に在留する外国人にも等しく及ぶ**としている（マクリーン事件：最大判昭53.10.4、参30ページ）。

イ ×　判例は、**税理士会は強制加入団体**であり、**脱退が認められていない**ため、広範に政治活動の自由を認めてしまうと所属している税理士の思想・信条の自由を害するおそれがあることから、**税理士会が政治活動目的で行う政治献金は法人の目的の範囲外の行為であり無効**であるとしている（南九州税理士会事件：最判平8.3.19）。

ウ ×　判例は、**会社は、**自然人たる国民と同様、国や政党の特定の政策を支持、推進し又は反対するなどの**政治的行為をなす自由を有し**、政治資金の寄付もまさにその自由の一環であり、これを**自然人たる国民による寄付と別異に扱うべき憲法上の要請はなく、政治資金の寄付の自由を有する**としている（八幡製鉄政治献金事件：最大判昭45.6.24）。

エ ×　判例は、我が国の**政治的意思決定に影響を及ぼす活動など、外国人の地位にかんがみこれを認めることが相当でないと解されるものを除き、政治活動の自由は外国人に保障される**が、それは**外国人在留制度の枠内**で与えられているにすぎないため、**在留期間中の憲法の基本的人権の保障を受ける行為を在留期間の更新の際に消極的な事情として斟酌されないことまでの保障が与えられているものではない**としている（マクリーン事件：最大判昭53.10.4、参30ページ）。

オ ○　判例は、国民主権の原理に基づき、原則として、**日本国籍を有する者が公権力行使等地方公務員（住民の権利義務を直接形成しその範囲を確定する等の公権力を行使する職務若しくは普通地方公共団体の重要な施策に関する決定・参画を職務とする公務を行う地方公務員）に就任すると想定**されており、**外国人が就任することは本来想定されていない**としている（東京都管理職選考試験事件：最大判平17.1.26、参32ページ）。

以上により、妥当なものは**ア・オ**であり、正解は**2**となる。

問題4 国家専門職（2020年度）……………………………………………… 本冊P.029

正解：5

ア × 通説的見解では、**天皇・皇族も日本の国籍を有する日本国民である**と解されているが、**天皇・皇族には選挙権・被選挙権**（憲法15条1項）**を保障する規定がなく、これらの権利は認められない**。

イ ○ 判例は、憲法第3章に定める国民の権利及び義務の各条項は、**性質上可能な限り、内国の法人にも適用される**としている（八幡製鉄政治献金事件：最大判昭45.6.24）。そして、**宗教法人には信教の自由**（憲法20条）**が、学校法人には学問の自由**（憲法23条）、**教育の自由**（憲法26条）**が保障される**。

ウ × 判例は、**選挙権**（憲法15条1項）の保障は、**我が国に在留する外国人には及ばないが、永住者等については、法律をもって地方公共団体の長、その議会の議員等に対する選挙権を付与する措置を講ずることは、憲法上禁止されているものではない**としている（外国人の地方選挙権事件：最判平7.2.28、参31ページ）。なお、判例は、被選挙権も保障されないとしている（最判平10.3.13）。

「地方」かつ「永住者等」であれば、外国人に選挙権を認めることもできるということだよ。積極的に肯定も否定もしていないんだ。

エ ○ **外国人の人権享有主体性**についての判例は、①**出国の自由**については、**外国人にも保障される**としている（最大判昭32.12.25）。しかし、②**一時旅行する自由・再入国の自由**について、日本に在留する外国人は憲法上外国へ一時旅行する自由が**保障されていない**ので、**再入国の自由は、日本人だけ**に保障される権利であり、**外国人には保障されていない**としている（森川キャサリーン事件：最判平4.11.16、参33ページ）。

オ ○ 判例は、**会社は、**自然人たる国民と同様、国や政党の特定の政策を支持、推進し又は反対するなどの**政治的行為をなす自由を有し**、政治資金の寄付もまさにその自由の一環であり、これを**自然人たる国民による寄付と別異に扱うべき憲法上の要請はなく、政治資金の寄付の自由を有する**としている（八幡製鉄政治献金事件：最大判昭45.6.24）。

以上により、妥当なものは**イ・エ・オ**であり、正解は**5**となる。

1 2 人権享有主体性②（外国人）

問題1 **裁判所職員（2014年度）**……………………………………………………………… **本冊P.036**

正解：1

ア ○ 判例は、個人の私生活上の自由の一つとして**何人もみだりに指紋の押なつを強制されない自由を有し、国家機関が正当な理由もなく指紋の押なつを強制することは憲法13条の趣旨に反して許されず**、その自由の保障は我が国に在留する**外国人にも等しく及ぶ**としている（最判平7.12.15）。

イ ○ 判例は、我が国の**政治的意思決定に影響を及ぼす**活動など、**外国人の地位にかんがみこれを認めることが相当でないと解されるものを除き、政治活動の自由は外国人に保障される**としている（マクリーン事件：最大判昭53.10.4）。

ウ × 判例は、出国の自由は、外国人に**保障される**（最大判昭32.12.25）が、日本に在留する**外国人は、憲法上外国へ一時旅行する自由が保障されていない**ので、**再入国の自由は外国人には保障されていない**としている（森川キャサリーン事件：最判平4.11.16）。

エ × 判例は、**社会保障施策上**、在留外国人をどのように処遇するかについては、その限られた財源の下で福祉的給付を行うにあたり、**自国民を在留外国人より優先的に扱うことも許される**としている（塩見訴訟：最判平元.3.2）。

オ × 憲法93条2項は「地方公共団体の長、その議会の議員及び法律の定めるその他の吏員は、その地方公共団体の住民が、直接これを選挙する」と規定しているが、判例はこの**「住民」**について、**地方公共団体の区域内に住所を有する日本国民**を意味するものであるとしている（外国人の地方選挙権事件：最判平7.2.28）。よって、「地方」かつ「永住者等」であっても、外国人に選挙権は「保障」されていない。ただし、積極的に保障はしていないというだけであり、積極的に禁止もしていない以上、法律で付与することは許される。

以上により、適当なものは**ア・イ**であり、正解は**1**となる。

問題 2 特別区Ⅰ類（2017年度）……………………………………………… 本冊P.037

正解：5

1 × 判例は、憲法第3章に定める国民の権利及び義務の各条項は、**性質上可能な限り**、**内国の法人にも適用される**としている（八幡製鉄政治献金事件：最大判昭45.6.24、参20ページ）。したがって、「法人にも自然人と同じ程度に全ての人権の保障が及ぶ」の部分が誤りである。

2 × 判例は、**法人には政治活動の自由が保障されている**が、**税理士会は強制加入団体**であり、**脱退の自由が認められていない**ため、広範に政治活動の自由を認めてしまうと所属している税理士の思想・信条の自由を害するおそれがあるため、**税理士会が政治活動目的で行う政治献金は、法人の目的の範囲外**の行為であり**無効**であるとしている（南九州税理士会事件：最判平8.3.19、参21ページ）。

3 × 判例は、**憲法の基本的人権は**、権利の**性質上日本国民のみを対象**と解されるものを**除き**、**外国人にも等しく及ぶ**としている（マクリーン事件：最大判昭53.10.4）。したがって、「憲法の規定上『何人も』と表現される条項のみ外国人に保障される」の部分が誤りである。

4 × 判例は、国民主権の原理に基づき、原則として、日本国籍を有する者が公権力行使等地方公務員に就任すると想定されており、公権力行使等地方公務員の職位とこれに昇任するのに必要な職務経験を積むために経るべき職位とを包含する一体的な管理職の任用制度が構築され、**日本国籍を有する職員に限って管理職に昇任することができるという措置は、合理的な理由があり、憲法14条に違反するものではない**としている（東京都管理職選考試験事件：最大判平17.1.26）。

5 ○ **本肢の記述のとおり**である（最判平26.7.18）。

1 3 私人間効力

問題 1 裁判所職員（2014年度）…………………………… 本冊P.044

正解：2

本問のA説は私人間効力の問題における「直接適用説」であり、B説は「間接適用説」である。以上を前提に各選択肢を確認する。

ア × 直接適用説（A説）に対しては、憲法は国家と私人の関係を定めた法であるのに、私人と私人の関係まで憲法が介入し、**私的自治の原則**や**契約自由の原則**が**侵害される可能性があるため妥当ではないと批判**されている。したがって、「私的自治の原則や契約自由の原則がより保障される」の部分が**誤り**である。

イ ○ 直接適用説（A説）であっても、私人間において保護される人権と相手方の人権との利益調整を図って解決する場合は人権が相対化され、国家との関係では制限なく保障されていた人権が、私人間において保護される人権が認められる限度で相手方の人権が制限されてしまうことになり、**間接適用説（B説）と同じ結果**になると批判される。

ウ × 間接適用説（B説）であっても、憲法18条の**奴隷的拘束からの自由**、憲法27条3項の**児童酷使の禁止**、憲法28条の**労働基本権**等の規定は、私人間に**直接適用される**と解されている。

エ × 直接適用説（A説）に対しては、憲法が国家と私人の関係だけではなく、私人と私人の関係まで介入すると「国家からの自由」という**人権規定の本質が変質**したり、**希薄化**するおそれがあるという批判がある。したがって、人権が、本来、「国家からの自由」として、国家権力に対抗する防御権であったという本質を無視しているというのは**直接適用説（A説）**に対する批判である。

オ ○ 三菱樹脂事件（最大判昭48.12.12）において、判例は憲法の私人間効力について、**間接適用説**に立つことを示し、直接適用説を**否定**している。

以上により、適当なものは**イ・オ**となり、正解は**2**となる。

問題 2 国家専門職（2002年度）、及び、東京都Ⅰ類（2014年度）……………… 本冊P.045

解答（記述例）

元来、憲法は、巨大な権力を持つ「国家」から「国民」の権利を守るために制定されたものである。しかし、現代では巨大な資本力を持つ巨大企業やマスメディアなど**社会的・経済的に影響力の大きい「私人」が現れ、国民の権利侵害のおそれ**が生じてきた。そこで、国家 対 国民 の関係だけではなく、**国民 対 国民 の関係においても憲法を適用させるべきなのかが問題**となる。

まず、憲法の規定は、私人間においても直接適用されるとする考え方がある（**直接適用説**）。この説では、私人間に国家が過度に介入してしまい、**私的自治の原則や契約自由の原則が侵害される可能性**があるため妥当ではない。

次に、憲法の規定は、私人間には一切適用しないとする考え方がある（無効力説）。この説では、私人が巨大な社会的権力を持つ場合に、このような私人との関係で人権侵害が発生した場合には、**憲法による救済が一切不可能**であり、**国民の権利保護が十分図れないおそれ**がある。

したがって、憲法の規定は、私人間において**直接適用されないが**、憲法の人権規定を**民法などの一般条項を介して間接的に適用すべきであると考える（間接適用説）**。

ここで、判例について見ると、**会社の採用試験**において、**応募者が学生運動に参加していたことを理由に、会社が本採用を拒否した事件（三菱樹脂事件）**では**間接適用説の立場**をとった。また、企業は契約締結の自由を有しており、企業が特定の思想、信条を理由に雇用を拒んでも違法とはいえないとした。

最後に、**会社の就業規則**において、**女子の定年を男子よりも5歳若く定めた男女別定年制が問題となった事件（日産自動車事件）**でも、同じく**間接適用説をとり**、当該就業規則は性別による不合理な差別として、民法90条の規定により無効であるとした。

以上

1 4 幸福追求権

問題 1 国家専門職（2017年度）……本冊P.052

正解：4

ア ○ 判例は、患者が輸血を受けることは自己の宗教上の信念に反するとして、輸血を伴う医療行為を拒否するとの**明確な意思**を有している場合、このような意思決定をする権利は、**人格権の一内容として尊重**されなければならないとしている（エホバの証人輸血拒否事件：最判平12.2.29）。

イ ○ 判例は、人の氏名、肖像等（併せて「肖像等」という）は個人の人格の象徴であるから、当該個人は、人格権に由来するものとしてこれをみだりに利用されない権利を有するとともに、**商品の販売等を促進する顧客吸引力を有する場合**があり、**このような顧客吸引力を排他的に利用する権利（パブリシティ権）は**、肖像等それ自体の**商業的価値に基づくもの**であるから、**人格権に由来する権利の一内容を構成する**としている（ピンク・レディー事件：最判平24.2.2）。

ウ × 判例は、前科及び犯罪経歴は人の名誉、信用に直接に関わる事項であり、**前科等のある者もこれをみだりに公開されないという法律上の保護に値する利益を有する**としている（前科照会事件：最判昭56.4.14）。

エ × 幸福追求権（憲法13条後段）の内容における通説では、**個人の人格的生存に不可欠な利益が幸福追求権の内容として保障**されると解されている（人格的利益説）。この人格的利益説においても、個人の人格的生存に不可欠な利益に含まれない自由が制約される場合、**一切保護されないわけではなく、他の権利との調整が必要となるため憲法上問題となりうる**と解されている。

オ ○ 判例は、個人の私生活上の自由の一つとして、**何人も、その承諾なしに、みだりにその容ぼう・姿態（以下「容ぼう等」という）を撮影されない自由を有する**ものというべきであり、これを肖像権と称するかどうかは別として、少なくとも、警察官が、**正当な理由もないのに、個人の容ぼう等を撮影することは、憲法13条に反し許されない**としている（京都府学連事件：最大判昭44.12.24）。

以上により、妥当なものは**ア・イ・オ**であり、正解は**4**となる。

問題 2 裁判所職員（2021年度）…… 本冊P.053

正解：2

ア ○ **本肢の記述のとおり**である（京都府学連事件：最大判昭44.12.24）。

イ × 判例は、**学籍番号、氏名、住所及び電話番号のような個人情報は**、個人識別等を行うための単純な情報であって、その限りにおいては、秘匿されるべき必要性が必ずしも高いものではないが、**自己が欲しない他者にはみだりにこれを開示されたくないと考えることへの期待は保護されるべき**ものであるから、本件個人情報は、プライバシーに係る情報として**法的保護の対象になる**としている（早稲田大学江沢民講演会事件：最判平15.9.12）。

ウ × 判例は、前科及び犯罪経歴は人の名誉、信用に直接に関わる事項であり、**前科等のある者もこれをみだりに公開されないという法律上の保護に値する利益を有する**とし、市区町村長が漫然と弁護士会の照会に応じ、**犯罪の種類、軽重を問わず**、前科等の**すべてを報告**することは、公権力の違法な行使にあたるとしている（前科照会事件：最判昭56.4.14）。そうであるならば、「裁判所に提出するため」との照会理由の記載があったとしても、**犯罪の種類、軽重を問わず**、前科等の**すべてを報告**することは**許されない**といえる。

エ ○ 判例は、個人の私生活上の自由の一つとして、何人も、個人に関する情報をみだりに第三者に開示又は公表されない自由を憲法13条によって保障されているが、**行政機関が住基ネットにより住民の本人確認情報を管理・利用等する行為は、個人に関する情報をみだりに第三者に開示又は公表するものということはできず**、当該個人がこれに同意していないとしても、**憲法13条により保障された上記の自由を侵害するものではない**としている（住基ネット訴訟：最判平20.3.6）。

以上により、妥当なものは**ア・エ**であり、正解は**2**となる。

問題 3 国家一般職（2020年度）……………………………………………………………本冊P.054

正解：2

1 × 判例は、**学籍番号、氏名、住所及び電話番号のような本件個人情報は**、個人識別等を行うための単純な情報であって、その限りにおいては、秘匿されるべき必要性が必ずしも高いものではないが、**自己が欲しない他者にはみだりにこれを開示されたくないと考えることへの期待は保護されるべき**ものであるから、本件個人情報は、プライバシーに係る情報として**法的保護の対象となる**としている（早稲田大学江沢民講演会事件：最判平15.9.12）。

2 ○ **本肢の記述のとおり**である（ピンク・レディー事件：最判平24.2.2）。

3 × 伊藤正己裁判官の補足意見として、**聞きたくないことを聞かない自由は**、人格的利益として現代社会において重要なものであり、幸福追求権（憲法13条）に含まれると解することもできないものではないけれども、**精神的自由権の一つとして憲法上優越的地位はなく**、聞きたくないことを聞かない自由が侵害される場合には、その人格的利益としての重要性を勘案しつつも、対立する利益（商業宣伝放送が経済的自由権の行使とした場合も含む）との**較量によって**、侵害行為の具体的な態様について検討を行うことが必要となるとしている（最判昭63.12.20）。

4 × 判例は、患者が輸血を受けることは自己の宗教上の信念に反するとして、**輸血を伴う医療行為を拒否するとの明確な意思**を有している場合、**このような意思決定をする権利は、人格権の一内容**として**尊重されなければならない**としている（エホバの証人輸血拒否事件：最判平12.2.29）。

5 × 判例は、**環境権を憲法13条によって保障されているとはしていない**。

問題4 国家一般職（2015年度）………………………………………………………… 本冊P.055

正解：3

ア ○ 幸福追求権における通説では、**個人の人格的生存に不可欠な利益が幸福追求権の内容として保障される**と解されている（**人格的利益説**）。また、一般に幸福追求権（憲法13条後段）は、憲法14条以下で保障されていない権利を導く**補充的な機能**を果たしており、幸福追求権と憲法14条以下の個別的な人権とは**一般法**と**特別法**の関係に立つと解されている。よって、憲法制定時には想定できなかった権利を保護するため、これらを包括的に保障**している**といえる。

イ × 判例は、**速度違反車両の自動撮影を行う自動速度監視装置による運転者の容ぼうの写真撮影は、現に犯罪が行われている**場合になされ、犯罪の性質、態様からいって**緊急に証拠保全をする必要性**があり、その**方法も一般的に許容される限度を超えない相当なもの**であるから、**憲法13条に違反しない**としている（最判昭61.2.14）。

ウ ○ **幸福追求権は**、憲法制定時には想定できなかった権利を保護するためこれらを**包括的**に保障する権利である。また、**裁判上の救済を受けることができる具体的権利**と解されている。

エ ○ **本肢の記述のとおり**である（前科照会事件：最判昭56.4.14）。

オ × 判例は、未決勾留は逃走又は罪証隠滅の防止を目的として刑事施設内の秩序を維持し正常な状態を保持するため必要な限度において被拘禁者のその自由に対し合理的制限を加えることもやむをえないことから、喫煙を許すことにより罪証隠滅のおそれがあり火災発生の場合には逃走が予想されるとともに、煙草は嗜好品にすぎない。したがって、**喫煙の自由は**、憲法13条の保障する基本的人権の１つに含まれるとしても、**あらゆる時・所において保障されなければならないものではなく、喫煙禁止という程度の自由の制限は、憲法13条に違反しない**としている（最大判昭45.9.16）。

以上により、妥当なものは**ア・ウ・エ**であり、正解は**3**となる。

1 5 平等権①

問題1 国家一般職（2018年度）……………………………………………………… 本冊P.062

正解：2

ア ○ **法の下の「平等」とは**、各人の性別、能力、年齢、財産、職業など実質的な差異を一切考慮しないで、**絶対的な平等を貫くという絶対平等を意味するのではなく**、**各人の実質的な差異を前提**として、同一事情と同一条件の下で平等に取り扱うという**相対的平等を意味**する。そして、取扱いに差異が設けられる事項について、事案の様々な事情を考慮して**合理的な理由がある場合は、不合理な「差別」ではなく、相対的平等に基づく「区別」として平等原則違反とはならない**。

イ × 日本国民の父と外国籍の母から産まれた非嫡出子の日本国籍の取得について、当時の旧国籍法3条1項が憲法14条1項に反するかが問題となった事案において、判例は、旧国籍法3条1項は立法目的自体に合理的な根拠があったが、今日においてその**合理的な根拠は失われており、本件区別は合理的な理由のない差別となっており、旧国籍法3条1項が本件区別を生じさせていることは憲法14条1項に反する**ものの、**旧国籍法3条1項の規定自体を全部無効**として、準正のあった子の日本国籍の取得をもすべて否定することは、血統主義を補完する国籍取得の制度を**設けた国籍法の趣旨を没却**するから、**父母の婚姻により嫡出子たる身分を取得したという部分を除いた所定の要件が満たされるときは、日本国籍を取得することが認められる**としている（国籍法違憲判決：最大判平20.6.4）。したがって、「認知と届出のみによって日本国籍を取得しうるものと解することは、裁判所が法律に定めのない新たな国籍取得の要件を創設するという立法作用を行うことになるから、許されない」の部分が**誤り**である。

ウ ○ **本肢の記述のとおり**である（日産自動車事件：最判昭56.3.24）。

エ × 判例は、**嫡出子と非嫡出子の法定相続分を区別する旧民法900条4号但書前段の規定について**、遅くとも本件相続が開始した平成13年7月**当時**において立法府の裁量権を考慮しても、嫡出子と嫡出でない子の法定相続分を区別する合理的な根拠は**失われて**おり、憲法14条1項に**違反していた**としている。そして、**この違憲判断は、相続の開始時（平成13年7月）からこの違憲判断までの間に開始された他の相続**につき、**法律関係に影響を及ぼすものではない**としている（非嫡出子相続分規定違憲決定：最大決平25.9.4）。よって、当該旧民法の規定が憲法14条1項に違反していたと判断される時点に遡って無効となることは**ない**。

オ ×　判例は、**企業は契約締結の自由を有しており**、企業者が特定の思想、信条を有する労働者をそのゆえをもって雇い入れることを拒んでも、それを当然として**違法とすることはできない**としている（三菱樹脂事件：最大判昭48.12.12、参40ページ）。

以上により、妥当なものは**ア・ウ**であり、正解は**2**となる。

問題2　国家一般職（2016年度）……………………………………本冊P.063

正解：2

A ○　「法の下に」の指す意味について、法適用の平等のみを意味するとすれば、差別的な法律があった場合に、その法律をすべての国民に平等に適用すればよいということになり、憲法によって保障している平等権が骨抜きになってしまうため、**法適用の平等のみならず、法内容の平等も含まれており、差別的な内容の法律を定めることはできない**とされている。

B ○　法の下の「平等」とは、各人の性別、能力、年齢、財産、職業など実質的な差異を一切考慮しないで、**絶対的な平等を貫くという絶対平等を意味するのではなく、各人の実質的な差異を前提として**、同一事情と同一条件の下で平等に取り扱うという**相対的平等を意味**する。各人の差異を一切考慮しない、絶対的平等を貫くとすれば、かえって差別を助長する結果となるからである。そして、取扱いに差異が設けられる事項について、事案の様々な事情を考慮して合理的な**理由がある場合は、不合理な「差別」ではなく、相対的平等に基づく「区別」として平等原則違反にならない**。

C ×　憲法14条1項後段に列挙されている**「信条」とは、歴史的には、宗教上の信仰や教義を意味**していたが、**現在の通説では、世界観や思想上・政治上の主義・信念等を広く含む**ものと解されている。

D ×　判例は、**憲法14条1項後段の列挙事由は例示的**なものであって、**必ずしもそれに限るものではない**（最大判昭39.5.27）としている。つまり、憲法14条1項後段の列挙事由は、単なる**例示**であって、特段の意味はないとする考え方であるから、**憲法14条1項後段の列挙事由「以外」による差別であっても、広く平等権侵害の対象となる**。しかし、「後段に列挙された事項を**限定的なものと解する立場**」では、**列挙事由のみが平等権侵害の対象となるため、平等権侵害の対象が限定**される。
そして、「社会的身分」について、判例は「**人が社会において占める継続的な地位**であるとする説」（最大判昭39.5.27、広義説）の立場であり「社会的身分」に該当して**平等権侵害となる対象を広く**考えているが、「『**出生によって決**

定され、自己の意思で変えられない社会的な地位又は身分』であるとする説」（狭義説）は、「社会的身分」に該当して平等権侵害となる対象を限定して考えている。

そうであるならば、「同項後段に列挙された事項を限定的なものと解する立場」と、Dの発言において前者である「『出生によって決定され、自己の意思で変えられない社会的な地位』であるとする説」（狭義説）が、平等権侵害の対象が限定される点において整合的であるため、広義説を意味する「後者の意味と解するのが整合的です」の部分が誤りである。

E ○　Dの解説で述べたとおり、**判例は、憲法14条1項後段列挙の事項は例示的なものであり、必ずしもそれに限るもの**ではないとしている（最大判昭39.5.27）。また、この平等の要請は、事柄の性質に即応した合理的な根拠に基づくものでない限り、差別的な取扱いをすることを禁止する趣旨と解すべきともしている（尊属殺重罰規定違憲判決：最大判昭48.4.4、参68ページ）。

以上により、妥当な発言をした学生はA・B・Eであり、正解は2となる。

問題3　**裁判所職員（2021年度）**……………………………………………… 本冊P.064

正解：1

ア 正　本肢の記述のとおりである（尊属殺重罰規定違憲判決：最大判昭48.4.4、参68ページ）。なお、尊属であることを加重要件とする規定を設けること自体は違憲とはならないと判断している点に注意しよう。

イ 正　本肢の記述のとおりである（国籍法違憲判決：最大判平20.6.4）。

ウ 誤　判例は、**夫婦同氏制を定める民法750条が**「夫婦は、婚姻の際に定めるところに従い、夫又は妻の氏を称する」と規定することに関し、民法750条は、夫婦がいずれの氏を称するかを夫婦となろうとする者の間の協議に委ねているのであって、その**文言上性別に基づく法的な差別的取扱いを定めている**わけではなく、民法750条の定める夫婦同氏制それ自体に男女間の形式的な不平等が存在するわけではないのであり、我が国において、夫婦となろうとする者の間の個々の協議の結果として夫の氏を選択する夫婦が圧倒的多数を占めることが認められるとしても、**民法750条は**憲法14条1項に反しないとしている（夫婦同氏事件：最大判平27.12.16）。

以上により、組み合わせとして最も妥当なものは、ア：正、イ：正、ウ：誤であり、正解は1となる。

問題４ 裁判所職員（2018年度）……………………………………………………本冊P.065

正解：４

ア × **法の下の「平等」とは**、各人の性別、能力、年齢、財産、職業など実質的な差異を一切考慮しないで、**絶対的な平等を貫くという絶対平等を意味するのではなく**、**各人の実質的な差異を前提として**、同一事情と同一条件の下で平等に取り扱うという**相対的平等を意味**している。そして、**判例は、憲法14条1項後段列挙の事項は例示的なものであり、必ずしもそれに限るものではない**としており（最大判昭39.5.27）、取扱いに差異が設けられる事項について、事案の様々な事情を考慮して**合理的な理由がある場合は、不合理な「差別」ではなく、相対的平等に基づく「区別」として平等原則違反にならない。**

イ × 判例は、**夫婦同氏制を定める民法750条が**「夫婦は、婚姻の際に定めるところに従い、夫又は妻の氏を称する」と規定することに関し、民法750条は、夫婦がいずれの氏を称するかを夫婦となろうとする者の間の協議に委ねているのであって、その**文言上性別に基づく法的な差別的取扱いを定めているわけではなく**、民法750条の定める夫婦同氏制それ自体に男女間の形式的な不平等が存在する**わけではない**のであり、**我が国において**、夫婦となろうとする者の間の個々の協議の結果として**夫の氏を選択する夫婦が圧倒的多数を占めるとしても、民法750条は憲法14条1項に反しない**としている（最大判平27.12.16）。

ウ ○ **本肢の記述のとおり**である（衆議院議員定数不均衡訴訟：最大判昭51.4.14、参70ページ）。

エ ○ **本肢の記述のとおり**である（日産自動車事件：最判昭56.3.24、参40ページ）。

オ × **判例は、憲法14条1項後段の列挙事由「社会的身分」について、人が社会において占める継続的な地位とする考え方（広義説）**であり、**「社会的身分」を広く解釈**しているが、**高齢であることは「社会的身分」にはあたらない**としている（最大判昭39.5.27）。

以上により、妥当なものは**ウ・エ**であり、正解は**４**となる。

問題5 **裁判所職員（2017年度）**………………………………………………………… 本冊P.066

正解：1

ア ○　**本肢の記述のとおり**である（衆議院議員定数不均衡訴訟：最大判昭51.4.14、参70ページ）。

イ ○　**本肢の記述のとおり**である（非嫡出子相続分規定違憲決定：最大決平25.9.4、参58ページ）。

ウ ×　**判例は、出生届に「嫡出子又は嫡出でない子の別」を記載事項と規定している戸籍法49条2項1号は**、その規定それ自体によって、嫡出でない子（非嫡出子）について、嫡出子との間で子又はその父母の法的地位に差異がもたらされるものとは**いえない**ため、非嫡出子について嫡出子との関係で**不合理な差別的取扱いを定めたものとはいえず、憲法14条1項に違反しない**としている（最判平25.9.26）。

エ ×　**判例は、地方議会の議員選挙**に関し、投票価値においても平等に取り扱われるべきとしたうえで、公選法は、憲法の要請を受け、**地方議会の議員定数配分につき、人口比例を最も重要かつ基本的な基準とし、各選挙人の投票価値が平等であるべきことを強く要求していることが明らか**であるから、選挙人の投票の有する価値の不平等が地方議会において地域間の均衡を図るため通常考慮しうる諸般の要素を考慮してもなお**一般的に合理性を有するものとは考えられない程度**に達しているときは、地方議会の合理的裁量の限界を超えているものと推定され、これを**正当化すべき特別の理由**が示されない限り、公選法に違反するとしている（最判昭59.5.17、参71ページ）。したがって「投票価値の平等の要求が一定の譲歩、後退を免れない」が**誤り**である。

オ ×　判例は、**企業は契約締結の自由**を有しており、**企業者が特定の思想、信条を有する労働者をそのゆえをもって雇い入れることを拒んでもそれを当然に違法とすることはできない**としている（三菱樹脂事件：最大判昭48.12.12、参40ページ）。

以上により、適当なものは**ア・イ**であり、正解は**1**である。

問題 6 裁判所職員（1986年度）・東京都Ⅰ類（2004年度）・裁判所職員（2021年度）・裁判所職員（2009年度） …本冊P.067

これら4つの記述式問題では、すべて**「法の下の平等」について論じた**うえで、**裁判所職員（2009年度、2021年度）では、ある区別が平等原則違反となるか否かの基準（違憲審査基準）**について論ずるよう指示されている。とはいえ、「法の下の平等」について論じるうえで、**違憲審査基準は論ずるべき内容**であるため、結局はいずれの問題も以下の記載例を解答できればよい。

基本的には、STEP 1で確認した内容を記述できればよいが、**違憲審査基準について論ずる際には、具体的な判例を挙げて記述**できるとよい。その際、判例の年月日までは記述しないでも減点されないだろう。

解答（記述例）

憲法14条1項は「法の下に平等」として平等権を規定している。まず、この**「平等」とは、各人の実質的な差異を前提**として同一事情と同一条件の下で平等に取り扱うという**相対的平等を意味**している。なぜなら、各人の差異を一切考慮しない絶対的平等を貫くとかえって差別を助長する結果となるからである。次に、**「法の下に」とは、法適用の平等のみならず、法内容の平等も含む**と考える。なぜなら、不平等な法を平等に適用しても、各人の平等は保障されないからである。

そして、**平等原則違反となるか否かの違憲審査基準**についての判例では、まず、尊属殺重罰規定違憲判決では、**立法目的が正当**であり、**手段が立法目的達成のため必要な限度**といえる場合に、著しく不合理な差別的取扱いとはならず憲法14条1項に反しないという基準が採用されている。

次に、非嫡出子相続分規定違憲決定では、**区別する合理的な根拠があるといえる場合**は、著しく不合理な差別的取扱いとはならず憲法14条1項に反しないという基準が採用されている。

また、再婚禁止期間規定違憲判決では、**立法目的に合理性があり、手段が立法目的との関連において合理性**がある場合に、著しく不合理な差別的取扱いとはならず憲法14条1項に反しないという基準が採用されている。

さらに、国籍法違憲判決では、**立法目的とその目的達成手段に合理的な根拠**がある場合は、立法目的と手段との間に合理的関連性が認められ、合理的な理由のある区別として憲法14条1項に反しないという基準が採用されている。

以上より、平等原則違反となるか否かの違憲審査基準については、立法目的が正当であるか、また、その目的を達成するための手段に合理性があるかということが一般的な基準になる。

以上

1 6 平等権②

問題 1 国家専門職（2020年度）……本冊P.074

正解：4

ア × 判例は、憲法14条1項の「法の下の平等」は、選挙権に関しては、各選挙人の**投票の価値の平等も保障されている**としたうえで、人口の異動は不断に生じ選挙区における人口数と議員定数との比率も絶えず変動するが選挙区割と議員定数の配分を頻繁に変更することはできないから、**一定の較差があったとしても直ちに当該議員定数配分規定を憲法違反とすべきものではなく**、人口の変動の状態をも考慮して**合理的期間内における是正**が憲法上要求されていると考えられるのにそれが**行われない場合**に憲法14条1項違反になるとしている（衆議院議員定数不均衡訴訟：最大判昭51.4.14）。

イ × 判例は、児童扶養手当法の併給調整条項の適用により、障害福祉年金を受けることができる地位にある者とそのような地位にない者との間に児童扶養手当の受給に関して差別を生ずることになるとしても、総合的に判断すると、その差別がなんら合理的理由のない不当なものであるとは**いえず**、**憲法14条1項に反しない**としている（堀木訴訟①：最大判昭57.7.7）。

ウ ○ **本肢の記述のとおり**である（国籍法違憲判決：最大判平20.6.4、参59ページ）。

エ × 尊属殺重罰規定違憲判決（最大判昭48.4.4）のポイントは、**「尊属殺人」に限って法定刑を重くすること自体は許されるが**、規定された**法定刑が重すぎるため憲法14条1項に違反する**と判示されている点である。したがって、「刑を加重すること自体が合理的な根拠を欠くため」の部分が**誤り**である。

オ ○ **本肢の記述のとおり**である（サラリーマン税金訴訟：最大判昭60.3.27）。

以上により、妥当なものは**ウ・オ**であり、正解は**4**となる。

問題 2 国家専門職（2016年度）……本冊P.075

正解：3

ア ○ **本肢の記述のとおり**である（非嫡出子相続分規定違憲決定：最大決平25.9.4、参58ページ）。

イ × 尊属殺重罰規定違憲判決（最大判昭48.4.4）のポイントは、**「尊属殺人」に限って法定刑を重くすること自体は許されるが**、規定された**法定刑が重すぎるため憲法14条1項に違反する**と判示されている点である。

ウ ○ **本肢の記述のとおり**である（国籍法違憲判決：最大判平20.6.4、参59ページ）。

エ ○ **本肢の記述のとおり**である（サラリーマン税金訴訟：最大判昭60.3.27）。

オ × 判例は、児童扶養手当法の併給調整条項の適用により、障害福祉年金を受けることができる地位にある者とそのような地位にない者との間に児童扶養手当の受給に関して差別を生ずることになるとしても、総合的に判断すると、その差別がなんら合理的理由のない不当なものであるとは**いえず、憲法14条1項に反しない**としている（堀木訴訟①：最大判昭57.7.7）。

以上により、妥当なものは**ア・ウ・エ**であり、正解は**3**となる。

問題3 裁判所職員（2020年度）……………………………………………………本冊P.076

正解：5

ア × **形式的平等とは、機会の平等**とも呼ばれ、**一律平等に取り扱おう**という考え方である。他方、**実質的平等とは、結果の平等**とも呼ばれ、**各人の現実の差異に着目**して、その**格差を是正**していこうという考え方である。本肢の「各人には性別、能力、年齢等様々な差異があり、機械的に均一に扱うことは不合理であるため、同一の事情と同一の条件の下では均等に取り扱うべきとする」のは**実質的平等**を意味するため、「形式的平等と捉える考え方」の部分が**誤り**である（参56ページ）。

イ × 「信条」とは、**歴史的には宗教上の信仰や教義**を意味していたが、**現在の通説では、世界観であったり、思想上・政治上の主義・信念等を広く含む**ものと解されている（参57ページ）。

ウ ○ **本肢の記述のとおり**である（東京都売春等取締条例事件：最大判昭33.10.15）。

エ ○ **本肢の記述のとおり**である（サラリーマン税金訴訟：最大判昭60.3.27）。

以上により、妥当なものは**ウ・エ**であり、正解は**5**となる。

問題4 特別区Ⅰ類（2018年度）……………………………………………………… 本冊P.076

正解：2

1 × 判例は、**租税法の定立について、立法府の政策的、技術的な判断に委ねるほかはなく**、裁判所は、基本的にはその裁量的判断を尊重せざるをえないことから、租税法の分野における所得の性質の違い等を理由とする取扱いの区別は、その**立法目的が正当**なものであり、かつ、当該立法において具体的に採用された**区別の態様**がその目的との関連で**著しく不合理であることが明らかでない限り、憲法14条1項に違反しない**としている。また、旧所得税法が給与所得に係る必要経費につき実額控除を排し、代わりに概算控除の制度を設けた目的は、給与所得者と事業所得者等との租税負担の均衡に配意しつつ、給与取得者の数が膨大であることから処理の技術的・量的な弊害を防止することにあることが明らかであるところ、**目的は正当性を有する**ものとしている（サラリーマン税金訴訟：最大判昭60.3.27）。したがって、「著しく不合理であることが明らかなため、憲法に違反して無効であるとした」の部分が**誤り**である。

2 ○ **本肢の記述のとおり**である。なお、尊属殺重罰規定違憲判決（最大判昭48.4.4）のポイントは、**「尊属殺人」に限って法定刑を重くすること自体は許されるが**、規定された**法定刑が重すぎるため憲法14条1項に違反する**と判示されている点である。

3 × 判例は、**嫡出子と非嫡出子の法定相続分を区別する旧民法900条4号但書前段の規定について**、子にとっては自ら選択ないし修正する余地のない事柄を理由としてその子に不利益を及ぼすことは**許されず、遅くとも本件相続が開始した平成13年7月当時**において立法府の裁量権を考慮しても、嫡出子と嫡出でない子の法定相続分を区別する合理的な根拠は**失われて**おり、**憲法14条1項に違反していた**としている（非嫡出子相続分規定違憲決定：最大決平25.9.4、参58ページ）。

4 × 判例は、それぞれの地方公共団体が青少年に対する淫行につき異なる内容の条例を制定して規制していることについて、憲法が各地方公共団体の条例制定権を認める以上、**地域によって差別を生ずることは当然に予期**されることであるから、**このような差別は憲法自ら容認**するところであり、その取扱いに差別を生ずることがあっても、地域差のゆえをもって**違憲ということはできない**としている（東京都売春等取締条例事件：最大判昭33.10.15）。

5 × 判例は、最大較差1対4.99にも達した衆議院議員選挙当時の衆議院議員定数配分規定について、8年余にわたって改正がなんら施されていないことを斟酌すると、憲法の要求するところに合致しない状態になっていたにもかかわらず、憲法上要求される**合理的期間内における是正がされなかった**ものと認めざるをえないため、憲法の選挙権の平等の要求に**違反し**、**違憲**であるとしている（衆議院議員定数不均衡訴訟：最大判昭51.4.14）。したがって、「憲法上要求される合理的期間内における是正がされなかったとはいえず、憲法に違反しない」の部分が**誤り**である。

CHAPTER 1 人権総論

問題 5 特別区Ⅰ類（2014年度）……本冊P.077

正解：3

1 × 判例は、児童扶養手当法の併給禁止条項の適用により、障害福祉年金を受けることができる地位にある者とそのような地位にない者との間に児童扶養手当の受給に関して差別を生ずることになるとしても、総合的に判断すると、その差別がなんら合理的理由のない不当なものであるとは**いえず**、**憲法14条1項に反しない**としている（堀木訴訟①：最大判昭57.7.7）。

2 × 判例は、**租税法の定立について、立法府の政策的、技術的な判断に委ねるほかはなく**、裁判所は、基本的にはその裁量的判断を尊重せざるをえないことから、租税法の分野における所得の性質の違い等を理由とする取扱いの区別は、その**立法目的が正当**なものであり、かつ、当該立法において具体的に採用された**区別の態様**がその目的との関連で**著しく不合理であることが明らかでない限り**、**憲法14条1項に違反しない**としている（サラリーマン税金訴訟：最大判昭60.3.27）。

3 ○ **本肢の記述のとおり**である（日産自動車事件：最判昭56.3.24、参40ページ）。

4 × 判例は、それぞれの地方公共団体が青少年に対する淫行につき異なる内容の条例を制定して規制していることについて、憲法が各地方公共団体の条例制定権を認める以上、**地域によって差別を生ずることは当然に予期**されることであるから、**このような差別は憲法自ら容認**するところであり、その取扱いに差別を生ずることがあっても、地域差のゆえをもって**違憲ということはできない**としている（東京都売春等取締条例事件：最大判昭33.10.15）。

5 × 判例は、**企業は契約締結の自由**を有しており、**企業者が特定の思想、信条を有する労働者をそのゆえをもって雇い入れることを拒んでもそれを当然に違法とすることはできない**としている（三菱樹脂事件：最大判昭48.12.12、参40ページ）。

問題6　**東京都Ⅰ類（2013年度）**……………………………………………………本冊P.078

本問では、**「法の下の平等」について論じた**うえで、**平等原則違反の違憲審査基準**について、**尊属殺重罰規定違憲判決に言及しつつ説明**するよう指示されている。

ただし、「法の下の平等」及び「平等原則違反の違憲審査基準」については、SECTION5平等権①の記述式問題と同じ内容を論じればよいため、「平等原則違反の違憲審査基準」を説明するなかで、尊属殺重罰規定違憲判決の内容に触れられればよい。

解答（記述例）

憲法14条1項は「法の下に平等」として平等権を規定している。まず、この**「平等」とは、各人の実質的な差異を前提**として同一事情と同一条件の下で平等に取り扱うという**相対的平等を意味**している。なぜなら、各人の差異を一切考慮しない絶対的平等を貫くとかえって差別を助長する結果となるからである。次に、**「法の下に」とは、法適用の平等のみならず、法内容の平等も含む**と考える。なぜなら、不平等な法を平等に適用しても、各人の平等は保障されないからである。

次に**平等原則違反の違憲審査基準**についての判例をみると、尊属殺重罰規定違憲判決では、**立法目的が正当**であり、**手段が立法目的達成のため必要な限度**といえる場合は、著しく不合理な差別的取扱いとはならず憲法14条1項に反しないという基準を採用している。

つまり、平等原則違反となるようにもみえる法令等について、**立法目的とその目的達成のための手段が必要な限度であるか否かが違憲審査基準**となる。

そのうえで判例は、**尊属殺の法定刑が死刑又は無期懲役刑のみに限っている**点において、**立法目的達成のため必要な限度を遥かに超え**、普通殺の法定刑に比べて、著しく不合理な差別的取扱いをするものとして**憲法14条1項に反して違憲**であるとしている。

以上

問題7 **裁判所職員（2002年度）** ……………………………………………本冊P.078

本問では**「選挙権の平等」**について論じる必要があるが、これについては、**衆議院議員定数不均衡訴訟において重要な判断**が示されている。ポイントとしては、**投票の価値の平等、合理的期間内における是正といえるか（判断基準）、事情判決法理の適用等**である。そこで、STEP 1の内容を踏まえて、これらのキーワードを押さえた記述ができるとよいだろう。

解答（記述例）

憲法14条1項の「法の下の平等」においては、**選挙権に関して**、憲法44条1項等の**選挙人資格の差別禁止だけではなく**、選挙権の内容として各選挙人の**投票の価値の平等も保障**されている。

この点、「選挙権の平等」に関しては、**衆議院議員定数不均衡訴訟**において重要な判断が示されている。

議員定数配分規定等の選挙施策の決定には、複雑な**政策的及び技術的要素の検討が必要**となるところ、**国会の裁量権**が認められる。そこで、**選挙人の投票価値の不平等が、一般的に合理性を有するものとはとうてい考えられない程度**に達している場合は、**正当化すべき特段の理由が示されない限り、国会の合理的裁量の限界を超えて憲法違反**となり、具体的には、**合理的期間内における是正が、憲法上要求されていると考えられるのに行われない場合に憲法違反**となる。本件判例では、衆議院議員定数不均衡が8年余にわたって放置されていたことから、憲法上要求される合理的期間内における是正がされなかったものとして違憲とされた。

そして、選挙区割及び議員定数の配分は、相互に関連し不可分一体であることから、単に憲法に違反している部分のみでなく、**全体として違憲の瑕疵**を帯びるものの、**事情判決の法理**に従い、**当該選挙は違法である旨を判示**するにとどめ、**選挙自体はこれを無効としない**こととし、選挙を無効とする旨の判決を求める請求を棄却するとともに、当該選挙が違法である旨を主文で宣言した。

以上

最後の事業判決の法理に関する部分は加点事由と考えるので、記述できなくても合格点をとれるはず。

2 1 思想・良心の自由

問題1 国家一般職（2019年度）………………………………………………本冊P.088

正解：5

1 × 思想・良心の自由（憲法19条）は、沈黙の自由を保障しており、国民の抱いている思想について、国家権力がそれを明らかにするよう強制することを許さないということを意味する。したがって、個人に不利益を課すことがなくても、いかなる思想を抱いているかを国家権力が強制的に調査することは、思想及び良心の自由を侵害する。

2 × 判例は、間接適用説の立場をとるとしたうえで、企業は契約締結の自由を有しており、企業者が特定の思想、信条を有する労働者をそのゆえをもって雇い入れることを拒んでも、それを当然に違法とすることはできないとしている（三菱樹脂事件：最大判昭48.12.12）。

3 × 判例は、入学式の国歌斉唱の際に「君が代」のピアノ伴奏をするという行為自体は、音楽専科の教諭等にとって通常想定され期待されるものであって、特定の思想を有するということを外部に表明する行為であると評価することは困難なものとしたうえで、教諭にそのピアノ伴奏を命ずる行為は、思想及び良心の自由を侵すものではなく、憲法19条に反しないとしている（「君が代」ピアノ伴奏拒否事件：最判平19.2.27）。

4 × 判例は、内申書の記載は、個人の思想、信条そのものを記載したものでないことは明らかであり、ここに書かれた外部的行為によって個人の思想、信条を了知しうるものではないし、また、個人の思想、信条自体を高等学校の入学者選抜の資料に供したものとは到底解することができないから、憲法19条に違反するものではないとしている（麹町中学内申書事件：最判昭63.7.15）。

5 ○ 判例は、謝罪広告を新聞紙等に掲載すべきことを加害者に命ずることは、単に事態の真相を告白し陳謝の意を表明するにとどまる程度のものであれば、思想・良心の自由を侵害しないとしている（謝罪広告事件：最大判昭31.7.4）。

問題2 国家一般職（2014年度）…………………………………………………………本冊P.088

正解：1

ア ○ **本肢の記述のとおり**である（三菱樹脂事件：最大判昭48.12.12）。

イ ○ 判例は、**最高裁判所裁判官の国民審査の制度について、解職の制度**としたうえで、罷免する方がよいか悪いかわからない者は、「積極的に罷免を可とする」意思を持たない以上、「罷免を可としない」方に入るのが当然であり、「罷免を可としない」との効果を発生させることは何ら意思に反するもの**ではない**のであって、**思想・良心の自由に反するものではない**としている（最高裁判所裁判官国民審査事件：最大判昭27.2.20）。

ウ × 判例は、法人には政治活動の自由が保障されているが、**税理士会は強制加入団体**であり、**脱退の自由が認められていない**ため、広範に政治活動の自由を認めてしまうと、所属している税理士の思想・信条の自由を害するおそれが**ある**ことから、**税理士会が政治活動目的で行う政治献金は法人の目的の範囲外の行為であり無効**であるとしている（南九州税理士会事件：最判平8.3.19）。

エ × 判例は、**ポストノーティス命令は**、使用者の不当労働行為と認定されたことを関係者に**周知徹底**させ、同種行為の**再発を抑制**しようとする趣旨のものであって、掲示を命じられた文書中の「深く陳謝する」との文言は措辞適切さを欠くが、同種行為を繰り返さない旨の約束文言を強調する趣旨であり、**陳謝の意思表明を要求することはポストノーティス命令の本旨ではない**ことから、**憲法19条に反しない**としている（ポストノーティス命令事件：最判平3.2.22）。

オ × **思想・良心の自由は、内心にとどまる限り**他者の人権と衝突することはないため、外部的な行動に及ばない限りは**絶対的な自由として保障**され、**公共の福祉による制約を受けない**権利とされている。そして、内心にとどまらず思想の表明として外部的行為に及びそれが現実的・具体的な害悪を生ぜしめた場合は、他者の人権との調整を図る必要があるため公共の福祉による制約を**受ける**ものの、当該行為の基礎となった思想、信条自体を規制の対象とすることは**許されない**。

以上により、妥当なものは**ア・イ**であり、正解は**1**となる。

問題3 国家専門職（2020年度）…………………………………………………………… 本冊P.090

正解：4

ア ○ **本肢の記述のとおり**である。

イ ○ **本肢の記述のとおり**である。

ウ × 判例は、**謝罪広告を新聞紙等に掲載すべきことを加害者に命ずることは、単に事態の真相を告白し陳謝の意を表明するにとどまる程度**のものであれば、**思想・良心の自由（憲法19条）を侵害しない**としている（謝罪広告事件：最大判昭31.7.4）。

エ × 判例は、**内申書の記載は、個人の思想、信条そのものを記載したものでないことは明らか**であり、ここに書かれた外部的行為によって**個人の思想、信条を了知しうるものではない**し、また、個人の思想、信条自体を高等学校の入学者選抜の資料に供したものとは**到底解することができない**から、**憲法19条に違反するものではない**としている（麹町中学内申書事件：最判昭63.7.15）。

オ ○ 判例は、国歌斉唱の際の起立斉唱行為は、個人の歴史観ないし世界観に由来する行動（敬意の表明の拒否）と異なる外部的行為（敬意の表明の要素を含む行為）を求められることとなり、その限りで、その者の思想及び良心の自由についての**間接的な制約**となるとしたうえで、職務命令として起立斉唱行為を命じたことは、外部的行動の制限を介して思想及び良心の自由についての**間接的な制約**となる面はあるものの、総合的に較量すれば制約を許容しうる程度の必要性及び合理性が**認められる**ため、思想及び良心の自由（憲法19条）に**反しない**とした（「君が代」起立斉唱拒否事件：最判平23.5.30）。

以上により、妥当なものは**ア・イ・オ**であり、正解は**4**となる。

問題 4 国家専門職（2014年度）…… 本冊P.091

正解：3

ア ○ **本肢の記述のとおり**である。

イ ○ **本肢の記述のとおり**である。

ウ × 公務員は、「全体の奉仕者」（憲法15条2項）であり、憲法尊重擁護義務（憲法99条）を負う。**憲法尊重擁護の宣誓は**、法令（職員の服務の宣誓に関する政令1条等）で義務づけられていると解されているため、**思想・良心の自由（憲法19条）を侵害しない**とされている。

公務員の憲法尊重擁護の宣誓のように、現在も実際に行われている行為が違憲であるのはおかしいということだね。

エ ○ **本肢の記述のとおり**である。

オ × 判例は、公務員で教諭が、国歌斉唱の際の起立斉唱行為を校長から命じられた事案において、個人の歴史観ないし世界観に由来する行動（敬意の表明の拒否）と異なる外部的行為（敬意の表明の要素を含む行為）を求められることとなり、その限りで、その者の**思想及び良心の自由についての間接的な制約となるとしたうえで、職務命令として起立斉唱行為を命じたことは、外部的行動の制限を介して思想及び良心の自由についての間接的な制約となる面はあるものの、総合的に較量すれば制約を許容しうる程度の必要性及び合理性が認められる**ため、**思想及び良心の自由（憲法19条）に反しないとした**（「君が代」起立斉唱拒否事件：最判平23.5.30）。つまり問題文では、間接的な制約となることを前提に、許容されうることを認めているため、「間接的な制約となる面があると判断されるときは」「違憲となる」の部分が**誤り**である。

以上により、妥当なものは**ア・イ・エ**であり、正解は**3**となる。

2 2 信教の自由

問題1 国家一般職（2021年度）…………………………………………………………本冊P.098

正解：1

ア × 判例は、公立の学校に進学したある宗教の信者が、体育科目の一つの履修を拒否した事案において、原級留置処分又は退学処分を行うかどうかの判断は、校長の合理的な教育的裁量に委ねられるべきものとしたが、信仰上の理由による剣道実技の履修拒否を、正当な理由のない履修拒否と区別することなく、代替措置が不可能というわけでもないのに代替措置について何ら検討することもなく原級留置処分をし、さらに、退学処分をしたという**学校の措置は、社会観念上著しく妥当性を欠く処分をしたものであり、裁量権の範囲を超える違法なものとして信教の自由（憲法20条1項）等を侵害する**としている（剣道実技拒否事件①：最判平8.3.8）。また、判例は違憲審査基準について目的効果基準を採用し、学校が剣道以外の代替措置を講じても、代替措置が目的において宗教的意義をもち、特定の宗教を援助、助長、促進させる効果を有するものということはできないため、代替措置を採ることは政教分離原則に反しないとしている（剣道実技拒否事件②：最判平8.3.8、参104ページ）。

イ ○ 本肢の記述のとおりである。信仰の自由は、内心にとどまるものである限り、絶対的な自由として保障されることは注意しよう。

ウ × 判例は、市が神社の付近住民で構成された氏子集団を中心とした町内会に、市所有地を神社の建物、鳥居などの敷地として無償で使用させていたところ、この市所有地の無償貸与が政教分離原則を定めた憲法89条等に反するのか問題となった事案において、**目的効果基準を採用せず**、当該宗教的施設の性格、当該土地が無償で当該施設の敷地としての用に供されるに至った経緯、当該無償提供の態様、これらに対する一般人の評価等、諸般の事情を考慮し社会通念に照らして総合的に判断するとした。その結果として、本事案での利用提供行為は、市と神社とのかかわり合いが信教の自由の保障の確保という制度の根本目的との関係で相当とされる限度を超えるものとして憲法89条の禁止する公の財産の利用提供にあたり、ひいては憲法20条1項後段の禁止する宗教団体に対する特権の付与にも該当し、憲法89条等に反し違憲であるとした（空知太神社訴訟：最大判平22.1.20、参104ページ）。本肢は違憲審査基準について目的効果基準を採用している点で誤りである。

エ × 判例は、自衛官合祀事件（最大判昭63.6.1）において、宗教上の人格権であるとする**静謐な宗教的環境の下で信仰生活を送るべき利益なるものは、これを直ちに法的利益として認めることができない**としている。

以上により、妥当なものは**イのみ**であり、正解は**1**となる。

問題2 **国家一般職（2017年度）**……………………………………………… **本冊P.099**

正解：3

ア ×　宗教的結社の自由には、**宗教団体を設立し活動**することや、**設立した宗教団体への加入の自由**が含まれており、**憲法20条で保障されている**。それに加えて、**憲法21条（集会の自由・結社の自由）によっても重ねて保障されている**。

イ ○　**本肢の記述のとおり**である。信仰の自由は、内心にとどまるものである限り、**絶対的**な自由として保障されることは注意しよう。

ウ ×　判例は、県知事の大嘗祭への参列行為について、違憲審査基準として**目的効果基準を採用し**、大嘗祭への参列の目的は、天皇の即位に伴う皇室の伝統儀式に際し日本国の象徴である天皇に対する社会的儀礼を尽くすものであり、その効果も、特定の宗教に対する援助、助長、促進又は圧迫、干渉等になるようなもの**ではない**から、県知事の大嘗祭への参列は憲法20条3項に**反しない**としている（鹿児島大嘗祭事件：最判平14.7.11、参104ページ）。

エ ○　**本肢の記述のとおり**である（自衛官合祀事件：最大判昭63.6.1）。

オ ×　判例は、**市が町内会に対し無償で神社施設の敷地としての利用に供していた市有地を当該町内会に譲与**したことが、憲法20条3項、憲法89条に定める政教分離原則に反するか争われた事案において、政教分離原則を定める憲法の下で社寺等の財産権及び信教の自由を尊重しつつ国と宗教との結びつきを是正解消するためには、**本件譲与の措置を講ずることが最も適当と考えられ、手段として相当性を欠くということもできないとしている**。そして、社会通念に照らして**総合的に判断**すると、本件譲与は、信教の自由の保障の確保という制度の根本目的との関係で**相当とされる限度を超えるかかわり合いをもたらすものということはできず、憲法20条3項、憲法89条に反しないとした**（富平神社事件：最大判平22.1.20、参105ページ）。

以上により、妥当なものは**イ・エ**であり、正解は**3**となる。

問題3 裁判所職員（2015年度）……………………………………………………本冊P.100

正解：5

ア 誤 判例は、**宗教法人の解散命令**について、**専ら宗教法人の世俗的側面を対象**とし、宗教団体や信者の精神的・宗教的側面に容かいする意図によるもの**ではない**とするので前半は**正しい**。また、解散命令によって宗教法人が解散しても、信者は、法人格を有しない宗教団体を存続させ、あるいは、これを新たに結成することが妨げられるわけではなく、また、宗教上の行為を行い、その用に供する施設や物品を新たに調えることが妨げられるわけでもないことから、**解散命令は、信者の宗教上の行為を禁止したり制限したりする法的効果を一切伴わない**としている。ただし、解散命令によって、**信者らが行う宗教上の行為に何らかの支障を生ずることが避けられない**としても、その**支障は解散命令に伴う間接的で事実上のものにとどまるため**、解散命令は必要でやむをえない法的規制であり、憲法20条1項に**反しない**とする（宗教法人オウム真理教解散命令事件：最決平8.1.30）。つまり、信者の宗教上の行為を禁止・制限する法的効果は**伴わない**が、「何らの支障も生じさせるものではない」とまでは**していない**ので**誤り**である。

イ 誤 判例は、いわゆる**剣道実技拒否事件**において、**公立の学校が**生徒に対して剣道の**「代替措置」を採ること**が政教分離の原則（憲法20条3項等）に違反するのか問題となった点について、公立学校において、学生の信仰を調査し、宗教を序列化して別段の取扱いをすることは**許されない**が、**学生が信仰を理由に剣道実技の履修を拒否する場合に、学校がその理由の当否を判断するため、**単なる怠学のための口実であるか、宗教上の信条と履修拒否との合理的関連性が認められるかどうかを**確認する程度の調査をすることは、公教育の宗教的中立性に反しない**としている（剣道実技拒否事件①：最判平8.3.8、参94ページ）。

ウ 正 **本肢の記述のとおり**である（加持祈祷事件：最大判昭38.5.15）。

以上により、正誤の組み合わせは**ア：誤**、**イ：誤**、**ウ：正**であり、正解は**5**となる。

問題4 特別区Ⅰ類（2012年度）…………………………………………………………本冊P.101

正解：5

1 × 判例は、**宗教法人の解散命令は、専ら宗教法人の世俗的側面を対象**とし、宗教団体や信者の精神的・宗教的側面に容かいする意図によるもの**ではない**としつつ、信者の宗教上の行為を禁止したり制限したりする法的効果を**一切伴わない**とし、宗教法人オウム真理教の行為に対処するには、その法人格を失わせることが必要かつ適切であり、他方、解散命令によって宗教法人オウム真理教やその信者らが行う宗教上の行為に何らかの支障を生ずることが避けられないとしても、その支障は解散命令に伴う**間接的で事実上**のものにとどまるため、解散命令は**必要でやむをえない法的規制**であり、**憲法20条1項に反しない**としている（宗教法人オウム真理教解散命令事件：最決平8.1.30）。

2 × 判例は、平癒祈願のための加持祈祷が、宗教行為としてなされたものであったとしても、他人の生命・身体等に危害を及ぼす違法な有形力の行使により、被害者を死に至らしめたものである以上、その行為は**著しく反社会的**なものであることは否定しえないところであって、**憲法20条1項の信教の自由の保障の限界を逸脱したもの**であり、**その行為を罰することは信教の自由に反しない**としている（加持祈祷事件：最大判昭38.5.15）。

3 × 判例は、自衛官合祀事件（最大判昭63.6.1）において、宗教上の人格権であるとする**静謐な宗教的環境の下で信仰生活を送るべき利益なるものは、これを直ちに法的利益として認めることができない**としつつ、憲法20条1項前段及び同条2項によって保障される**信教の自由の侵害**があり、その態様、程度が**社会的に許容しうる限度を超える**ときは、民法の諸規定等の適切な運用によって法的保護が図られるとする。したがって、「法的利益の保障が含まれる」「法的利益を侵害する」の部分が**誤り**である。

4 × 判例は、**愛媛県知事**が、靖国神社で行われた例大祭や、護国神社で行われた慰霊大祭の際に、**公金から玉串料を支出**したことが、政教分離原則を定めた憲法20条3項、憲法89条に違反するのかが問題となった事案において、**玉串料等の奉納は、地鎮祭のように**時代の推移によって既にその宗教的意義が希薄化し慣習化した**社会的儀礼にすぎないものになっているとまでは到底いうことができず、一般人が社会的儀礼の一つにすぎないと評価しているとは考え難い**として、県が玉串料等を奉納したことは、その**目的が宗教的意義を持つことを免れず**、その**効果が特定の宗教に対する援助、助長、促進になると認められる**ため、県と本件神社等とのかかわり合いが我が国の社会的・文化的諸条件に照らし**相当とされる限度を超えるもので、憲法20条3項の禁止する宗教的活動にあたる**とした（愛媛玉串料事件：最大判平9.4.2、参 103ページ）。したがって、「一般人に対して県が特定の宗教団体を特別に支援している印象を与えるものではなく、また、特定の宗教への関心を呼び起こすものとはいえないので、憲法の禁止する宗教的活動には当たらない」の部分が**誤り**である。

5 ○　判例は、**市が**小学校の増設計画により小学校の校庭にあった市遺族会が管理する**忠魂碑の移転先として代替地を市遺族会に無償で貸与**したところ、この代替地の無償貸与が憲法20条3項・憲法89条に反するとして争われた事案において、目的効果基準を採用し、**代替地を無償貸与した行為の目的は**、小学校の校舎の建替え等のため公有地上に存する戦没者記念碑的な性格を有する施設を他の場所に移設しその敷地を学校用地として利用することを主眼とするものであり**専ら世俗的**なものと認められ、その**効果も、特定の宗教を援助、助長、促進し又は他の宗教に圧迫、干渉を加えるものとは認められない**のであるから、**宗教とのかかわり合いの程度が**我が国の社会的、文化的諸条件に照らし、**相当とされる限度を超えるものとは認められず、憲法20条3項により禁止される宗教的活動にはあたらない**としている（箕面忠魂碑事件：最判平5.2.16、参 103ページ）。

2 3 政教分離原則

問題 1 国家専門職（2016年度）……………………………………………………本冊P.108

正解：2

ア × 判例は、裁判所による**宗教法人に対する解散命令は、専ら宗教法人の世俗的側面を対象**とし、宗教団体や信者の精神的・宗教的側面に容かいする意図によるもの**ではない**とし、また、**解散命令は、信者の宗教上の行為を禁止したり制限したりする法的効果を一切伴わない**としたうえで、**解散命令は必要でやむをえない法的規制であり、憲法20条1項に反しない**とする（宗教法人オウム真理教解散命令事件：最決平8.1.30、参93ページ）。

イ × 判例は、**愛媛県知事**が、靖國神社で行われた例大祭や、護国神社で行われた慰霊大祭の際に、**公金から玉串料等を支出**したことが、政教分離原則を定めた憲法20条3項、憲法89条に違反するのかが問題となった事例において、**玉串料等の奉納は、地鎮祭のように**時代の推移によって既にその宗教的意義が希薄化し慣習化した**社会的儀礼にすぎないものになっているとまでは到底いうことができず、一般人が社会的儀礼の一つにすぎないと評価しているとは考え難い**などとして、憲法20条3項及び89条に**反する**としている（愛媛玉串料事件：最大判平9.4.2）。

ウ ○ **本肢の記述のとおり**である（**目的効果基準**、津地鎮祭事件：最大判昭52.7.13）。

エ × 判例は、公立の学校に進学したある宗教の信者が、体育科目の一つの実技履修を拒否した事案において、原級留置処分又は退学処分を行うかどうかの判断は、校長の合理的な**教育的裁量**に委ねられるべきものとしたが、信仰上の理由による剣道実技の履修拒否を、正当な理由のない履修拒否と区別することなく、代替措置が不可能というわけでもないのに代替措置について何ら検討することもなく原級留置処分をし、さらに、退学処分をしたという**学校の措置は、社会観念上著しく妥当性を欠く処分をしたものであり、裁量権の範囲を超える違法なものとして信教の自由（憲法20条1項）等を侵害する**としている（剣道実技拒否事件①：最判平8.3.8、参94ページ）。

オ ○ **本肢の記述のとおり**である（鹿児島大嘗祭事件：最判平14.7.11）。

以上により、妥当なものは**ウ・オ**であり、正解は**2**となる。

問題2　特別区Ⅰ類（2017年度）…………………………………………本冊P.109

正解：3

1 ×　判例は、宗教上の人格権であるとする**静謐な宗教的環境の下で信仰生活を送るべき利益なるものは、これを直ちに法的利益として認めることができない**としつつ、憲法20条1項前段及び同条2項によって保障される**信教の自由の侵害**があり、その態様、程度が**社会的に許容しうる限度を超える**ときは、民法の諸規定等の適切な運用によって法的保護が図られるとしたうえ、結果として、このような法的利益の侵害を**認めていない**（自衛官合祀事件：最大判昭63.6.1、参95ページ）。

2 ×　判例は、**市が**小学校の増設計画により小学校の校庭にあった市遺族会が管理する**忠魂碑の移転先として代替地を市遺族会に無償で貸与**したところ、この代替地の無償貸与が憲法20条3項・憲法89条に反するとして争われた事案において、目的効果基準を採用し、**代替地を無償貸与した行為の目的は**、小学校の校舎の建替え等のため公有地上に存する戦没者記念碑的な性格を有する施設を他の場所に移設しその敷地を学校用地として利用することを主眼とするものであり**専ら世俗的**なものと認められ、その**効果も、特定の宗教を援助、助長、促進し又は他の宗教に圧迫、干渉を加えるものとは認められない**ものであり、**宗教とのかかわり合いの程度が**我が国の社会的、文化的諸条件に照らし、**相当とされる限度を超えるものとは認められず、憲法20条3項により禁止される宗教的活動にはあたらないとしている**（箕面忠魂碑事件：最判平5.2.16）。

3 ○　**本肢の記述のとおり**である（剣道実技拒否事件①：最判平8.3.8、参104ページ）。

4 ×　判例は、県知事の大嘗祭への参列行為について、違憲審査基準として**目的効果基準を採用し**、大嘗祭への参列の目的は、天皇の即位に伴う皇室の伝統儀式に際し日本国及び日本国民統合の象徴である天皇に対する社会的儀礼を尽くすものであり、その効果も、特定の宗教に対する援助、助長、促進又は圧迫、干渉等になるようなもの**ではない**から、県知事の大嘗祭への参列は憲法20条3項に**反しない**としている（鹿児島大嘗祭事件：最判平14.7.11）。

5 ×　判例は、市が神社付近の住民で構成された本件氏子集団を中心とした町内会に、市所有地を神社の建物、鳥居などの敷地として無償で使用させていたところ、この市所有地の無償貸与が政教分離原則を定めた憲法89条等に反するのかが問題となった事案において、**目的効果基準を採用せず**、当該宗教的施設の性格、当該土地が無償で当該施設の敷地としての用に供されるに至った経緯、当該無償提供の態様、これらに対する一般人の評価等、諸般の事情を考慮し社会通念に照らし合わせて**総合的に判断**するとして、結果として、本件利用提供行為は、市と本件神社とのかかわり合いが信教の自由の保障の確保という制度の根本目的との関係で相当とされる限度を**超える**ものとして憲法89条の禁止する公の財産の利用提供に**あたり**、ひいては憲法20条1項後段の禁止する宗教団体に対する特権の付与にも該当し、憲法89条等に**反し違憲**であるとした（空知太神社訴訟：最大判平22.1.20）。

2 4 表現の自由①

問題1 国家専門職（2019年度）……………………………………………………………本冊P.116

正解：4

ア × 下級審判例において、憲法は思想の自由や言論・出版等の表現の自由を保障するとともにその一環として通信の秘密を保護し、もって私生活の自由を保障するものであるところ、郵便物の発送元や宛先であってもそれを知られることによって思想表現の自由が抑圧されるおそれがあることから、**秘密には信書の内容だけでなく、発信者や宛先の住所、氏名等も含まれる**としている（郵便法国家公務員法違反事件：大阪高判昭41.2.26、参151ページ）。

イ ○ 判例は、**「検閲」（憲法21条2項前段）とは、行政権が主体**となって、**思想内容等の表現物を対象**とし、その**表現物の全部又は一部の発表を禁止する目的で、対象とされる表現物を網羅的一般的に、発表前に審査**したうえ、**不適当と認めるものの発表を禁止**することであるとして、**税関検査により輸入が禁止される表現物は、一般に国外においては既に発表済み**のものであるから、輸入を禁止しても、**事前の発表一切を禁止するものではなく、発表の機会が全面的に奪われることはない**ので、税関検査は、事前抑制そのものではないこと、また、税関検査は、関税徴収手続に付随して行われるもので、**思想内容等それ自体を網羅的に審査し規制することを目的とするものではないこと、さらに**、税関検査の主体となる税関は、関税の確定及び徴収を本来の職務内容とする機関であり、税関長の通知がされたときは司法審査の機会が与えられているから**行政権の判断が最終的なものとされるわけではない**ことから、税関検査は「検閲」に**あたらない**としている（税関検査事件：最大判昭59.12.12、参130ページ）。

ウ × 判例は、憲法20条3項が禁止する宗教的活動に該当するか否かの判断については、当該行為の**目的**が**宗教的意義**をもち、その**効果**が**宗教に対する援助、助長、促進又は圧迫、干渉等**になるような行為であるかを基準とする（**目的効果基準**）。そして、上記にいう宗教的活動に該当するかどうかを検討するにあたっては、当該行為の**外形的側面のみにとらわれることなく客観的**に判断しなければならないとしている（津地鎮祭事件：最大判昭52.7.13、参102ページ）。

エ ○ 判例は、**報道機関の報道は**、民主主義社会において国民が国政に関与するにつき重要な判断の資料を提供し、**国民の「知る権利」に奉仕**するものであるから、思想の表明の自由と並んで、**報道の自由は表現の自由を規定した憲法第21条で保障され、報道のための取材の自由も憲法21条の精神に照らし十分尊重に値する**としている（博多駅テレビフィルム提出命令事件：最大決昭44.11.26）。

オ × 判例は、自己が記事に取り上げられたというだけの理由によって、新聞を発行・販売する者に対し、反論文を無修正・無料で掲載することを求めることができるものとする**反論権は、新聞を発行・販売する者にとっては**、その掲載を強制されることになり本来ならば他に利用できたはずの紙面を割かなければならなくなる等の**負担を強いられ、批判的記事の掲載を躊躇させ、憲法の保障する表現の自由を間接的に侵す危険**につながるおそれがあることから、新聞等による情報の提供は一般国民に対し強い影響力を持ち特定の者の名誉ないしプライバシーに重大な影響を及ぼすことがあるとしても、不法行為が成立する場合にその者の保護を図ることは別論として、具体的な**成文法がないのに反論文掲載請求権をたやすく認めることはできない**としている（サンケイ新聞事件：最判昭62.4.24）。

以上により、妥当なものは**イ・エ**であり、正解は**4**となる。

問題2 **裁判所職員（2021年度）** ………………………………………… **本冊P.117**

正解：5

ア × 判例は、民事訴訟法において、公正な民事裁判の実現を目的として何人も証人として証言をすべき義務を負い（同法190条）、一定の事由がある場合に限って例外的に証言を拒絶することができる（同法196条、197条）と規定されているが、**ある事項が公開されると当該職業に深刻な影響を与え以後その遂行が困難になる「職業の秘密」**（同法197条1項3号）**に関する事項について尋問を受ける場合には、証人は証言を拒むことができる**と規定されているが、**「職業の秘密」にあたるとしても直ちに証言拒絶が認められるものではなく**、秘密の公表によって生ずる不利益と証言の拒絶によって犠牲になる真実発見及び裁判の公正とを**比較衡量したうえで、保護に値する秘密と判断された場合のみ証言拒絶が認められる**としている（NHK記者証言拒絶事件：最決平18.10.3、参120ページ）。

イ × 判例は、自己が記事に取り上げられたというだけの理由によって、新聞を発行・販売する者に対し、反論文を無修正・無料で掲載することを求めることができるものとする**反論権は、新聞を発行・販売する者にとっては**、その掲載を強制されることになり本来ならば他に利用できたはずの紙面を割かなければならなくなる等の**負担を強いられ、批判的記事の掲載を躊躇させ、憲法の保障する表現の自由を間接的に侵す危険**につながるおそれがあることから、新聞等による情報の提供は一般国民に対し強い影響力をもち特定の者の名誉ないしプライバシーに重大な影響を及ぼすことがあるとしても、不法行為が成立する場合にその者の保護を図ることは別論として、具体的な**成文法がない**のに反論文掲載請求権をたやすく認めることは**できない**としている。そして、**名誉毀損の**

不法行為が成立する場合において、民法723条の名誉毀損の原状回復処分として反論権を認めるべきかどうかは明らかにしていない（サンケイ新聞事件：最判昭62.4.24）。

ウ × 判例は、報道機関の報道は、民主主義社会において国民が国政に関与するにつき重要な判断の資料を提供し、**国民の「知る権利」に奉仕**するものであるから思想の表明の自由と並んで、**報道の自由は表現の自由を規定した憲法第21条で保障され、報道のための取材の自由も憲法21条の精神に照らし十分尊重に値する**としている（博多駅テレビフィルム提出命令事件：最大決昭44.11.26）。報道の自由は憲法21条で保障**される**が、取材の自由は**十分尊重に値する**と述べるにとどまっており、「取材の自由も」「同条によって直接保障される」の部分が**誤り**である。

エ ○ 判例は、条例によって美観風致の維持及び公衆に対する危害防止の目的のために、屋外広告物の表示の場所・方法及び屋外広告物を掲出する物件の設置・維持について必要な規制をすることは、それが営利と関係のないものも含めて規制の対象としていたとしても、公共の福祉のため、表現の自由に対して許された**必要かつ合理的な制限**であり、憲法違反**ではない**としている（大阪市屋外広告物条例違反事件：最大判昭43.12.18、参142ページ）。

オ ○ 判例は、意見、知識、情報の伝達の媒体である**新聞紙、図書等の閲読の自由が憲法上保障されるべきことは**、思想及び良心の自由の不可侵を定めた憲法19条の規定や、表現の自由を保障した憲法21条の規定の趣旨、目的から、いわばその**派生原理として当然に導かれる**としている（よど号ハイジャック新聞記事抹消事件：最大判昭58.6.22、参23ページ）。

以上により、妥当なものは**エ・オ**であり、正解は**5**となる。

問題3 **裁判所職員（2017年度）**……………………………………………………………**本冊P.118**

正解：3

ア **正** **本肢の記述のとおり**である（博多駅テレビフィルム提出命令事件：最大決昭44.11.26）。

イ **誤** 判例は、自己が記事に取り上げられたというだけの理由によって、新聞を発行・販売する者に対し、反論文を無修正・無料で掲載することを求めることができるものとする**反論権は、新聞を発行・販売する者にとっては**、その掲載を強制されることになり、本来ならば他に利用できたはずの紙面を割かなければならなくなる等の**負担を強いられ、それにより批判的記事の掲載を躊躇させ、憲法の保障する表現の自由を間接的に侵す危険**につながるおそれがあるとしている。よって、新聞等による情報の提供は一般国民に対し強い影響力を持ち特定の者の名誉ないしプライバシーに重大な影響を及ぼすことがあるとしても、不法行為が成立する場合にその者の保護を図ることは別論として、具体的な**成文法がないのに反論文掲載請求権をたやすく認めることはできない**としている（サンケイ新聞事件：最判昭62.4.24）。

ウ **正** 判例は、さまざまな意見、知識、情報に接し、これを摂取することを補助するものとしてなされる限り、**筆記行為の自由は、憲法21条1項の規定の精神に照らして尊重される**のであり、**傍聴人が法廷においてメモを取ることは**、その見聞する裁判を認識、記憶するためになされるものである限り、**尊重に値し、ゆえなく妨げられてはならない**としている（レペタ法廷メモ事件：最大判平元.3.8）。

以上より、正誤の組み合わせは**ア：正**、**イ：誤**、**ウ：正**であり、正解は**3**となる。

問題4 **特別区Ⅰ類（2020年度）**……………………………………………………………**本冊P.119**

正解：1

1 **○** **本肢の記述のとおり**である（レペタ法廷メモ事件：最大判平元.3.8）。

2 **×** 判例は、報道の自由は表現の自由（憲法21条）によって**保障され**、取材の自由も憲法21条の精神に照らし**十分尊重に値する**（博多駅テレビフィルム提出命令事件を引用）ものであるが、**取材の手段・方法が、一般の刑罰法令に触れる行為を伴う場合**はもちろん、取材対象者の個人としての人格の尊厳を著しく蹂躙する等法秩序全体の精神に照らし**社会観念上是認することのできない態様のもの**である場合には、**正当な取材活動の範囲を逸脱し、違法性を帯びる**

としている（西山記者事件・外務省機密漏洩事件：最決昭53.5.31、参121ページ）。

3 × インターネットの個人利用者による表現行為の場合においても、他の表現手段を利用した場合と**同様**に、行為者が摘示した事実を真実であると誤信したことについて、確実な資料、根拠に照らして相当の理由があると認められるときに限り、名誉毀損罪（刑法230条）は成立しないのであって、より緩やかな要件で名誉毀損罪の成立を否定すべき**ではない**としている（ラーメンチェーン店名誉毀損事件：最決平22.3.15、参123ページ）。

4 × 判例は、自己が記事に取り上げられたというだけの理由によって、新聞を発行・販売する者に対し、反論文を無修正・無料で掲載することを求めることができるものとする**反論権は、新聞を発行・販売する者にとっては**、その掲載を強制されることになり本来ならば他に利用できたはずの紙面を割かなければならなくなる等の**負担を強いられ、批判的記事の掲載を躊躇させ、憲法の保障する表現の自由を間接的に侵す危険**につながるおそれがあることから、新聞等による情報の提供は一般国民に対し強い影響力を持ち特定の者の**名誉ないしプライバシーに重大な影響を及ぼすことがあるとしても、不法行為が成立する場合にその者の保護を図ることは別論として、具体的な成文法がないのに反論文掲載請求権をたやすく認めることはできない**としている（サンケイ新聞事件：最判昭62.4.24）。

5 × 判例は、**裁判所による出版物の頒布等の事前差止めは、事前抑制に該当する**ものであるから、差止め対象が公務員又は公職選挙の候補者に対する評価、批判等の表現行為に関する場合には、一般に公共の利害に関する事項であり、その表現が対象者である私人の名誉権に優先する社会的価値を含み憲法上特に保護されることにかんがみると、当該**表現行為に対する事前差止めは、原則として許されない**。ただ、その表現内容が**真実でなく**又はそれが**専ら公益を図る目的のものではないことが明白**であって、かつ、被害者が**重大にして著しく回復困難な損害を被る**おそれがあるときに限って、**例外的に事前差止めが許される**としている（北方ジャーナル事件：最大判昭61.6.11、参132ページ）。

2 5 表現の自由②

問題1 国家一般職（2019年度）……本冊P.126

正解：4

ア × 判例は、公立図書館は、住民に図書館資料を提供するための公的な場であるから、そこで閲覧に供された図書の著作者にとってはその思想・意見等を公衆に伝達する公的な場でもあることと、著作者の思想の自由・表現の自由が憲法により保障された基本的人権であることにも鑑みると、**著作者は法的保護に値する人格的利益として、著作物によってその思想・意見等を公衆に伝達する利益を有する**のであり、公立図書館の図書館職員である公務員が、図書の廃棄について基本的な職務上の義務に反し著作者又は著作物に対する独断的な評価や個人的な好みによって不公正な取扱いをしたときは、著作者の人格的利益を**侵害する**ものとして**国家賠償法上違法**となるとしている（船橋市西図書館蔵書破棄事件：最判平17.7.14）。

イ ○ 民事訴訟法においては、ある事項が公開されると当該職業に深刻な影響を与え、以後その遂行が困難になる「職業の秘密」（民事訴訟法197条1項3号）に関する事項について尋問を受ける場合には、証人は証言を拒むことができると規定されている。もっとも、**「職業の秘密」にあたる場合も、直ちに証言拒絶が認められるものではなく**、秘密の公表によって生ずる不利益と証言の拒絶によって犠牲になる真実発見及び裁判の公正とを**比較衡量したうえで、保護に値する秘密と判断された場合のみ証言拒絶が認められる**としている（NHK記者証言拒絶事件：最決平18.10.3）。

ウ × 判例は、**少年法61条は少年が起こした事件について少年本人と推知できる報道を禁止**しているところ、少年法61条に違反する推知報道にあたるかは、その記事等により不特定多数の**一般人がその者を本人と推知できるかどうかを**基準に判断すべきとしている（長良川リンチ殺人事件報道訴訟：最判平15.3.14、参113ページ）。

エ ○ 判例は、**インターネットの個人利用者による表現行為の場合においても、他の表現手段を利用した場合と同様**に、行為者が摘示した事実を真実であると誤信したことについて、確実な資料、根拠に照らして**相当の理由**があると認められるときに**限り**、名誉毀損罪（刑法230条）は成立しないのであって、より緩やかな要件で名誉毀損罪の成立を否定すべき**ではない**としている（ラーメンチェーン店名誉毀損事件：最決平22.3.15）。

オ × 表現の自由は、**自己実現**の価値と**自己統治**の価値を有する重要な権利であり、判例は、**出版物の頒布等の事前差止めは**、事前抑制に該当するものであり、原則として**許されない**としつつ、その表現内容が**真実でなく**又はそれが**専ら公益を図る目的のものではないことが明白**であって、かつ、被害者が**重大にして著しく回復困難な損害を被る**おそれがあるときに限って、**例外的**に事前差止めが**許される**としている（北方ジャーナル事件：最大判昭61.6.11、参132ページ）。「表現内容が真実でない場合又は専ら公益を図る目的でないことが明白である場合を除き、許されない」としているが、被害者が重大にして著しく回復困難な損害を被るおそれがある必要もあり、誤りである。

以上により、妥当なものは**イ・エ**であり、正解は**4**となる。

問題2 国家専門職（2017年度）……………………………… 本冊P.127

正解：5

ア × 判例は、**出版物の頒布等の事前差止めは**、事前抑制に該当するものであるから、差止め対象が公務員又は公職選挙の候補者に対する評価、批判等の表現行為に関する場合には、一般に公共の利害に関する事項であり、その表現が対象者である私人の名誉権に優先する社会的価値を含み憲法上特に保護されることに鑑みると、当該表現行為に対する事前差止めは、**原則として許されない**。ただ、その表現内容が**真実でなく**又はそれが専ら**公益を図る目的のものではないことが明白**であって、かつ、被害者が**重大にして著しく回復困難な損害を被るおそれ**があるときに限って、**例外的**に事前差止めが**許される**としている（北方ジャーナル事件：最大判昭61.6.11、参132ページ）。

イ × 判例は、公立図書館は、住民に図書館資料を提供するための公的な場であるから、そこで閲覧に供された図書の著作者にとってはその思想・意見等を公衆に伝達する公的な場でもあることと、著作者の思想の自由・表現の自由が憲法により保障された基本的人権であることにも鑑みると、**著作者は法的保護に値する人格的利益として、著作物によってその思想・意見等を公衆に伝達する利益を有する**のであり、公立図書館の図書館職員である公務員が、図書の廃棄について基本的な職務上の義務に反し著作者又は著作物に対する独断的な評価や個人的な好みによって不公正な取扱いをしたときは、著作者の人格的利益を**侵害する**ものとして**国家賠償法上違法**となるとしている（船橋市西図書館蔵書破棄事件：最判平17.7.14）。しかし、著作物を公立図書館に所蔵させる権利までは**認められていない**。

ウ ○ 判例は、私人の私生活上の行状であっても、その携わる社会的活動の性質及びこれを通じて社会に及ぼす影響力の程度などのいかんによっては、その社会的活動に対する批判ないし評価の一資料として、刑法230条の2第1項にいう「公共ノ利害ニ関スル事実」にあたる場合が**ある**としている（月刊ペン事件：最判昭56.4.16）。

エ × 判例は、**報道の自由は表現の自由を規定した憲法21条で保障され**、**報道のための取材の自由も憲法21条の精神に照らし十分尊重に値する**としつつ、**取材の自由も公正な裁判の実現**というような憲法上の要請があるときは**ある程度の制約を受ける**ことになり、その制約が許されるかは、**諸般の事情を比較衡量**して判断されるとしている（博多駅テレビフィルム提出命令事件：最大決昭44.11.26、参112ページ）。したがって、「裁判所の提出命令が憲法第21条に違反することはない」の部分が誤りである。

オ ○ 判例は、現代民主主義社会においては、集会は、国民が様々な意見や情報等に接することにより自己の思想や人格を形成、発展させ、また、相互に意見や情報等を伝達、交流する場として必要であり、さらに、対外的に意見を表明するための有効な手段であるから、憲法第21条第1項の保障する集会の自由は、民主主義社会における**重要な基本的人権の一つとして特に尊重**されなければならないとしている（成田新法事件①：最大判平4.7.1、参148ページ）。

以上により、妥当なものは**ウ・オ**であり、正解は**5**となる。

問題3 **国家専門職（2015年度）**……………………………………………………………**本冊P.128**

正解：5

1 × 判例は、宗教法人の解散命令は、専ら宗教法人の**世俗的側面**を対象とし、宗教団体や信者の精神的・宗教的側面に容かいする意図によるもの**ではない**としつつ、信者の宗教上の行為を禁止したり制限したりする法的効果を**一切伴わない**とし、解散命令によって信者らが行う宗教上の行為に何らかの支障を生ずることが避けられないとしても、その支障は解散命令に伴う**間接的で事実上**のものにとどまるため、解散命令は**必要でやむをえない法的規制**であり、憲法20条1項に**反しない**としている（宗教法人オウム真理教解散命令事件：最決平8.1.30、参93ページ）。

2 × 判例は、憲法の保障する学問の自由は、学問研究の自由のみならず、その結果を教授する自由を含むとした。さらに、初等中等教育の場では完全な教授の自由は教師に**認められない**が、一定の範囲で教授の自由が**認められる**としている（旭川学テ事件：最大判昭51.5.21、参159ページ）。

3 × 判例は、報道の自由は表現の自由（憲法21条）によって保障され、取材の自由も憲法21条の精神に照らし**十分尊重に値する**（博多駅テレビフィルム提出命令事件を引用）ものであり、報道機関が公務員に対し根気強く執拗に説得ないし要請を続けることは、それが真に報道の目的のための取材であり、手段・方法が相当であれば**正当な業務行為**であるとしている（西山記者事件・外務省機密漏洩事件：最決昭53.5.31）。

4 × 判例は、私人の私生活上の行状であっても、その携わる社会的活動の性質及びこれを通じて社会に及ぼす影響力の程度などのいかんによっては、その社会的活動に対する批判ないし評価の一資料として、刑法230条の2第1項にいう「公共ノ利害ニ関スル事実」にあたる場合が**ある**としている（月刊ペン事件：最判昭56.4.16）。

5 ○ 判例は、**「検閲」（憲法21条2項前段）とは、行政権が主体となって、思想内容等の表現物を対象**とし、その**表現物の全部又は一部の発表を禁止する目的で、対象とされる表現物を網羅的一般的に、発表前に審査**したうえ、不適当と認めるものの**発表を禁止**することである旨、また、「検閲」は表現の自由に対する最も厳しい制約であるから、公共の福祉による例外の許容（憲法12条、13条参照）を**認めない**とする、「検閲」の**絶対的禁止**を憲法21条2項前段で特に規定したとしている（税関検査事件：最大判昭59.12.12、参 130ページ）。

問題4 **特別区Ⅰ類（2016年度）** ………………………………………………… **本冊P.129**

正解：1

1 ○ 判例は、民事訴訟法においては、ある事項が公開されると当該職業に深刻な影響を与え、以後その遂行が困難になる「職業の秘密」（民事訴訟法197条1項3号）に関する事項について尋問を受ける場合には、証人は証言を拒むことができると規定されている。もっとも、**「職業の秘密」にあたる場合も、直ちに証言拒絶が認められるものではなく**、秘密の公表によって生ずる不利益と証言の拒絶によって犠牲になる真実発見及び裁判の公正とを**比較衡量したうえで、保護に値する秘密と判断された場合のみ証言拒絶が認められる**としている（NHK記者証言拒絶事件：最決平18.10.3）。

2 × 判例は、刑法230条の2の規定は、人格権としての個人の名誉の保護と、憲法21条による正当な言論の保障との調和をはかったものというべきであり、これら両者間の調和と均衡を考慮するならば、**刑法230条の2第1項にいう事実が真実であることの証明がない場合でも、行為者がその事実を真実であると誤信し、その誤信したことについて、確実な資料、根拠に照らし相当の理由があるときは、犯罪の故意がなく、名誉毀損の罪は成立しない**としている（夕刊和歌山事件：最大判昭44.6.25）。

3 × 判例は、侵害行為の差止めが認められるかは、侵害行為の対象となった人物の社会的地位や侵害行為の性質に留意しつつ、予想される侵害行為によって受ける被害者側の不利益と侵害行為を差し止めることによって受ける侵害者側の不利益とを**比較衡量**により判断しており、当該小説の公表により公的立場にない私人の名誉、プライバシー、名誉感情が侵害されたとして人格権としての名誉権等に基づく当該小説の出版等の差止めは憲法21条1項に**反しない**としている（「石に泳ぐ魚」事件：最判平14.9.24）。

4 × 判例は、公立図書館は、住民に図書館資料を提供するための公的な場であるから、そこで閲覧に供された図書の著作者にとってはその思想・意見等を公衆に伝達する公的な場でもあることと、著作者の思想の自由・表現の自由が憲法により保障された基本的人権であることにも鑑みると、**著作者は法的保護に値する人格的利益として、著作物によってその思想・意見等を公衆に伝達する利益を有する**のであり、公立図書館の図書館職員である公務員が、図書の廃棄について基本的な職務上の義務に反し著作者又は著作物に対する独断的な評価や個人的な好みによって不公正な取扱いをしたときは、著作者の人格的利益を**侵害する**ものとして**国家賠償法上違法**となるとしている（船橋市西図書館蔵書破棄事件：最判平17.7.14）。

5 × 判例は、条例によって美観風致の維持及び公衆に対する危害防止の目的のために、屋外広告物の表示の場所・方法及び屋外広告物を掲出する物件の設置・維持について必要な規制をすることは、それが営利と関係のないものも含めて規制の対象としていたとしても、公共の福祉のため、表現の自由に対して許された**必要かつ合理的な制限**であり、憲法違反はないとしている（大阪市屋外広告物条例違反事件：最大判昭43.12.18、参142ページ）。

2 6 表現の自由③

問題1 国家一般職（2021年度）……本冊P.136

正解：2

1 × 判例は、公立図書館は、住民に図書館資料を提供するための公的な場であるから、そこで閲覧に供された図書の著作者にとってはその思想・意見等を公衆に伝達する公的な場でもあることと、著作者の思想の自由・表現の自由が憲法により保障された基本的人権であることにも鑑みると、**著作者は法的保護に値する人格的利益として、著作物によってその思想・意見等を公衆に伝達する利益を有する**のであり、公立図書館の図書館職員である公務員が、図書の廃棄について基本的な職務上の義務に反し著作者又は著作物に対する独断的な評価や個人的な好みによって不公正な取扱いをしたときは、著作者の人格的利益を侵害するものとして**国家賠償法上違法**となるとしている（船橋市西図書館蔵書破棄事件：最判平17.7.14、参123ページ）。

2 ○ 判例は、報道の自由は表現の自由（憲法21条）によって**保障され**、取材の自由も憲法21条の精神に照らし**十分尊重に値する**が、公正な裁判の実現というような憲法上の要請があるときはある程度の制約を受けるとし、公正な刑事裁判を実現するために不可欠である適正迅速な捜査の遂行という要請がある場合にも取材の自由がある程度の制約を受けることになり、**警察が取材結果に対して差押えをするには、適正迅速な捜査を遂げるための必要性等と、報道の自由が妨げられ取材の自由が受ける影響その他諸般の事情を比較衡量して判断される**としている（TBSビデオテープ押収事件：最決平2.7.9、参113ページ）。なお、「検察官」による報道機関の取材ビデオテープに対する差押処分に関し、このTBSビデオテープ押収事件と同様の判断枠組みを用いて、適正迅速な捜査を遂げるために忍受されなければならないとして、憲法21条に**反しない**とした判例がある（日本テレビ事件：最決平元.1.30、参113ページ）。

3 × 判例は、刑罰法規があいまい不明確のゆえに憲法に違反するかは、通常の判断能力を有する**一般人の理解**において具体的場合に当該行為がその適用を受けるものかどうかの判断を可能ならしめるような基準が読みとれるかどうかによってこれを決定すべきであるとし、「交通秩序を維持すること」という規定は、通常の判断能力を有する一般人が、具体的場合において禁止される場合であるかどうかを判断するにあたっては、さほどの**困難を感じることはなく**、容易に想到することが**できる**ので、明確性を欠き憲法に**反しない**としている（徳島市公安条例事件：最大判昭50.9.10）。

4 × 判例は、**「検閲」（憲法21条2項前段）とは、行政権が主体**となって、**思**

想内容等の表現物を対象とし、その表現物の全部又は一部の**発表を禁止**する目的で、対象とされる表現物を網羅的一般的に、**発表前に審査**したうえ、**不適当と認めるものの発表を禁止**すること（税関検査事件：最大判昭59.12.12）としている。また、**裁判所による事前差止め**については、**「検閲」にあたらない**としている（北方ジャーナル事件：最大判昭61.6.11）。

5 × 判例は、刑法230条の2第1項にいう事実が真実であることの証明がない場合でも、行為者がその事実を真実であると**誤信**し、その**誤信**したことについて、確実な資料、根拠に照らし**相当の理由**があるときは、犯罪の故意がなく、名誉毀損の罪は**成立しない**としている（夕刊和歌山事件：最大判昭44.6.25、参122ページ）。

問題 2 国家一般職（2013年度）……本冊P.137

正解：1

1 ○ 判例は、条例で定める「公の秩序をみだすおそれがある場合」に該当するとして市民会館の使用を不許可とするには、会館における集会の自由を保障することの重要性よりも、集会が開かれることによって、人の生命、身体又は財産が侵害され、公共の安全が損なわれる危険を回避し防止することの必要性が優越する場合に限られるべきであり、その**危険性の程度としては単に危険な事態を生ずる蓋然性があるというだけでは足りず、明らかな差し迫った危険の発生が具体的に予見されることが必要**であるとしている（泉佐野市民会館事件：最判平7.3.7、参143ページ）。

2 × 判例は、**集団行動には、表現の自由として憲法によって保障さるべき要素が存在するが**、単なる言論、出版等によるものとは異なって、一瞬にして暴徒と化し、勢いの赴くところ実力によって法と秩序を蹂躪し、集団行動の指揮者はもちろん警察力を以てしても如何ともしえないような事態に発展する危険が存在することは、群集心理の法則と現実の経験に徴して明らかであるから、**地方公共団体が、公安条例を以て、必要かつ最小限度の措置を事前に講ずることは、けだしやむをえない**としている（東京都公安条例事件②：最大判昭35.7.20、参148ページ）。

3 × 判例は、集団行動について単なる届出制にとどまらず一般的な許可制とすることは憲法の趣旨に**反して許されない**が、公共の秩序を保持し又は公共の福祉が著しく侵されることを防止するため、条例において、特定の場所又は方法につき合理的かつ明確な基準の下で許可制又は届出制を定める旨の規定、**公共の安全に対し明らかな差し迫った危険を及ぼすことが予見されるときは許可せず又は禁止することができる旨の規定を設けても、直ちに憲法に反するとはい**

えないとしている（新潟公安条例事件：最大判昭29.11.24）。

4 × 判例は、刑罰法規があいまい不明確のゆえに憲法に違反するかは、通常の判断能力を有する**一般人の理解**において具体的場合に当該行為がその適用を受けるものかどうかの判断を可能ならしめるような基準が読みとれるかどうかによってこれを決定すべきであるとし、**「交通秩序を維持すること」という規定は、通常の判断能力を有する一般人が、具体的場合において禁止される場合であるかどうかを判断するにあたっては、さほどの困難を感じることはなく、容易に想到することができる**ので、明確性を欠き憲法に反しないとしている（徳島市公安条例事件：最大判昭50.9.10）。したがって、「抽象的で立法措置として著しく妥当性を欠くものである」という点、「集団行進を実施するような特定の判断能力を有する当該集団行進の主催者、指導者又はせん動者の理解」を基準に判断する点で**誤り**である。

5 × 判例は、労働組合はその目的を達成するために必要かつ合理的な範囲で組合員に対して統制権を有しており、地方議会議員の選挙にあたり、労働組合がその組合員の居住地域の生活環境の改善その他生活向上を図るため、組合を挙げてその選挙運動を推進することは組合活動として許されるが、組合員個人の立候補の自由に対する統制権について、立候補を思いとどまるよう**勧告、説得**するまでが必要かつ合理的な範囲として**許される**ものであり、この範囲を超えて立候補を取りやめるよう要求し、従わない場合は違反者として処分することは**違法**としている（三井美唄労働組合事件：最大判昭43.12.4、参150ページ）。

問題3 国家一般職（2012年度）……………………………………………………………本冊P.138

正解：2

ア ○ **本肢の記述のとおり**である（税関検査事件：最大判昭59.12.12）。

イ × 判例は、わいせつ文書に関する行為について、単なる所持目的か、販売目的所持かは区別が付かず、単なる所持から販売へ変更することも容易であることから、健全な性的風俗を保護するためには**単なる所持かどうかを区別することなく、一般的に規制することもやむをえない**としている（税関検査事件：最大判昭59.12.12）。

ウ × 判例は、**出版物の頒布等の事前差止めは、事前抑制に該当する**ものであるから、差止め対象が公務員又は公職選挙の候補者に対する評価、批判等の表現行為に関する場合には、一般に公共の利害に関する事項であり、その表現が対象者である私人の名誉権に優先する社会的価値を含み、当該表現行為に対する事前差止めは、**原則として許されない**が、その**表現内容が真実でなく又はそれが専ら公益を図る目的のものではないことが明白**であって、かつ、**被害者が重大にして著しく回復困難な損害を被るおそれがある**ときに限って、**例外的に事前差止めが許される**としている（北方ジャーナル事件：最大判昭61.6.11）。

エ ○ 判例は、著しく性的感情を刺激し又は著しく残忍性を助長するため青少年の健全な育成を阻害するおそれがある図書を有害図書として指定し、自動販売機への収納を禁止することは、青少年に対する関係において、憲法第21条第1項に**違反しない**ことはもとより、成人に対する関係においても、有害図書の流通を幾分制約することにはなるものの、青少年の健全な育成を阻害する有害環境を浄化するための規制に伴う必要やむをえない制約であり、憲法第21条第1項に**違反しない**としている（岐阜県青少年保護育成条例事件：最判平元.9.19）。

オ × 判例は、**「検閲」とは、行政権が主体**となって、**思想内容等の表現物を対象とし、その表現物の全部又は一部の発表を禁止する目的**で、**対象とされる表現物を網羅的一般的に、発表前に審査**したうえ、**不適当と認めるものの発表を禁止**することであるとしたうえで、本件検定は、一般図書としての発行を何ら妨げるものではなく、発表禁止目的や発表前の審査などの特質がないから検閲に**あたらず**、思想の自由市場への登場を禁止する事前抑制とも**いえない**から、憲法21条1項に**違反しない**としている（第一次家永教科書事件①：最判平5.3.16）。

以上により、妥当なものは**ア・エ**であり、正解は**2**となる。

問題 4 **裁判所職員（2019年度）** …………本冊P.139

正解：2

ア ○　判例は、新聞が真実を報道することは憲法21条の表現の自由に属し、そのための取材活動も認めなければならないが、公判廷の秩序を乱し、被告人や訴訟関係人の正当な利益を不当に害することは許されず、公判廷における写真撮影、録音等は裁判所の許可を得なければならないことは**合憲**であるとしている（北海タイムス事件：最大決昭33.2.17、参113ページ）。

イ ×　判例は、報道機関の報道は、民主主義社会において国民が国政に関与するにつき重要な判断の資料を提供し**国民の「知る権利」に奉仕**するものであるから、思想の表明の自由と並んで、報道の自由は表現の自由を規定した憲法21条で**保障され**、報道のための取材の自由も憲法21条の精神に照らし**十分尊重に値する**としている（博多駅テレビフィルム提出命令事件：最大決昭44.11.26、参112ページ）。

ウ ○　判例は、条例によって美観風致の維持及び公衆に対する危害防止の目的のために、屋外広告物の表示の場所・方法及び屋外広告物を掲出する物件の設置・維持について必要な規制をすることは、それが営利と関係のないものも含めて規制の対象としていたとしても、公共の福祉のため、表現の自由に対して許された**必要かつ合理的な制限**であり、憲法違反はないとしている（大阪市屋外広告物条例違反事件：最大判昭43.12.18、参142ページ）。

エ ×　判例は、**「検閲」（憲法21条2項前段）とは、行政権が主体**となって、**思想内容等の表現物を対象とし、その表現物の全部又は一部の発表を禁止する目的で、対象とされる表現物を網羅的一般的に、発表前に審査**したうえ、**不適当と認めるものの発表を禁止**すること（税関検査事件：最大判昭59.12.12）としている。また、**裁判所による事前差止め**については、**「検閲」にあたらない**としている（北方ジャーナル事件：最大判昭61.6.11）。

以上により、妥当なものは**ア・ウ**であり、正解は**2**となる。

2 7 表現の自由④

問題 1 裁判所職員（2017年度）……………………………………………… 本冊P.146

正解：2

ア ○ 判例は、メーデー集会のための皇居外苑の使用を許可した場合は、多数の人数、長期間の使用から公園自体が著しい損壊を受けると予想されることから、公園の管理のために不許可としたのであって、**表現の自由、団体行動の自由を制限する目的でなく、憲法21条、憲法28条に違反しない**としている（皇居前広場事件：最大判昭28.12.23）。

イ × 判例は、**パブリック・フォーラムとは、道路、公園、広場などの一般公衆が自由に出入りできる場所であり、表現のための場として役立つもの**のこととして、この**パブリック・フォーラムが表現の場所として用いられるときには、**所有権や、本来の利用目的のための管理権に基づく制約を受けざるをえないとしても、**表現の自由の保障を可能な限り配慮**する必要があると考えられている（最判昭59.12.18：吉祥寺駅構内ビラ配布事件、伊藤正己裁判官の補足意見）。また、判例は、**公立学校の学校施設の目的外使用を許可するか否かは、原則として、管理者の裁量に委ねられており、学校教育上支障がない場合であっても、**行政財産である学校施設の目的及び用途と当該使用の目的、態様等との関係に配慮した**合理的な裁量判断により許可をしないこともできる**としている（公立学校施設使用不許可事件：最判平18.2.7）。以上より、学校施設はパブリック・フォーラム**ではなく**、学校施設について、学校長が、学校施設の目的及び用途と目的外使用の目的、態様等との関係を考慮して判断することは**許される**。

ウ × 判例は、本問の事案について、他のグループ等がこれを実力で阻止し妨害しようとして紛争を起こすおそれがあることを理由に公の施設の利用を拒むことは憲法21条の趣旨に**反する**として、条例で定める「公の秩序をみだすおそれがある場合」に該当するとして市民会館の使用を不許可とするには、**単に危険な事態を生ずる蓋然性があるというだけでは足りず、明らかな差し迫った危険の発生が具体的に予見されることが必要**であるとしている（泉佐野市民会館事件：最判平7.3.7）。

エ × 判例は、公立図書館は、住民に図書館資料を提供するための公的な場であるから、**著作者は法的保護に値する人格的利益として、著作物によってその思想・意見等を公衆に伝達する利益を有する**として、公立図書館の図書館職員である公務員が、図書の廃棄について基本的な職務上の義務に反し、著作者又は著作物に対する独断的な評価や個人的な好みによって不公正な取扱いをしたときは、**著作者の人格的利益を侵害するものとして、国家賠償法上、違法**となるとする（船橋市西図書館蔵書破棄事件：最判平17.7.14、参123ページ）。

オ ○ 判例は、集団行動について単なる届出制にとどまらず一般的な許可制とすることは、憲法の趣旨に**反して許されない**が、公共の秩序を保持し又は公共の福祉が著しく侵されることを防止するため、条例において、特定の場所又は方法につき合理的かつ明確な基準の下で許可制又は届出制を定める旨の規定、公共の安全に対し**明らかな差し迫った危険を及ぼすことが予見**されるときは許可せず又は禁止することができる旨の規定を設けても、**直ちに憲法に反するとはいえない**としている（新潟公安条例事件：最大判昭29.11.24、参132ページ）。

以上により、適当なものは**ア・オ**であり、正解は**2**となる。

問題2 **裁判所職員（2021年度）** ………………………………………… **本冊P.147**

正解：3

ア × 判例は、地方自治法244条の普通地方公共団体の公の施設として、市民会館のように集会の用に供する施設が設けられている場合、他のグループ等がこれを実力で阻止し妨害しようとして紛争を起こすおそれがあることを理由に公の施設の利用を拒むことは、会館における集会の自由を保障することの重要性よりも、集会が開かれることによって、人の生命、身体又は財産が侵害され、公共の安全が損なわれる危険を回避し防止することの必要性が優越する場合に限られるべきであり、その**危険性の程度としては単に危険な事態を生ずる蓋然性があるというだけでは足りず、明らかな差し迫った危険の発生が具体的に予見されることが必要**であるとしている（泉佐野市民会館事件：最判平7.3.7）。

イ ○ **本肢の記述のとおり**である（成田新法事件①：最大判平4.7.1、参148ページ）。

ウ ○ **本肢の記述のとおり**である（新潟公安条例事件：最大判昭29.11.24、参132ページ）。

エ × 結社の自由には、団体を結成しない自由、団体に加入しない自由、団体から脱退する自由といった「消極的結社の自由」が含まれるが、職業が高度の専門性、公共性を持ち、その技術水準と公共性を維持確保するために、職業倫理確保と事務改善を図ることに限定される限り、**法律で積極的、消極的結社の自由を制限する「強制加入団体」（例：弁護士会、司法書士会等の職業団体等）は合憲**であると解されている（参149ページ）。

以上により、妥当なものは**イ・ウ**であり、正解は**3**となる。

強制加入団体については、法人の人権享有主体性に関する話でも税理士会や司法書士会の重要判例があったことを思い出せれば、そもそも、このような団体が**違憲ではない**と判断できるはずだからね。

2 8 表現の自由⑤

問題1 裁判所職員（2020年度）……………………………………………………………本冊P.154

正解：4

ア × 結社の自由には、団体を結成する自由、団体に加入する自由、団体の構成員としてとどまる自由といった「**積極的結社の自由**」のみならず、団体を結成しない自由、団体に加入しない自由、団体から脱退する自由といった「**消極的結社の自由**」を含むと解されている。

イ ○ **本肢の記述のとおり**である（八幡製鉄政治献金事件：最大判昭45.6.24）。

ウ × 判例は、政党は、高度の自主性と自律性を与えて自主的に組織運営をなしうる自由を保障され、党員は、自由な意思によって政党を結成しあるいはそれに加入した以上は政党の存立及び組織の秩序維持のために自己の権利や自由に一定の制約を受けることがあることも**当然許される**としている（共産党袴田事件①：最判昭63.12.20）。

エ ○ **本肢の記述のとおり**である。

以上により、妥当なものは**イ・エ**であり、正解は**4**となる。

問題2 裁判所職員（2020年度）……………………………………………………………本冊P.154

正解：3

ア 誤 下級審判例において、憲法は思想の自由や言論・出版等の表現の自由を保障するとともに、その一環として通信の秘密を保護し、もって私生活の自由を保障するものであるところ、郵便物の発送元や宛先であってもそれを知られることによって思想表現の自由が抑圧されるおそれが**ある**ことから、**秘密には信書の内容だけでなく、発信者や宛先の住所、氏名等も含まれる**としている（郵便法国家公務員法各違反等事件：大阪高判昭41.2.26）。

イ 正 通信の秘密も絶対的で無制約ではなく、破産法82条1項において、「破産管財人は、破産者にあてた郵便物等を受け取ったときは、これを開いて見ることができる」と規定されている。

ウ 誤 捜査機関が、犯罪捜査のために通信内容を取得するためには、通信の秘密を不当に侵害することがないように制定された「犯罪捜査のための通信傍受に関する法律」（いわゆる通信傍受法）の3条1項によって裁判官の発する傍受令状が必要となる。また、電気通信事業者は、電気通信事業法の4条（秘密の保護）によって通信の秘密を守る義務を負っている。よって、裁判官の発する傍受令状によらずに、捜査機関が通信事業を営む民間企業から任意に特定者間の通信内容の報告を受けた場合は、捜査機関・通信事業を営む民間企業とも各法律に**違反し**、通信の秘密の侵害と**なる**。

以上により、正誤の組み合わせは**ア：誤**、**イ：正**、**ウ：誤**であり、正解は**3**となる。

問題3 裁判所職員（2019年度）……………………………………………… 本冊P.155

正解：2

1 × 判例は、現代民主主義社会においては、憲法21条1項の保障する集会の自由は、民主主義社会における**重要な基本的人権の一つとして特に尊重**されなければならないが、**集会の自由といえども公共の福祉による必要かつ合理的な制限を受け**、制限が必要とされる程度と、制限される自由の内容及び性質、これに加えられる具体的制限の態様及び程度等を**較量**して判断されるとしている（成田新法事件①：最大判平4.7.1）。よって、集会の自由と反対利益となる土地・建物の所有権等の権原を有する私人の利益とを比較衡量して、集会の自由が公共の福祉による必要かつ合理的な制限を受ける場合があるため、所有権者が原則、集会を容認しなければならないということは**ない**。

2 ○ 判例は、現代民主主義社会においては、集会は、国民が様々な意見や情報等に接することにより**自己の思想や人格を形成、発展**させ、また、相互に意見や情報等を伝達、交流する場として必要であり、さらに、**対外的に意見を表明**するための有効な手段であるから、憲法21条1項の保障する集会の自由は、民主主義社会における**重要な基本的人権の一つとして特に尊重**されなければならないとしている（成田新法事件①：最大判平4.7.1）。

3 × 判例は、**集団行動には、表現の自由として憲法によって保障されるべき要素が存在する**が、平穏静粛な集団でも時に昂奮、激昂の渦中に巻きこまれ、甚だしい場合には**一瞬にして暴徒と化し**、警察力を以てしても如何ともしえないような事態に発展する危険が存在することは、群集心理の法則と現実の経験に徴して明らかであるから、**地方公共団体が、「公安条例」を以て、必要かつ最小限度の措置を事前に講ずることは、けだしやむをえない**としている（東京都公安条例事件②：最大判昭35.7.20）。したがって、「憲法上の保障外にある」の部分が**誤り**である。

4 × 結社の自由には、団体を結成しない自由、団体に加入しない自由、団体から脱退する自由といった「**消極的結社の自由**」を含むと解されているが、職業が高度の専門性と公共性を持ち、その技術水準と公共性を維持確保するために、職業倫理確保と事務改善を図ることに限定される限り、**法律で積極的、消極的結社の自由を制限する「強制加入団体」（例：弁護士会、司法書士会等の職業団体等）は合憲**であると解されている。

5 × **結社の目的は、政治的、経済的、宗教的、学問的、芸術的など多岐にわたる**ものであるから、**結社の自由は、信教の自由における宗教的結社の自由や、労働基本権における労働組合結成の自由など、他の条文で重ねて保障されること**になる。

問題4 **裁判所職員（2014年度）**……………………………………本冊P.156

正解：5

ア **正** 判例は、現代民主主義社会においては、憲法21条1項の保障する集会の自由は、民主主義社会における**重要な基本的人権の一つとして特に尊重**されなければならないが、**集会の自由といえども公共の福祉による必要かつ合理的な制限を受け**、制限が必要とされる程度と、制限される自由の内容及び性質、これに加えられる具体的制限の態様及び程度等を**較量**して判断されるとしている（成田新法事件①：最大判平4.7.1）。

イ **誤** 判例は、地方自治法244条の普通地方公共団体の公の施設として、市民会館のように集会の用に供する施設が設けられている場合、住民はその施設の設置目的に反しない限りその利用を**原則的に認められる**ことになるので、他のグループ等がこれを実力で阻止し妨害しようとして紛争を起こすおそれがあることを理由に公の施設の利用を拒むことは憲法21条の趣旨に**反する**こととなるから、**条例で定める「公の秩序をみだすおそれがある場合」に該当するとして市民会館の使用を不許可とするには**、会館における集会の自由を保障することの重要性よりも、集会が開かれることによって、人の生命、身体又は財産が侵害され、公共の安全が損なわれる危険を回避し防止することの必要性が優越する場合に限られるべきであり、その**危険性の程度としては単に危険な事態を生ずる蓋然性があるというだけでは足りず、明らかな差し迫った危険の発生が具体的に予見されることが必要**であるとしている（泉佐野市民会館事件：最判平7.3.7、参143ページ）。

ウ **誤** 判例は、集団行動について単なる届出制にとどまらず一般的な許可制とすることは憲法の趣旨に**反して許されない**が、公共の秩序を保持し又は公共の福祉が著しく侵されることを防止するため、条例において、特定の場所又は方法につき、合理的かつ明確な基準の下で許可制又は届出制を定める旨の規定、公共の安全に対し**明らかな差し迫った危険を及ぼすことが予見**されるときは許可せず又は禁止することができる旨の規定を設けても、直ちに憲法に反する**とはいえない**としている（新潟公安条例事件：最大判昭29.11.24、参132ページ）。また、判例は、規定の文面上では許可制を採用しているが、許可が原則義務づけられ、不許可の場合が厳格に制限されている場合は、**実質において届出制と変わらないから、このような許可制も許される**としている（東京都公安条例事件①：最大判昭35.7.20、参132ページ）。

エ **正**　結社の自由には、団体を結成しない自由、団体に加入しない自由、団体から脱退する自由といった「**消極的結社の自由**」を含むと解されているが、職業が高度の専門性と公共性を持ち、その技術水準と公共性を維持確保するために、**職業倫理確保と事務改善を図ることに限定される限り、法律で積極的、消極的結社の自由を制限する「強制加入団体」（例：弁護士会、司法書士会等の職業団体等）は合憲**であると解されている。

以上により、正誤の組み合わせは**ア：正**、**イ：誤**、**ウ：誤**、**エ：正**であり、正解は**5**となる。

問題5　**裁判所職員（2013年度）**……………………………………………… 本冊P.157

正解：2

ア　○　**本肢の記述のとおり**である（渋谷暴動事件：最判平2.9.28）。

イ　×　判例は、**「検閲」（憲法21条2項前段）とは、行政権が主体**となって、**思想内容等の表現物を対象**とし、その**表現物の全部又は一部の発表を禁止する目的で、対象とされる表現物を網羅的一般的に、発表前に審査**したうえ、不適当と認めるものの**発表を禁止**することとする（税関検査事件：最大判昭59.12.12、参130ページ）。また、判例は、**裁判所による事前差止めは「検閲」**（憲法21条2項前段）**にあたらない**としており（北方ジャーナル事件：最大判昭61.6.11、参132ページ）、「裁判所」の出版物の差止めを「憲法21条2項にいう検閲に当たり」とする点で**誤り**である。
なお、判例は、裁判所による出版物の頒布等の事前差止めは、事前抑制に該当するものであり、当該表現行為に対する事前差止めは、**原則として許されない**としつつ、その表現内容が**真実でなく又はそれが専ら公益を図る目的のものではないことが明白**であって、かつ、被害者が**重大にして著しく回復困難な損害を被るおそれがあるとき**に限って、例外的に事前差止めが**許される**としている（北方ジャーナル事件：最大判昭61.6.11、参132ページ）。

ウ　○　**本肢の記述のとおり**である（成田新法事件①：最大判平4.7.1）。

エ ○ 判例は、戸別訪問の禁止は、意見表明そのものの制約を目的とするものではなく、その手段方法のもたらす買収、利害誘導等の弊害が選挙の自由と公正を害することを防止するためのものであるから、**戸別訪問の禁止によって失われる利益は、戸別訪問という手段方法が制約される**間接的、付随的**な制約にすぎず、**選挙の自由と公正の確保という得られる利益の方がはるかに大きく**、戸別訪問を一律に禁止している公職選挙法138条1項の規定は、**憲法21条に違反しないとしている（戸別訪問禁止事件：最判昭56.6.15、参142ページ）。

オ × 判例は、**労働組合はその目的を達成するために必要かつ合理的な範囲で組合員に対して統制権を**有しており、地方議会議員の選挙にあたり、労働組合がその組合員の居住地域の生活環境の改善その他生活向上を図るため、組合を挙げてその選挙運動を推進することは組合活動として許されるが、**組合員個人の立候補の自由に対する統制権について、立候補を思いとどまるよう**勧告、説得**するまでが必要かつ合理的な範囲として許される**ものであり、この範囲を超えて立候補を取りやめるよう要求し、従わない場合は統制違反者として処分**することは違法**としている（三井美唄労働組合事件：最大判昭43.12.4）。したがって、「それに対抗して立候補した組合員を除名することも認められる」の部分が誤りである。

以上により、適当なものはア・ウ・エであり、正解は2となる。

2 9 学問の自由

問題1 国家一般職（2016年度）……本冊P.164

正解：2

ア ○ **本肢の記述のとおり**である（東大ポポロ事件：最大判昭38.5.22）。

イ × 判例は、学生の集会は、大学の許可したものであっても真に学問的な研究又はその結果の発表のためのものではなく、**実社会の政治的社会的活動にあたる行為**をする場合には、**大学の有する特別の学問の自由と自治は享有しない**としている（東大ポポロ事件：最大判昭38.5.22）。

ウ × 判例は、専ら自由な学問的探究をする大学教育と比べて、知識の伝達と能力の開発を主とする**普通教育の場においても**、子どもの教育が教師と子どもとの間の直接の人格的接触を通じ、その個性に応じて行われなければならないという本質的要請に照らし、教授の具体的内容及び方法につき、ある程度自由な裁量が認められなければならないという意味においては、**一定の範囲における教授の自由が保障されるべき**としている（旭川学テ事件：最大判昭51.5.21）。

エ ○ **本肢の記述のとおり**である（旭川学テ事件：最大判昭51.5.21）。

オ × 判例は、憲法26条2項後段の**「無償」とは、授業料を徴収しない**という意味であり、**授業料のほかに、教科書その他教育に必要な一切の費用まで無償にするという意味ではない**。義務教育であることからすれば国が教科書等の費用について軽減するよう配慮・努力することは望ましいが、国の財政等の事情を考慮して**立法政策**の問題として解決すべきであるとしている（義務教育費負担請求事件：最大判昭39.2.26）。

以上により、妥当なものは**ア・エ**であり、正解は**2**となる。

問題 2 国家一般職（2014年度）………………………………………………… 本冊P.165

正解：4

ア ○ **本肢の記述のとおり**である（旭川学テ事件：最大判昭51.5.21）。

イ × 判例は、**学問の自由には、単に学問研究の自由ばかりでなくその結果を教授する自由も含まれ**、専ら自由な学問的探究をする大学教育と比べて、知識の伝達と能力の開発を主とする**普通教育の場においても**、子どもの教育が教師と子どもとの間の直接の人格的接触を通じ、その個性に応じて行われなければならないという本質的要請に照らし、教授の具体的内容及び方法につき、ある程度自由な裁量が認められなければならないという意味においては、**一定の範囲における教授の自由が保障される**としている（旭川学テ事件：最大判昭51.5.21）。したがって、「学問の自由には、学問研究の結果を教授する自由は含まれるものではない」の部分が**誤り**である。

ウ ○ 判例は、普通教育において、児童生徒には教授内容を批判する能力が**なく**、教師が児童生徒に対して強い影響力、支配力を**有し**、子どもの側に学校や教師を選択する余地が**乏しく**、教育の機会均等を図るうえからも**全国的に一定の水準**を確保すべき**強い要請**があること等からすれば、**普通教育における教師に完全な教授の自由を認めることは、とうてい許されない**としている（旭川学テ事件：最大判昭51.5.21）。

エ ○ **本肢の記述のとおり**である（旭川学テ事件：最大判昭51.5.21）。

オ × 判例は、普通教育の場において、国民全体の意思を組織的に決定、実現すべき立場にある**国は**、広く適切な教育政策を実施すべく、**必要かつ相当と認められる範囲**において、教育内容について決定する権能を有するとしている（旭川学テ事件：最大判昭51.5.21）。

以上により、妥当なものは**ア・ウ・エ**であり、正解は**4**となる。

問題 3 裁判所職員（2020年度）………………………………………………… 本冊P.166

正解：5

ア **誤** 判例は、**教科書は**、普通教育の場において使用される生徒用の図書であって、**研究の結果の発表を目的とするものではなく、教科書検定は研究発表の自由を侵害しない**としている（第一次家永教科書事件②：最判平5.3.16）。

イ 正　判例は、**普通教育における教師に完全な教授の自由を認めることは、とうてい許されない**としている（旭川学テ事件：最大判昭51.5.21）。

ウ 正　判例は、**大学の学問の自由と自治は、大学が真理を探究**し、**専門の学芸を教授研究することを本質**としており、直接には教授等の**研究者の研究・その結果の発表・研究結果の教授の自由と、これらを保障するための自治**とを意味するとしている（東大ポポロ事件：最大判昭38.5.22）。つまり、**大学の自治は、学問の自由と不可分**といえる。

以上により、正誤の組み合わせは**ア：誤**、**イ：正**、**ウ：正**であり、正解は**5**となる。

3 1 職業選択の自由①

問題1　裁判所職員（2019年度）……本冊P.176

正解：4

1 ×　判例は、**憲法22条1項は**、狭義における職業選択の自由のみならず、**職業活動の自由（営業の自由）の保障をも包含する**としている（薬事法距離制限事件：最大判昭50.4.30）。

2 ×　職業選択の自由を規制する手段としては、届出制、許可制、資格制、特許制、国家独占などがあり、このうち**国家独占は**、その職業の性質上、民間による無制限な活動や恣意的な活動となった場合は**社会生活への影響が大きいために許されている**。現在では民営化が進んでいるが、かつての郵便事業、タバコ専売、電話、国鉄（現在のJR）がこれにあたる。

3 ×　判例は、一般に許可制は、職業の自由に対する強力な制限であるから、合憲といえるためには、原則として重要な公共の利益のために**必要かつ合理的な措置**であり、それが社会政策ないしは経済政策上の積極的な目的のための措置ではなく消極的、警察的措置である場合には、許可制に比べて職業の自由に対するよりゆるやかな制限では目的を十分に達成することができないと認められることを要するとしている。また、許可制の採用自体が認められる場合でも、**個々の許可条件**についてさらに**個別的にその適否を判断しなければならない**としている（薬事法距離制限事件：最大判昭50.4.30）。

4 ○　判例は、**職業活動は**、本質的に社会的・経済的な活動であり、その性質上、社会的相互関連性が大きいものであるから、**精神的自由に比較して、公権力による規制の要請が強く**、憲法22条1項が「公共の福祉に反しない限り」という留保をして職業選択の自由を認めたのも、**特にこの点を強調**する趣旨であるとしている（薬事法距離制限事件：最大判昭50.4.30）。

5 ×　経済的自由権を規制する法律であっても、その規制の目的によって2つに分けることができる。まず、**消極目的規制とは、国民の生命や健康に対する危険を防止**するための規制である。他方、**積極目的規制とは**、福祉国家の理念の下、調和のとれた**経済発展と社会的経済的弱者の保護を目的**とした規制である。

問題2 裁判所職員（2012年度）……本冊P.177

正解：3

ア × 判例は、**小売市場の許可規制は、経済的基盤の弱い小売商を過当競争による共倒れから保護するもので積極目的規制**であるから、立法府がその裁量権を逸脱し、当該法的規制措置が**著しく不合理であることが明白である場合に限って違憲**となるとしている。そして、本件小売市場の許可規制は、国が社会経済の調和的発展を企図するという観点から中小企業保護政策の一方策として採った措置であり一応の合理性が**認められる**から、著しく不合理であることが明白であるとは**認められない**ため、憲法22条1項に**違反せず合憲**としている（小売市場距離制限事件：最大判昭47.11.22）。

イ ○ 判例は、**積極目的規制**については、**立法府がその裁量権を逸脱し当該法的規制措置が著しく不合理であることが明白である場合に限って違憲**となる（小売市場距離制限事件：最大判昭47.11.22を引用）と判断している。そして、改正された生糸の輸入を制限する法律による規制は、積極目的規制にあたり営業の自由に対し制限を加えるものではあるが、規制措置が著しく不合理であることが明白であるとはいえず、本件法律の改正等の立法行為が国家賠償法1条1項の適用上例外的に違法の評価を受けるものではないから、**憲法22条1項に違反せず合憲**であるとしている（西陣絹ネクタイ事件：最判平2.2.6）。

ウ × 判例は、**当時の薬事法における薬局の開設等の許可条件の一つとしての適正配置規制は**、主として国民の生命及び健康に対する危険の防止という**消極的・警察的目的**であるところ、薬局の自由な開設を認めることで、薬局同士での競争が激化し、これによる経営の不安定化が生じ、さらには不良医薬品の供給という法規違反が起きるという因果関係は単なる観念上の想定にすぎないことから、**適正配置規制は、必要かつ合理的な規制とはいえず、憲法22条1項に違反し無効である**としている（薬事法距離制限事件：最大判昭50.4.30）。

エ × 判例は、公衆浴場法の距離制限規定については、いくつもの判断がなされているが、**どの事案においても結論としては、憲法22条1項に違反せず合憲**であるとしている（最大判昭30.1.26等、参 180ページ）。

オ ○ 判例は、「あん摩師、はり師、きゆう師及び柔道整復師法」の規定が、何人も同法1条に掲げるものを除き、医業類似行為を業としてはならず、これに違反した者を処罰するとしているのは、医業類似行為を業とすることが人の健康に害を及ぼすおそれがあり、公共の福祉に**反する**ことからであり、**憲法22条に反しない**としている（あはき師法違反医業類似行為事件：最大判昭35.1.27）。

以上により、適当なものは**イ・オ**であり、正解は**3**となる。

問題3 **国家一般職（2017年度）** ……………………………………………… **本冊P.178**

正解：1

ア ○ **本肢の記述のとおり**である。

イ ○ 判例は、憲法22条2項の「外国に移住する自由」には**外国へ一時旅行する自由が含まれる**ところ、憲法22条2項には「公共の福祉」の制約規定がないが、海外旅行の自由も**絶対無制限ではなく**、**「公共の福祉」のために合理的な制限に服する**としている（帆足計事件：最大判昭33.9.10）。

ウ × 判例は、**租税の適正かつ確実な賦課徴収を図る**という**国の重要な財政収入の確保を目的とした職業の許可制は**、立法府の裁量を逸脱し、**著しく不合理でない限り、憲法22条1項に違反するものではない**としている（酒類販売業免許制事件：最判平4.12.15）。したがって、「国民の生命及び健康に対する危険を防止することを目的とする規制であり、当該許可制は、立法目的との関連で必要かつ合理的な措置であるといえ、より緩やかな規制によっては当該目的を十分に達成することができないと認められる」の部分が**誤り**である。

エ × **財産権は、一切の財産的価値を有する権利**をいう。所有権などの物権だけでなく、賃借権など債権も含まれる。さらに民法などの**私法的権利**だけでなく、**特別法で認められた漁業権や鉱業権、公法的な権利である水利権も財産権に含まれる**（参187ページ）。

オ × 判例は、憲法29条3項にいう「公共のために用ひる」とは、私有財産権を個人の私の利益のために取上げないという保障であるから、その反面において公共の利益の必要があれば権利者の意思に反して**収用できる**と解され、**必ずしも物理的に公共の使用のためでなければならないと解すべきではない**としている（自作農創設特別措置法事件：最大判昭28.12.23、栗山茂裁判官の補足意見参197ページ）。

以上により、妥当なものは**ア・イ**であり、正解は**1**となる。

問題 4　国家専門職（2016年度）………………………………………… 本冊P.179

正解：5

ア ○　判例は、**財産権に対して加えられる規制が憲法29条2項にいう公共の福祉に適合するものとして是認されるべきものであるかどうかは**、規制の目的、必要性、内容、その規制によって制限される財産権の種類、性質及び制限の程度等を**比較考量して判断**するとしている（団地所有権移転登記手続等請求事件：最判平21.4.23、参187ページ）。

イ ×　判例は、憲法29条3項にいう「公共のために用ひる」とは、私有財産権を個人の私の利益のために取上げないという保障であるから、その反面において**公共の利益の必要があれば権利者の意思に反して収用できる**と解され、必ずしも**物理的に公共の使用のため**でなければならないと解すべき**ではなく**、また、収用した結果として**特定の個人が受益者となっても全体の目的が公共の用のためであればよい**としている（自作農創設特別措置法事件：最大判昭28.12.23、栗山茂裁判官の補足意見、参197ページ）。したがって、「特定の個人が受益者となる場合はこれに当たらない」の部分が**誤り**である。

ウ ○　判例は、憲法22条2項の「外国に移住する自由」には外国へ一時旅行する自由が**含まれる**としている（帆足計事件：最大判昭33.9.10）。

エ ×　憲法22条2項の「国籍を離脱する自由」には、**日本国籍を失い無国籍になる自由までは含まれない**と解されている。

オ ○　判例は、租税の適正かつ確実な賦課徴収を図るという国の重要な財政収入の確保を目的とした職業の許可制は、立法府の裁量を逸脱し、**著しく不合理でない限り、憲法22条1項に違反するものではない**としている（酒類販売業免許制事件：最判平4.12.15）。

以上により、妥当なものは**ア・ウ・オ**であり、正解は**5**となる。

3 2 職業選択の自由②

問題 1　特別区Ⅰ類（2016年度）…… 本冊P.184

正解：5

1 × 判例は、当時の道路運送法の規定は、道路運送事業の適正な運営及び公正な競争を確保する等の目的のため自動車運送事業を免許制としているところ、自家用自動車の有償運送行為は無免許営業に発展する危険性が高く、これを放任すると免許制度が崩れ去るおそれがあることからすれば、**道路運送法の規定が、自家用自動車を有償運送の用に供することを禁止していることは**公共の福祉の確保のために必要な制限であり、**憲法22条1項に違反せず合憲**としている（白タク道路運送法違反事件：最大判昭38.12.4）。

2 × 判例は、**小売市場の許可規制は、経済的基盤の弱い小売商店を過当競争による共倒れから保護するもので積極目的規制**であるから、立法府がその裁量権を逸脱し、当該法的規制措置が**著しく不合理であることが明白である場合に限って違憲**となるとしている。そして、本件小売市場の許可規制は、国が社会経済の調和的発展を企図するという観点から中小企業保護政策の一方策としてとった措置であり**一応の合理性が認められる**から、著しく不合理であることが明白であるとは認められないため、**憲法22条1項に違反せず合憲**としている（小売市場距離制限事件：最大判昭47.11.22、参 172ページ）。

3 × 判例は、**当時の薬事法における薬局の開設等の許可条件の一つとしての適正配置規制は**、主として**国民の生命及び健康に対する危険の防止という消極的・警察的目的**であるところ、薬局の自由な開設を認めることで、薬局同士での競争が激化し、これによる経営の不安定化が生じ、さらには不良医薬品の供給という法規違反が起きるという因果関係は単なる観念上の想定にすぎないことから、適正配置規制は、**必要かつ合理的な規制とはいえず、憲法22条1項に違反し無効である**としている（薬事法距離制限事件：最大判昭50.4.30）。

4 × 判例は、公衆浴場が住民の日常生活において欠くことのできない公共的施設であり、経営困難による廃業・転業を防止し健全・安定な経営を実現するという**積極**的・**社会経済政策**的な規制目的の立法により国民の保健福祉を維持することは公共の福祉に適合するものであるから、その手段として十分の必要性と合理性を**有している**。もっとも、積極目的規制については、立法府がその裁量権を逸脱し当該法的規制措置が**著しく不合理であることが明白**である場合に限って違憲となる（小売市場距離制限事件を引用）ところ、**公衆浴場の適正配置規制及び距離制限は**、この場合にはあたらず**憲法22条1項に違反せず合憲**であるとしている（最判平元.1.20）。

5　○　判例は、登記制度が国民の権利義務等社会生活上の利益に重大な影響を及ぼすものであるから、法律に別段の定めがある場合を除き、司法書士及び公共嘱託登記司法書士協会以外の者が、他人の嘱託を受けて、登記に関する手続について代理する業務及び登記申請書類を作成する業務を行うことを禁止し、これに違反した者を処罰することは、公共の福祉に**合致した合理的なもので憲法22条1項に違反せず合憲**であるとしている（司法書士法違反事件：最判平12.2.8）。

問題2　**国家一般職（2014年度）**……………………………………**本冊P.184**

正解：4

ア　×　判例は、憲法22条2項の**「外国に移住する自由」には外国へ一時旅行する自由が含まれる**としている（帆足計事件：最大判昭33.9.10、参170ページ）。

イ　○　入国の自由とは、海外から日本に入国できる自由のことであるところ、判例は、国際慣習法上、**外国人を入国させるかは各国の自由裁量**であるから、**入国の自由は、日本人だけに保障される権利**であり、**外国人には保障されていない**としている（最大判昭32.6.19、参32ページ）。他方、出国の自由とは、文字通り、日本から国外へ移動する自由のことであり、判例は、憲法22条2項では「何人も、外国に移住し、又は国籍を離脱する自由を侵されない」と規定されており、**出国の自由は、外国人にも保障される**としている（最大判昭32.12.25、参32ページ）。

ウ　×　判例は、**一般に許可制は、職業の自由に対する強力な制限**であるから、合憲といえるためには、原則として、**重要な公共の利益のために必要かつ合理的**な措置であることを要し、また、それが社会政策ないしは経済政策上の積極的な目的のための措置ではなく、**消極的、警察的措置**である場合には、許可制に比べて職業の自由に対するより**緩やかな制限では目的を十分に達成することができないと認められることを要する**としている（薬事法距離制限事件：最大判昭50.4.30、参171ページ）。

エ　○　判例は、登記制度が国民の権利義務等社会生活上の利益に重大な影響を及ぼすものであるから、法律に別段の定めがある場合を除き、司法書士及び公共嘱託登記司法書士協会以外の者が、他人の嘱託を受けて、登記に関する手続について代理する業務及び登記申請書類を作成する業務を行うことを禁止し、これに違反した者を処罰することは、**公共の福祉に合致した合理的**なもので、**憲法22条1項に違反せず合憲**であるとしている（司法書士法違反事件：最判平12.2.8）。

オ × 判例は、**当時の薬事法における薬局の開設等の許可条件の一つとしての適正配置規制は**、主として国民の生命及び健康に対する危険の防止という**消極的・警察的目的**であるところ、薬局の自由な開設を認めることで、薬局同士での競争が激化し、これによる経営の不安定化が生じ、さらには不良医薬品の供給という法規違反が起きるという因果関係は単なる観念上の想定にすぎないことから、適正配置規制は、**必要かつ合理的な規制とはいえず**、**憲法22条1項に違反し無効である**としている（薬事法距離制限事件：最大判昭50.4.30、参171ページ）。

以上により、妥当なものは**イ・エ**であり、正解は**4**となる。

3　3　財産権①

問題1　裁判所職員（2014年度）……………………………………………… 本冊P.192

正解：4

ア × 判例は、法律でいったん定められた財産権の内容を事後の法律で変更しても、それが**公共の福祉に適合するようにされたものである限り**、**違憲の立法ではない**としている（国有財産買受申込拒否処分取消事件：最大判昭53.7.12）。

イ ○ 判例は、**私有財産制度**を保障しているのみでなく、社会的経済的活動の基礎をなす国民の**個々の財産権**につきこれを**基本的人権**として保障するとしている（森林法共有林事件：最大判昭62.4.22）。

ウ × 判例は、**土地収用法における損失の補償は**、特定の公益上必要な事業のために土地が収用される場合にその収用によって当該土地の所有者等が被る特別な犠牲の回復を図ることを目的とするものであるから、**完全な補償として、収用の前後を通じて被収用者の財産価値を等しくならしめるような補償**をなすべきであり、金銭をもって補償する場合は、被収用者が近傍において被収用地と**同等**の代替地等を取得するに足りる金額の補償となる（**完全補償**）としている（土地収用法事件：最判昭48.10.18、参196ページ）。

エ × 判例は、**地方公共団体の特殊な事情により国において法律で一律に定めることが困難又は不適当なことがある**ため、その**地方公共団体ごとにその条例で定めることが容易且つ適切な場合がある**としており（奈良県ため池条例事件：最大判昭38.6.26）、財産権の規制を**「条例」によって定めても違憲ではない**。

オ ○ 判例は、法律に損失補償の規定がなくても、損失を被った者が損失を具体的に主張立証して、**憲法29条3項を直接の根拠として補償を請求する余地はある**としている（河川附近地制限令違反事件：最大判昭43.11.27、参197ページ）。

以上により、判例の見解に合致するものは**イ・オ**であり、正解は**4**となる。

問題 2　特別区Ⅰ類（2021年度）……………………………………………………………本冊P.193

正解：2

1 ×　判例は、法令に損失補償の規定がなくても、損失を被った者が損失を具体的に主張立証して、**憲法29条3項を直接の根拠として補償を請求する余地はある**ため、制限を定め及びこの制限に違反した場合の罰則を定めた法令を直ちに違憲無効と解すべき**ではない**としている（河川附近地制限令違反事件：最大判昭43.11.27、参197ページ）。

2 ○　判例は、**森林法の規定が共有森林について民法所定の分割請求権を否定しているのは、**森林の細分化を防止することによって森林経営の安定を図るとする当該規定の**立法目的との関係において、合理性と必要性のいずれをも肯定することのできないことが明らか**であって、この点に関する立法府の判断は、その**合理的裁量の範囲を超える**ものであると言わなければならず、**当該規定は、憲法に違反し、無効**であるとしている（森林法共有林事件：最大判昭62.4.22）。

3 ×　判例は、当時の証券取引法164条は、証券取引市場の公平性、公正性を維持するとともにこれに対する一般投資家の信頼を確保するという目的による規制を定めるものであるところ、その**規制目的は正当**であり、上場会社等の役員又は主要株主に対し一定期間内に行われた取引から得た利益の提供請求を認めるような**規制手段が必要性又は合理性に欠けることが明らかであるとはいえず**、公共の福祉に適合する制限を定めたものであるため、**証券取引法164条は憲法29条に違反しない**としている（証券取引法164条事件：最大判平14.2.13）。

4 ×　判例は、土地収用法の規定により、事業認定の告示時における相当な価格を近傍類地の取引価格を考慮して算定したうえで、権利取得裁決時までの物価の変動に応ずる修正率を乗じて権利取得裁決時における土地収用に伴う補償金の額を決定するとされていることについて、一般的に当該事業による影響を受けて近傍類地の取引価格に変動が生ずることがありその変動率と修正率とは必ずしも一致しないけれども、この価格変動による恩恵を事業に関与していない収用地の所有者等が当然に享受しうる理由はない等によって土地収用法の規定には、十分な合理性が**認められる**ことから、土地収用法の規定により被収用者は収用の前後を通じて被収用者の有する財産価値と**等しく**補償を受けられるとしている（土地収用補償金請求事件：最判平14.6.11、参196ページ）。

5 ×　判例は、区分所有法の規定が、1棟建替えにおいて区分所有者及び議決権の各5分の4以上の多数で建替え決議ができると定めているのに比べて、団地内全建物一括建替えにおいて団地内の各建物の区分所有者及び議決権の各3分の2以上の賛成があれば団地全体の区分所有者及び議決権の各5分の4以上の多数の賛成で一括建替え決議ができると定めていることから、団地1棟建替えと団地全建物一括建替えでは議決要件が異なることについて、計画的に良好かつ安全な住環境を確保し、その敷地全体の効率的かつ一体的な利用を図ろうとする目的で、建替えに参加しない区分所有者の経済的損失に対する相応の手当もあり、その他区分所有権の性質等もかんがみて、規制の目的、必要性、内容、その規制によって制限される財産権の種類、性質及び制限の程度等を**比較考量**して判断すると、**区分所有法の規定は合理性を失うものではなく憲法29条に違反しない**としている（団地所有権移転登記手続等請求事件：最判平21.4.23）。

問題3 特別区Ⅰ類（2018年度）……………………………………………………本冊P.194

正解：5

A × 判例は、憲法29条2項では財産権の内容は「法律」で定めると規定しているが、**ため池の破損、決かいの原因となるため池の堤とうの使用行為は、憲法でも民法でも適法な財産権の行使として保障されていない**ものであり、**憲法、民法の保障する財産権の行使のらち外**であるから、条例による禁止・処罰をしても憲法及び法律に抵触又はこれを逸脱することはなく、本条例による制約は、災害を防止し公共の福祉を保持するうえに社会生活上やむをえないものであることからすると、ため池の堤とうを使用しうる財産権を有する者は、**当然受忍**しなければならない責務であり、**憲法29条3項の損失補償は必要ではない**としている（奈良県ため池条例事件：最大判昭38.6.26）。

B ○ **本肢の記述のとおり**である（証券取引法164条事件：最大判平14.2.13）。

C × 判例は、**森林法の規定が共有森林について民法所定の分割請求権を否定しているのは、**森林の細分化を防止することによって森林経営の安定を図るとする当該規定の**立法目的との関係において、合理性と必要性のいずれをも肯定することのできないことが明らか**であって、この点に関する立法府の判断は、その**合理的裁量の範囲を超える**ものであると言わなければならず、**当該規定は、憲法に違反し、無効**であるとしている（森林法共有林事件：最大判昭62.4.22）。

D ○ 判例は、法令に損失補償の規定がなくても、損失を被った者が損失を具体的に主張立証して、**憲法29条3項を直接の根拠として補償を請求する余地はある**としている（河川附近地制限令違反事件：最大判昭43.11.27、参197ページ）。

以上により、妥当なものは**B・D**であり、正解は**5**となる。

問題4 **特別区Ⅰ類（2013年度）**……………………………………………………………**本冊P.195**

正解：3

1 × 判例は、**私有財産制度**を保障しているのみでなく、社会的経済的活動の基礎をなす国民の**個々の財産権**につきこれを**基本的人権**として保障するとしている（森林法共有林事件：最大判昭62.4.22）。

2 × 憲法29条にいう**「財産権」とは、一切の財産的価値を有する権利をいう。**所有権などの物権だけでなく、賃借権などの債権も含まれる。さらに民法などの**私法的権利**だけでなく、特別法で認められた漁業権や鉱業権、公法的な権利である水利権や河川利用権も財産権に**含まれる**。

3 ○ 憲法29条2項は、財産権は「公共の福祉」による制約を受けるとしているが、この**「公共の福祉」には2つの意味**がある。すなわち、①国家から財産権を不当に侵害されないという**自由国家的**な「公共の福祉」と、②社会的経済的弱者保護のために個々人の財産権の制限はやむをえないという**社会国家的**な「公共の福祉」である。よって、財産権は積極目的規制にも**服する**。

4 × 判例は、憲法29条2項では財産権の内容は「法律」で定めると規定しているが、**ため池の破損、決かいの原因となるため池の堤とうの使用行為は、憲法でも民法でも適法な財産権の行使として保障されていない**ものであり、**憲法、民法の保障する財産権の行使のらち外**であるから、条例による禁止・処罰をしても**憲法**及び**法律**に**抵触**又はこれを**逸脱**することは**ない**としている（奈良県ため池条例事件：最大判昭38.6.26）。

5 × 判例は、法令に損失補償の規定がなくても、損失を被った者が損失を具体的に主張立証して、**憲法29条3項を直接の根拠として補償を請求する余地はある**ため、制限を定め及びこの制限に違反した場合の罰則を定めた法令を直ちに違憲無効と解すべき**ではない**としている（河川附近地制限令違反事件：最大判昭43.11.27、参197ページ）。

3 4 財産権②

問題1 国家一般職（2015年度）……………………………………………………本冊P.200

正解：2

ア × 判例は、**私有財産制度**を保障しているのみでなく、社会的経済的活動の基礎をなす国民の**個々の財産権**につきこれを**基本的人権**として保障するとしている（森林法共有林事件：最大判昭62.4.22、参186ページ）。よって、**私有財産制度**が保障されている以上、個人が財産権を享有しうる法制度の保障がされているといえる。

イ × 憲法29条2項は、財産権は「公共の福祉」による制約を受けるとしているが、この**「公共の福祉」には2つの意味**がある。すなわち、①国家から財産権を不当に侵害されないという**自由国家的**な「公共の福祉」と、②社会的経済的弱者保護のために個々人の財産権の制限はやむをえないという**社会国家的**な「公共の福祉」である（参189ページ）。

ウ × 下級審判例は、財産上特別の犠牲が課せられた場合と、生命身体に対し特別の犠牲が課せられた場合とで、後者の方を不利に扱うことが許されるとする合理的理由は**全くない**から、**生命身体に対して特別の犠牲が課せられた場合においても、29条3項を類推適用し、直接国に対して補償請求ができる**としている（予防接種ワクチン禍事件：東京高判平4.12.18）。

エ × 判例は、憲法29条3項にいう「公共のために用ひる」とは、私有財産権を個人の私の利益のために取上げないという保障であるから、その反面において**公共の利益の必要**があれば、権利者の意思に反していても**収用できる**と解され、必ずしも**物理的に公共の使用のためでなければならないと解すべきではなく**、また、収用した結果として**特定の個人が受益者となっても、全体の目的が公共の用のためであればよい**としている（自作農創設特別措置法事件：最大判昭28.12.23、栗山茂裁判官の補足意見）。

オ ○ 判例は、法律に損失補償の規定がなくても、損失を被った者が損失を具体的に主張立証して、**憲法29条3項を直接の根拠として補償を請求する余地はある**としている（河川附近地制限令違反事件：最大判昭43.11.27）。

以上により、妥当なものは**オのみ**であり、正解は**2**となる。

問題 2　裁判所職員（2021年度）……………………………………………………本冊P.201

正解：4

ア　正　判例は、**私有財産制度**を保障しているのみでなく、社会的経済的活動の基礎をなす国民の**個々の財産権**につきこれを**基本的人権**として保障するとしている（森林法共有林事件：最大判昭62.4.22、参186ページ）。

イ　誤　判例は、憲法29条3項にいう「公共のために用ひる」とは、私有財産権を個人の私の利益のために取上げないという保障であるから、その反面において**公共の利益の必要があれば権利者の意思に反していても収用できる**と解され、必ずしも**物理的に公共の使用のためでなければならないと解すべきではなく**、また、収用した結果として特定の個人が受益者となっても、全体の目的が公共の用のためであればよいとしている（自作農創設特別措置法事件：最大判昭28.12.23、栗山茂裁判官の補足意見）。

ウ　誤　判例は、「正当な補償」（憲法29条3項）について、自作農創設特別措置法事件（最大判昭28.12.23）では、その当時の経済状態において成立することを考えられる価格に基づき、合理的に算出された相当な額をいうのであって、必ずしも常にかかる価格と完全に一致するものではない（**相当補償**）としていた。また、土地収用補償金請求事件（最判平14.6.11）でも同様の判断をしている。しかし、土地収用法事件（最判昭48.10.18）では、**完全な補償**として収用の前後を通じて被収用者の財産価値を**等しく**ならしめるような補償をなすべきであり、金銭をもって補償する場合は被収用者が近傍において被収用地と同等の代替地等を取得するに足りる金額の補償となる（**完全補償**）としている。よって、**判例の判断は分かれており**、「財産が一般市場においてもつ客観的な経済価格が補てんされることを意味するから、当該価格を下回る金額の補てんでは、『正当な補償』とはいえない」という部分が**誤り**である。

以上により、正誤の組み合わせは**ア：正、イ：誤、ウ：誤**であり、正解は**4**となる。

問題3 裁判所職員（2012年度）……………………………………………………本冊P.202

正解：1

ア × 条例が民主的基盤に立って制定されるものであることを根拠とすると、「条例」も「法律」が国会において民主的手続によって制定されることと同じことになる。とすれば、**条例が民主的基盤に立って制定されるものであることを根拠とするのはB説**である。したがって、本記述「A説は、条例が民主的基盤に立って制定されるものであることを根拠とする」は誤りである。

イ ○ 財産権の規制は、法律の委任がある場合を除き、必ず法律によらなければならないとする**A説**からすると、憲法29条1項は「財産権は、これを侵してはならない」と規定されていることから財産権の不可侵性を保障し、これを受けて2項では「財産権の内容は、公共の福祉に適合するやうに、法律でこれを定める」と規定されていることから、**財産権の不可侵性に対する例外的な公共の福祉による制約は法律に限定**されると解することになる。とすれば、A説は財産権の不可侵性を重視するといえる。

ウ × B説は条例によって法律の個別の委任なしに財産権を規制することができるとするが、憲法94条において法律の範囲内で条例を制定することができると規定されていることからすれば、**B説によっても無制限に条例を制定できるのではなく、法律の範囲内という一定の法律による制限**を受ける。とすれば、法律による制約を受けずに、条例で財産権を規制することができてしまうとの主張は、**B説に対する批判とはならない**。したがって、本記述「B説は、法律による制約を受けずに、条例で財産権を規制することができてしまうと批判される」は誤りである。

エ × 憲法29条2項は「法律でこれを定める」と規定されており、「条例」が文言に含まれていないため、**B説は、解釈によって条例が含まれる**べきと主張することになる。とすれば、B説は、憲法29条２項の**文言を根拠とすることができない**。したがって、本記述「B説は、憲法29条２項の文言を根拠とする」は誤りである。

以上により、適当なものは**イのみ**であり、正解は**1**となる。

4 1 人身の自由①

問題1 特別区Ⅰ類（2013年度）……本冊P.210

正解：3

1 × 判例は、**第三者の所有物の没収は**、被告人に対する附加刑として言い渡され、その刑事処分の効果が第三者に及ぶものであるから、所有物を没収せられる**第三者についても、告知、弁解、防御の機会を与えることが必要**であって、これなくして第三者の所有物を没収することは、適正な法律手続に違反するところ、所有物を没収せられる**第三者への告知、弁解、防御の機会が規定されていない当時の関税法の規定によって第三者の所有物を没収することは、憲法31条等に反する**としている（第三者所有物没収事件：最大判昭37.11.28）。

2 × 判例は、**当時の道路交通取締法施行令の規定にある「事故の内容」とは**、その発生した日時、場所、死傷者の数及び負傷の程度並びに物の損壊及びその程度等、交通事故の態様に関する事項を指すものであるから、操縦者、乗務員その他の従業者は、警察官の交通事故に対する処理について必要な限度においてのみ報告義務を負担するのであって、それ以上に刑事責任を問われるおそれのある**事故の原因その他の事項までも報告する義務は含まれず、自己に不利益な供述の強要にあたらない**ことからすれば、当該報告義務は、何人も自己が刑事上の責任を問われるおそれのある事項について供述を強要されないことを保障した黙秘権（憲法38条1項）に**反しない**としている（自動車事故報告義務事件：最大判昭37.5.2、参220ページ）。

3 ○ 判例は、**憲法37条1項の保障する迅速な裁判を受ける権利は**、単に迅速な裁判を一般的に保障するだけでなく、個々の刑事事件について、審理の著しい遅延の結果、迅速な裁判を受ける被告人の権利が害せられたと認められる異常な事態が生じた場合には、**具体的規定がなくても、その審理を打ち切るという非常救済手段がとられるべきことをも認めている**としている（高田事件：最大判昭47.12.20、参214ページ）。

4 × 判例は、**憲法31条の定める法定手続の保障は**、直接には刑事手続に関するものであるが、**行政手続について当然に憲法31条による保障の枠外とはならない**ところ、**行政手続は**、刑事手続とはその性質において**差異**があり、また、**行政目的に応じて多種多様**であるから、**行政処分の相手方に事前の告知、弁解、防御の機会を与えるかどうかは、**行政処分により制限を受ける権利利益の内容、性質、制限の程度、行政処分により達成しようとする公益の内容、程度、緊急性等を**総合較量して決定されるべき**ものであって、**常に必ずそのような機会を与えることを必要とするものではない**としている（成田新法事件②：最大判平

4.7.1)。したがって、「その相手方に事前の告知、弁解、防御の機会を必ず与えなければならない」の部分が**誤り**である。

5 × 判例は、刑罰法規があいまい不明確のゆえに憲法に違反するかは、**通常の判断能力を有する一般人の理解**において、具体的場合に当該行為がその適用を受けるものかどうかの判断を可能ならしめるような**基準が読みとれるかどうか**によってこれを決定すべきであるところ、公安条例の「交通秩序を維持すること」という規定は、明確性を欠くとは**いえず憲法に反しない**としている(徳島市公安条例事件:最大判昭50.9.10)。

問題2 国家Ⅱ種(2003年度)……………………………………………………本冊P.211

正解:1

ア × 判例は、**第三者の所有物の没収は、**被告人に対する附加刑として言い渡され、その刑事処分の効果が第三者に及ぶものであるから、所有物を没収せられる**第三者についても、告知、弁解、防御の機会を与えることが必要**であって、これなくして第三者の所有物を没収することは、適正な法律手続に違反するところ、所有物を没収せられる**第三者への告知、弁解、防御の機会が規定されていない当時の関税法の規定によって第三者の所有物を没収することは、憲法31条等に違反する**としている(第三者所有物没収事件:最大判昭37.11.28)。

イ × 判例は、**憲法31条の定める法定手続の保障は、**直接には刑事手続に関するものであるが、**行政手続について当然に憲法31条による保障の枠外とはならない**ところ、**行政手続は、**刑事手続とはその性質において**差異**があり、また、**行政目的に応じて多種多様**であるから、**行政処分の相手方に事前の告知、弁解、防御の機会を与えるかどうかは、**行政処分により制限を受ける権利利益の内容、性質、制限の程度、行政処分により達成しようとする公益の内容、程度、緊急性等を**総合較量して決定されるべき**ものであって、**常に必ずそのような機会を与えることを必要とするものではない**としている(成田新法事件②:最大判平4.7.1)。

ウ ○ **本肢の記述のとおり**である(徳島市公安条例事件:最大判昭50.9.10)。

エ × 判例は、**関税定率法が輸入禁制品として挙げている「風俗を害すべき書籍、図画」等を合理的に解釈**すれば、「風俗」とは専ら性的風俗を意味し、**輸入禁止の対象とされるのは「わいせつな書籍、図画」等に限られる**ものということができ、このような**限定的な解釈が可能**であることから、我が国内における社会通念に合致するものである以上、**関税定率法の規定は、何ら明確性に欠ける**

ものではないとしている（税関検査事件：最大判昭59.12.12）。

オ × 判例は、**刑事裁判**において、**起訴されていない犯罪事実をいわゆる余罪として認定**し、**実質上これを処罰する趣旨で量刑の資料に考慮**し、これにより被告人を**重く処罰**することは、**不告不理の原則に反し、憲法31条に違反するため許されない**が、刑事裁判における**量刑は**、被告人の性格、経歴及び犯罪の動機、目的、方法等**すべての事情を考慮**して、裁判所が法定刑の範囲内において、適当に決定すべきものであるから、その**量刑のための一情状として、いわゆる余罪をも考慮することは、必ずしも禁ぜられていない**としている（最大判昭42.7.5）。

以上により、妥当なものは**ウのみ**であり、正解は**1**となる。

4 2 人身の自由②

問題1 国家専門職（2019年度）……………………………………………本冊P.218

正解：2

ア × 憲法31条によって保障される法定手続について通説は、人権保障の点から、①**手続**が法律により**制定**されることだけではなく、②その**手続の内容が適正**であること、③手続だけでなく、**実体**も法律によって**制定**（刑法等）すべきであること、④**実体**（刑法等）**の内容もまた適正**であることを要求していると解している（参206ページ）。

イ × 判例は、捜査機関が逮捕状によらず被疑者を逮捕することができることを規定している**刑事訴訟法210条（緊急逮捕）は**、厳格な制約の下に、罪状の重い一定の犯罪のみについて、緊急やむをえない場合に限り、逮捕後直ちに裁判官の審査を受けて逮捕状の発行を求めることを条件としているから、**憲法33条の趣旨に反しない**としている（最大判昭30.12.14）。

ウ × 判例は、**憲法37条1項の保障する迅速な裁判を受ける権利は**、単に迅速な裁判を一般的に保障するだけでなく、個々の刑事事件について、審理の著しい遅延の結果、迅速な裁判を受ける被告人の権利が害せられたと認められる異常な事態が生じた場合には、**具体的規定がなくても、その審理を打ち切るという非常救済手段がとられるべきことをも認めている**としている（高田事件：最大判昭47.12.20）。

エ × 判例は、憲法35条1項の規定は、刑事責任追及の手続における強制について司法権による事前抑制が行われることを保障した趣旨であるが、刑事責任追及を目的としないという理由のみで、手続における一切の強制が当然に憲法35条1項による保障の枠外にあるとは判断することは相当でないところ、**行政手続の一種である税務調査として旧所得税法に定める検査は、裁判官の発する令状を要件としていないが、**専ら所得税の公平確実な賦課徴収のために必要な資料を収集することを目的とする手続で**刑事責任の追及を目的とする手続ではなく、実質上、刑事責任追及のための資料の取得収集に直接結びつく作用を一般的に有するものではない**ことから**憲法35条に違反しない**としている（川崎民商事件①：最大判昭47.11.22）。

オ ○ 判例は、憲法37条2項後段は、証人喚問権を保障しているところ、**裁判所は不必要と思われる被告人側の証人までをもすべて尋問する必要はなく**、当該事件の裁判をなすに**必要適切な証人を喚問すればそれでよい**としている（最大判昭23.7.29）。

以上により、妥当なものは**オのみ**であり、正解は**2**となる。

問題2 **特別区Ⅰ類（2019年度）**……………………………………………………………**本冊P.219**

正解：5

1 × 憲法31条によって保障される法定手続について通説は、人権保障の点から、①**手続**が法律により**制定**されることだけではなく、②その**手続の内容が適正**であること、③手続だけでなく、**実体**も法律によって**制定**（刑法等）されるべきであること、④**実体**（刑法等）**の内容もまた適正**であることを要求していると解している（参206ページ）。

2 × 憲法34条は「何人も、理由を直ちに告げられ、且つ、直ちに弁護人に依頼する権利を与へられなければ、抑留又は拘禁されない。又、何人も、**正当な理由がなければ、拘禁されず**、要求があれば、その理由は、直ちに本人及びその弁護人の出席する公開の法廷で示されなければならない」と規定されている。**正当な理由がなければならないのは、「拘禁」であり、「抑留」ではない**。

3 × 憲法35条は、裁判官の発する令状がなければ、その住居、書類及び所持品について、侵入、捜索及び押収を受けないことを規定している。もっとも、例外的に、**捜査機関が被疑者を逮捕する場合**には、**令状がなくても、その現場で捜索や押収を行うことができる**。そして、逮捕する場合とは、令状逮捕だけではなく、**現行犯逮捕や緊急逮捕も含まれている**。

4 × 判例は、憲法37条1項の保障する迅速な裁判を受ける権利は、単に迅速な裁判を一般的に保障するだけでなく、個々の刑事事件について、審理の著しい遅延の結果、迅速な裁判を受ける被告人の権利が害せられたと認められる異常な事態が生じた場合には、**具体的規定がなくても、その審理を打ち切るという非常救済手段がとられるべきことをも認めているとしている**（高田事件：最大判昭47.12.20）。したがって、「これに対処すべき具体的規定がある場合に限り」の部分が**誤り**である。

5 ○ **本肢の記述のとおり**である（成田新法事件②：最大判平4.7.1、参206ページ）。

4 3 人身の自由③

問題1 国家一般職（2021年度）………………………………………… 本冊P.224

正解：4

ア × 判例は、**憲法37条1項の保障する迅速な裁判を受ける権利**は、単に迅速な裁判を一般的に保障するだけでなく、個々の刑事事件について、審理の著しい遅延の結果、迅速な裁判を受ける被告人の権利が害せられたと認められる異常な事態が生じた場合には、**具体的規定がなくても、その審理を打ち切るという非常救済手段がとられるべきことをも認めており**、15年余にわたって裁判が再開されないといった事態が生じた場合、その審理を打ち切る方法について現行法上、具体的な明文の規定はないところ、判決で**免訴**の言渡しをするのが相当であるとしている（高田事件：最大判昭47.12.20、参214ページ）。

イ × 判例は、**当時の道路交通取締法施行令の規定にある「事故の内容」とは**、その発生した日時、場所、死傷者の数及び負傷の程度並びに物の損壊及びその程度等、交通事故の態様に関する事項を指すものであるから、操縦者、乗務員その他の従業者は、警察官の交通事故に対する処理について必要な限度においてのみ報告義務を負担するのであって、それ以上に**刑事責任を問われるおそれのある事故の原因その他の事項までも報告する義務は含まれず、自己に不利益な供述の強要にあたらない**ことからすれば、当該報告義務は、何人も自己が刑事上の責任を問われるおそれのある事項について供述を強要されないことを保障した黙秘権（憲法38条1項）に**反しない**としている（自動車事故報告義務事件：最大判昭37.5.2）。

ウ ○ 憲法34条の弁護人依頼権は、①捜査官等から弁護人依頼権が保障されているとの**告知を受ける**権利、②弁護人選任を**妨害されない**権利、③弁護人選任のための**紹介、連絡、時間的保障の配慮**を受ける権利、④**弁護活動、弁護人との接見交通**の保障を受ける権利を含むと解されている（参213ページ）。

エ ○ **本肢の記述のとおり**である（衆議院議員選挙法違反事件：最大判昭25.9.27）。

オ × **判例は、法人税法上のほ脱犯（脱税犯）として刑罰を科すとともに追徴税を課すこと**について、刑罰は反社会的行為を制裁するものであり、追徴課税は納税義務違反の発生を防止するためであり、**性質が異なる**ものであるから、**二重処罰を禁止する憲法第39条に反しない**としている（最大判昭33.4.30）。

以上により、妥当なものは**ウ・エ**であり、正解は**4**となる。

問題 2　**国家一般職（2012年度）**……………………………………………………………**本冊P.225**

正解：2

ア　○　**本肢の記述のとおり**である（高田事件：最大判昭47.12.20、参214ページ）。

イ　×　憲法82条2項本文は「裁判所が、裁判官の全員一致で、公の秩序又は善良の風俗を害する虞があると決した場合には、対審は、公開しないでこれを行ふことができる」と規定しており、**公開の法廷について例外が認められている**。

ウ　○　**本肢の記述のとおり**である。なお、判例は、刑事裁判における証人尋問が公判期日において行われる場合、刑事訴訟法の規定に基づいて、傍聴人と証人との間で遮へい措置が採られ、あるいはビデオリンク方式によることとされ、さらには、ビデオリンク方式によったうえで傍聴人と証人との間で遮へい措置が採られても、審理が公開されていることに**変わりはない**から、憲法37条1項等に違反するもの**ではない**としている（最判平17.4.14）。

エ　×　判例は、憲法37条2項は、証人尋問に要する費用はすべて国家でこれを支給し、被告人の無資産などの事情により充分に証人の喚問を請求する自由が妨げられてはならないという趣旨であり、**被告人が判決において有罪の言渡しを受けた場合にも訴訟費用の負担を命じてはならないという趣旨ではない**としている（最判昭25.10.19）。

オ　×　刑事被告人の弁護人依頼権は憲法37条3項に規定する権利であり、防御権の行使に必要であるとして厳格に保障されている。また、この弁護人依頼権を充足させるために資力がなく弁護人に依頼できない者のために国選弁護人依頼権も規定している。そして、判例は、**被告人が国選弁護人を通じて正当な防御活動を行う意思がないことを自らの行動によって表明したものと評価すべき判示の事情**（弁護活動を誹ぼう罵倒、弁護人への暴行、及び裁判長の訴訟指揮に服さないため退廷命令・拘束命令を再三されている状況）の下においては、裁判所が国選弁護人の辞意を容れてこれを解任してもやむをえないところ、解任後に被告人が再度国選弁護人の選任を請求しても、被告人においてその後も判示のような状況を維持存続させたとみるべき場合は、**再選任請求を却下しても憲法37条3項に違反しない**としている（最判昭54.7.24、参213ページ）。

以上により、妥当なものは**ア・ウ**であり、正解は**2**となる。

問題3 **裁判所職員（2013年度）** ……本冊P.226

正解：3

ア × 判例は、憲法37条1項の保障する迅速な裁判を受ける権利は、単に迅速な裁判を一般的に保障するだけでなく、個々の刑事事件について、審理の著しい遅延の結果、迅速な裁判を受ける被告人の権利が害せられたと認められる異常な事態が生じた場合には、**具体的規定がなくても**、その**審理を打ち切る**という非常救済手段がとられるべきことをも認めているとしている（高田事件：最大判昭47.12.20、参214ページ）。

イ ○ **本肢の記述のとおり**である（川崎民商事件②：最大判昭47.11.22）。

ウ ○ **「供述」とは、言葉によって表現されるもの**であるから、指紋、足型、飲酒検問における呼気は供述に**あたらない**。

エ ○ 判例は、行為当時の最高裁判所の判例の示す法解釈に従えば無罪となるべき行為について、**判例変更をして処罰することが憲法39条に違反しない**ことは最高裁判所の各判例の趣旨からして明らかであるとしている（最判平8.11.18）。

オ × 判例は、刑法で規定する死刑である**絞首刑は、一般に直ちに残虐な刑罰に該当するとは考えられない**が、将来もし死刑について火あぶり、はりつけ、さらし首、釜ゆでの刑のような残虐な執行方法を定める法律が制定された場合は、憲法36条に違反する残虐な刑罰となるとしている（最大判昭23.3.12）。

以上により、適当なものは**イ・ウ・エ**であり、正解は**3**となる。

5 1 生存権

問題1 特別区Ⅰ類（2015年度）…… 本冊P.236

正解：4

1 × **生存権は、社会的経済的弱者保護のために国家の積極的な配慮を求めるもの**であるから、**社会権的側面がある**。さらに、公権力による不当な生存権侵害があった場合には、裁判所に排除を求めうるという点で**自由権的側面も認められている**。

2 × 生存権の法的性格について、**プログラム規定説は**、憲法25条1項の生存権の規定は、個々の国民に対して**具体的な権利を保障したものではなく**、単なるプログラム（目標）を規定したものであり、国民の生存を確保すべき**政治的義務**を国家に課しているにすぎないという考え方である。

3 × 生存権の法的性格について、**抽象的権利説は**、憲法25条1項の生存権の規定は、国民が健康で文化的な最低限度の生活を営むのに必要な立法を行う**法的義務**を国家に課している。そして、**憲法25条を直接の根拠として立法や行政の不作為の違憲性を裁判で争うことはできない**が、生存権を**具体化する法律**があれば、その法律に基づく裁判のなかで**憲法25条違反を主張できる**とする考え方である。

4 ○ 判例は、**社会保障上の施策における在留外国人の処遇**については、国は、特別の条約の存しない限り、当該外国人の属する国との外交関係、変動する国際情勢、国内の政治・経済・社会的諸事情等に照らしながら、その**政治的判断**により決定でき、限られた財源下での福祉的給付を行うにあたり**自国民を在留外国人より優先的に扱うことも許され**、障害福祉年金の支給対象者から在留外国人を除外することは、**立法府の裁量の範囲に属する事柄**であって、**憲法第25条に反しない**としている（塩見訴訟：最判平元.3.2、参33ページ）。

5 × 判例は、憲法25条1項は、すべての国民が健康で文化的な最低限度の生活を営みうるように国政を運営すべきことを国の責務として宣言したにとどまるところ、憲法25条1項の「健康で文化的な最低限度の生活」なるものは、きわめて**抽象的・相対的**な概念であって、その具体的内容は、その時々における文化の発達の程度、経済的・社会的条件、一般的な国民生活の状況等との相関関係において判断決定されるべきものであるとともに、憲法25条1項を現実の立法として具体化するには、国の財政事情を無視することができず、また、多方面にわたる複雑多様な、しかも高度の専門技術的な考察とそれに基づいた**政策的判断**を必要とするものである。したがって、憲法25条の規定の趣旨にこたえて具体的にどのような立法措置を講ずるかの選択決定は、**立法府の広い裁量**に委ねられており、それが**著しく合理性を欠き明らかに裁量の逸脱・濫用**と見ざるをえないような場合を**除き**、**裁判所が審査判断するのに適しない**としている（堀木訴訟②：最大判昭57.7.7）。

問題 2 国家一般職（2012年度）……………………………………………… 本冊P.236

正解：5

ア × 生存権の法的性格について、**プログラム規定説は**、憲法25条1項の生存権の規定は、個々の国民に対して**具体的な権利を保障したものではなく**、単なるプログラム（目標）を規定したものであり、国民の生存を確保すべき**政治的義務**を国家に課しているにすぎないという考え方である。「法的義務」とする点で誤っている。

イ × 判例は、国民年金制度は憲法25条の生存権を実現するための制度であるところ、そのためにどのような立法措置をとるかは**立法府の広い裁量**に委ねられており、それが著しく合理性を欠き、**裁量の逸脱・濫用**でなければ裁判所が審査判断することは**適さない**としたうえ、**当該措置は、著しく合理性を欠くということはできず、憲法25条に反しない**としている（学生無年金障害者訴訟：最判平19.9.28）。

ウ × 判例は、憲法25条の健康で文化的な最低限度の生活は、**抽象的な相対的概念**であり、その具体的内容は文化の発達・経済的条件・一般的な国民生活の状況などで判断される**専門的・政策的**なものであり、国の財政事情も考慮しなければならないのであるから、どのような立法措置をとるかは**立法府の広い裁量**に委ねられ、それが**著しく合理性を欠き明らかに裁量の逸脱・濫用でない限り、裁判所が審査判断するのに適しない**とし、所得税法の定める課税最低限が健康で文化的な最低限度の生活を維持するための生計費を下回り、著しく合理性を欠き明らかに**裁量の逸脱・濫用となる理由を具体的に主張しなければならない**としている（総評サラリーマン訴訟：最判平元.2.7）。

エ ○ 判例は、社会保障上の施策における在留外国人の処遇については、国は、**特別の条約**の存しない限り、当該外国人の属する国との外交関係、変動する国際情勢、国内の政治・経済・社会的諸事情等に照らしながら、その**政治的判断**により決定でき、限られた財源下での福祉的給付を行うにあたり自国民を在留外国人より優先的に扱うことも**許され**、障害福祉年金の支給対象者から在留外国人を除外することは、**立法府の裁量の範囲に属する事柄**であって、**憲法第25条に反しない**としている（塩見訴訟：最判平元.3.2、参33ページ）。

オ ○　判例は、社会保障給付の全般的公平を図るため公的年金相互間における併給調整を行うかどうかは、**立法府の裁量**の範囲に属する事柄と見るべきであるから、立法における給付額が低額であるからといって当然に憲法25条に反する**とはならない**としている（堀木訴訟②：最大判昭57.7.7）。

以上により、妥当なものは**エ・オ**であり、正解は**5**となる。

問題3　**裁判所職員（2016年度）**…………………………………………………… **本冊P.238**

正解：5

ア 誤　判例は、憲法25条1項から直接個々の国民の権利を導くことはできないが、**憲法の趣旨・目的を具体化した法律があれば、それは具体的権利**となるのであるから、**憲法25条1項の規定の趣旨を実現するために制定された生活保護法によって初めて個々の権利が与えられるが、何が健康で文化的な最低限度の生活かの決定は厚生大臣の裁量に委ねられており、**厚生大臣が裁量により定める**保護基準**は、生活保護法所定の事項を遵守し結局は憲法の定める**健康で文化的な最低限度の生活を維持**するものでなければならないが、健康で文化的な最低限度の生活であるかの認定判断は、**抽象的な相対的概念**であり、その具体的内容は**多数の不確定的要素を綜合考量**して初めて決定できるものであるから、**厚生大臣の合目的的な裁量**に委されており、**当不当の問題として政府の政治責任が問われることはあっても、直ちに違法の問題を生ずることはない**、としている（朝日訴訟：最大判昭42.5.24）。したがって、「生活保護法が、生活に困窮する要保護者又は被保護者に対し具体的な権利として賦与した保護受給権も、時の政府の施政方針によって左右されることのない客観的な最低限度の生活水準に基づく適正な保護基準による保護を受け得る権利である」の部分が誤りである。

イ 誤　判例は、**憲法第25条第1項**は、**すべての国民が健康で文化的な最低限度の生活を営みうるように国政を運営すべきことを国の責務として宣言したにとどまる**ところ、**憲法25条1項**の「**健康で文化的な最低限度の生活**」なるものは、きわめて**抽象的な相対的**概念であって、その**具体的内容**は、その時々における文化の発達の程度、経済的・社会的条件、一般的な国民生活の状況等との相関関係において判断決定されるべきものであるとともに、憲法25条1項を現実の立法として具体化するには、**国の財政事情**を無視することができず、また、多方面にわたる**複雑多様**な、しかも**高度の専門技術的**な考察とそれに基づいた**政策的判断**を必要とするものである。したがって、**憲法25条の規定の趣旨にこたえて具体的にどのような立法措置を講ずるかの選択決定は、立法府の広い裁量に委ねられており**、それが**著しく合理性を欠き明らかに裁量の逸脱・濫用**と見ざるをえないような場合を**除き、裁判所が審査判断するのに適しない**としている（堀木訴訟②：最大判昭57.7.7）。したがって、「著しく合理性を欠き明らかに裁量の逸脱・濫用に該当するか否かの点についても、裁判所が審査判断するのに適しない」の部分が誤りである。

ウ **正**　判例は、**社会保障上の施策における在留外国人の処遇については、国は、特別の条約の存しない限り**、当該外国人の属する国との外交関係、変動する国際情勢、国内の政治・経済・社会的諸事情等に照らしながら、その**政治的判断により決定でき、限られた財源下での福祉的給付**を行うにあたり**自国民を在留外国人より優先的に扱うことも許され**、障害福祉年金の支給対象者から**在留外国人を除外**することは、**立法府の裁量**の範囲に属する事柄であって、**憲法第25条に反しない**としている（塩見訴訟：最判平元.3.2、参33ページ）。

以上により、正誤の組み合わせは**ア：誤**、**イ：誤**、**ウ：正**であり、正解は**5**となる。

問題4　**裁判所職員（2013年度）**…………………………………………　**本冊P.239**

正解：2

問題文は、朝日訴訟（最大判昭42.5.24）の判決理由の一部である。空欄を全て埋めると以下のとおりとなる。

憲法25条1項は、「すべて国民は、健康で文化的な最低限度の生活を営む権利を有する。」と規定している。この規定は、（A【**5：すべての国民が健康で文化的な最低限度の生活を営み得るように国政を運営すべきことを国の責務として宣言したにとどまり、直接個々の国民に対して具体的権利を賦与したものではない（昭和23年れ第205号、同年9月29日大法廷判決、刑集2巻10号1235頁参照）。具体的権利としては、憲法の規定の趣旨を実現するために制定された生活保護法によって、はじめて与えられているというべきである**】）。

生活保護法は、「この法律の定める要件」を満たす者は、「この法律による保護」を受けることができると規定し（2条参照）、その保護は、厚生大臣の設定する基準に基づいて行なうものとしているから（8条1項参照）、右の権利は、厚生大臣が最低限度の生活水準を維持するにたりると認めて設定した保護基準による保護を受け得ることにあると解すべきである。もとより、（B【**1：厚生大臣の定める保護基準は、法8条2項所定の事項を遵守したものであることを要し、結局には憲法の定める健康で文化的な最低限度の生活を維持するにたりるものでなければならない**】）。しかし、（C【**4：健康で文化的な最低限度の生活なるものは、抽象的な相対的概念であり、その具体的内容は、文化の発達、国民経済の進展に伴って向上するのはもとより、多数の不確定的要素を綜合考量してはじめて決定できるものである**】）。したがって、（D【**3：何が健康で文化的な最低限度の生活であるかの認定判断は、いちおう、厚生大臣の合目的的な裁量に委されており、その判**

断は、当不当の問題として政府の政治責任が問われることはあっても、直ちに違法の問題を生ずることはない】)。ただ、(E **【2:現実の生活条件を無視して著しく低い基準を設定する等憲法および生活保護法の趣旨・目的に反し、法律によって与えられた裁量権の限界をこえた場合または裁量権を濫用した場合には、違法な行為として司法審査の対象となることをまぬかれない】**)。

以上により、空欄に入る文章は**A:5**、**B:1**、**C:4**、**D:3**、**E:2**であり、正解は**2**となる。

5 2 労働基本権

問題1 国家一般職（2019年度）……………………………………………………本冊P.244

正解：2

1 × **憲法28条の「勤労者」について**、現に職業を有する者はもちろんであるが、労働基本権の保障目的は、使用者との関係で弱い立場である労働者の地位を保護することからすれば、**現に職業を有していない者であっても**、雇用開始する段階で使用者と関係を持つことになるから勤労者として保護する必要が**あり、「勤労者」に含まれる**。また、判例は、労働基本権は、私企業の労働者だけについて保障されるのではなく、公共企業体の職員はもとよりのこと、**国家公務員や地方公務員も、憲法28条にいう勤労者にほかならない**としている（全逓東京中郵事件：最大判昭41.10.26、参248ページ）。

2 ○ **本肢の記述のとおり**である。

3 × 判例は、**ユニオン・ショップ協定は**、労働者が労働組合の組合員たる資格を取得せず又はこれを失った場合に、使用者をして当該労働者との雇用関係を終了させることにより、間接的に労働組合の組織の拡大強化を図ろうとする制度であり、**正当な機能を果たすものと認められる限りにおいてのみ、その効力を承認することができる**としている（最判昭50.4.25）。

4 × 判例は、団結権（憲法28条）に基づいて結成された団体における統制権について、労働組合はその目的を達成するために**必要かつ合理的な範囲**で組合員に対して**統制権**を有するのであるから、地方議会議員の選挙にあたり、労働組合がその組合員の居住地域の生活環境の改善その他生活向上を図るため、**組合を挙げてその選挙運動を推進することは組合活動として許される**としている（三井美唄労働組合事件：最大判昭43.12.4）。

5 × 争議行為を行えば、雇用契約に違反したことに対する民事上の責任や、業務を妨害したことに対する刑事上の責任が問われる可能性があるが、労働条件改善という**正当な目的**のためであれば、**刑事責任のみならず、民事上の債務不履行責任、不法行為責任も免除される**。

問題2 国家専門職（2021年度）………………………………………………………本冊P.244

正解：1

ア × 判例は、憲法25条1項は、**すべての国民が健康で文化的な最低限度の生活を営みうるように国政を運営すべきことを**国の責務として宣言**したにとどまる**ところ、憲法25条1項の「健康で文化的な最低限度の生活」なるものは、きわめて抽象的・相対的な概念であって、その具体的内容は、その時々における文化の発達の程度、経済的・社会的条件、一般的な国民生活の状況等との相関関係において判断決定されるべきものであるとともに、憲法25条1項を現実の立法として具体化するには、国の財政事情を無視することができず、また、多方面にわたる複雑多様な、しかも高度の専門技術的な考察とそれに基づいた政策的判断を必要とするものである。したがって、**憲法25条の規定の趣旨にこたえて具体的にどのような立法措置を講ずるかの選択決定は、**立法府の広い裁量**に委ねられており**、それが著しく合理性を欠き明らかに裁量の逸脱・濫用と見ざるをえないような場合を除き、裁判所が審査判断するのに適しないとしている（堀木訴訟②：最大判昭57.7.7、参232ページ）。

イ × 判例は、国民全体の意思を組織的に決定、実現すべき立場にある国は、広く適切な教育政策を実施すべく、必要かつ相当と認められる範囲において、教育内容について決定する権能を有するとし（旭川学テ事件：最大判昭51.5.21、参158ページ）、また、**学習指導要領については法的拘束力を**認め、高校教師が学習指導要領から逸脱した授業を行ったことに対する処分は、懲戒権者の裁量権の範囲を逸脱したものとはいえないとしている（伝習館高校事件：最判平2.1.18、参160ページ）。

ウ ○ 憲法28条の定める労働基本権は、労働組合などを組織する団結権、労働組合などが使用者と交渉する団体交渉権、労働組合などが労働条件の実現のために行動する団体行動権（争議権・争議行為）が含まれており、労働三権と呼ばれている。また、判例は、労働基本権は、単に私企業の労働者だけについて保障されるのではなく、公共企業体の職員はもとよりのこと、**国家公務員や地方公務員も、憲法28条にいう勤労者に**ほかならない以上、原則的に保障**される**としている（全逓東京中郵事件：最大判昭41.10.26、参248ページ）。

エ × 判例は、労働組合の組合費の目的が特定の政治的活動のためである場合は、組合費を徴収することは特定の政治的立場を組合員に強制することになるから許されないが、**政治的活動に参加して不利益を受けた者を救援するための費用を目的**とした場合は、組織の維持強化を図るにすぎないとして許されるとしている（国労広島地方本部事件：最判昭50.11.28）。

オ × 判例は、争議行為として**正当性が必要**であり、ストライキは労働者が労務供給をせず使用者に労働力を利用させないことにあるところ、利用させないことのみならず**不法に使用者の自由意思を抑圧する場合や、使用者の財産に対する支配を不法に阻止する場合は、争議行為の正当性が否定**されるとしている（御國ハイヤー事件：最判平4.10.2）。

以上により、妥当なものは**ウのみ**であり、正解は**1**となる。

問題3 **国家専門職（2017年度）**………………………………………………………… **本冊P.246**

正解：4

ア × 判例は、生活扶助基準の内容が健康で文化的な生活水準を維持することができるかの判断は、厚生労働大臣に専門技術的かつ政策的な見地に基づく裁量権が認められ、その裁量権の行使にあたっては、老齢加算が支給されることを前提として現に生活設計を立てていた被保護者の期待的利益に対して配慮する程度にとどまり、期待的利益の喪失を通じてその生活に看過し難い影響を及ぼしたものとはいえないから、**裁量権の範囲に逸脱・濫用はない**としている（生活保護変更決定取消請求事件：最判平24.2.28、参233ページ）。

イ × 判例は、国民全体の意思を組織的に決定、実現すべき立場にある**国は**、広く適切な教育政策を実施すべく、**必要かつ相当と認められる範囲**において、**教育内容について決定する権能を有する**としている（旭川学テ事件：最大判昭51.5.21、参158ページ）。

ウ ○ **本肢の記述のとおり**である（義務教育負担費請求事件：最大判昭39.2.26、参161ページ）。

エ × 判例は、団結権（憲法28条）に基づいて結成された団体における統制権について、労働組合はその**目的を達成するために必要かつ合理的な範囲**で組合員に対して統制権を有するのであるから、地方議会議員の選挙にあたり、労働組合がその組合員の居住地域の生活環境の改善その他生活向上を図るため、組合を挙げてその選挙運動を推進することは組合活動として**許される**が、組合員個人の立候補の自由に対する統制権について、立候補を思いとどまるよう**勧告、説得**するまでが必要かつ合理的な範囲として許されるものであり、この範囲を超えて立候補を取りやめるよう要求し、**従わない場合は違反者として処分**することは**違法**であるとしている（三井美唄労働組合事件：最大判昭43.12.4）。

オ ○ **本肢の記述のとおり**である。

以上により、妥当なものは**ウ・オ**であり、正解は**4**となる。

問題4　**国家専門職（2014年度）**……………………………………………………………本冊P.247

正解：1

ア　○　**本肢の記述のとおり**である。

イ　○　**本肢の記述のとおり**である。

ウ　×　判例は、団結権（憲法28条）に基づいて結成された団体における統制権について、労働組合はその**目的を達成するために必要かつ合理的な範囲**で組合員に対して統制権を有するのであるから、地方議会議員の選挙にあたり、労働組合がその組合員の居住地域の生活環境の改善その他生活向上を図るため、組合を挙げてその選挙運動を推進することは組合活動として**許される**が、組合員個人の立候補の自由に対する統制権について、立候補を思いとどまるよう**勧告、説得**するまでが必要かつ合理的な範囲として許されるものであり、この範囲を超えて立候補を取りやめるよう要求し、**従わない場合は違反者として処分**することは**違法**であるとしている（三井美唄労働組合事件：最大判昭43.12.4）。

エ　×　団体行動権は憲法28条で保障された権利であり、**正当な行為**であれば、**刑事責任のみならず、民事上の債務不履行責任、不法行為責任も免除される。**

オ　×　判例は、労働組合の組合費の目的が**特定の政治的活動のため**である場合は組合費を徴収することは**特定の政治的立場**を組合員に強制することになるから許されないが、**政治的活動に参加して不利益を受けた者を救援するための費用を目的**とした場合は、組織の維持強化を図るにすぎないとして**許される**としている（国労広島地方本部事件：最判昭50.11.28）。したがって、「安保反対闘争のような活動は、直接的には国の安全や外交等の国民的関心事に関する政策上の問題を対象とする活動であるが」「臨時組合費の徴収については、組合員はこれを納付する義務を負う」の部分が**誤り**である。

以上により、妥当なものは**ア・イ**であり、正解は**1**となる。

5 3 公務員の労働基本権

問題1 特別区Ⅰ類（2020年度）…………本冊P.254

正解：5

1 × 判例は、憲法は勤労者に対して労働基本権を保障し、一方ですべての国民に平等権、自由権、財産権等の基本的人権を保障しているのであるから、**労働者の争議権が平等権、自由権、財産権等の基本的人権に対して絶対的優位を有するものとはいえない**のであるから、基本的人権を無視して労働者の争議権を制限なく行使できる**わけではない**。もっとも、使用者側の自由権や財産権も絶対無制限ではなく、労働者の団体行動権等のためある程度の制限を受けるが、**労働者側の争議権においても使用者側の自由意思を抑圧し、財産に対する支配を阻止することは許されない**としている（山田鋼業事件：最大判昭25.11.15、参241ページ）。

2 × 判例は、争議行為の禁止・あおり行為等を処罰している地方公務員法の規定が対象としている禁止行為は、文字通りの解釈ではなく、**①争議行為自体の違法性の程度が強く、かつ、②あおり行為等が争議行為に通常随伴して行われる行為の範囲を超え、違法性の程度が強いものに限られる（①②の二重のしぼり）とする合憲限定解釈（憲法に適合するよう文言を解釈し読み替えること）をし、憲法28条に反しない**としている（都教組事件：最大判昭44.4.2）。

3 × 判例は、裁判事務に従事する裁判所職員が新安保条約に対する反対運動のような政治的目的のために争議を行うことは、争議行為の正当な範囲を**逸脱する**ものとして**許されるべきではなく**、かつ、それが**短時間のものであり、また、かりに暴力等を伴わないものとしても、裁判事務に従事する裁判所職員の職務の停廃をきたし、国民生活に重大な障害をもたらすおそれがあるから、このような争議行為は、違法性の強い**ものであるとしている（全司法仙台事件：最大判昭44.4.2）。

4 × 岩手県教組学力テスト事件において判例は、あおり行為等をした者に対して違法な争議行為の防止のために特に処罰の必要性を認め、地方公務員法の規定において罰則を設けることには**十分合理性があり**、憲法28条等に**反しない**としつつ、都教組事件（最大判昭44.4.2）で示されたような解釈を是認することは**できない**としている（岩手県教組学力テスト事件：最大判昭51.5.21）。

5 ○ 判例は、**非現業の国家公務員**の場合、その**勤務条件は**、憲法上、国民全体の意思を代表する**国会**において**法律、予算の形で決定**すべきものとされており、労使間の自由な団体交渉に基づく合意によって決定すべきものとは**されて**

いないので、私企業の労働者の場合のような労使による勤務条件の共同決定に関する団体交渉権及び団体交渉過程の一環として予定されている争議権は、憲法上当然に保障されているものとはいえないのであり、旧公共企業体等労働関係法の適用を受ける五現業及び三公社の職員についても、直ちに又は基本的に妥当するとしている（全逓名古屋中郵事件：最大判昭52.5.4）。

問題2 **特別区Ⅰ類（2014年度）** ……本冊P.255

正解：2

1 × 憲法28条が保障する労働基本権の一つである団結権は、使用者と対等な立場で交渉するために一般的に労働組合を組織する権利であるが、警察職員、消防職員、自衛隊員等の公務員には保障されていない。

2 ○ 本肢の記述のとおりである。

3 × 憲法第28条が保障する労働基本権の一つである団体行動権とは、労働条件の実現を図るために団体で行動をする権利であり、争議権（争議行為）が含まれている。もっとも、すべての公務員（地方公営企業職員含む）において団体行動権は保障されていない。

4 × 判例は、**裁判所の職員による政治的目的のための争議行為**が争いとなった事案において、職員団体の本来の目的に鑑みれば、使用者たる国に対する経済的地位の維持・改善に直接関係があるとはいえず、このような政治的目的のために争議を行うがごときは、争議行為の正当な範囲を逸脱するものとして許されるべきではなく、かつ、それが短時間のものであり、また、かりに暴力等を伴わないものとしても、裁判事務に従事する裁判所職員の職務の停廃をきたし、国民生活に重大な障害をもたらすおそれがあるからして、このような争議行為は違法性の強いものであるとしている（全司法仙台事件：最大判昭44.4.2）。したがって、「公務員を含むその他の勤労者であるとを問わず」「政治的目的のために争議行為を行うことは、憲法28条とは無関係」とはいえない。

5 × 判例は、本肢の事案において、争議権は憲法上当然に保障されているものとはいえないとしたうえ、これらの職員の争議行為を全面的に禁止することは必要やむをえないとしている（全逓名古屋中郵事件：最大判昭52.5.4）。

5 4 受益権（国務請求権）

問題1 国家一般職（2018年度）……本冊P.262

正解：5

ア × 裁判を受ける権利は、憲法37条で保障されており、裁判の公開は、憲法37条1項と憲法82条1項で保障されているが、**「三審制の審級制度」は明文で規定されていない**。

イ × 憲法37条の裁判を受ける権利は、その性質上外国人にもその保障が**及ぶ**と一般に解されているところ、裁判所法74条は**「裁判所では、日本語を用いる」**と規定されている。なお、**通訳・翻訳をつけて裁判を行うことはできる**（刑事訴訟法175条～178条）。

ウ × 判例は、憲法32条は**裁判所以外の国家機関（行政府・立法府等）**によっては裁判をされることはないとして、裁判を受ける権利を保障しているものであって、**訴訟法で定める管轄権を有する具体的裁判所において裁判を受ける権利を保障したものではない**としている（町村長選挙罰則違反事件：最大判昭24.3.23）。

エ ○ **本肢の記述のとおり**である（覚せい剤取締法違反事件：最大判平23.11.16）。

オ ○ **本肢の記述のとおり**である（刑事補償請求棄却決定特別抗告事件：最大決昭31.12.24）。

以上により、妥当なものは**エ・オ**であり、正解は**5**となる。

問題2 国家一般職（2013年度）……本冊P.263

正解：5

ア × **明治憲法においても裁判を受ける権利を保障していた**（明治憲法24条）が、刑事事件と民事事件のみが対象であり、**行政事件**については司法裁判所とは別の行政裁判所に訴訟を提起すべきものとされ(明治憲法61条)、訴訟を提起しうる事項は**法律で限定**されていた(列挙主義)ことから、**裁判を受ける権利の保障は十分なものではなかった。**

イ × 判例は、憲法32条は**裁判所以外の国家機関（行政府・立法府等）**によっては裁判をされることはないとして、裁判を受ける権利を保障しているものであって、訴訟法で定める**管轄権を有する具体的裁判所において裁判を受ける権利を保障したものではない**としている（町村長選挙罰則違反事件：最大判昭24.3.23）。

ウ　○　判例は、市町村合併によって村が消滅した後では、村長の地位を回復することはできず、法律上の利益が失われたとして、村長解職賛否投票の賛否投票の無効宣言を求める訴訟に関してその訴えを却下しても憲法第32条の裁判を受ける権利を**侵害しない**としている（村長解職投票無効確認請求事件：最大判昭35.12.7）。

エ　○　判例は、憲法81条において最高裁判所は「**憲法に適合するかしないかを決定**する権限を有する終審裁判所である」と規定されていることから、憲法に適合するかどうか（憲法違反の問題）ではなく、法令違反があるだけでは最高裁判所に上告できないと法律で規定することは立法の裁量の範囲内と**いえる**から、憲法第32条の裁判を受ける権利を**侵害しない**としている（規約変更認可処分取消等請求事件：最判平13.2.13）。

オ　○　民事・刑事を問わず、あまねく全国において、法による紛争の解決に必要な情報やサービスの提供が受けられる社会を実現することを基本理念とする総合法律支援構想を具体化するために制定された総合法律支援法（平成16年に公布）に基づき設立された法務省所管の公的な法人が、**日本司法支援センター**（通称：**法テラス**）であり、経済的な理由で弁護士など法律の専門家に相談ができない等の問題に対応すべく、**民事法律扶助事業等**の業務を行っている。

以上により、妥当なものは**ウ・エ・オ**であり、正解は**5**となる。

問題3　**裁判所職員（2013年度）**……………………………………本冊P.264

正解：4

1　×　受益権（国務請求権）は、絶対的支配を行ってきた専制君主の時代から、国家が不当に人権を侵害しないよう人権保障を確実なものにするために認められてきた権利であり、**資本主義社会によって生じた経済的弱者を保護するために発生した社会権とは異なる**。

2　×　請願権（憲法16条）は、国又は地方公共団体の機関に対して、その職務に関する希望を述べる権利であるが、**国又は地方公共団体は、請願に対して、何らかの判断や採択をする義務はなく**、また、**何らかの施策を行う義務もない**。

3 × 憲法32条の**「裁判」とは、公開、対審の訴訟手続による裁判**をいい、**非公開、非対審を原則とする家事審判などの非訟手続は「裁判」に含まれない**。

4 ○ 判例は、憲法17条（国家賠償請求権）の「法律の定めるところにより」とは、公務員のどのような行為がいかなる要件で損害賠償責任を負うかを立法府の政策判断に委ねたものであるが、立法府に無制限の裁量権を付与するといった法律に対する**白紙委任を認めていない**ものであるから、郵便法の規定で、郵便業務従事者の故意又は重大な過失によって損害が生じた場合に、不法行為に基づく国の損害賠償責任を免除又は制限している部分は、**立法府の裁量を逸脱し、憲法17条に反する**としている（郵便法免責規定違憲判決：最大判平14.9.11）。

5 × 刑事補償請求権（憲法40条）は、刑事事件において、抑留や拘禁を受けて「無罪」となった者は、一般的に重大な不利益や精神的な苦痛を受けていることから、その不利益や損失を救済すべきという要請によって規定されたものである。なお、**この刑事補償の手続を規定した刑事補償法は、警察機関等の故意・過失を要件としていない**ことから、**警察機関や検察官の故意や過失は不要**である。

6 1 国会の構成と衆議院の優越

問題1 国家専門職（2016年度）……………………………… 本冊P.274

正解：5

1 ×　法律案は、憲法に特別の定めのある場合を除いては、両議院で可決したとき法律となる（憲法59条1項）。そして、**参議院が、衆議院の可決した法律案を受け取った後、国会休会中の期間を除いて60日以内に、議決しないときは、衆議院は**、参議院がその法律案を**否決したものとみなす**ことが**できる**（憲法59条4項）。したがって、「30日」の部分が誤りである。

2 ×　**条約の締結**に際しては、**事前に、時宜によっては事後**に、**国会の承認を経ることが必要**（憲法73条3号）であり、条約の締結に必要な国会の承認については、衆議院の可決した予算を受け取った後、国会休会中の期間を除いて**30日以内**に、議決しないときは、**衆議院の議決を国会の議決**とする（憲法61条、60条2項）と定められている。したがって、「60日以内」の部分が誤りである。

3 ×　内閣総理大臣は**国会議員の中から**国会の議決で指名され、この指名は**他のすべての案件に優先**して行われる（憲法67条1項）。衆議院が指名の議決をした後、国会休会中の期間を除いて**10日以内**に**参議院が指名の議決をしない**ときは、**衆議院の議決が国会の議決**となる。したがって、「30日以内」の部分が誤りである。

4 ×　両議院は、各々その議員の資格に関する争訟を裁判するにあたり、**議員の議席を失わせるには、出席議員の3分の2以上の多数による議決**を必要とする（憲法55条）。この場合、**自律権の範囲とされているので、この裁判の取消しを裁判所に対して求めることはできない**（参291ページ）。

5 ○　両議院は、院内の秩序を維持するために議院自律権の一つとして、院内の秩序を乱した議員を懲罰することができる（憲法58条2項）。そして、**議員が国務大臣や大臣政務官などの公務員を兼務している場合であっても、その議員を懲罰することができる**。これは、行政府に属する国務大臣や大臣政務官に事実上の影響を及ぼすものであるが、立法府の議員としての地位に変動が生じても、行政府に属する大臣などの地位には変動を**生じない**からである（参290ページ）。

問題 2　**裁判所職員（2020年度）**……………………………………………………**本冊P.275**

正解：2

＜本問の考え方＞

本問は冒頭から空欄が続くため、空欄の番号順に考えるのではなく、**空欄の意味が確定する箇所まで読み進め**、空欄が埋められるところから解答・解説することにする。

空欄③「カ：両院協議会」

まず、空欄③まで読み進めると、「衆議院と異なる内閣総理大臣の指名の議決を参議院がした場合、空欄③を開催しても意見が一致しないとき」となっているところ、「衆議院と参議院とが異なつた指名の議決をした場合に、法律の定めるところにより、**両議院の協議会**を開いても意見が一致しないとき」（憲法67条2項）と定められている。したがって、空欄③には「**カ：両院協議会**」が入る。

空欄①「ア：予算」
空欄②「ウ：条約の承認」

さらに読み進めると、「空欄②の議決についても、空欄①と同様である。ただし、空欄①は、先に衆議院に提出しなければならないと定められているのに対し、空欄②は、そのような定めがないのが、両者の異なる点である」となっている。衆議院に**先議権**が認められているのは**予算**だけ（憲法60条）であり、衆議院の優越における**議決について同様**の定めとなっているのは**条約の承認**（憲法61条）だけである。したがって、空欄には①「**ア：予算**」、空欄②には「**ウ：条約の承認**」が入る。

以上により、妥当なものの組み合わせは①－**ア**、②－**ウ**、③－**カ**であり、正解は**2**となる。

問題 3　**裁判所職員（2014年度）**……………………………………………………**本冊P.276**

正解：5

A　誤　予算については、参議院で衆議院と**異なった議決**をした場合に、法律の定めるところにより、**両議院の協議会を開いても意見が一致しない**ときは、**衆議院の議決が国会の議決**となるため（憲法60条2項）、衆議院の再議決とはならない。したがって、「衆議院で出席議員の3分の2以上の多数で再び可決したとき」の部分が誤りである。

B　誤　内閣は、**衆議院で不信任の決議案を可決**し、又は信任の決議案を否決したときは、10日以内に衆議院が解散されない限り、総辞職をしなければならない（憲法69条）。この**内閣不信任決議権は、衆議院にのみ認められた権限**である。なお、**参議院**は内閣に対して**問責決議案**を可決することができるが、これには**法的拘束力はなく**、内閣は可決されたとしても総辞職をする必要がない。とすれば、内閣は、衆議院で不信任の決議案を可決又は信任の決議案を否決されたとしても、10日以内に衆議院が解散されれば総辞職する必要はなく、また、参議院で不信任の決議案を可決又は信任の決議案を否決されることはない。したがって、「又は参議院」「総辞職をしなければならない」の部分が誤りである。

C **誤** 衆議院の優越として、**予算先議権**（憲法60条1項）があるが、**条約の先議権は定められていない**（憲法61条）。したがって、本記述の全体が誤りである。

D **誤** **内閣総理大臣の指名について**、衆議院と参議院とが**異なった指名の議決**をした場合に、法律の定めるところにより、**両議院の協議会を開いても意見が一致しない**ときは、**衆議院の議決を国会の議決**とする（憲法67条2項）と定められており、衆議院の再議決は定められていない。したがって、「衆議院で出席議員の3分の2以上の多数で再び可決したときは」の部分が誤りである。

以上により、適当なものの組み合わせは**A：誤**、**B：誤**、**C：誤**、**D：誤**であり、正解は**5**となる。

問題4 **特別区Ⅰ類（2020年度）** …………………………………………………… **本冊P.277**

正解：2

1 × **内閣総理大臣の指名について**、衆議院と参議院とが**異なった指名**の議決をした場合に、法律の定めるところにより、**両議院の協議会を開いても意見が一致しない**ときは、**衆議院の議決を国会の議決**とする（憲法67条2項）と定められており、衆議院の再議決は定められていない。

2 ○ **本肢の記述のとおり**である（憲法73条3号、憲法61条、60条2項）。

3 × 内閣は、**衆議院で不信任の決議案**を可決し、又は信任の決議案を否決したときは、10日以内に衆議院が解散されない限り、総辞職をしなければならない（憲法69条）と憲法上規定されている。そうだとすれば、参議院で内閣不信任の決議案を否決することはできず、その後の衆議院で出席議員の3分の2以上の多数で不信任の決議案を再び可決することもできないため、この場合に内閣の総辞職とはならない。

4 × 法律案は、憲法に特別の定めのある場合を除いては、両議院で可決したとき法律となる（憲法59条1項）が、衆議院で可決し、参議院でこれと**異なった議決**をした法律案は、**衆議院で出席議員の3分の2以上の多数で再び可決**したときは、法律となる（憲法59条2項）。この場合、**両院協議会の開催は任意**である（憲法59条3項）。

5 × 予算について、参議院が衆議院の可決した予算を受け取った後、国会休会中の期間を除いて**30日以内**に議決しないときは、**衆議院の議決が国会の議決**となる（憲法60条2項）のであり、衆議院の再議決とはならない。

問題5 **特別区Ⅰ類（2016年度）** ………………………………………… **本冊P.278**

正解：3

1 × **予算について**、参議院が衆議院の可決した予算を受け取った後、国会休会中の期間を除いて**30日以内**に議決しないときは、**衆議院の議決を国会の議決**とする（憲法60条2項）。

2 × **法律案は**、憲法に特別の定めのある場合を除いては、両議院で可決したとき法律となる（憲法59条1項）。そして、参議院が、衆議院の可決した法律案を受け取った後、国会休会中の期間を除いて**60日以内**に、議決しないときは、衆議院は、参議院がその法律案を**否決したものとみなす**ことが**できる**（憲法59条4項）。

3 ○ **内閣総理大臣の指名**について、**衆議院と参議院で異なった者を指名**した場合には、**必ず両院協議会を開催する必要**がある（憲法67条2項）。

4 × 衆議院議員の**任期満了**による総選挙が行われたときは、その**任期が始まる日**から30日以内に召集しなければならないのは**臨時会**（国会法2条の3第1項）であり、**臨時会**の会期は両議院一致の議決で定め（国会法11条）、会期の延長は2回まで行うことができる（国会法12条2項、参280ページ）。

5 × 両議院の議事は、この憲法に特別の定めのある場合を除いては、出席議員の過半数でこれを決し、可否同数のときは、議長の決するところによる（憲法56条2項、参282ページ）。そして、**内閣は**、国会の臨時会の召集を決定することができ、いずれかの議院の総議員の4分の1以上の要求があれば、**内閣は**、その召集を決定しなければならない（憲法53条）。そうだとすれば、臨時会の召集の決定を行うのは**内閣**である（参322ページ）。

問題6 特別区Ⅰ類（2014年度）…………………………………………………… 本冊P.279

正解：1

1 ○　衆議院が**解散**されたときは、参議院は、同時に**閉会**となる。但し、**内閣**は、国に**緊急の必要**があるときは、参議院の**緊急集会**を求めることができる（憲法54条2項）。そして、緊急集会において採られた措置は、臨時のものであって、次の国会開会の後**10日以内**に、衆議院の同意がない場合には、その**効力を失う**（憲法54条3項、参291ページ）。

2 ×　**予算について**、参議院で衆議院と**異なった議決**をした場合に、法律の定めるところにより、**両議院の協議会**を開いても意見が**一致しない**ときは、**衆議院の議決を国会の議決**とする（憲法60条2項）。とすれば、参議院で衆議院と異なった議決をした場合は、両議院の協議会の開催は必要である。

3 ×　**内閣総理大臣の指名について**、衆議院が指名の議決をした後、国会休会中の期間を除いて10日以内に参議院が指名の議決をしないときは、**衆議院の議決を国会の議決**とする（憲法67条2項）と定められており、衆議院の再議決は定められていない。

4 ×　**「決算」（憲法90条）には**、「予算」（憲法60条）のような**衆議院の優越は認められていない**。

5 ×　**条約の締結に際しては**、**事前**に、**時宜によっては事後**に、国会の承認を経ることが必要（憲法73条3号）であり、条約の締結に必要な国会の承認については、予算の規定に準じて、参議院が衆議院の可決した予算を受け取った後、国会休会中の期間を除いて**30日以内**に議決しないときは、**衆議院の議決を国会の議決**とする（憲法61条、60条2項）と定められている。衆議院の再議決はない。

6 2 国会の運営と権能

問題 1　国家一般職（2019年度）……本冊P.286

正解：3

1 ×　**常会の会期は150日間**（国会法10条）**と規定**されており、臨時会及び特別会の会期は、**両議院一致の議決**でこれを定める（国会法11条）と規定されている。したがって、「常会」の会期について、「召集の都度、両議院一致の議決で定めなければならない」の部分が**誤り**である。

2 ×　**国会の会期は、両議院一致の議決で、これを延長することができる**（国会法12条1項）と規定されており、**会期の延長は、常会は1回、特別会及び臨時会にあっては2回**を超えてはならない（国会法12条2項）と規定されている。

3 ○　**特別会**とは、衆議院の解散総選挙の日から30日以内に召集される国会で、**常会と併せてこれを召集することができる**（国会法2条の2）。

4 ×　**会期不継続の原則は、憲法での明文の規定はない**。なお、国会法68条本文では規定されている。

5 ×　**衆議院が解散**されたときは、参議院は、**同時に閉会**となる（憲法54条2項本文）。したがって、「会期の満了を待たずに閉会することはない」の部分が**誤り**である。

問題 2　国家一般職（2016年度）……本冊P.286

正解：1

ア ×　衆議院が解散されたときは、参議院は、**同時に閉会**となる（憲法54条2項本文）と**憲法上規定**されており、**同時活動の原則は憲法で規定**されている。

イ ○　**本肢の記述のとおり**である（憲法59条～61条、67条、国会法83条等）。

ウ ×　予算については、衆議院に先議権（憲法60条1項）が認められているが、憲法上、**予算を伴う法律案についての先議権は定められていない**。予算に関連した法律案であっても、通常の法律案（憲法59条）と同様に対応することになる（参271ページ）。

エ ×　法律案は、憲法に特別の定めのある場合を除いては、両議院で可決したとき法律となる（憲法59条1項）が、衆議院で可決し、参議院でこれと異なった議決をした法律案は、衆議院で**出席議員の3分の2**以上の多数で**再び可決**したときは、法律となる（憲法59条2項）。この場合、**両院協議会の開催は任意**である（憲法59条3項、参270ページ）。

オ × 参議院の**緊急集会**（憲法54条2項但書）が、憲法上、参議院の特別の権限として認められている（参291ページ）。

以上により、妥当なものは**イのみ**であり、正解は**1**となる。

問題3 **国家一般職（2012年度）**……………………………………………**本冊P.287**

正解：3

ア × 常会は、毎年1月中（国会法2条）に**1回**（憲法52条）召集され、会期は**150日**（国会法10条）であるが、**両議院一致の議決でこれを1回まで**（国会法12条2項）延長することができる（国会法12条1項）。

イ ○ **臨時会の召集は、内閣の自由な判断**（憲法53条）によるため、内閣は、国会の閉会中新たに生じた問題の処理についてのみならず、前の国会で議決されなかった問題を改めて初めから審議し議決するためにも臨時会を召集することが**できる**。

ウ × 特別会とは、衆議院の解散総選挙の日から**30日**以内に召集される国会（憲法54条1項）であり、取り扱われる議題はおもに**内閣総理大臣の指名**などである。また、常会と併せてこれを召集することが**できる**（国会法2条の2）。

エ × 衆議院で可決し、参議院でこれと異なった議決をした法律案は、衆議院で**出席議員の3分の2**以上の多数で再び可決したときは、法律となる（憲法59条2項）。この場合、両院協議会の開催は**任意**である（憲法59条3項）。したがって、「両院協議会を開いても意見が一致しないときは、衆議院が出席議員の４分の３以上の多数で再可決」の部分が**誤り**である。

オ ○ **内閣総理大臣の指名**に関して、衆議院と参議院とが異なった指名の議決をした場合に、法律の定めるところにより、両議院の協議会を**開いても**意見が一致しないときは、**衆議院の議決**が国会の議決となる（憲法67条2項）。

以上により、妥当なものは**イ・オ**であり、正解は**3**となる。

問題4 国家一般職（2014年度）…………………………………………………………本冊P.288

正解：4

ア × **両議院は、各々その総議員の3分の1以上の出席がなければ、議事を開き、議決することができない**（憲法56条1項）と規定されている。議決だけでなく、会議を開いて審議を行うためにも、各々その総議員の3分の1以上の出席が必要である。

イ ○ 議員は、**少なくとも1箇の常任委員**となる（国会法42条2項本文）が、議長、副議長、内閣総理大臣その他の国務大臣、内閣官房副長官、内閣総理大臣補佐官、副大臣、大臣政務官及び大臣補佐官は、その割り当てられた常任委員を辞することが**できる**（国会法42条2項但書）と規定されている（参305ページ）。

ウ × **「決算」（憲法90条）は**、「予算」（憲法60条）と異なり、「予算」のような**衆議院の優越は認められていない**し、**参議院の優越も認められていない**。なお、法律案（憲法59条）や予算（憲法60条）、条約の承認（憲法61条）、内閣総理大臣の指名（憲法67条）においては衆議院の議決の優越が認められている（参270ページ）。

エ × 両議院は、各々その議員の資格に関する争訟を裁判するにあたり、**議員の議席を失わせるには、出席議員の3分の2**以上の多数による議決を必要とする（憲法55条）。そしてこの場合、**この裁判の取消しを裁判所に対して求めることはできない**と解されている（参291ページ）。

オ ○ **特別会**とは、衆議院の解散総選挙の日から30日以内に召集される国会で、**常会と併せてこれを召集することができる**（国会法2条の2）。

以上により、妥当なものは**イ・オ**であり、正解は**4**となる。

問題5 国家専門職（2019年度）…………………………………………………………本冊P.288

正解：3

1 × 衆議院の優越として、**予算先議権**（憲法60条1項）があるが、条約の先議権は**定められていない**（参271ページ）。

2 × 両議院は、院内の秩序を乱した議員を懲罰することができ、**出席議員の3分の2**以上の多数による議決があれば議員を**除名できる**（憲法58条2項、参290ページ）。

3 ○　緊急集会において採られた措置は、臨時のものであって、次の国会開会の後**10日以内**に、**衆議院の同意**がない場合には、その効力を失う（憲法54条3項、参291ページ）。

4 ×　国会は、罷免の訴追を受けた裁判官を裁判するため、**両議院の議員で組織**する弾劾裁判所を設ける（憲法64条1項）と規定されているので、**裁判員に両議院の議員以外の者を加えることはできない**。

5 ×　両議院の議員は、法律の定める場合を除いては、国会の**会期中**逮捕されず、**会期前**に逮捕された議員は、その**議院の要求**があれば、**会期中これを釈放**しなければならない（憲法50条）。そして、議員を逮捕できる「法律の定める場合」とは、国会法33条によって規定されており、①**院外での現行犯逮捕**の場合と、②**議院の許諾**がある場合である。「院内」での現行犯逮捕を含めている点で**誤り**である。

問題6　裁判所職員（2021年度）…………本冊P.289

正解：2

ア ○　**本肢の記述のとおり**である（憲法56条2項、57条1項、96条1項）。

イ ×　**各々その総議員の3分の1以上の出席**がなければ、**議事を開き、議決することができない**（憲法56条1項）と規定されている。

ウ ×　両議院は、**各々その会議の記録を保存**し、**秘密会の記録の中で特に秘密を要すると認められるもの以外**は、これを**公表し、且つ一般に頒布**しなければならない（憲法57条2項）と規定されている。

エ ×　憲法で衆議院の優越が認められているのは、**法律案**の議決（憲法59条）、**予算**の議決（憲法60条）、**条約**の承認（憲法61条）、**内閣総理大臣の指名**（憲法67条2項）である。**憲法改正の発議（憲法96条）については、衆議院の優越は認められていない**（参270ページ）。

オ ○　**本肢の記述のとおり**である（憲法54条2項）。

以上により、妥当なものは**ア・オ**であり、正解は**2**となる。

6 3 議院の権能

問題1 特別区Ⅰ類（2021年度）…… 本冊P.294

正解：5

1 ×　憲法54条2項は、衆議院が解散されたときは、参議院は、**同時に閉会**となると規定している。但し、**内閣**は、国に**緊急の必要**のあるときは、参議院の緊急集会を求めることができると規定しているので、参議院が自発的に緊急集会を行うことは**できない**。

2 ×　参議院の緊急集会（憲法54条2項但書）における「国に緊急の必要があるとき」とは、総選挙後の特別会の召集を待てないような切迫した場合をいい、その例として、**自衛隊の防衛出動**、**災害緊急措置**、緊急事態のために新たに予算を確保して行政府の活動を促進する**暫定予算**も予定されている。

3 ×　**緊急集会**（憲法54条2項但書）についても、院外における現行犯罪の場合を除いては、参議院の許諾がなければ**逮捕されない**（国会法100条1項）と規定されており、不逮捕特権が**認められている**。また、緊急集会は、参議院が「国会」の権能を暫定的に代行する制度であるから、**緊急集会においても免責特権が認められる**と解される。

4 ×　参議院の緊急集会（憲法54条2項但書）の権限は、法律・予算など国会の権限に関するすべてに及ぶが、実際に審議、議決をするのは**内閣が求めた案件に限られる**。これは、参議院の緊急集会は緊急事態に行われるため、その範囲は限定的でなければならないからである。したがって、「内閣が示した案件に関連のあるものに限らず行うことができる」の部分が**誤り**である。

5 ○　緊急集会（憲法54条2項但書）で採られた措置は、臨時のものであって、次の国会開会の後**10日以内**に、**衆議院の同意**がない場合には、その効力を失う（憲法54条3項）。

問題2 特別区Ⅰ類（2018年度）…… 本冊P.295

正解：3

1 ×　参議院の緊急集会（憲法54条2項但書）の権限は、法律・予算など国会の権限に関するすべてに及ぶが、実際に審議、議決をするのは**内閣が求めた案件に限られる**。これは、参議院の緊急集会は緊急事態に行われるため、その範囲は限定的でなければならないからである。

2 × 緊急集会（憲法54条2項但書）についても、院外における現行犯罪の場合を除いては、参議院の許諾がなければ逮捕**されない**（国会法100条1項）と規定されており、不逮捕特権が**認められている**。また、緊急集会は、参議院が「国会」の権能を暫定的に代行する制度であるから、緊急集会においても免責特権が**認められる**と解される。

3 ○ 憲法54条2項は、衆議院が解散されたときは、参議院は、**同時に閉会**となると規定している。但し、**内閣**は、国に**緊急の必要**のあるときは、参議院の緊急集会を求めることができると規定しているので、参議院が自発的に緊急集会を行うことは**できない**。また、通常国会の召集とは異なり、天皇の国事行為は必要と**されていない**。

4 × **緊急集会は**、緊急事態に行われる参議院が国会の権能を暫定的に代行する制度であるため、その権限範囲は限定的でなければならない。よって、両院での発議を必要とする**憲法改正**（憲法96条1項）**手続**や、特別会でなされることが想定されている**内閣総理大臣の指名**（憲法67条1項）**は行うことはできない**。

5 × **緊急集会で採られた措置は**、臨時のものであって、次の国会開会の後10日以内に、衆議院の同意がない場合には、その効力を失う（憲法54条3項）。そして、**効力を失うのは将来に向かって**であり、**過去に遡って無効となるわけではない**と解されている。

6 4 国政調査権

問題1 裁判所職員（2013年度）……………………………………………………………本冊P.300

正解：1

空欄①「ア：狭く」

国政調査権の性質について、①憲法41条の「国権の最高機関」の意味を文言通りに捉えて、国会は国政全般を**統括**する機能をもつ機関であると考える**統括機関説**からは、国政調査権はその**統括**のための権能と考えることになる（**独立権能説**）。この考え方では、統括のために国政調査権の範囲が**広く**及ぶことになる。他方、②憲法41条の「国権の最高機関」の意味を法的な意味はなく、国政の中心的地位を占める機関であることを強調した政治的な美称にすぎないとする**政治的美称説**（通説）からは、国政調査権は議院に与えられた権能を行使するための**補助的**なものにすぎないと考えることになる（**補助的権能説**：通説）。この考え方では、国政調査権の範囲について独立権能説と比べると狭くなる。とすれば、**学生Aは、政治的美称にすぎないと発言**していることから**補助的権能説**の立場である。**学生Bは、学生Aに対して妥当ではないと批判**していることから**独立権能説**の立場であり、国政調査権の範囲に関する補助的権能説に対しては、独立権能説と比べると**狭く**なると批判する。したがって、空欄①には「**ア：狭く**」が入る。

空欄②「ウ：議院が保持する権限は広範な事項に及ぶ」

学生Aの立場である補助的権能説であっても、**議院に与えられた権能は広範な事項に及ぶ**ため、国政調査権は結果として**広く国政全般**に及ぶと解されている。したがって、空欄②には、「**ウ：議院が保持する権限は広範な事項に及ぶ**」が入る。

空欄③「オ：許される」

学生Bの立場である独立権能説からは、国政調査権が**広い**範囲で行使できることになるから、国政全般を統括するために国政調査権を行使して司法権に対しても国会が調査・批判することが**許される**ことになる。したがって、空欄③には「**オ：許される**」が入る。

空欄④「ク：司法権の独立」
空欄⑤「カ：許されない」

学生Aの立場である補助的権能説では、司法権に対する国政調査権の行使については、三権分立の原則の下、**司法権の独立を侵害**したり、**裁判官の裁判活動に影響**を与えるような調査は**許されない**と解されている。したがって、空欄④には「**ク：司法権の独立**」、空欄⑤には「**カ：許されない**」が入る。

空欄⑥「ケ：裁判所と異なる目的で裁判と並行して、裁判所で審理中の事件の事実について調査することは許される」

学生Aの立場である補助的権能説であっても、各議院が法律案を審議するための立法活動として、**裁判所と異なる目的で調査**することは、司法権の独立を侵害しないため許されると解されている。したがって、空欄⑥には「**ケ：裁判所と異なる目的で裁判と並行して、裁判所で審理中の事件の事実について調査することは許される**」が入る。

以上により、各空欄に入る適当なものは**①－ア**、**②－ウ**、**③－オ**、**④－ク**、**⑤－カ**、**⑥－ケ**である。よって、適当なものの組み合わせは**①－ア**、**③－オ**、**⑤－カ**であり、正解は**1**となる。

問題2 **特別区Ⅰ類（2021年度）**…………………………………………………………**本冊P.301**

正解：1

1 ○ 国政調査権の性質については、国権の最高機関としての統括のための権能とする独立権能説、議院に与えられた権能を行使するための補助的なものとする補助的権能説がある。そして、最高裁判所は、昭和24年に開かれた裁判官会議において「国政に関する調査権は、国会又は各議院が憲法上与えられている立法権、予算審議権等の適法な権限を**行使**するにあたりその必要な資料を収集するための**補充的**権限に他ならない」としており、**補助的権能**説の立場である。

2 × 両議院は、各々国政に関する調査を行い、これに関して、**証人の出頭**及び**証言**並びに**記録の提出**を要求することができる（国政調査権：憲法62条）。もっとも、住居への侵入、捜索、押収、逮捕のような強制力を有する権限までは**認められていない**と解されている。

3 × 二重煙突の代金請求を巡る公文書変造事件における下級審判例は、**国政調査権に基づく調査**によって、**捜査機関の見解を表明した報告書ないし証言が委員会議事録等に公表**されたからといって、**直ちに裁判官に予断を抱かせるものではない**ことは、日常の新聞紙上に報道される犯罪記事や捜査当局の発表の場合と同様であり、**これをもって裁判の公平を害するとはならない**としている（二重煙突事件：東京地判昭31.7.23）。したがって、本記述は全体として**誤り**である。

4 × **国政調査権**（憲法62条）は、**各議院自ら行うのではなく**、**各議院の授権**に基づき、全国民を代表する選挙された議員（憲法43条1項）で組織される**各委員会に委任**して行うことが基本となっている。

5 × 下級審判例は、国政調査権に基づく調査について、行政作用に属する検察権の行使との並行調査は、原則的に**許される**が、例外として司法権の独立ないし刑事司法の公正に触れる危険性があると認められる場合に限り、国政調査権行使の自制が要請されるのであり、具体的には、①起訴・不起訴についての検察権の行使に**政治的圧力**を加えることが**目的**と考えられるような調査、②起訴事件に直接関連ある**捜査**及び**公訴追行の内容**を対象とする調査、③捜査の続行に重大な支障を来たすような**方法**をもって行われる調査等であるとしている（日商岩井事件：東京地判昭55.7.24）。したがって、「起訴、不起訴について検察権の行使に政治的圧力を加えることが目的と考えられる調査に限り自制が要請される」の部分が**誤り**である。

問題3 特別区Ⅰ類（2017年度）……………………………………………… 本冊P.302

正解：5

1 × 国政調査権（憲法62条）は、**広く国政全般**にわたって行使することができると解されており、調査のために証人の出頭、証言や記録の提出を要求することができる。

2 × 両議院は、各々国政に関する調査を行い、これに関して、**証人の出頭**及び**証言**並びに**記録の提出**を要求することができる（国政調査権：憲法62条）。もっとも、**住居への侵入、捜索、押収、逮捕のような強制力を有する権限までは認められていない**と解されている。

3 × **国政調査権**（憲法62条）は、**各議院自ら行うのではなく、各議院の授権**に基づき、全国民を代表する選挙された議員（憲法43条）で組織される**各委員会に委任**して行うことが基本となっている。

4 × 公務員が職務上知りえた事実について、本人又は公務所から職務上の秘密に関するものであることを申し立てたときは、公務所又はその監督庁の**承認**がなければ、**証言又は書類の提出を求めることができない**（議院における証人の宣誓及び証言等に関する法律5条1項）と規定されている。

5 ○ 司法権に対する国政調査権の行使については、三権分立の原則の下、司法権の独立を侵害したり、裁判官の裁判活動に影響を与えるような調査は許されないと解されている（裁判官の訴訟指揮を調査したり、裁判内容の当否を批判する調査をする等）。もっとも、**各議院が法律案を審議するための立法活動として、裁判所と異なる目的で調査**することは、**司法権の独立を侵害しない**ため**許される**と解されている。

問題4 特別区Ⅰ類（2012年度）……本冊P.303

正解：1

1 ○ 両議院は、各々国政に関する調査を行い、これに関して、**証人の出頭**及び**証言**並びに**記録の提出**を要求することができる（国政調査権：憲法62条）。もっとも、住居への侵入、捜索、押収、逮捕のような強制力を有する権限までは**認められていない**と解されている。

2 × **国政調査権**（憲法62条）は、**各議院自ら行う のではなく**、**各議院の授権**に基づき、全国民を代表する選挙された議員（憲法43条）で組織される**各委員会に委任**して行うことが基本となっている。

3 × 司法権に対する国政調査権（憲法62条）の行使については、三権分立の原則の下、司法権の独立を侵害したり、裁判官の裁判活動に影響を与えるような調査は許されないと解されている（裁判官の訴訟指揮を調査したり、裁判内容の当否を批判する調査をする等)。もっとも、**各議院が法律案を審議するための立法活動として、裁判所と異なる目的で調査**することは、**司法権の独立を侵害しない**ため許されると解されている。

4 × 下級審判例は、国政調査権（憲法62条）に基づく調査について、行政作用に属する検察権の行使との並行調査は、原則的に**許される**が、例外として司法権の独立ないし刑事司法の公正に触れる危険性があると認められる場合に限り国政調査権行使の自制が要請される。具体的には、①起訴・不起訴についての検察権の行使に**政治的圧力**を加えることが**目的**と考えられるような調査、②起訴事件に直接関連ある**捜査**及び**公訴追行の内容**を対象とする調査、③捜査の続行に重大な支障を来たすような**方法**をもって行われる調査等であるとしている（日商岩井事件：東京地判昭55.7.24)。

5 × 国政調査権（憲法62条）の性質には争いがあり、①国権の最高機関としての**統括**のための権能とする**独立権能**説、②議院に与えられた権能を行使するための**補助的**なものとする**補助的権能**説がある。**補助的権能**説が通説となっている。国会が国権の最高機関であることに基づく**国権を統括するための権能という説明は、独立権能説**である。

6 5 国会議員の権能

問題1 国家一般職（2015年度）……………………………… 本冊P.308

正解：2

1 × 両議院の議員は、法律の定める場合を除いては、国会の会期中逮捕されず、会期前に逮捕された議員は、その**議院の要求**があれば、会期中これを**釈放**しなければならない（憲法50条）。そして、議員を逮捕できる「法律の定める場合」とは、国会法33条によって規定されており①**院外での現行犯逮捕**の場合と、②**議院の許諾**がある場合である。なお、院内の現行犯の場合には、衆議院規則、参議院規則により、議長の命令によって逮捕できるとしている。したがって、「院内及び」の部分が**誤り**である。

2 ○ **参議院の緊急集会**についても、**不逮捕特権が認められている**（国会法100条1項）。

3 × **免責特権**に関する憲法51条の**「議院で行つた」とは、議院内という場所を意味するのではなく**、国会議員が所属する委員会の地方公聴会での発言など、国会議員が**議員の活動として行ったもの**であればこれにあたる。とすれば、**委員会の地方公聴会での発言などにも免責特権は及ぶ**。

4 × 院内・政党内等での**政治的道義的責任は、免責されない**。

5 × 判例は、国会議員が国会で行った質疑等において、個別の国民の名誉や信用を低下させる発言があったとしても、これによって当然に国家賠償法1条1項の規定にいう違法な行為があったものとして国の損害賠償責任が生ずるもの**ではなく**、この責任が肯定されるためには、当該国会議員が、その**職務とはかかわりなく違法又は不当な目的**をもって事実を摘示し、あるいは、**虚偽**であることを**知りながら**あえてその事実を摘示するなど、国会議員がその付与された権限の**趣旨に明らかに背いて**これを行使したものと認めうるような**特別の事情**があることを必要とするとしている（国会議員発言損害賠償事件：最判平9.9.9）。

問題 2　**国家専門職（2021年度）** ………………………………………………………… **本冊P.308**

正解：5

1 ×　参議院が、衆議院の可決した法律案を受け取った後、国会休会中の期間を除いて**60日以内**に、議決しないときは、衆議院は、参議院がその法律案を否決したものとみなすことができる（憲法59条4項）。両院協議会を開くことは**不要**である（参270ページ）。

2 ×　両議院の議員は、会期前に逮捕された議員は、その**議院の要求**があれば、会期中これを**釈放**しなければならない（憲法50条）。

3 ×　条約の締結に際しては、**事前**に、時宜によっては**事後**に、国会の承認を経ることが必要（憲法73条3号）であり、条約の締結に必要な国会の承認については、参議院で衆議院と異なった議決をした場合に、法律の定めるところにより、**両議院の協議会を開いても意見が一致しない**ときは、**衆議院の議決を国会の議決**とする（憲法61条、60条2項）と定められている（参270ページ）。

4 ×　国会議員は、議院で行った演説、討論又は表決について、院外で責任を問われることはないが（憲法51条）、院内・政党内等での**政治的道義的責任は免責されない**。

5 ○　衆議院が解散されたときは、参議院は、**同時に閉会**となる。但し、内閣は、国に緊急の必要があるときは、参議院の緊急集会を求めることができる（憲法54条2項）。緊急集会において採られた措置は、臨時のものであって、次の国会開会の後**10日以内に、衆議院の同意**がない場合には、その効力を失う（憲法54条3項、参291ページ）。

問題 3　**裁判所職員（2012年度）** ………………………………………………………… **本冊P.309**

正解：4

ア 誤　両議院の議員は、法律の定める場合を除いては、国会の**会期中逮捕されず**、会期前に逮捕された議員は、その**議院の要求**があれば、**会期中これを釈放**しなければならない（憲法50条）。そして、議員を逮捕できる「法律の定める場合」とは、国会法33条によって規定されており、①**院外での現行犯逮捕**の場合と、②**議院の許諾**がある場合である。

イ 誤　院内・政党内等での**政治的道義的責任は、免責されない**。したがって、「所属する政党や団体等から制裁や除名処分を受ける」**ことはある**。

ウ 正　判例は、国会議員が国会で行った質疑等において、個別の国民の名誉や信用を低下させる発言があったとしても、これによって当然に国家賠償法1条1項の規定にいう違法な行為があったものとして国の損害賠償責任が生ずるものではなく、この責任が肯定されるためには、当該国会議員が、その**職務とはかかわりなく違法又は不当な目的**をもって事実を摘示し、あるいは、**虚偽**であることを**知りながら**あえてその事実を摘示するなど、国会議員がその付与された権限の**趣旨に明らかに背いて**これを行使したものと認めうるような**特別の事情**があることを必要とするとしている（国会議員発言損害賠償事件：最判平9.9.9）。

エ 誤　両議院の議員は、法律の定めるところにより、国庫から相当額の歳費を受けるが（憲法49条）、**憲法上で国会議員の歳費を減額することができない旨の規定は存在しない**。このような規定が存在するのは**裁判官**である。

以上により、適当なものの組み合わせは**ア：誤、イ：誤、ウ：正、エ：誤**であり、正解は**4**となる。

問題4 **特別区Ⅰ類（2019年度）**………………………………………………………… **本冊P.310**

正解：5

1 ×　国会議員は、議院で行った演説、討論又は表決について、院外で責任を問われることはないが（憲法51条）、院内・政党内等での**政治的道義的責任は免責されない**。したがって、「所属政党による除名といった制裁や有権者に対する政治責任も含まれる」の部分が**誤り**である。

2 ×　国会議員の**不逮捕特権**は、**国会の会期中**に認められるものなので（憲法50条）、**国会が閉会中の委員会における継続審議には認められない**。しかし、**参議院の緊急集会**については、**国会の会期中**といえるため、**不逮捕特権が認められている**（国会法100条1項）。

3 ×　両議院の議員は、会期前に逮捕された議員は、その**議院の要求**があれば、**会期中**これを**釈放**しなければならない（憲法50条）。

4 ×　判例は、憲法51条が国会議員に免責特権を与えているが、国会と同様に**地方議会議員**の発言についても**免責特権を憲法上保障しているものとはいえない**としている（公務執行妨害事件：最大判昭42.5.24）。

5 ○　**本肢の記述のとおり**である（国会議員発言損害賠償事件：最判平9.9.9）。

7 1 内閣の構成

問題1 国家専門職（2020年度）…………………………………………………… 本冊P.318

正解：1

ア × **内閣は**、法律の定めるところにより、その**首長たる内閣総理大臣**及びその他の**国務大臣**でこれを組織する（憲法66条1項）と規定されている。また、**行政事務を分担管理しない大臣の存することを妨げるものではない**（内閣法3条2項）と規定されている。

イ × 内閣は、衆議院で**不信任**の決議案を**可決**し、又は**信任**の決議案を**否決**したときは、**10日以内**に衆議院が解散されない限り、総辞職をしなければならない（憲法69条、参336ページ）。

ウ × 衆議院の解散は、「内閣の助言と承認」に基づき、天皇が解散をすることができる以上（憲法7条3号）、**内閣はこの「内閣の助言と承認」を根拠に、自由な決定により解散権を行使できる**と解されている（通説）。よって、**内閣が実質的に衆議院の解散決定権を有している**と解され、憲法69条所定の場合のみならず、憲法7条3号に基づく場合にも内閣は衆議院を解散することが**できる**。実際に憲法69条に基づかない場合として、消費税率引上げの延期等に対する国民の信を問うための衆議院の解散は**行われている**（参337ページ）。

エ ○ **明治憲法**においては、**内閣総理大臣は他の国務大臣と対等の地位**とされ、**同輩中の首席**にすぎないとされていた（参330ページ）。

オ × 独立行政委員会（人事院、公正取引委員会、国家公安委員会等）は、準司法的作用・準立法的作用を持つことがあるため、政治的中立性を保つために、内閣から独立して行政活動を行っている。しかし、憲法65条では「行政権は、内閣に属する」と規定されており、**行政権が「すべて」「唯一」内閣に属すると規定されていない**ことから、**独立行政委員会は、憲法65条に反しない**と解されている。

以上により、妥当なものは**エのみ**であり、正解は**1**となる。

問題2　特別区Ⅰ類（2018年度）…………本冊P.319

正解：5

1 ×　内閣は、法律の定めるところにより、その**首長たる内閣総理大臣**及びその他の**国務大臣**でこれを組織し（憲法66条1項）、**内閣総理大臣その他の国務大臣は、文民でなければならない**（憲法66条2項）と規定されている。

2 ×　憲法71条では、**内閣が総辞職**した場合等には、内閣は、**あらたに内閣総理大臣が任命される**まで、**引き続きその職務を行う**と規定されている（参323ページ）。

3 ×　内閣は、憲法及び法律の規定を実施するために政令を制定することが**できる**が、**法律の委任がある場合**を除いては、**政令で罰則を設けることができない**と規定されている（憲法73条6号、参321ページ）。

4 ×　閣議に関して憲法に規定はなく、内閣法4条1項において内閣の職権行使は閣議によると規定されているところ、閣議が全員一致か多数決なのかは規定されておらず、**通説は、内閣の一体性と連帯責任の点から、全員一致**としている。

5 ○　内閣総理大臣は、国務大臣を**任命**（憲法68条1項）できるとともに、任意に国務大臣を**罷免**することができる（憲法68条2項）と規定されている。また、内閣総理大臣は、内閣を代表して**議案**を国会に**提出**し、**一般国務**及び**外交関係**について**国会に報告**し、並びに**行政各部を指揮監督**する（憲法72条）と規定されている（参331ページ）。

7 2 内閣の権能と総辞職

問題1 国家一般職（2018年度）……………………………………………………本冊P.326

正解：5

ア × **最高裁判所の長たる裁判官の任命**は、**内閣の指名**に基いて、**天皇**が行う（憲法6条2項）。

イ ○ **下級裁判所の裁判官の任命**は、**最高裁判所の指名**した者の名簿によって、**内閣**が行う（憲法80条1項本文）。

ウ ○ **憲法73条1号の規定のとおり**である。

エ ○ 内閣は、国会の**臨時会**の**召集**を**決定**することができる（憲法53条）。

オ ○ 衆議院が解散されたときは、参議院は、同時に閉会となる。但し、**内閣は**、国に**緊急の必要**があるときは、**参議院の緊急集会**を求めることができる（憲法54条2項）。

カ × 国務大臣は、その在任中、**内閣総理大臣の同意**がなければ、訴追されない（憲法75条）。よって、国務大臣の**訴追について同意**するのは、**内閣ではなく**、**内閣総理大臣**である（参331ページ）。

以上により、内閣の権限又は事務とされているものは**イ**、**ウ**、**エ**、**オ**であり、正解は**5**となる。

問題2 国家一般職（2015年度）……………………………………………………本冊P.326

正解：1

ア ○ **本肢の記述のとおり**である。なお、憲法71条は、内閣が総辞職した場合等には、内閣は、**あらたに内閣総理大臣が任命**されるまで、**引き続き**その職務を行うと規定されているので、内閣が総辞職しても職務は引き続き執行することができ、直ちに総辞職しても問題はない。

イ × 内閣は**法律を誠実に執行**すること（憲法73条1号）、及び内閣を組織する国務大臣・国会議員等はこの**憲法を尊重し擁護する義務**を負う（憲法99条）と規定されているため、内閣が自ら法律を違憲であると判断した場合でも、最高裁判所によって違憲判決が出される等といった特別の事情がない限り、原則として、**法律の執行を拒否することは**できないと解されている。

ウ × 国務大臣は、その在任中、内閣総理大臣の同意がなければ、訴追されない（憲法75条本文）と規定されているが、国務大臣は、訴追されないことにとどまり、逮捕・勾留は許されると解されている。ただし、訴追の権利は害されない（憲法75条但書）のであるから、内閣総理大臣の同意がない場合には、公訴時効の進行は停止し、国務大臣を退職するとともに訴追が可能となると解されている（参331ページ）。

エ × 衆議院で不信任の決議案を可決し、又は信任の決議案を否決したときは、内閣は、10日以内に衆議院が解散されない限り、総辞職をしなければならない（憲法69条）と規定されているが、**参議院においてはこのような規定は**ない。

オ × 内閣法4条において内閣の職権行使は閣議によると規定されているところ、内閣の一体性と連帯責任の点から、閣議決定は全員一致によると解されている。そして、特定の国務大臣が閣議決定に反対する場合には、その**国務大臣が**辞職するか、**内閣総理大臣が**罷免（憲法68条2項）**しなければならない**と解されている（参315ページ）。

以上により、妥当なものはアのみであり、正解は1となる。

問題3 **国家専門職（2017年度）** ………… **本冊P.327**

正解：3

ア × 衆議院と参議院とが異なった指名の議決をした場合に、法律の定めるところにより、両議院の協議会を開いても意見が一致しないとき、又は衆議院が指名の議決をした後、国会休会中の期間を除いて10日以内に、参議院が、指名の議決をしないときは、衆議院の議決を国会の議決とする（憲法67条2項）と規定されている。そうだとすれば、法律案の議決のような衆議院の再議決は不要である（参270ページ）。

イ ○ 憲法69条の規定のとおりである。

ウ × 内閣総理大臣が欠けたとき、又は衆議院**議員総選挙の後**に初めて国会の召集があったときは、内閣は、総辞職をしなければならない（憲法70条）。「又は参議院議員通常選挙」の部分が誤りである。

エ ○ 判例は、内閣総理大臣が行政各部に対し指揮監督権を行使するためには、閣議にかけて決定した方針が存在することを要するが、閣議にかけて決定した方針が存在しない場合においても、憲法72条に基づき内閣の方針を決定し、閣内の意思の統一を図り、流動的で多様な行政需要に遅滞なく対応するため、内閣総理大臣は、少なくとも、**内閣の明示の意思に反しない限り**、行政各部に対し、随時、その所掌事務について一定の方向で処理するよう指導、助言等の指示を与える権限を**有する**としている（ロッキード事件：最大判平7.2.22、参331ページ）。

オ × **内閣**は、法律を誠実に執行し、国務を総理する（憲法73条1号）と規定されている。したがって、「内閣総理大臣の職務として」の部分が**誤り**である。

以上により、妥当なものは**イ・エ**であり、正解は**3**となる。

問題4 **裁判所職員（2019年度）**……………………………………**本冊P.328**

正解：5

1 × 内閣総理大臣は**国会議員**の中から国会の議決でこれを指名され（憲法67条1項）、内閣総理大臣が国務大臣を任命するが、その**過半数**は**国会議員**の中から選ばなくてはならない（憲法68条1項、参330ページ）。

2 × **衆議院議員総選挙の後**に初めて国会の召集があったときは、内閣は、**総辞職**をしなければならない（憲法70条）。よって、衆議院議員の解散総選挙において、内閣を組織する与党が過半数の議席を獲得した場合であっても、それまでの**内閣は総辞職しなければならない**。

3 × 衆議院において個別の国務大臣に対する不信任決議は可能であるが、**国務大臣を罷免できるのは内閣総理大臣**だけである（憲法68条2項）。内閣に対する不信任決議案（憲法69条）とは異なり、**法的拘束力はなく**、**国務大臣はその地位を失わない**。

4 × 人事院、公正取引委員会、国家公安委員会等の**独立行政委員会は**、準司法的作用・準立法的作用を持つことがあるため、政治的中立性を保つために、**内閣から独立して行政活動**を行っている（参314ページ）。

5 ○ **内閣総理大臣は**、**任意に国務大臣を罷免**することができる（憲法68条2項）と規定されている。国務大臣を罷免する場合、**内閣総理大臣に閣議は必要ではなく**、**単独の判断で罷免できる**（参330ページ）。

問題5 裁判所職員（2013年度）…………………………………………………………本冊P.328

正解：4

A **誤** 内閣は、**法律を誠実に執行**すること（憲法73条1号）、及び内閣を組織する国務大臣・国会議員等はこの**憲法を尊重し擁護する義務**を負う（憲法99条）と規定されているため、内閣が自ら法律を違憲であると判断した場合でも、最高裁判所によって違憲判決が出される等といった特別の事情がない限り、原則として、**法律の執行を拒否することはできない**と解されている。

B **正** 内閣は、行政権の行使について、国会に対し連帯して責任を負う（憲法66条3項）と規定されているが、国務大臣個人に対して、衆議院において不信任決議案、**参議院において問責決議案の提出が認められている**ことから、**国務大臣が所管事項について、単独で責任を負うことも否定されていない**（参322ページ）。

C **誤** 「内閣総理大臣が欠けたとき」（憲法70条）とは、死亡、辞職、失踪、亡命の場合である。さらに、内閣総理大臣は、国会議員の中から指名される（憲法67条1項）のであるから、国会議員の地位を失えばその後は内閣総理大臣としての資格を失うため、**国会議員の地位を失った場合も含まれる。**

以上により、適当なものの組み合わせは**A：誤**、**B：正**、**C：誤**であり、正解は**4**となる。

問題6 特別区Ⅰ類（2016年度）…………………………………………………………本冊P.329

正解：4

1 × 内閣は、その首長たる内閣総理大臣及びその他の国務大臣で組織され（憲法66条1項）、国務大臣は、主任の大臣として行政事務を分担管理する（内閣法3条1項）ところ、**行政事務を分担管理しない大臣（無所属の大臣）の存在を妨げるものではない**と規定されている（内閣法3条2項、参315ページ）。

2 × 内閣は、行政権の行使について、国会に対し連帯して責任を負う（憲法66条3項）と規定されているが、国務大臣個人に対して、衆議院において不信任決議案、参議院において問責決議案の提出が認められていることから、**国務大臣が所管事項について単独で責任を負うことも否定されていない。**

3 × 内閣総理大臣が欠けたときは内閣は総辞職をしなければならない（憲法70条）と規定されており、この「内閣総理大臣が欠けたとき」とは、**死亡、**

辞職、**失踪**、**亡命**等の場合である。

4 ○　内閣総理大臣は、国務大臣を任命（憲法68条1項本文）できるとともに、任意に国務大臣を罷免（憲法68条2項）することができると規定されている。そして、**天皇**は、内閣の助言と承認により**国務大臣の任免を認証**すると規定されている（憲法7条5号、参330ページ）。

5 ×　法律及び政令には、すべて主任の国務大臣が署名し、内閣総理大臣が連署することを必要とする（憲法74条）と規定されている。もっとも、この内閣総理大臣の連署は、その執行責任を明らかにするための**形式上の行為**として行われている。よって、**署名・連署を欠いたとしても、法律や政令の効力に影響はない**と解されている。

7 3 内閣総理大臣の権能

問題1 国家一般職（2016年度）……本冊P.334

正解：2

ア × **内閣の成立時期について、憲法には規定がなく**、天皇による認証は、内閣の助言と承認に基づき行われる形式的行為であるから、**内閣総理大臣が国務大臣を任命した時点で内閣は成立**すると解されている（参315ページ）。

イ × **内閣総理大臣**その他の**国務大臣**は、**文民**でなければならない（憲法66条2項）と規定されている（参315ページ）。

ウ ○ 内閣は、行政権の行使について、国会に対し連帯して責任を負う（憲法66条3項）と規定されているが、国務大臣個人に対して、衆議院において不信任決議案、参議院において問責決議案の提出が**認められている**ことから、**国務大臣が所管事項について単独で責任を負うことも否定されていない**（参322ページ）。

エ × 内閣総理大臣は、**任意**に国務大臣を罷免することができる（憲法68条2項）と規定されている。**閣議にかける必要はない**。

オ × 内閣総理大臣その他の国務大臣は、両議院に議席を有しないとしても、何時でも議案について発言するため**議院に出席**することができ、答弁又は説明のため出席を**求められた**ときは**出席しなければならない**（憲法63条）。そして、国務大臣は、その**在任中**、**内閣総理大臣の同意**がなければ訴追されない（憲法75条）。よって、**国会の会期中に限らず、国務大臣の在任中に訴追**するには、**内閣総理大臣の同意が必要**となる。

以上により、妥当なものは**ウのみ**であり、正解は**2**となる。

問題2 国家一般職（2013年度）……本冊P.334

正解：3

1 × **内閣**は、大赦、特赦、減刑、刑の執行の免除及び復権を決定でき（憲法73条7号）、**天皇の認証**を必要とする（憲法7条6号、参321ページ）。「内閣総理大臣は」の部分が誤りである。

2 × 内閣法において、内閣総理大臣の閣議の主宰・基本方針その他の案件の発議権（同法4条2項）、大臣の閣議請求権（同条3項）が規定されている。そして、内閣総理大臣による国務大臣の臨時職務執行（同法10条）が規定されていることから、**内閣総理大臣自ら案件を発議することもできる**（参315ページ）。

3 ○ 主任の大臣の間における権限についての疑義は、**内閣総理大臣が閣議にかけてこれを裁定**する（内閣法7条）と規定されている。

4 × 判例は、内閣総理大臣が行政各部に対し指揮監督権を行使するためには、閣議にかけて決定した方針が存在することを要するが、閣議にかけて決定した方針が存在しない場合においても、内閣総理大臣は、少なくとも、**内閣の明示の意思に反しない**限り、行政各部に対し、随時、その所掌事務について一定の方向で処理するよう指導、助言等の指示を与える権限を有するとしている（ロッキード事件：最大判平7.2.22）。

5 × すべて予備費の支出については、**内閣**は、事後に国会の承諾を得なければならない（憲法87条2項、参321ページ）。したがって、「内閣総理大臣の責任で」の部分が**誤り**である。

問題3 国家専門職（2014年度）……本冊P.335

正解：2

1 × **両議院の議員は、法律の定める場合を除いては、国会の会期中逮捕されず、会期前に逮捕された議員は、その議院の要求があれば、会期中これを釈放しなければならない**（憲法50条）と規定されているところ、**その例外**として、各議院の議員は、**院外における現行犯罪の場合を除いては、会期中その院の許諾がなければ逮捕されない**（国会法33条）と規定されている。とすれば、不逮捕特権の例外となる現行犯逮捕は、**院外**におけるものであり、院内外ではない（参304ページ）。したがって、「院内外」の部分が誤りである。

2 ○ **両議院の議員は、**議院で行った**演説、討論又は表決**について、**院外で責任を問われない**と規定されている（憲法51条、参304ページ）。

3 × 衆議院が解散されたときは、参議院は、同時に閉会となる。但し、**内閣**は、**国に緊急の必要**があるときは、**参議院の緊急集会を求めることができる**（憲法第54条2項）と規定されている。とすれば、緊急集会を求めることができるのは、内閣総理大臣ではなく内閣である（参291ページ）。したがって、「内閣総理大臣は、単独で」の部分が誤りである。

4 × **両議院の会議は原則公開**とされ、**出席議員**の**3分の2以上の多数で議決し**

たときは秘密会を開くことができる（憲法57条1項）と規定されている。また、国会法の各規定で、**委員会については原則、非公開**とされ、例外的に傍聴が許されるとされている（参283ページ）。したがって、「委員会は公開とされる」「総議員の3分の1以上」の部分が誤りである。

5 × **内閣総理大臣は、国務大臣を任命**する（憲法68条1項本文）と規定されている。したがって、「内閣に属する」の部分が誤りである。

7 4 議院内閣制と解散権

問題1 国家一般職（2017年度）……本冊P.340

正解：2

ア × **判例は、衆議院の解散は、極めて政治性の高い国家統治の基本に関する行為（統治行為）**であることからすれば、衆議院の解散について法律上の有効無効を審査することは**司法裁判所の権限の外である**としている（苫米地事件：最大判昭35.6.8）。よって、衆議院解散の実質的決定権者及びその根拠について、最高裁判所は判断していない。

イ × 憲法第69条の場合を除き、**衆議院が解散される場合を明示した規定はない**が、**通説は「内閣の助言と承認」**に基づき、天皇は衆議院を解散することができる以上（憲法7条3号）、内閣の「助言と承認」を根拠に**内閣は自由に解散権を行使できる**と解している（7条説）。したがって、「内閣が衆議院を解散することができるのは、衆議院と参議院とで与野党の議席数が逆転した場合及び議員の任期満了時期が近づいている場合に限られると一般に解されている」の部分が**誤り**である。

ウ × 衆議院の解散決定権は、**内閣に限定**され、**衆議院の自律的解散は認められない**と解されている。

エ ○ 衆議院で不信任の決議案を可決し、又は信任の決議案を否決したときは、**10日以内に衆議院が解散されない**限り、内閣は**総辞職**をしなければならない（憲法69条）。よって、衆議院が解散されたときは、内閣の総辞職の必要は**ない**。そして、**衆議院議員総選挙の後に初めて国会の召集**があったときは、内閣は、**総辞職**をしなければならない（憲法70条、参323ページ）。

オ × 衆議院が解散されたときは、参議院は、**同時に閉会**となる。但し、**内閣**は、国に**緊急の必要**があるときは、参議院の緊急集会を求めることができる（憲法54条2項）。**緊急集会を求めることができるのは内閣に限られており**、参議院議員は一定数以上いてもこれを求めることが**できない**（参291ページ）。

以上により、妥当なものは**エのみ**であり、正解は**2**となる。

問題 2 国家専門職（2015年度）…………………………………………………………本冊P.341

正解：1

ア ○　明治憲法においては内閣についての規定が**なく**、内閣総理大臣は、**同輩中の首席**であって、他の国務大臣と**対等**の地位にあるにすぎず、国務大臣を罷免する権限は**有していなかった**。しかし、現行憲法において、**行政権は内閣に属する**（65条）と規定され、内閣に行政権の主体としての地位を認め、内閣総理大臣は、国務大臣を**任命**（憲法68条1項本文）できるとともに、任意に国務大臣を**罷免**（憲法68条2項）することができるとして、内閣総理大臣に**首長**としての地位を認めている（参330ページ）。

イ ○　国務大臣個人に対して、衆議院において不信任決議案、参議院において問責決議案の提出が**認められている**ことから、**国務大臣が所管事項について単独で責任を負うことも否定されていない**。

ウ ×　憲法に規定はないが、**内閣は自ら政治的責任をとる趣旨で自発的に総辞職することができる**と解されている（参322ページ）。

エ ×　憲法に直接的に議院内閣制を定めた規定は**ない**が、①内閣総理大臣は、国会議員の中から国会の議決で指名されること（憲法67条1項）、②国務大臣の過半数は、国会議員の中から選ばれなければならないこと（憲法68条1項但書）、③内閣は、行政権の行使について、国会に対し連帯して責任を負うこと（憲法66条3項）、④衆議院には内閣不信任決議権があること（憲法69条）を根拠に議院内閣制を規定している。しかし、**内閣総理大臣による行政各部の指揮監督権（憲法72条）は、内閣の首長**としての地位を内閣総理大臣に認めている規定であり、**議院内閣制の根拠条文とはいえない**。

オ ×　内閣総理大臣は、**国会議員**の中から国会の議決でこれを指名され（憲法67条1項）、内閣総理大臣が**国務大臣**を任命するが、その**過半数**は**国会議員**の中から選ばなくてはならない（憲法68条1項但書）。**国務大臣の過半数は衆議院議員でも参議院議員でもよい**（参330ページ）。

以上により、妥当なものは**ア・イ**であり、正解は**1**となる。

問題3 **裁判所職員（2012年度）**……………………………………………………本冊P.342

正解：3

ア **正**　衆議院の解散に関する7条説は、**「内閣の助言と承認」**に基づき天皇は衆議院を解散することができるのであるから（憲法7条3号）、**内閣の「助言と承認」を根拠に**、**内閣は自由に解散権を行使できる**という考え方である。

イ **誤**　衆議院の解散に関する65条説は、「行政権」（憲法65条）とは、すべての国家作用から立法作用と司法作用を除いた残りの国家の作用であるとする**行政控除説**を前提としており、衆議院の解散は、立法作用・司法作用のどちらでもなく、**行政作用**であるため、憲法65条を根拠に**内閣は自由に解散権を行使できる**という考え方である。よって、解散権を行使できる場合が著しく限定されるとはいえない。

ウ **正**　衆議院の解散に関する69条限定説は、憲法69条で規定されている衆議院が内閣不信任の決議案を可決（信任決議案を否決）した場合に**限り**、内閣は解散権を行使できるという考え方である。そうだとすれば、解散権を行使できる場合は憲法69条の所定の場合に限られるため、解散後に行われる総選挙によって国民の信を問うことも憲法69条の所定の場合に限られることから、解散の有する民主主義的機能を十分に生かすことが**できない**と批判される。

エ **正**　衆議院の解散に関する制度説は、議院内閣制や三権分立制を根拠として、**内閣は自由に解散権を行使できる**という考え方である。もっとも、議院内閣制の性質については未だ議論が成熟しておらず、時代によって様々であり、一義的に決まっていないので根拠とすべきではないとの批判が**ある**。

以上により、適当なものの組み合わせは**ア：正、イ：誤、ウ：正、エ：正**であり、正解は**3**となる。

8 1 司法権の範囲と限界

問題1 特別区Ⅰ類（2012年度）…… 本冊P.352

正解：2

1 × 判例は、両院において議決を経たものとされ**適法な手続によって公布されている法律**について、裁判所は**両院の自主性を尊重**すべく法制定の議事手続に関する事実を審理してその**有効無効を判断すべきでない**としている（警察法改正無効事件：最大判昭37.3.7）。

2 ○ 判例は、**衆議院の解散は、極めて政治性の高い国家統治の基本に関する行為**であり、その法律上の**有効無効を審査することは司法裁判所の権限の外**にあることから、衆議院の解散が訴訟の前提問題として主張されている場合においても同様にひとしく**裁判所の審査権の外にある**としている（苫米地事件：最大判昭35.6.8）。

3 × 判例は、**大学における授業科目の単位の授与（認定）という行為**は、卒業の要件をなすものではあるが、当然に**一般市民法秩序と直接の関係を有するものでなく**、特段の事情のない限り、純然たる大学内部の問題として**大学の自主的、自律的な判断に委ねられるべきもの**であって、裁判所の**司法審査の対象にはならない**としている（富山大学単位不認定事件：最判昭52.3.15）。

4 × 判例は、自律的な法規範をもつ社会ないしは団体にあっては、当該規範の実現を内部規律の問題として自治的措置に任せ、必ずしも、裁判にまつを適当としないものがあるが、**地方公共団体の議会の議員に対する除名処分は、議員の身分の喪失に関する重大事項**で、単なる内部規律の問題にとどまらないから**司法裁判の権限内**の事項としている（地方議会議員懲罰事件：最大判昭35.10.19）。なお近年、**普通地方公共団体の議会の議員に対する「出席停止」の懲罰の適否**について、**司法審査の対象となる**とした判例が出ているので注意しておこう（出席停止処分取消等請求事件：最判令2.11.25）。

5 × 判例は、**政党は、議会制民主主義を支えるうえにおいてきわめて重要な存在**であり、**高度の自主性と自律性を与えて自主的に組織運営をなしうる自由を保障しなければならない**としている。そのうえで、**政党が党員に対してした処分が一般市民法秩序と直接の関係を有しない内部的な問題にとどまる限り、裁判所の審判権は及ばない**というべきであり、他方、**処分が一般市民としての権利利益を侵害する場合**であっても、処分の当否は、当該政党の**自律的に定めた規範**が公序良俗に反するなどの特段の事情のない限り規範に**照らし、規範を有しないときは条理に基づき**、適正な手続に則ってされたか否かによって決すべきであり、その審理もこの点に限られるとしている（共産党袴田事件②：最判昭63.12.20）。つまり、「一般市民法秩序と直接の関係を有する」場合は、政党が自律的に定めた規範に照らして判断し、その規範がない場合は、条理に基づき判断することとなるので、裁判所の審査権が及ぶ場合がある。

問題 2 **国家一般職（2020年度）**……………………………………………………**本冊 P.353**

正解：4

ア × 判例は、**法律上の争訟**は、**当事者間の具体的な権利義務ないし法律関係の存否に関する紛争**であって、かつ、それが**法令の適用により終局的に解決することができるもの**に限られるとしている（板まんだら事件：最判昭56.4.7）。また、判例は、特定の者の具体的な法律関係につき紛争の存する場合においてのみ裁判所にその判断を求めることができるのであり、**裁判所がかような具体的事件を離れて抽象的に法律命令等の合憲性を判断する権限を有するとの見解には、憲法上及び法令上何等の根拠も存しない**としている（警察予備隊事件：最大判昭27.10.8）。よって、**法令上の根拠があれば、具体的事件性を前提とせずに出訴できる制度を法律で設けることはできること**になる。

イ × 判例は、特定の者の宗教法人の代表役員の地位の存否の確認を求める訴えにおいて、特定の者の宗教活動上の地位の存否を審理、判断するにつき、**当該宗教団体の教義ないし信仰の内容に立ち入って審理、判断することが必要不可欠**である場合には、裁判所が法令の適用によって終局的な解決を図ることができない訴訟として、裁判所法3条にいう**「法律上の争訟」にあたらない**としている（血脈相承事件：最判平5.9.7）。

ウ ○ **本肢の記述のとおり**である（警察法改正無効事件：最大判昭37.3.7）。

エ ○ **本肢の記述のとおり**である（苫米地事件：最大判昭35.6.8）。

オ × 判例は、自律的な法規範をもつ社会ないしは団体にあっては、当該規範の実現を内部規律の問題として自治的措置に任せ、必ずしも、裁判にまつを適当としないものがあるが、**地方公共団体の議会の議員に対する除名処分は、議員の身分の喪失に関する重大事項**で、単なる内部規律の問題にとどまらないから**司法裁判の権限内**の事項としている（地方議会議員懲罰事件：最大判昭35.10.19）。

以上により、妥当なものは**ウ・エ**であり、正解は**4**となる。

問題3 国家専門職（2011年度）……………………………………………本冊P.354

正解：1

ア ○ **本肢の記述のとおり**である（技術士試験事件：最判昭41.2.8）。

イ × **裁判の対審及び判決は、公開法廷でこれを行う**と規定（憲法82条1項）されているが、裁判所が、裁判官の全員一致で、公の秩序又は善良の風俗を害するおそれがあると決した場合には、対審は、公開しないでこれを行うことができる（同条2項本文）。また、判例は、**裁判の公開が制度として保障されていることに伴い、各人は、裁判を傍聴することができる**こととなるが、**各人が裁判所に対して傍聴することを権利として要求できることまでを認めたものでない**ことはもとより、傍聴人に対して**法廷においてメモを取ることを権利として保障しているものではない**としている（レペタ法廷メモ事件：最大判平元.3.8、参110ページ）。

ウ × 判例は、**特定の者の具体的な法律関係につき紛争の存する場合においてのみ裁判所にその判断を求めることができる**（警察予備隊事件：最大判昭27.10.8）としているところ、**法令そのものを違憲とする判決をすることができる**し（再婚禁止期間規定違憲判決：最大判平27.12.16等その他複数の判決がある）、**法令自体が当事者に適用される限度において違憲とする判決をすることもできる**（猿払事件第1審判決：旭川地裁判昭43.3.25等その他複数の判決がある）としている。

エ × 国民審査は、罷免を可とする裁判官については投票用紙の当該裁判官に対する記載欄に自ら×の記号を記載し、罷免を可としない裁判官については投票用紙の当該裁判官に対する記載欄に何らの記載をしない方法により行われる（最高裁判所裁判官国民審査法15条1項）。また、**国民審査**は、各最高裁判所裁判官につき、その**任命後初めて行われる衆議院議員総選挙の期日**に行われ（同法2条1項）、また、**最初の国民審査の期日から10年を経過した後初めて行われる衆議院議員総選挙の期日にも更に国民審査**が行われる（その後もまた同様。同法2条2項）。よって、衆議院議員総選挙のたびごと、15人の裁判官全員について、国民審査が行われるわけではない。

オ × 判例は、**政党は、議会制民主主義を支えるうえにおいてきわめて重要な存在であり、高度の自主性と自律性を与えて自主的に組織運営をなしうる自由を保障しなければならない**のであり、**政党が党員に対してした処分が一般市民法秩序と直接の関係を有しない内部的な問題にとどまる限り、裁判所の審判権は及ばない**というべきであり、他方、**処分が一般市民としての権利利益を侵害する場合**であっても、処分の当否は、当該政党の**自律的に定めた規範**が公序良俗に反するなどの特段の事情のない限り規範に照らし、規範を有しないときは条理に基づき、適正な手続に則ってされたか否かによって決すべきであり、その審理もこの点に限られるとしている（共産党袴田事件②：最判昭63.12.20）。したがって、「原則として司法審査の対象となる」わけではない。

以上により、妥当なものはアのみであり、正解は1となる。

問題4 特別区Ⅰ類（2007年度）……………………………………本冊P.355

正解：5

1 × 判例は、衆議院の解散は、極めて政治性の高い国家統治の基本に関する行為であり、その法律上の有効無効を審査することは司法裁判所の権限の外にあることから、衆議院の解散が訴訟の前提問題として主張されている場合においても同様にひとしく裁判所の審査権の外にあるとしている（苫米地事件：最大判昭35.6.8）。

2 × 判例は、両院において議決を経たものとされ適法な手続によって公布されている法律について、裁判所は両院の自主性を尊重すべく、法制定の議事手続に関する事実を審理してその有効無効を判断すべきでないとしている（警察法改正無効事件：最大判昭37.3.7）。

3 × 判例は、自律的な法規範をもつ社会ないしは団体にあっては、当該規範の実現を内部規律の問題として自治的措置に任せ、必ずしも、裁判にまつを適当としないものがあるが、地方公共団体の議会の議員に対する除名処分は、議員の身分の喪失に関する重大事項で、単なる内部規律の問題にとどまらないから司法裁判の権限内の事項としている（地方議会議員懲罰事件：最大判昭35.10.19）。

4 × 判例は、大学における授業科目の単位の授与（認定）という行為は、卒業の要件をなすものではあるが、当然に一般市民法秩序と直接の関係を有するものでなく、特段の事情のない限り、純然たる大学内部の問題として大学の自主的、自律的な判断に委ねられるべきものであって、裁判所の司法審査の対象にはならないとしている（富山大学単位不認定事件：最判昭52.3.15）。もっとも、判例は、学生が専攻科修了の要件を充足したにもかかわらず大学が専攻科修了の認定をしないときは、学生は専攻科入学の目的を達することができないのであるから、実質的にみて、一般市民としての学生の国公立大学の利用を拒否することにほかならないものというべく、その意味において、学生が一般市民として有する公の施設を利用する権利を侵害するものであり、**専攻科修了の認定、不認定に関する争いは**司法審査の対象になるとしている（専攻科修了不認定事件：最判昭35.10.19)。

5 ○ **本肢の記述のとおり**である（板まんだら事件：最判昭56.4.7)。

8 2 司法権の組織と権能

問題 1　国家一般職（2015年度）……本冊P.360

正解：2

ア ○　**憲法76条の限界として憲法上明文で定められた例外**が、裁判官の**弾劾裁判**（憲法64条）と、**議員の資格争訟裁判**（憲法55条）であり、これらの裁判は裁判所の司法審査の対象ではない以上、不服があっても、さらに**司法裁判所へ不服申立てをすることは認められない**。

イ ○　**本肢の記述のとおり**である。憲法76条1項は「法律の定めるところにより設置する下級裁判所」と規定するのみで、下級裁判所の種類、機構等については直接明示するところがないことから、これらの事項については法律に委ねられているものと一般に解されている。

ウ ×　民事訴訟法や刑事訴訟法等の訴訟手続に関する規定に基づいて、**下級審の裁判に不服のある訴訟当事者が上級審に不服を申立て、さらに上級審は理由ありと認めるときは下級審の裁判を取り消したり変更したりする裁判をすることができる**。もっとも、憲法76条3項は「**すべて裁判官は、その良心に従ひ独立してその職権を行ひ、この憲法及び法律にのみ拘束される**」と規定し、**裁判官の独立を保障**していることから（参364ページ）、**下級審の裁判所は、上級審の裁判所の一般的な指揮命令に服するとはいえない**。

エ ×　憲法82条2項本文は「裁判所が、裁判官の全員一致で、公の秩序又は善良の風俗を害する虞があると決した場合には、対審は、公開しないでこれを行ふことができる」と規定するが、その但書において、「**憲法第三章で保障する国民の権利が問題となつてゐる事件**の対審は、**常にこれを公開しなければならない**」と規定している。

オ ×　**最高裁判所の裁判官は70歳**に達したときに退官すると規定されているが（憲法79条5項、裁判所法50条）、**任期・再任に関する規定はない**。なお、最高裁判所の裁判官は、**弾劾裁判の対象**とされ（憲法64条）、**国民審査に服する**（憲法79条2項）。

以上により、妥当なものは**ア・イ**であり、正解は**2**となる。

問題 2　国家一般職（2013年度）…………本冊P.361

正解：3

ア ○ **本肢の記述のとおり**である（憲法76条1項、55条、64条）。

イ × **最高裁判所の長たる裁判官「以外」の裁判官は、内閣が任命**（憲法79条1項）し、**下級裁判所の裁判官も、最高裁判所の指名**した者の名簿によって、**内閣が任命**する（憲法80条1項本文）。したがって、下級裁判所の裁判官の任命権は最高裁判所にはない。

ウ × **裁判官の罷免は、心身の故障のために職務を執ることができない場合**（憲法78条前段）と、**弾劾裁判所の裁判**（憲法64条）による場合に限定されている（憲法78条前段、参364ページ）。

エ × 判例は、**裁判の公開が制度として保障**されていることに伴い、**各人は、裁判を傍聴することができるが**、各人が**裁判所に対して傍聴することを権利として要求できることまでを認めたものでない**ことはもとより、傍聴人に対して法廷において**メモを取ることを権利として保障しているものではない**としている（レペタ法廷メモ事件：最大判平元.3.8、参357ページ）。

オ ○ **行政機関は、「終審」として裁判を行うことができない**（憲法76条2項後段）と規定されていることから、終審としてではなく、**前審としてならば、行政機関による裁判も認められる。**

以上により、妥当なものは**ア・オ**であり、正解は**3**となる。

問題 3　特別区Ⅰ類（2017年度）…………本冊P.362

正解：3

1 × **最高裁判所の長たる裁判官「以外」の裁判官は、内閣が任命**（憲法79条1項）し、**下級裁判所の裁判官も、最高裁判所の指名**した者の名簿によって**内閣が任命**する（憲法80条1項本文）。最高裁判所の長たる裁判官以外の裁判官について、天皇が認証するという規定はない。

2 × **最高裁判所の裁判官の任命は**、その任命後初めて行われる**衆議院議員総選挙の際**、国民の審査に付し、その後10年を経過した後初めて行われる**衆議院議員総選挙の際**更に審査に付し、その後も同様とする（憲法79条2項）。「参議院議員通常選挙」の際には行われない（参349ページ）。

3 ○ **本肢の記述のとおり**である。**最高裁判所の裁判官は70歳**に達したときに**退官する**と規定されている（憲法79条5項、裁判所法50条）。なお、**任期・再任に関する規定はない**。

4 × 憲法78条後段は「**裁判官の懲戒処分は、行政機関がこれを行ふことはできない**」と規定している。また、同条後段は司法府の自主性を尊重する趣旨であることから、**立法機関である国会による懲戒も禁止される**と解されている。

5 × 憲法78条前段は、「裁判官は、裁判により、**心身の故障のために職務を執ることができないと決定された場合**」に罷免されることを規定しているが、これは**分限裁判**と呼ばれるものであり、**弾劾裁判ではない**（参365ページ）。

問題 4 **特別区Ⅰ類（2013年度）**……………………………………………………… **本冊P.363**

正解：2

1 × 前半は正しいが、**下級裁判所の裁判官は**、**最高裁判所の指名**した者の名簿によって**内閣が任命**する（憲法80条1項）。内閣の指名した者の名簿に基づくのではない。

2 ○ **本肢の記述のとおり**である（憲法78条前段、裁判官分限法1条1項、参364ページ）。

3 × **裁判官は、すべて定期に相当額の報酬を受ける**と定められているが（憲法79条6項前段、80条2項前段）、**行政機関は、裁判官の懲戒処分を行うことはできない**（憲法78条後段）。なお、**裁判官の報酬は、在任中に減額できない**（憲法79条6項後段、80条2項後段）。

4 × 憲法は、すべて裁判官は、その良心に従い独立してその職権を行うことを定めているが（憲法76条3項）、ここでいう**裁判官の良心**とは、裁判官としての**客観的な良心**をいう（参364ページ）。

5 × **憲法は、下級裁判所の裁判官及び最高裁判所の裁判官**について、**法律の定める年齢に達した時に退官**することを**規定している**（憲法80条1項但書、79条5項）。

8 3 司法権の独立・違憲審査権

問題 1 裁判所職員（2019年度）……………………………………………本冊P.368

正解：5

ア × 憲法77条1項は「最高裁判所は、訴訟に関する手続、弁護士、裁判所の内部規律及び司法事務処理に関する事項について、規則を定める権限を有する」として最高裁判所の規則制定権を規定している。そして、この内容については、国会によって法律で定めることを排除する憲法の明文がないことから、最高裁判所規則を法律で定めることができると解されている（参357ページ）。

イ × 最高裁判所の長たる裁判官は、内閣の指名に基づいて天皇が任命（憲法6条2項）し、最高裁判所の長たる裁判官以外の裁判官は、内閣でこれを任命する（憲法79条1項、参356ページ）。

ウ ○ 判例は、**最高裁判所裁判官任命に関する国民審査は**、その実質において解職の制度であるとし、もっとも、罷免する方がいいか悪いかわからない者については「積極的に罷免を可とする」意思を持たないから、白票は「罷免を可としない」ものの方に入るのが当然であり「罷免を可としない」との効果を発生せしめることは何等意思に反するものではないのであって、解職制度の精神に合致する効果を生ぜしめるものであることからすれば、思想・良心の自由（憲法19条）に反するものではないとしている（最高裁判所裁判官国民審査法事件：最大判昭27.2.20、参349ページ）。

エ ○ 本肢の記述のとおりである。裁判官の罷免は、心身の故障のために職務を執ることができない場合（憲法78条前段：分限裁判）と、弾劾裁判所の裁判（憲法64条）による場合に限定されている（憲法78条前段）。そのいずれかの場合に該当すれば罷免されることになるため、裁判官が心身の故障のために職務を執ることができないと裁判された場合には、公の弾劾によらずに罷免することができることになる。

以上により、妥当なものはウ・エであり、正解は5となる。

問題 2 特別区Ⅰ類（2022年度）……………………………………………本冊P.368

正解：2

1 × 「**最高裁判所の裁判官の任命は、その**任命後初めて行はれる衆議院議員総選挙の際**国民の審査**に付し、**その後十年を経過した後初めて行はれる衆議院議**

員総選挙の際更に審査に付し、その後も同様とする」（憲法79条2項）と規定されている（参349ページ）。したがって「任命後10年を経過した後初めて行われる衆議院議員総選挙の際に、最初の国民審査に付し」の部分が誤りである。

2 ○ 公の弾劾により裁判官を罷免できるのは、「職務上の義務に著しく違反し、又は職務を甚だしく怠つたとき」「その他職務の内外を問わず、裁判官としての威信を著しく失うべき非行があつたとき」（裁判官弾劾法2条）と規定されている。

3 × 憲法76条3項は「すべて裁判官は、その良心に従ひ独立してその職権を行ひ、この憲法及び法律にのみ拘束される」と規定しており、憲法及び法律に定められていない事由については、上級裁判所は、監督権により下級裁判所の裁判官の裁判権に影響を及ぼすことができない。

4 × 最高裁判所の長たる裁判官は、内閣の指名に基づいて、天皇が任命（憲法6条2項）し、最高裁判所の長たる裁判官以外の裁判官は、内閣でこれを任命する（憲法79条1項、参356ページ）。最高裁判所の長たる裁判官が「国会」により指名されるという部分が誤りである。

5 × 裁判官の罷免は、心身の故障のために職務を執ることができない場合（憲法78条前段：分限裁判）と、弾劾裁判所の裁判（憲法64条）による場合に限定されている（憲法78条前段）。つまり、分限裁判によらなければ罷免されない。

問題3 特別区Ⅰ類（2003年度）…………本冊P.369

正解：5

1 × 判例は、裁判所の判決は憲法81条の「処分」にあたるため、違憲審査の対象となるとしている（最大判昭23.7.7）。

2 × 判例は、特定の者の具体的な法律関係につき紛争の存する場合においてのみ裁判所にその判断を求めることができるのであり、裁判所がかような具体的事件を離れて抽象的に法律命令等の合憲性を判断する権限を有するとの見解には、憲法上及び法令上何等の根拠も存しないとしている（警察予備隊事件：最大判昭27.10.8、参346ページ）。

3 × 判例は、国会議員の立法行為（立法不作為を含む）は、憲法の一義的な文言に違反しているような例外的な場合に限り、国家賠償請求が許されるとしている（在宅投票制度廃止事件：最判昭60.11.21）。

4 × 判例は、**私人と対等の立場で行う国の行為は法規範の定立を伴わない**から、**憲法が直接には適用されない**としている（百里基地事件：最判平元.6.20）。よって、そのような**私法上の契約は、憲法が適用されないため、違憲審査の対象にはならない**。

5 ○ 判例は、憲法81条は、**最高裁判所が違憲審査権を有する終審裁判所**であることを明らかにした規定であって、**下級裁判所が違憲審査権を有することを否定する趣旨ではない**としている（最大判昭25.2.1）。

問題 4 **裁判所職員（2018年度）** …………………………………………………… 本冊 P.370

正解：2

ア **正** **本肢の記述のとおり**である（最大判昭25.2.1）。

イ **誤** 判例は、**安全保障条約**について、主権国としての我が国の存立の基礎に極めて重大な関係をもつ**高度の政治性を有するもの**であり、**その内容が違憲か否かの法的判断は**、条約を締結した内閣及びこれを承認した国会の高度の政治的ないし自由裁量的判断と表裏をなすため、**司法裁判所の審査には、原則としてなじまない**性質のものであり、**一見極めて明白に違憲無効であると認められない限りは、裁判所の司法審査権の範囲外**のものとしている（砂川事件：最大判昭34.12.16、参 348ページ）。よって、**条約が一見極めて明白に違憲無効であると認められる場合は、司法審査権の対象となる**ため、**判例は条約一般が違憲審査の対象となることを否定する立場ではない**。

ウ **正** 判例は、高度に政治性のある国家行為であることを理由に司法審査の対象外とする統治行為論を認め、**国家統治の基本に関する高度に政治性のある国家行為の判断は、主権者たる国民に対して政治的責任を負うところの政府・国会等の政治部門の判断に委され**、三権分立の原理により裁判所の司法機関としての性格・裁判に必然的に随伴する手続上の制約等に鑑み、司法権の憲法上の本質に内在する制約であるとしている（苫米地事件：最大判昭35.6.8、参 348ページ）。この**統治行為論を肯定する立場**は、高度に政治性のある国家行為の判断について、**裁判官は民主的基盤に乏しく、民主的基盤を有する政治部門の判断に委ねる方が適当**と考える。

以上により、正誤の組合せは**ア：正、イ：誤、ウ：正**であり、正解は**2**となる。

9 1 財政

問題1 地方上級（2016年度）…… 本冊P.380

正解：2

1 × **憲法は、予算の作成・提出権を内閣に与えている**（憲法73条5号、86条）。そして、「国の財政を処理する権限は、国会の議決に基いて、これを行使しなければならない」（憲法83条）として財政民主主義が定められているが、**予算の作成・提出権を国会に認める憲法の規定はなく、国会が予算を作成・提出することは認められない**。

2 ○ 上記のとおり、国会が予算を作成・提出することは認められないが、**内閣が作成・提出した予算は**、国会に提出して、**国会の審議を受け議決**を経なければならない（憲法86条）。そして、その**審議等の過程において、国の財政を処理する権限は国会の議決に基づいて行使**しなければならないことから（憲法83条：財政民主主義）、**国会が予算を修正し、減額又は増額することは認められる**。

3 × **予算は会計年度ごとに作成される**とされているが（会計年度独立の原則、財政法12条）、**完成に数年度を要するものについて特に必要がある場合**においては、**予め国会の議決**を経て、**数年度にわたって支出することができる継続費が認められている**（財政法14条の2第1項、3項）。また、この継続費を否定する憲法上の規定は存在していないことから、**憲法は、年度をまたがる継続費を認めることはできる**。

4 × 憲法87条2項は、「**すべて予備費の支出**については、**内閣は、事後に国会の承諾を得なければならない**」と規定されている。

5 × 憲法90条1項は、「国の収入支出の決算は、すべて毎年会計検査院がこれを検査し、**内閣は**、次の年度に、その検査報告とともに、これを**国会に提出**しなければならない」と規定しているが、これは**決算の内容**について、**国会が内閣の責任を追及することを目的**としている。

問題2 東京都Ⅱ類（2002年度）……………………………………………………本冊P.381

正解：3

1 × 判例は、**租税法律主義**を規定する憲法84条は、**課税要件**及び租税の**賦課徴収の手続**が**法律で明確**に定められるべきことを規定するものとしている（旭川市国民健康保険条例事件：最大判平18.3.1）。したがって、「租税の賦課・徴収の手続」を法律で定めることを含む。

2 × 明治憲法（大日本帝国憲法）63条において永久税主義が規定されていたところ、**現行憲法**（租税法律主義）においても、永久税主義に関する明文規定はないが、**永久税主義を採用している**と解されている。

3 ○ **本肢の記述のとおり**である（パチンコ球遊器事件：最判昭33.3.28）。

4 × 判例は、**条例は**、公選の議員により組織される地方公共団体の議会の議決を経て制定される自治立法であり、**国会の議決を経て制定される法律に類するもの**としている（最大判昭37.5.30）。このことから、**租税法律主義にいう法律には条例が含まれる**と解され、**地方公共団体が条例によって地方税を賦課・徴収することは違憲ではない**。

5 × 判例は、国又は地方公共団体が課税権に基づき特別の給付に対する反対給付としてでなく課する金銭給付は、その形式のいかんにかかわらず憲法84条（租税法律主義）の「租税」にあたるとするが、**租税以外の公課**であっても、賦課徴収の強制の度合い等の点において**租税に類似する性質を有するものについては租税法律主義の趣旨が及ぶ**としている（旭川市国民健康保険条例事件：最大判平18.3.1）。その結論として、法律又は法律の定める条件によることが必要となる。よって、**負担金、手数料、国の独占事業の料金は**、国又は地方公共団体からの給付に対するものであるから**「租税」にはあたらない**が、国又は地方公共団体からの給付を受けるために**強制的に賦課徴収される場合は、租税法律主義の趣旨が及ぶ**ことになる（強制的に賦課徴収されない場合は、租税法律主義の趣旨は及ばない）。

問題3 国家専門職（2019年度）……本冊P.382

正解：5

ア × 「予見し難い予算の不足に充てるため、国会の議決に基いて予備費を設け、内閣の責任でこれを支出することができる」（憲法87条1項）。また、「**すべて予備費の支出**については、内閣は、**事後に国会の承諾**を得なければならない」（同条2項）。「事前」に国会の承諾を得ることが憲法上義務づけられていない。

イ × 憲法は、予算の作成・提出権を内閣に与えて（憲法73条5号、86条）いるところ、国会が予算を作成・提出することは認められないが、**内閣が作成・提出した予算は**、国会に提出して、**国会の審議を受け議決**を経なければならない（憲法86条）。そして、その審議等の過程において、国の財政を処理する権限は国会の議決に基づいて行使しなければならないことから（憲法83条：財政民主主義）、**国会が予算を修正し、減額又は増額すること、また、原案に新たな項を設けることは認められる**。

ウ × **市町村が行う国民健康保険の保険料の徴収**について争いとなった事案において判例は、国又は地方公共団体が課税権に基づき特別の給付に対する反対給付としてでなく課する金銭給付は、その形式のいかんにかかわらず憲法84条（租税法律主義）の「租税」にあたり、もっとも、**租税以外の公課**であっても、賦課徴収の**強制の度合い**等の点において**租税に類似する性質を有するもの**については**憲法84条（租税法律主義）の「趣旨が及ぶ」**としている（旭川市国民健康保険料条例事件：最大判平18.3.1）。したがって、「憲法第84条の規定が**直接適用**されるとするのが判例である」という部分が誤りである。

エ ○ **本肢の記述のとおり**である（パチンコ球遊器事件：最判昭33.3.28）。

オ ○ **本肢の記述のとおり**である（財政法30条1項、2項前段）。

以上により、妥当なものは**エ・オ**であり、正解は**5**となる。

問題4 特別区Ⅰ類（2019年度）……………………………………………………本冊P.383

正解：1

1 ○ **本肢の記述のとおり**である（憲法84条）。

2 × **前半は正しいが**（憲法86条）、**補正予算は「予算作成の手続に準じ」**て作成し、**国会に提出**することになるため（財政法29条）、緊急の必要がある場合も、国会の議決を経ることが必要である。

3 × 「予見し難い予算の不足に充てるため、国会の議決に基いて予備費を設け、内閣の責任でこれを支出することができる」（憲法87条1項）。また、「**すべて予備費の支出**については、**内閣は、事後に国会の承諾を得なければならない**」（同条2項）。

4 × 内閣は、**会計年度が開始するときまでに当該年度の予算が成立しない**場合、**暫定予算を作成**し、これを**国会に提出**することができる（財政法30条1項）。しかし、**当該暫定予算が成立しない場合に、前年度の予算を施行することができるという規定はない。**

5 × 国の収入支出の決算は、すべて毎年会計検査院がこれを検査し、**内閣は、**次の年度に、その検査報告とともに、これを**国会に提出**しなければならない（憲法90条1項）。**決算を国会に提出するのは「内閣」**である。なお、**決算が事後に否決**された場合でも、既に**支出されたものの効力に影響はない。**

9 2 地方自治

問題1 国家一般職（2018年度）……本冊P.388

正解：4

1 × 判例は、**普通地方公共団体は**、地方自治の不可欠の要素として、その区域内における当該普通地方公共団体の役務の提供等を受ける個人又は法人に対して**国とは別途に課税権の主体となることが憲法上予定**されており、法律の範囲内で条例を制定することができることから、**普通地方公共団体の課税権は、法律の範囲内で行使されなければならない**としている（神奈川県臨時特例企業税事件：最判平25.3.21）。本肢では、地方公共団体が「課税権の主体となることまで憲法上予定されているものではない」という部分が誤りである。

2 × 判例は、奈良県ため池条例事件において、**ため池の破損、決かいの原因となるため池の堤とうの使用行為を条例で禁止、処罰しても憲法及び法律に牴触・逸脱しない**としている（最大判昭38.6.26）。この判例から、**条例による財産権の規制は、法律の個別具体的な委任がなくても許されると解される。**

3 × **判例は、条例によって刑罰を定める場合**には、**法律の授権が相当な程度に具体的**であり、**限定されていれば足りる**としている（最大判昭37.5.30）。

4 ○ **本肢の記述のとおり**である（東京都売春等取締条例事件：最大判昭33.10.15）。

5 × 判例は、**条例と国の法令とが別々の目的**で、条例が**国の法令の目的と効果を阻害することがない**場合や、条例と国の法令とが**同一の目的**でも、**国の法令が必ずしも全国的に一律に同一内容の規制を施す趣旨ではなく**、各普通地方公共団体の**地方の実情に応じて別段の規制を施すことを容認する趣旨**であると解される場合は、条例が国の法令に違反する**問題は生じえない**としている（徳島市公安条例事件：最大判昭50.9.10）。よって、**これらの場合は、国の法令の定める規制よりも厳しい規制を条例で定めることができる。**したがって、「法令と同一の目的に基づいて、法令の定める規制よりも厳しい規制を条例で定めることは、国の法令の趣旨にかかわらず、許されないとするのが判例である」の部分が誤りである。

問題2 国家専門職（2016年度）……本冊P.389

正解：4

ア ○ **本肢の記述のとおり**である（最大判昭37.5.30）。

イ × 判例は、奈良県ため池条例事件において、**ため池の破損、決かいの原因となるため池の堤とうの使用行為を条例で禁止、処罰しても憲法及び法律に牴触・逸脱しない**としている（奈良県ため池条例事件：最大判昭38.6.26）。この判例から、**条例による財産権の規制は、法律の個別具体的な委任がなくても許されると解される。**

ウ ○ **本肢の記述のとおり**である（徳島市公安条例事件：最大判昭50.9.10）。

エ ○ **本肢の記述のとおり**である（東京都売春等取締条例事件：最大判昭33.10.15）。

オ × 判例は、**普通地方公共団体は**、地方自治の不可欠の要素として、その区域内における当該普通地方公共団体の役務の提供等を受ける個人又は法人に対して**国とは別途に課税権の主体となることが憲法上予定**されており、法律の範囲内で条例を制定することができることから、**普通地方公共団体の課税権は、法律の範囲内で行使されなければならない**としている（神奈川県臨時特例企業税事件：最判平25.3.21）。よって、条例によって地方税を定めることはできる。

以上により、妥当なものは**ア・ウ・エ**であり、正解は**4**となる。

9 3 憲法改正・最高法規性など

問題 1 国家専門職（2018年度）…………………………………………………………… 本冊P.394

正解：4

1 × **憲法改正における発議**は、**各議院の「総議員」の3分の2以上の賛成が必要**である（憲法96条1項)。「出席議員」の3分の2ではない。

2 × **憲法改正における国民の承認**には、その**過半数の賛成**が必要とされるが（憲法96条1項)、**「その過半数の賛成」とは**、憲法改正案に対する賛成の投票の数が、**投票総数**（憲法改正案に対する賛成の投票の数及び反対の投票の数を合計した数）の2分の1を超えた場合（日本国憲法の改正手続に関する法律126条1項）と規定されている。「有権者総数」の過半数の賛成ではない。

3 × **憲法改正についての国民の承認に係る投票の手続は、「日本国憲法の改正手続に関する法律」**で規定されている。また、**憲法改正の発議に係る手続は、国会法**（第6章の2　日本国憲法の改正の発議）で規定されている。

4 ○ **本肢の記述のとおり**である（憲法98条1項、2項)。

5 × 憲法99条は、「**天皇又は摂政**及び国務大臣、国会議員、裁判官その他の公務員は、この憲法を**尊重し擁護する義務を負ふ**」と規定しているため、天皇又は摂政においても憲法尊重擁護義務を負う。

問題 2 国家専門職（2015年度）…………………………………………………………… 本冊P.395

正解：4

ア **誤**　ポツダム宣言8項「主権」と、憲法41条「国権」とは同じ意味であり、国家権力そのものである**国家の統治権**を意味する。

イ **正**　憲法前文1項「主権」は、**国政についての最高決定権**を意味する。

ウ **誤**　憲法前文3項「主権」は、**国家権力の属性としての最高独立性**を意味する。「国家権力そのもの」ではない。

以上により、正誤の組合せは**ア：誤**、**イ：正**、**ウ：誤**であり、正解は**4**となる。